中国西部开发开放报告 2021：
成渝地区双城经济圈建设

毛中根　伍骏骞　吕朝凤 等　著

西南财经大学"双一流"建设资助项目

科学出版社

北　京

内 容 简 介

本书聚焦成渝地区双城经济圈"一极两中心两地"目标定位和"七大任务"等重点任务,从发展现状、存在问题、案例分析、发展路径四个方面分上下两篇展开分析。上篇围绕"一极两中心两地"(形成重要增长极、重要经济中心、科技创新中心、改革开放新高地、高品质生活宜居地)目标定位展开,下篇围绕"七大任务"(加强交通基础设施建设、加快现代产业体系建设、增强协同创新发展能力、优化国土空间布局、加强生态环境保护、推进体制创新、强化公共服务共建共享)与营商环境、粮食安全等内容重点展开。

本书可供国家和区域政府相关决策者,发展经济学、区域经济学、制度经济学等相关领域的研究人员,以及关心西部地区经济社会发展的社会公众等参考。

图书在版编目(CIP)数据

中国西部开发开放报告.2021:成渝地区双城经济圈建设/毛中根等著.—北京:科学出版社,2021.9

ISBN 978-7-03-069726-4

Ⅰ.①中… Ⅱ.①毛… Ⅲ.①西部经济-区域经济发展-研究报告-中国②区域经济发展-研究报告-成都 ③区域经济发展-研究报告-重庆 Ⅳ.①F127

中国版本图书馆 CIP 数据核字(2021)第 178980 号

责任编辑:杭 玫/责任校对:贾娜娜
责任印制:霍 兵/封面设计:无极书装

科 学 出 版 社 出版
北京东黄城根北街 16 号
邮政编码:100717
http://www.sciencep.com

三河市春园印刷有限公司印刷

科学出版社发行 各地新华书店经销

*

2021 年 9 月第 一 版 开本:787×1092 1/16
2021 年 9 月第一次印刷 印张:19 3/4
字数:398 000

定价:198.00 元
(如有印装质量问题,我社负责调换)

作 者 简 介

　　毛中根，1975 年生，湖南武冈人，经济学博士、经济学博士后，现任西南财经大学中国西部经济研究中心主任、教授、博士生导师。系国家高层次人才特殊支持计划哲学社会科学领军人才、中宣部文化名家暨"四个一批"人才、享受国务院政府特殊津贴专家、教育部新世纪优秀人才、教育部高等学校教学指导委员会委员、四川省"天府万人计划"天府文化领军人才、四川省学术和技术带头人。兼任（中国）消费经济学会副会长、四川省居民消费研究会理事长、政协四川省第十二届委员会委员。先后主持国家社会科学基金重大项目、国家自然科学基金重点项目、霍英东教育基金会青年教师项目等课题。研究成果入选《国家哲学社会科学文库》，获教育部高等学校科学研究优秀成果奖（人文社会科学）三等奖、商务部商务发展研究成果奖一等奖、四川省社会科学优秀成果奖一等奖等奖项。

　　伍骏骞，1986 年生，四川自贡人，浙江大学管理学博士，美国加州大学戴维斯分校访问学者，现任西南财经大学中国西部经济研究中心副研究员、博士生导师，四川省学术和技术带头人后备人选。主持国家自然科学基金项目、教育部人义社会科学基金项目、四川省社会科学规划"重点研究基地重大项目"等 10 余项；参与国家社会科学基金重大项目、国家发展和改革委员会重大项目等 20 余项。出版专著 1 部；在《经济学（季刊）》《管理世界》《中国软科学》《中国农村经济》等期刊发表论文 40 余篇；获四川省社会科学优秀成果奖三等奖、全国农业普查研究课题评审一等奖、钱学森城市学金奖提名奖。

　　吕朝凤，1981 年生，四川自贡人，厦门大学经济学博士，墨西哥下加利福尼亚自治州大学蒂华纳分校访问学者，现任西南财经大学财政税务学院教授、博士生导师。兼任四川省居民消费研究会理事。主持国家社会科学基金项目、四川省社会科学规划项目等 7 项；参与国家自然科学基金重点项目、国家社会科学基金重大项目 2 项。在《经济研究》《管理世界》《经济学（季刊）》《中国工业经济》《世界经济》《金融研究》《数量经济技术经济研究》等期刊发表论文 30 余篇。

学术委员会（按姓氏笔画排序）

《中国西部开发开放报告》总序

  中国西部地区拥有广阔而资源丰富的土地。千年之交，党中央、国务院实施西部大开发战略。二十年来，西部地区在经济建设、政治建设、文化建设、社会建设、生态文明建设等方面取得举世瞩目的成绩。"一带一路"倡议是我国深化向西开放、保障国家安全的重大战略举措，有利于拓展西部大开发的内涵和空间，使西部地区能够化区位劣势为区位优势，建立健全我国向西开放的战略体系。在"一带一路"倡议引领下，中国对外开放格局正由向东面向日、美、欧等经济体开放转向东西双向开放并重，逐步面向中东、中欧和非洲地区开放。中国对外开放格局的变化赋予了西部地区重要的开放内涵，西部地区成为国家战略建设和开发的"桥头堡"。

  党的十八大以来，习近平总书记立足新时代的新形势、新任务和新挑战，做出构建全面对外开放新格局的重大战略部署，赋予新时代西部大开发战略新的含义。2019 年 3 月，习近平总书记主持召开中央全面深化改革委员会第七次会议，会议审议通过《关于新时代推进西部大开发形成新格局的指导意见》（简称《指导意见》），提出总要求：推进西部大开发形成新格局，要围绕抓重点、补短板、强弱项，更加注重抓好大保护，从中华民族长远利益考虑，把生态环境保护放到重要位置，坚持走生态优先、绿色发展的新路子；要更加注重抓好大开放，发挥共建"一带一路"的引领带动作用，加快建设内外通道和区域性枢纽，完善基础设施网络，提高对外开放和外向型经济发展水平；要更加注重推动高质量发展，贯彻落实新发展理念，深化供给侧结构性改革，促进西部地区经济社会发展与人口、资源、环境相协调。《指导意见》是新时代推进西部大开发形成新格局的纲领性文件，指导思想明确、政策支持力度大，要求处理好现实需求与长远发展、开放与开发、保护与发展等关系。2019 年 8 月，国家发展和改革委员会印发《西部陆海新通道总体规划》，明确到 2025 年基本建成西部陆海新通道。加快西部陆海新通道建设，对于充分发挥西部地区连接"一带"和"一路"的纽带作用，深化陆海双向开放，强化措施推进西部大开发形成新格局，推动区域经济高质量发展，具有重大现实意义和深远历史意义。

  西南财经大学地处西部、地处四川、地处成都，是西部地区经济和管理学科办学历史悠久、实力雄厚的综合性财经大学。学校坚持以习近平新时代中国特色社会主义思想为指导，按照"扎根中国大地办大学"的重要指示精神和国家西部大开发"十三五"规划提出的形成区域协调协同发展新格局的要求，将扎根西部地区、服务西部发展作为"双一流"建设的重大战略。2018 年 12 月，中国共产党西南财经大学第十三次代表大会提出加快建设国际知名财经特色鲜明高水平研究型大学，强调要把西南财经大学的发展与党和国家的需求、与行业和区域发展的需要更加紧密地联系在一起，继续打好"西部牌"，形成更加鲜明的人才培养特色、学科发展特色和学校办学特色。西南财经大学通过深化决策咨询、资政建言、重大课题研究、舆论引导及高端人才培养等方式积极服务于西部大开发战略。2018 年 5 月，西南财经大学与四川省实施西部大开发领导小组办公室签订战略合作协议，学校充分发挥学科人才优势，为推进新时代西部大开发大开放建言献策。2018 年 9 月，纳入第十七届中国西部国际博览会总体方案，由西南财经大学与四川省博览事务局共同主办，中国西部经济研究中心承办的西部大开发大开放研讨会在成都顺利召开，这是西南财经大学不断创新"政产学研"深度合作体制机制的体现。

国家西部大开发战略开启之年，西南财经大学及时设立中国西部经济研究中心。自成立以来，在学校党委的坚强领导下，在全体师生的共同努力下，中国西部经济研究中心紧紧围绕国家西部大开发战略，产出了一批密切关注西部发展重大战略问题的科研成果、咨询报告和政策建议，受到各级党委和政府的重视。2018 年 12 月，中国西部经济研究中心入选中国智库索引（Chinese Think Tank Index，CTTI）。

2019 年是中华人民共和国成立 70 周年，也是西部大开发战略实施 20 周年。中国西部经济研究中心整合校内外优势资源开启《中国西部开发开放报告》（年度报告）撰写工作，拟就西部大开发大开放中乡村振兴、县域经济发展、生态文明建设等热点问题形成年度专题报告。这是在新时代西部大开发背景下，中国西部经济研究中心着力打造的献礼西部大开发的品牌性科研成果。

希望中国西部经济研究中心继续积极瞄准国家区域和行业重大战略需求，主动对接国家新一轮西部大开发战略，加快形成高质量的研究成果，积极推进研究成果的实践转化，打造"聚焦西部问题研究、提升西财话语权"品牌，支撑学校"双一流"建设，为西部大开发战略实施注入强大智力支持。

西南财经大学　　　　党委书记　　　　　　教授
　　　　　　　　　　校　　长　　　　　　教授
　　　　　　　　　　　　　2019 年 8 月于成都

做好成渝地区双城经济圈建设这篇大文章

——为《中国西部开发开放报告 2021：成渝地区双城经济圈建设》作序

*

在中国区域经济版图中，成渝地区一直都是一个非常特殊的板块。纵览整个西部地区，相邻 300 千米左右的特大型城市只有成都、重庆，加上以这两大城市为核心所组成的若干城市群落和经济板块，共拥有超 1 亿人口和超 7 万亿元的经济总量，在国家经济地理中具有难以替代的战略地位。2020 年 1 月，习近平总书记着眼中华民族伟大复兴战略全局和世界百年未有之大变局，做出了推动成渝地区双城经济圈建设的战略谋划，为新时代成渝地区高质量发展擘画了美好蓝图、提供了根本遵循。

从战略意义来看，成渝地区双城经济圈建设是党中央促进新时代区域协调发展的又一战略之举，其意义主要体现为以下四点。第一，面向世界经济深度调整的"东西互济"战略。当前，世界多极化、经济全球化、社会信息化、文化多元化深入发展，新一轮科技革命和产业变革正在蓄势待发，全球治理体系和国际秩序变革也在不断加速推进。以京津冀、长三角、粤港澳为中心的区域经济新格局正在加快形成，西部地区尤其是潜力巨大的成渝地区就更要加快培育竞争新优势，与东部地区一道更好地参与国际开放合作发展。第二，应对中国经济进入新发展阶段的"内外联动"战略。成渝地处不沿边、不靠海的深远内陆地区，成渝地区双城经济圈要将充分开发内需动能和全方位开展国际合作有机结合起来，特别是在新型冠状病毒肺炎疫情常态化挑战下，不仅要向东开放，更要发力向西开放、向南开放，为我国经济发展增添新的活力。第三，强化"一带一路"和长江经济带的"承转枢纽"。在立足"一带一路"倡议、长江经济带建设和新一轮国家西部开发开放等国家重大机遇下，成渝地区作为内陆腹地的区位条件得以重塑，经济实力和区域竞争力也显著增强。成渝地区要主动担当引领西部地区发展和探索内陆开放新模式的重任，打通"一带一路"及长江经济带建设的关键节点，成为带动全国高质量发展的增长极。第四，推动成渝地区加快发展的"跨越赶超"战略。当前，成渝地区发展进入新的阶段，我们要抓住这个历史机遇，把中央的部署落实到成渝地区的整体发展中去，再将成渝地区的整体发展融入国家的发展全局当中，使成渝地区自身发

---

* 解洪，四川省第十届政协副主席。

展得到一次飞跃。

从战略落实来看，推动成渝地区双城经济圈建设，要充分识别区域空间形态的"双核"特征，强化中心城市带动作用，唱好"双城记"，整体上推进城市空间的系统集成。第一，着力增强双核能级。重点发挥重庆和成都作为国家中心城市的发展水平和位势能级，加快建设成为创新、智慧、人文、韧性、安全等反映新时代要求的新型城市，代表西部地区参与全国乃至全球范围的城市竞合，为西部地区加快融入全球经济版图提供载体支撑，也为世界深耕中国西部提供战略支点。第二，着力强化双城带动。重点处理好成都、重庆主城区和周边区域的关系，重点推进成都都市圈、川南城市群和川东北城市群协同发展，推动重庆"一区两群"协调发展。同时也要发挥区域性中心城市作用，尤其是放大宜宾和泸州、南充和达州两组区域性"双核"的城市功能。第三，着力推动全域联动。川渝两地要树立起一体化发展理念，打破行政边界制约，推动跨区域联动发展，既要强化实体空间的协作，沿重要交通走廊、山脉水系、景区景点、矿产分布区、特色农产品主产区等共建一批合作载体和产业项目，也要强化规则制度的对接，加强产业、环保、民生等领域的政策协同。第四，着力促进城乡统筹。发挥重庆和四川在统筹城乡领域的先行经验和制度优势，以缩小城乡区域发展差距为目标，推动城乡要素、公共资源等均衡配置，落实乡村振兴战略，实现成渝地区城乡交相辉映、乡村全面振兴。

立足新西部，展望新成渝，谋划新征程，既需要我们深刻领会和把握中央的战略意图，从政府层面做好各方面的统筹谋划，也需要高校和智库机构坚持问题导向和目标导向，加快开展一系列前瞻性、系统性、战略性的研究，形成高质量的研究成果集。2021年，西南财经大学中国西部经济研究中心聚焦成渝地区双城经济圈建设，撰写完成了《中国西部开发开放报告 2021：成渝地区双城经济圈建设》。全书主要有三个特点：第一，内容全面系统。全书共十一章，涵盖成渝地区双城经济圈"一极两中心两地"目标定位和"七大任务"等重点领域。第二，理论基础扎实。全书运用政治经济学、发展经济学、区域经济学等经济学经典理论展开分析，又结合当前学科理论前沿进行系统展望。第三，现实意义深远。全书从多维度、多层面展示成渝地区双城经济圈发展的客观现实，并结合各章的分析提出成渝地区双城经济圈建设的发展路径。

该书由毛中根教授及其团队联合撰写，他们长期跟踪研究西部经济发展，形成了多项科研成果。该团队先后出版《中国西部开发开放报告 2019：新时代乡村振兴之路》《中国西部开发开放报告 2020：新时代县域经济高质量发展》。该书是该团队第三份重量级研究报告，充分体现了撰写团队扎实的研究功底和持续的研究动力。希望撰写团队持之以恒，为西部大开发大开放贡献西财智慧。

是为序。

2021 年 7 月

目 录

上篇 目 标 定 位

下篇　重点任务

引　言

　　成渝地区商业发达，唐代就有"扬一益二"的美誉。改革开放以来，成都和重庆在四川省的"双核"地位逐渐形成，1983 年 2 月，中央批准重庆市为全国第一个经济体制综合改革试点城市。为了搞好改革试点，从 1984 年起，对重庆市实行国家计划单列体制。1989 年 2 月，经国务院批准，成都市的经济和社会发展计划在国家计划中实行单列，享有省一级经济管理权限，成为全国 14 个计划单列市之一。随后"撤县设区""扩权强县"等政策强化了重庆和成都的中心城市地位，万县、南充、涪陵、宜宾、广安、眉山、达州、雅安、资阳等先后设市，逐渐发展成区域中心城市或重要节点城市。成都和重庆设立国家级高新技术开发区，1997 年重庆升格为直辖市。2003 年，中国科学院地理科学与资源研究所的研究报告《中国西部大开发重点区域规划前期研究》提出："在未来 5 至 10 年内，要积极构建以成渝两大都市为中心、各级中心城市相互联系和合作的中国西部最大的双核城市群，形成西部大开发的最大战略支撑点，西部地区人口、产业、信息、科技和文化等集聚中心，长江上游经济带的核心。"这是相关报告中，第一次出现成渝经济区的概念。2006 年，《西部大开发"十一五"规划》提出加大力度建设成渝经济区；2011 年，国家发展和改革委员会印发《成渝经济区区域规划》。在《成渝经济区区域规划》基础上，2016 年出台的《成渝城市群发展规划》是成渝城市群实质性发展的重要纲领性文件，成渝地区加强合作共谋发展成为共识并被积极实践。2020 年 1 月 3 日，习近平总书记在中央财经委员会第六次会议上对建设成渝地区双城经济圈做了专题部署。继京津冀协同发展、长江经济带发展、粤港澳大湾区建设、长三角一体化发展、黄河流域生态保护和高质量发展确定为国家重大战略之后，成渝地区双城经济圈①建设上升为国家重大战略。川渝两地合作升温至前所未有的高度，将进入战略引领、高位推动、全面深化阶段。

　　成渝地区双城经济圈建设将带来更深层次的改革、更高水平的平台、更广阔的通道

---

　　① 成渝地区双城经济圈划分依据为中华人民共和国国家发展和改革委员会、住房和城乡建设部以"发改规划〔2016〕910 号"文件联合印发的《成渝城市群发展规划》。其中成渝地区双城经济圈内包括四川省的成都市、泸州市、德阳市、绵阳市（除北川县、平武县）、遂宁市、内江市、乐山市、南充市、眉山市、宜宾市、广安市、资阳市、自贡市、达州市（除万源市）、雅安市（除天全县、宝兴县），以及重庆市的黔江区、綦江区、合川区、梁平区、垫江区、万州区、涪陵区、渝中区、大渡口区、江北区、沙坪坝区、九龙坡区、南岸区、北碚区、渝北区、巴南区、长寿区、江津区、永川区、大足区、璧山区、铜梁区、潼南区、荣昌区、丰都县、忠县以及开县、云阳的部分地区。成渝地区双城经济圈外包括四川省与重庆市范围内除上述城市（区县）外的其他城市（区县）。详见 https://www.ndrc.gov.cn/fzggw/jgsj/ghs/sjdt/201605/t20160504_1170022.html?code=&state=123。

和更密切的合作。第一，更深层次的改革。改革开放以来，成渝地区曾以农村改革重要策源地、国有企业改革重庆模式等闻名全国。2007 年设立成渝统筹城乡综合配套改革试验区。2011 年《成渝经济区区域规划》的出台，在城乡统筹、内陆开放等方面展开一系列改革措施，推动成渝经济区快速发展。成渝地区双城经济圈建设是成渝经济区发展的 2.0 版本，推动更深层次改革。第二，更高水平的平台。成渝地区双城经济圈建设将有利于提升成渝地区在世界经济格局中的能级和水平，推进要素集聚，形成合力，充分释放区域改革政策红利。第三，更广阔的通道。成渝地区双城经济圈将借助中欧班列、川藏铁路和西部陆海大通道形成更广的通道。第四，更密切的合作。1949 年以后成渝两地在行政区划上分分合合，成渝地区双城经济圈建设明确了成渝一家亲。成渝地区双城经济圈将重塑成渝经济圈的空间布局和经济地理，构建省际"双核共兴"。

为推动成渝地区双城经济圈建设，需要构建跨区域产业协同体系，打造跨文化融合包容城市，构建成渝新品质生活圈，推进成渝新生态发展带。形成产业共兴、文化共融、生活共享、生态共治的发展格局；协同推进、优势互补、错位发展的创新格局；内外联动、四向拓展的开放格局。

构建跨区域产业协同体系。充分发挥成都和重庆两地在旅游业、金融业、物流业等行业的特色优势，积极推进成都的软件、IT 产业、飞机制造等行业和重庆的机械、汽车、化工、石化等行业的比较优势。不断优化营商环境，强化两地要素的良性流动。积极推进两地"强强合作"，着力实现在更广范围、更高层次，以更大力度协同推进产业协同平台建设，合作共建高质量发展的重要增长极。积极打造跨区域协同产业园区，推进全域旅游建设，形成跨区域的产业协作良性机制。以蓉欧快铁、川藏铁路和西部陆海大通道为重要枢纽，积极对接"一带一路"沿线国家（地区）的企业、积极承接东部产业转移、积极融入全球化的产业分工协作。

打造跨文化融合包容城市。厚植天府之国本底，传承巴蜀文化精神，以文化融合与交流为平台，增强成渝两地文化的认同感，以特色消费文化引领发展。通过城市品牌和城市形象的建设，推介成渝两地及沿线城市旅游、人文资源。提高成渝两地的国际知名度，以文化产业破解"中部塌陷"问题，提升对外形象，打造城市的软实力，带动和引领第三产业的快速发展，不断提升市民和游客的幸福感和满意度。积极与"一带一路"沿线国家（地区）建立紧密的文化合作关系，积极推进国际友好城市的建设。

构建成渝新品质生活圈。全面提升城市的生活品质，全面打造高品质、共享便利的社会公共服务。建立跨区域公共服务、基础设施"同城化"机制，探索实现成渝品质生活圈内教育、医疗、文化等优质服务资源一卡通共享，实现成渝全域的民共享、民共乐。积极推介旅游和美食的网红打卡点，建设精品线路旅游美食指引系统。加快布局国际医疗、康养、教育、文创、体育、旅游等功能性中心，持续增强城市商业活力和社区生活魅力，打造国际消费服务中心。

推进成渝新生态发展带。以生态为本底，积极推进经济发展绿色化和生态文明建设，主动承担成渝两地在主体功能分区中的生态功能。以成都和重庆两大城市为核心，带动沿线城市积极推进生态环境共保联治，联合开展大气污染综合防治，做好长江流域的生态保护工作，积极打造公园城市。

　　中央财经委员会第六次会议就成渝地区双城经济圈建设提出，"推动成渝地区双城经济圈建设，有利于在西部形成高质量发展的重要增长极，打造内陆开放战略高地，对于推动高质量发展具有重要意义。要尊重客观规律，发挥比较优势，推进成渝地区统筹发展，促进产业、人口及各类生产要素合理流动和高效集聚，强化重庆和成都的中心城市带动作用，使成渝地区成为具有全国影响力的重要经济中心、科技创新中心、改革开放新高地、高品质生活宜居地，助推高质量发展"，"要加强交通基础设施建设，加快现代产业体系建设，增强协同创新发展能力，优化国土空间布局，加强生态环境保护，推进体制创新，强化公共服务共建共享。"①自此，"一极两中心两地"目标定位和"七大任务"得到明确。因此，本书聚焦"一极两中心两地"目标定位和"七大任务"等重点任务分上下两篇展开分析。上篇围绕"一极两中心两地"（形成重要增长极、重要经济中心、科技创新中心、改革开放新高地、高品质生活宜居地）目标定位展开，下篇围绕"七大任务"（加强交通基础设施建设、加快现代产业体系建设、增强协同创新发展能力、优化国土空间布局、加强生态环境保护、推进体制创新、强化公共服务共建共享）加上营商环境、粮食安全等内容重点展开，各章主要介绍发展现状、存在问题、案例分析、发展路径等。

---

①　习近平主持召开中央财经委员会第六次会议. http://www.zg.gov.cn/web/guest/zscd1/-/articles/11281512.shtml，2020-01-06.

上篇 目 标 定 位

第一章　成渝地区双城经济圈：
形成重要增长极

经济集聚支配着世界经济地图，经济繁荣以空间集聚的现象支配着世界经济地图。世界 50%的生产活动集中在 1.5%的陆地区域（世界银行，2009），GDP 前 20 位的国家集中了全世界约 80%的 GDP[1]。如果将世界各国的 GDP 作为柱状图的高度绘制分布图，可以看到世界经济图景是参差不齐的，有的如摩天大楼高耸入天，有的仅仅略高出地平面，几乎看不出高度。与之对应的是，贫困人口在地理分布上更加分散。如果将世界各国的贫困发生率作为柱状图的高度绘制分布图，可以看到世界的贫困人口在非洲相对集中，而普遍分散在其他各大洲。世界经济存在南北经济二分的中心-外围结构（Fujita and Thisse，2002）。值得注意的是，2009 年《世界发展报告》提出"重塑世界经济地理"，将经济地理研究提升到实现全球经济包容性和可持续发展的高度。这也传达了一个重要理念：不平衡的经济增长与和谐性发展可以并行不悖，经济集聚的极核式发展同样可以实现包容性、普惠性的可持续发展，赢者无边界。

改革开放 40 多年来，中国经济发展取得举世瞩目的巨大成就。回顾中国经济 40 年来的发展历程，一方面得益于相对和平的国际环境所造就的外向型经济发展方式，另一方面则归功于中国所采取的区域阶梯式的经济发展模式。这种以阶梯式发展为主要特征的点域式带动发展模式，使得中国经济发展呈现出由南向北递次推进的总态势：从珠三角到长三角再到京津冀的开发开放，中国沿海地区经济取得长足发展，这三个地区也成为带动中国经济发展的三大增长极。

随着中国经济进入新发展阶段，带动经济发展的重要三极所在的沿海地区受国际局势、经济发展规律、资源环境承载能力、产业转型升级等多种因素的影响和制约，发展速度出现明显下滑。综合新型冠状病毒肺炎疫情（以下简称新冠肺炎疫情）影响，2020年，北京、上海的地区生产总值增速仅为 1.20%[2]和 1.70%[3]；广州 2020 年的地区生产总值仅增长 2.7%[4]。可以预见，这种趋势在短时间内将会维持，传统的三大经济增长极在

---

① 按照世界银行公开数据库数据（https://databank.worldbank.org/home.aspx）测算。

② 数据来源：北京 2020 年 GDP 达 36 102.6 亿元　同比增长 1.2%. http://bj.people.com.cn/n2/2021/0120/c82839-34538942. html，2021-01-20.

③ 数据来源：上海 2020 年 GDP 比上年增长 1.7%　第四季度强劲反弹！https://sghexport.shobserver.com/html/baijiahao/2021/01/25/344388.html，2021-01-25.

④ 数据来源：《2020 年广州市国民经济和社会发展统计公报》.

中国经济总量中所占的比重会下降。这表明中国区域经济正向协调与均衡化方向发展。西部大开发、东北振兴、中部崛起等一系列国家战略的实施，推进了区域性的极核发展，在西部、东北、中部地区很有可能诞生中国经济第四极，而成渝地区双城经济圈就是中国经济第四极的有力竞争者。

第一节　发　展　现　状

一、成渝两市经济社会发展演进

"增长极"概念是佩鲁在 1950 年发表在《经济学季刊》的"经济空间：理论与应用"一文中首次提出的（安虎森，1997）。佩鲁指出"增长并非同时出现在所有地方，它以不同的强度首先出现在一些增长点或增长极上，然后通过不同的渠道向外扩散，并对整个经济产生不同的最终影响"。由此可见，在分析经济"增长极"问题的时候，需要从"存在于经济要素之间的关系"和"经济发展的历史积累"两个方面进行分析。本章将对成渝两市经济社会发展的历史演进过程从经济发展、社会发展和科技创新三个方面进行梳理。

（一）经济发展

经济增长是经济发展的重要基础，2018 年重庆市和成都市分别实现地区生产总值 20 363.19 亿元和 15 342.77 亿元，较 2008 年增长约 399.53%和 393.30%。2008~2018 年，重庆市人均地区生产总值从 18 025 元增加到 65 933 元，成都市则从 30 855 元增加到 94 782 元[①]，地区经济发展势态良好，人民群众生活水平显著提高（图 1-1）。

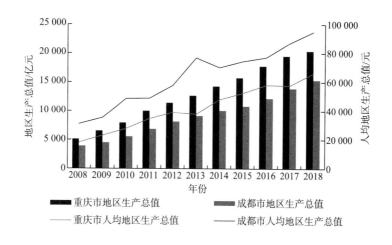

图 1-1　2008~2018 年成渝双城经济增长变化趋势

人口问题事关地区兴衰和民众福祉，是基础性、全局性和战略性问题。成渝地区人

---

① 数据来源：国家统计局网站。本章图表数据如果没有特别说明，均来源于此。

口增长趋势较为明显。以市辖区人口数量变动趋势为例，成渝双城 2008 年市辖区户籍人口分别为 510.15 万人和 1 534.5 万人，到 2018 年分别增加到 851 万人和 2 465 万人，人口集聚效应日趋显著（图 1-2）。

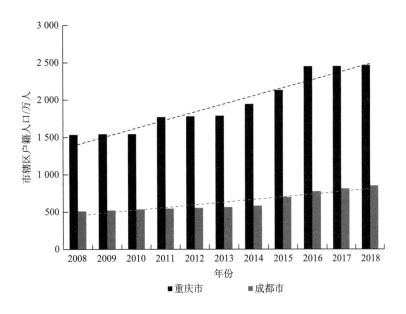

图 1-2　2008~2018 年成渝双城市辖区户籍人口变化趋势

投资、消费和对外开放是促进经济增长的三大重要动力。2018 年底，成渝双城分别实现消费品零售总额 5 881.05 亿元和 6 802.23 亿元，消费能力持续提升，消费对经济增长的带动水平日益提高。资产投资总额增幅明显，重庆增幅较为巨人，表现出双城在经济增长方式方面具有较强的互补性。同时，成渝双城在利用外商投资方面呈现出指数增长，利用外资能力持续增强，对外开放程度不断提高，经济增长动力日趋多元化（图 1-3~图 1-5）。

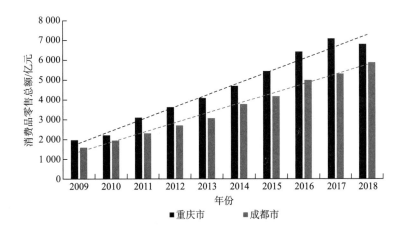

图 1-3　2009~2018 年成渝双城社会消费品零售总额变化趋势

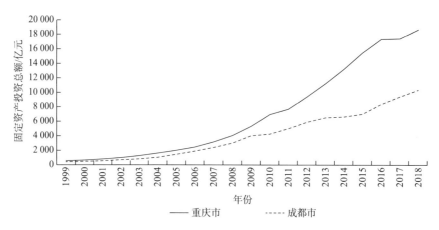

图 1-4　1999~2018 年成渝双城固定资产投资总额变化趋势

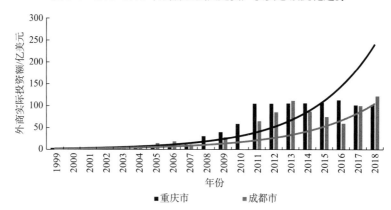

图 1-5　1999~2018 年成渝双城外商实际投资额变动趋势

　　产业结构是指三次产业及其内部的比例关系，不同的社会经济发展程度对应着不同的产业结构。2008~2018 年成渝双城产业结构发生了深刻变革。2014 年，重庆和成都的产业结构几乎同时从"二、三、一"格局变迁为"三、二、一"格局，标志着双城经济增长正式进入"高效益的综合发展阶段"。随着新一轮科技革命和产业变革兴起，以 5G、人工智能、大数据等为代表的新一代信息技术与制造业深度融合，成为推动中国经济高质量发展的重要动力。在此背景下，成渝地区的产业结构将在很大程度上适应新经济的发展方向，为区域经济增长带来强劲动能（图 1-6）。

　　（二）社会发展

　　医疗、教育和生活环境是社会发展的重要维度，事关人民群众的生活福祉。近 20 年来，成渝地区的基本医疗条件提升显著。2006 年成都市执业医师数为 26 925 人，2018 年增加至 61 548 人，2018 年重庆市医师数为 76 361 人，较 2008 年增加 38 850 人，人均医疗资源有所提高（图 1-7）。与此同时，在我国人口增幅下降的宏观背景下，成渝地区基础教育阶段的师资数量仍有较大幅度的提高。由此可见，基础教育资源的有效供给将为成渝地区的社会发展带来积极影响（图 1-8）。

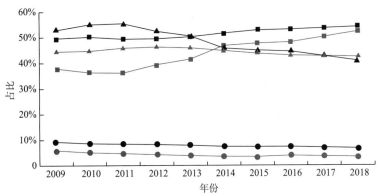

图 1-6　2009~2018 年成渝双城三次产业演化趋势

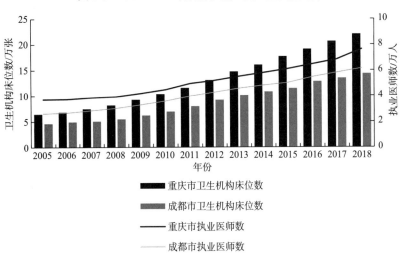

图 1-7　2005~2018 年成渝双城基本医疗条件变化趋势

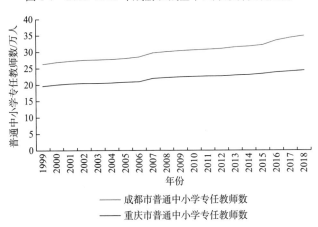

图 1-8　1999~2018 年成渝双城普通中小学专任教师数变化趋势

　　党的十九届五中全会提出，推动绿色发展，促进人与自然和谐共生。要求坚持"绿水青山就是金山银山"理念，坚持尊重自然、顺应自然、保护自然，坚持节约优先、保护优先、自然恢复为主，守住自然生态安全边界，构建生态文明体系，促进经济社会发展全面绿色转型，建设人与自然和谐共生的现代化。在此基调下，成渝地区的城市公园绿地面积大幅增加，环境就是生产力，保护生态环境就是保护生产力，改善生态环境就是发展生产力，在绿色面积大幅增加的基础上，成渝双城将走出一条具有西部特色的绿色发展之路（图 1-9）。

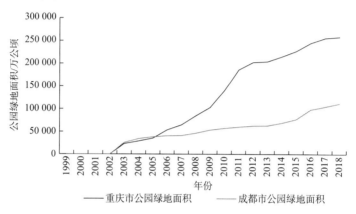

图 1-9　1999~2018 年成渝双城城市公园绿地面积变化趋势

（三）科技创新

　　科技创新是经济增长的主要动力。社会经济发展需要技术革新和产品多元化发展，科技创新促使地区经济向更高附加值的经济模式迈进，提升城市创新创业环境。"专利申请"指某一地区一段时间内可解决现有问题的发明、实用新型、外观设计的申请量。成渝地区的高技术产业专利申请呈现出较快增长趋势，2008~2018 年，四川省专利申请数从 1 123 件增长到 9 570 件，重庆市从 345 件增长到 4 617 件，科技创新水平有了长足进步（图 1-10）。从科技创新后备军来看，成渝地区都有数量较多的人力资源储备，普通高等教育在校生人数 2018 年较 1999 年翻了近 10 倍，科技创新能力和人才储蓄能力显著提高（图 1-11）。

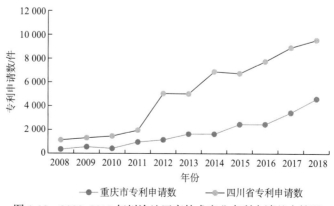

图 1-10　2008~2018 年川渝地区高技术产业专利申请基本情况

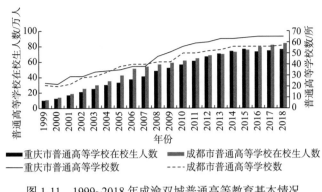

图 1-11　1999~2018 年成渝双城普通高等教育基本情况

二、成渝两市经济社会发展现状

在回顾完成渝两市经济社会发展历史演进过程后，本部分将对成渝地区经济社会发展现状进行分析比较。

（一）成渝两市经济社会人才发展比较

1. 成都市经济社会人才发展现状

2019 年成都实现地区生产总值 17 012.65 亿元，比上年增长 7.8%；人均地区生产总值 103 386 元，增长 6.0%。三次产业结构为 3.6：30.8：65.6。新增城镇就业人口 26.4 万人。全市共有普通高等教育学校 56 所。申请专利 8.1 万件。常住人口增长 25.1 万人，增长 1.54%（表 1-1）。"人才新政"累计吸引超过 33 万名本科学历以上青年人才落户成都。

表 1-1　2019 年成渝两市经济社会情况

指标	成都	重庆
地区生产总值/亿元	17 012.65	23 605.77
地区生产总值增速	7.8%	6.3%
人均地区生产总值/元	103 386	75 828
三次产业结构	3.6：30.8：65.6	6.6：40.2：53.2
新增城镇就业人口/万人	26.4	75.16
普通高等教育学校数/所	56	65
医疗卫生机构床位数/（张/千人）	8.99	7.42
全国体育比赛奖牌数/枚	152	36
申请专利数量/万件	8.1	6.7
新增人口/万人	25.1	22.5

2. 重庆市经济社会人才发展现状

2019 年重庆实现地区生产总值 23 605.77 亿元，比上年增长 6.3%；人均地区生产总值 75 828 元，增长 5.4%。三次产业结构比为 6.6：40.2：53.2。城镇新增就业人员 75.16 万人。全市共有普通高等教育学校 65 所。共受理专利申请 6.7 万件。常住人口增长 22.5 万人，增长 0.73%（表 1-1）。开展了"百万英才兴重庆"线上引才落户的专项活动。

（二）成渝两市产业发展比较

1. 成都市产业发展现状

如表 1-2 所示，成都市围绕建设"中国制造 2025"国家级示范区，正全力构建以先进制造业、新兴服务业和新经济为支撑的"5+5+1"现代开放型产业体系，以 66 个产业功能区和 14 个产业生态圈为抓手，千亿、五千亿、万亿的世界级现代化产业集群正在加快形成。

表 1-2　2019 年成都及全国部分产业发展情况

产业	成都产值/亿元	成都增速	全国产值/万亿元	全国增速
电子信息	8 400	14.07%	14	9.3%
汽车	2 000	—	8.1	−1.8%
新型材料	1 403.7	21.6%	4.5	15.4%
医药健康	4 300	20%	8.8	25%
文创	1 459.8	24.5%	9.6	8%
旅游	4 663.5	25.61%	5.7	11.7%
体育	730	15.5%	2.7	11.1%

电子信息产业发展优势明显。2019 年成都电子信息规模以上企业实现营业收入 8 400 亿元，同比增长 14.07%，位居全国前列、中西部城市第一位。英特尔、京东方、华为等众多电子信息产业企业集聚成都。

装备制造产业全面发展。2019 年全产业规模达 7 000 亿元。成都汽车产能达 200 万辆，工业总产值超过 2 000 亿元；航空航天制造类企业 500 余家，产业规模突破 800 亿元；轨道交通企业 279 家，主营业务收入 285.5 亿元，是全国第五大轨道交通零部件配套基地。

医药健康产业迅猛增长。2019 年成都医药健康产业总规模约 4 300 亿元。在 2019 中国生物医药园区竞争力排行榜上，成都综合竞争力排名第六，拥有美敦力、恒瑞医药、微芯生物等龙头医药企业。

新型材料产业取得重大突破。2019 年成都先进材料产业规模以上工业企业达 588 户，实现主营收入 1 403.7 亿元，同比增长 21.6%。拥有中国科学院成都有机化学研究所、银河磁体、美国陶氏化学等科研机构和企业，是成都正在发展壮大的两个具有区域带动力的先进制造千亿级产业之一。

绿色食品产业走向世界。2019 年成都绿色食品产业实现营业收入 3 025 亿元，同比增长 9.4%。正全力打造全球川菜中央厨房、特色方便休闲食品创制中心、健康饮料生产基地。

会展经济高速发展。成都是中西部第一、全国前列的中国会展名城，正在加快打造"会展之都"，力争 2022 年形成千亿级产业集群。

金融服务业实力雄厚。成都是西南地区金融中心城市，也是中国西部地区金融机构种类最齐全、数量最多的城市，2019 年已入驻金融服务企业 2 700 余家，金融配套服务机构 2 200 余家。

现代物流业通达世界。成都正深入实施"蓉欧+"战略，进一步畅通国际物流大通道，2022 年将全面形成航空、铁路、公路全方位立体口岸开放体系。

文旅产业快速增长。2019 年成都文创产业增加值实现 1 459.8 亿元，同比增长 24.5%；全市实现旅游总收入 4 663.5 亿元，同比增长 25.61%；全市体育产业收入达到 730 亿元，同比增长 15.5%，文旅产业产值位居全国前列。

生活服务业引领潮流。2019 年，成都市社会消费品零售总额 7 478 亿元，居副省级城市第二。全市新增品牌连锁便利店 300 余家，在中国连锁经营协会发布的"2019 中国城市便利店发展指数"中，位列全国第三。

新经济产业迸发新活力。2019 年新经济企业突破 36 万户，增长 27.6%。成都医云科技有限公司、成都尼毕鲁科技股份有限公司等入选 2019 年度成都市新经济"双百工程"。

2. 重庆市产业发展现状

如表 1-3 所示，重庆正加快建设现代产业体系，深入实施以大数据智能化为引领的创新驱动发展战略行动计划和军民融合发展战略行动计划，推进国家数字经济创新发展试验区建设。

表 1-3 2019 年重庆及全国部分产业发展情况

产业	重庆产值/亿元	重庆增速	全国产值/万亿元	全国增速
电子信息	6 858	14.3%	14	9.3%
汽车	4 000	−4.1%	8.1	−1.8%
智能	5 289	14%	约 2.2	约 23%
批发和零售	2 192.06	6.6%	9.6	5.7%
交通运输、仓储和邮政	977	6.9%	4.3	7.1%
金融	2 087.95	8%	7.7	7.2%
旅游	5 734	32%	5.7	11.7%

汽车产业规模庞大。重庆是全国最大的汽车生产基地之一。2019 年规模以上工业中，重庆汽车产业增加值同比下降 4.1%，汽车产量为 138.3 万辆，同比下降 19.91%；重庆摩托车产业增长 2.4%，有力帆集团、重庆长安等知名摩托车汽车企业。

电子信息产业稳定增长。重庆是全球最大笔记本电脑生产基地、第二大手机生产基地和亚洲最大电子信息产品生产基地。2019 年电子产业增加值增长 14.3%。海康威视重庆基地二期等代表性产业项目落地。

智能产业快速发展。2019 年重庆推动建设了 1 280 个智能化改造项目、115 个数字化车间和 25 个智能工厂。紫光华智数字工厂、瑞声智能制造产业园等项目开工，英特尔 FPGA 中国创新中心等项目投入运营。2019 年重庆智能产业销售收入增长 14%。

大数据产业加快建设。2019 年重庆华为鲲鹏计算产业生态重庆中心、工业大数据制造业创新中心、数字重庆大数据应用发展有限公司等项目落地或运营。重庆两江云计算产业园已汇聚十大数据中心，形成 1.6 万个机柜、19 万台服务器能力。重庆大数据产业在我国占有一定地位。

数字经济产业增长扩容。2019 年重庆获批建设国家数字经济创新发展试验区，数字经济增加值增长 15%左右，网络零售额突破 1 200 亿元，规模以上软件和信息服务业营业收入增长 45.2%。

通过对比可以看出，成都重庆两地产业发展各具特色，也有交叉融合之处，如图 1-12 所示，左圈代表成都，右圈代表重庆，重叠部分为相近产业，非重叠部分为各自发展特色产业。成渝两地在人工智能、先进材料、智能产业、会展经济、电子信息、汽车产业、文旅、新型材料等产业方面都具备一定优势，而电子信息和汽车产业是成渝两地的拳头产业。电子信息方面：重庆优势在于笔记本电脑、手机整机生产；成都优势在于屏幕和集成电路等方面，2019 年两地电子信息产值都保持 14%左右的增速，高于9.3%的全国水平。汽车产业方面：近年来成都汽车产业转向重点发展新能源汽车，2019 年新能源汽车销售增长 134.3%；重庆汽车产业还处在向新能源、智能网联、轻量化转型升级过程中，2019 年产量较上年下降 19.91%。

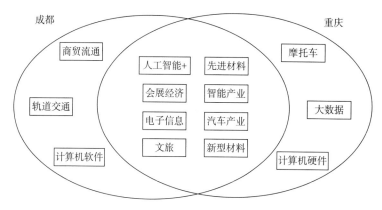

图 1-12　成渝两市重点发展产业比较

三、成渝两市是经济社会发展的重要增长极

集聚是影响经济增长的重要因素。其机制在于由经济集聚带来的规模效应与分工效应。人力资本、金融资本以及知识和信息在城市高度聚集而产生的溢出效应，将对经济发展产生积极的正外部性。因而从某种程度上说，佩鲁所提出的"存在于经济要素之间的关系"可以理解为经济集聚和经济关联两个方面。接下来，将从地区层面和全国层面两个维度，分析成渝地区能够成为经济增长极的原因。

（一）川渝地区的核心增长极

某一地区的经济增长极，往往具有较为显著的集聚特征以及和其他地区具有密切联系。在经济集聚方面，首位度是表现某一城市在区域经济发展中影响力地位的重要指标（首位度＝首位城市地区生产总值/全省地区生产总值）。某一城市的首位度越高，该城市对域内经济发展的影响也就越大。2020 年，成都市地区生产总值约占四川省地区生产总值的 36.5%，首位度居全国第六（表 1-4），说明成都市对四川省经济增长的贡献程度巨大，可以预见，成渝地区双城经济圈对川渝地区经济发展将会产生明显的促进作用。

表 1-4　2020 年全国城市首位度排名（前十位）

城市	首位度	排名
长春	53.9%	1
银川	50.1%	2
西宁	45.7%	3
西安	38.3%	4
哈尔滨	37.8%	5
成都	36.5%	6
武汉	35.9%	7
海口	32.4%	8
兰州	32.0%	9
长沙	29.1%	10

在经济联系方面，成渝地区双城经济圈基础设施互联互通力度显著提高。政策方面，中央财经委员会提出的成渝地区双城经济圈建设的七大重点任务中，"加强交通基础设施建设"位居首位。截至 2020 年底，四川和重庆之间的高速公路通道达到 12 条，二级以上标准普通国道达到 9 条，三级以上普通省道达到 10 条，互联互通水平显著提高。成渝地区双城经济圈预计到 2025 年基本形成"1123"的交通圈，具体而言，到 2025 年，四川和重庆之间将形成 17 条以上的高速公路大通道、1 700 千米的Ⅳ级以上航道和 300 万标箱的港口集装箱吞吐能力。据四川交通运输厅和重庆交通局规划，到 2025 年基本形成成渝地区双城经济圈"1123"的交通格局（成德眉资都市圈 1 小时通勤，成渝双核 1 小时到达，成渝地区主要城市 2 小时互通，邻近省会 3 小时到达）。故而，在交通运输方面，成渝地区的经济集聚效应十分明显，发展潜力巨大。

因此，在经济集聚和经济社会联系方面，成渝双城具有十分明显的优势，实际上发挥了川渝地区经济增长极的重要作用。

（二）中国经济增长的第四增长极

既然成渝双城是四川和重庆地区的增长极，那是否就意味着中国经济增长的第四极就是成渝地区双城经济圈呢？这就需要分析当前经济发展的空间格局。

从中国目前的区域格局来看，除传统的三大城市群之外，重要的经济增长区域主要有以下四个。一是以成都、重庆为核心的成渝城市群；二是以武汉、"长株潭"、南昌为支点的长江中游城市群；三是以郑州、洛阳、开封为核心的中原城市群；四是以西安、咸阳为核心的关中城市群。这四大城市群有如下突出特点。

首先，这四大区域都处于内陆地区，从经济均衡发展的需要出发，不论在规划层面还是市场资源配置层面，都会选择在内陆区域构筑中国经济增长的第四极，而经济增长极必须通过头部城市群带动更大区域的发展。因此这四大城市群都具有较为良好的经济外溢效应。

　　其次，这四大区域都有着足够的经济总量作为支撑。如果没有足够的经济总量做支撑，既不能成为经济持续发展的重要动能，也难以持续吸纳更多的生产要素流入，那么就难以成为第四极。从 2019 年的数据看，已有的发展三极拥有十分明显的比较优势，上海、北京、深圳、广州分列全国的第 1~4 位，同属三大城市群的杭州、天津、南京则位居 8~10 位，因而经济总量的大小是成为经济增长极的先决条件。以上四大城市群中，重庆、成都、武汉则分列 5~7 位。故而在经济体量上可以成为增长极的城市群不外乎成渝城市群和长江中游城市群（表 1-5）。

表 1-5　2019 年全国城市地区生产总值排名（前十位）

地区	2019 年地区生产总值/亿元	排名
上海	37 987.6	1
北京	35 445.1	2
深圳	26 927	3
广州	23 629	4
重庆	23 605.8	5
成都	17 013	6
武汉	16 223	7
杭州	15 373	8
天津	14 055.5	9
南京	14 031	10

　　最后，国家战略支撑是四大区域发展的核心动力。国家为了支持各大区域均衡发展，先后推出各种不同形式的国家战略。国家战略的有效支撑意味着这些区域能够获得更多的政策和资金支持，容易得到更好的发展机会。目前这四大区域都拥有两个以上发展战略，如成渝经济区就有西部大开发、成渝地区双城经济圈建设等；长江中游城市群就有中部崛起、两型社会综合改革配套试验区、环鄱阳湖生态经济圈建设等。

　　成都是副省级国家中心城市，重庆是直辖市，两座城市的地区生产总值都位居全国前十，成都和重庆所构成的经济圈的经济实力仅次于长三角、粤港澳大湾区和京津冀城市群，排在我国第四位，所以，成渝地区双城经济圈将成为经济增长第四极的有力竞争者。

　　在人口总量及增量方面。截至2019年底，重庆市年末总人口达3 416.29 万，位居全国第一；成都市年末总人口高达 1 500.07 万，位居全国第二（表 1-6），依据第七次人口普查数据，成都市常住人口已经超过 2 000 万，达到 2 093.8 万人。除此之外，成都和重庆 2019 年的常住人口增量双双入围全国前十，且常住人口增量均超过 20 万。可见，成都和重庆对人才的吸引力日渐增强，人口集聚优势不断突显。

表 1-6 2019 年全国城市年末总人口排名（前十位）

地区	2019 年末总人口/万人	排名
重庆	3 416.29	1
成都	1 500.07	2
上海	1 469.3	3
北京	1 397.4	4
天津	1 108.18	5
石家庄	1 052.39	6
西安	956.74	7
广州	953.72	8
哈尔滨	951.34	9
武汉	906.4	10

城市发展空间方面。成都市总面积超过 1.46 万平方千米，城区面积也在不断扩容，通过撤县设区政策扩大城区版图，为成都发展提供了必要的空间基础。对重庆而言，2020 年重庆主城区扩容，从过去的 9 个主城区增加到 21 个，充分展现了重庆的城市发展空间延伸性。

此外，在新的历史方位上，第三产业的高速增长将成为推动中国经济高质量发展的重要动力。2019 年重庆实现第三产业增加值 12 662.2 亿元，位居全国第五。成都则以 11 155.86 亿元位居全国第六（表 1-7）。可以预见，良好的产业结构必将成为中国经济高质量增长的重要基础。

表 1-7 2019 年全国城市第三产业增加值排名（前十位）

地区	2019 年第三产业增加值/亿元	排名
北京	29 663.4	1
上海	27 686.9	2
广州	16 923.22	3
深圳	16 406.06	4
重庆	12 662.2	5
成都	11 155.86	6
杭州	10 172.28	7
武汉	9 855.34	8
天津	8 922.9	9
南京	8 702.35	10

人才是经济发展的核心要素。对科技创新的后备军而言，成渝地区都有数量较多的人力资源储备，2019 年成都拥有 87.933 5 万本专科在校生，位居全国第四，重庆则以 83.486 4 万人位居全国第七（表 1-8），成渝经济圈科技创新能力和人才储蓄能力具有显著优势。

表 1-8　2019 年全国城市本专科在校生人数排名（前十位）

地区	2019 年本专科在校生人数/万人	排名
广州	115.299 4	1
郑州	107.867 5	2
武汉	100.689 4	3
成都	87.933 5	4
南京	87.789 4	5
西安	87.14	6
重庆	83.486 4	7
长沙	66.586	8
南昌	63.048 5	9
昆明	62.258 3	10

综上所述，成渝经济圈在经济总量、产业结构和人才储备等方面具有十分明显的优势，具备成为中国经济增长第四极的必要条件。

第二节　面　临　挑　战

一、"能级不足"需强化提档升级

如前所述，成都和重庆的地区生产总值都位居全国前十，然而，未来成渝地区双城经济圈发展不仅要成为西部的经济极核，更要争取成为全国经济第四极，以及中国向西开放的桥头堡，因此，需要进一步强化成渝地区双城经济圈的极核带动作用。目前来看，与三大经济区相比，成渝地区双城经济圈经济发展水平和城镇化率较低。2019 年成渝地区双城经济圈地区生产总值达 6.51 万亿元，约分别相当于长三角城市群、粤港澳大湾区、京津冀城市群地区生产总值的 27.4%、57.1%和 77.0%；2019 年成渝地区双城经济圈人均地区生产总值为 6.46 万元，约分别相当于长三角城市群、粤港澳大湾区、京津冀城市群人均地区生产总值的 61.8%、41.2%、86.4%。成渝地区双城经济圈的经济密度虽然高于长三角城市群，但是远远低于粤港澳大湾区，而且成都和重庆主城区的城市首位度较高。另外，成渝地区双城经济圈的人口密度及城镇化率在四大经济区中处于较低位置。2019 年成渝地区双城经济圈人口密度为 544 人/千米^2，高于京津冀城市群的 524 人/千米^2，但低于长三角城市群的 635 人/千米^2，大幅低于粤港澳大湾区的 1 298 人/千米^2；2019 年成渝地区双城经济圈城镇化率接近 60%（为 59.37%），但与三大经济区相比仍处末位（表 1-9）。总体而言，从发展基础来看，长三角城市群人口规模和经济体量大且经济活力最强，粤港澳大湾区人口规模小但经济效能和开放程度高，京津冀城市群人口密度小且发展水平相对较低，成渝地区双城经济圈经济体量最小且经济发展水平相对最低。

表1-9　2019年成渝地区双城经济圈与三大经济区发展概况比较

指标	成渝地区双城经济圈	长三角城市群	粤港澳大湾区	京津冀城市群
城市数量	16	42	11	14
常住人口/亿人	1.00	2.27	0.73	1.13
地区生产总值/万亿元	6.51	23.72	11.40	8.46
人均地区生产总值/万元	6.46	10.45	15.69	7.48
面积/万平方千米	18.5	35.8	5.6	21.6
经济密度/（万元/万千米²）	0.35	0.29	2.80	0.35
人口密度/（人/千米²）	544	635	1 298	524
城镇化率	59.37%	68.16%	86.46%	66.71%

注：粤港澳大湾区中香港数据来自香港特别行政区政府统计处，澳门数据来自澳门特别行政区统计暨普查局

资料来源：根据2019年四大经济区所含省市《国民经济和社会发展统计公报》整理

另外，成渝地区教育资源相对不足，高等学校数量远少于其他三大经济区，缺乏国际高水平大学，高等教育的国内国际影响力不强。2019年末上海高新技术企业数累计达12 848家，四川有高新技术企业5 669家，重庆有高新技术企业3 141家，四川的科创实力要强于重庆，但与国内先进城市仍有较大差距。2019年四川全年共申请专利13.15万件，高于重庆6.73万件的水平，但远低于北京22.6万件的水平。

二、"竞合交织"需提高开放合作

虽然成渝地区双城经济圈建设极大推进了成渝地区的密切合作，但行政体制的现实分割形成了本区域利益优先的原则，现有的协调联动机制还没有完全打破各自为政的发展格局，亟须提高开放意识，实质性合作尚需加强。另外，由于成渝两地产业存在一定的类似，两地之间在共同推进成渝地区双城经济圈的发展过程中，也存在一定的相互竞争关系。因此，面对成渝两地产业同质化现象，应该引导两地产业良性竞争、合作发展，避免资源浪费、恶性竞争。在既有的同质化产业中，要以投资促进为抓手，通过引资引产的提前分工布局，打破产业同质化局面，尤其是以规模集聚性产业为龙头，加快两地相关产业合作融合，促进产业竞合发展，扩大规模效应。针对成渝两地在电子信息、汽车等部分制造业发展的重叠问题，应该引导相关行业在"人有我精、人缺我补"环节下功夫。在薄弱环节正视差距，补齐短板，调整方向，做好上下游服务配套；在优势环节坚持创新引领，通过引资引产扩大优势，实现产业内的错位发展。

三、"中部塌陷"需深化开发程度

从经济总量来看，四川、重庆的地区生产总值总量约占西部12省（区、市）的三分之一。成都和重庆是西部地区最发达的两座城市，2019年中国城市地区生产总值排名中重庆位列第6位，成都位列第8位。就进出口总量看，2018年成都和重庆合计进出口总额达10 205亿元，占全国进出口总值的4%以上，在中西部地区排名第一。以中国500强企业的分布排名看，2018年四川和重庆列全国的第8位和第9位，西部前两位，同处西部的云南、陕西仅列全国的第15位和第20位。

然而，位于成都和重庆两大核心城市中间的成渝地区双城经济圈的其他中小城市都

不同程度地面临着"中部塌陷"问题，造成了成渝地区双城经济圈"哑铃形"的经济结构。四川省除成都特大城市之外，缺少经济总量大、发展质量优、支撑能力强的区域中心城市，2018 年双城经济圈共有 10 015.49 万人，其中成都市人口数量为 1 633 万，规模最小的雅安市仅为 154 万。成都和重庆对其他城市在人才、资金、政策、市场等方面的虹吸效应明显。以成都为例，成都的城市首位度较高，成都市行政面积仅占四川省的 3%，成都市地区生产总值却超过了四川省地区生产总值的 1/3。贸易水平上，四川省全年社会消费品零售总额 20 144.3 亿元，其中成都就达 7 478.4 亿元，占比达 37.12%。虽然成都、重庆主城区的基础设施水平较高，但川渝地区不少地方与广大西部地区类似面临基础设施薄弱的发展困境。

第三节　案例分析：成渝地区双城经济圈与三大经济区对比分析

2020 年初的中央财经委员会会议和 10 月中共中央政治局会议之后，作为一个经济区域，成渝地区发展的重大意义得以确认，区域发展目标得以统一，成渝地区经济发展在我国经济地理版图中的功能得以明确。成渝地区迎来新的历史性发展机遇，未来的工作则应聚焦于补齐短板、发挥优势、控好风险、做好协同等方面。在这样的背景下，将成渝地区双城经济圈与我国三大经济区进行系统性对比分析，在进一步明确成渝地区双城经济圈禀赋优势、发展环境、功能定位的基础上，突显"双城"发展格局下经济圈的特殊发展路径与模式，发挥好成渝地区产业、人口、科技、金融方面的特色和优势，解决好制约发展的突出问题，对加快成渝地区双城经济圈建设、助推全国高质量发展具有鲜明的实践意义。

一、整体性视角的比较分析

从整体性视角来看，区域发展特征可从发展基础、功能定位、发展模式三个方面进行归纳。我国京津冀、长三角和粤港澳三大经济区较成渝地区双城经济圈发展基础好、发展起步早，发展环境和功能定位各不相同。

（一）发展基础

成渝地区双城经济圈地域面积约为 18.5 万平方千米，约占全国陆地面积的 1.9%；2019 年末常住人口 1.00 亿人，约占全国总人口的 7.1%；地区生产总值 6.51 万亿元，约占全国 GDP 的 6.6%。成渝地区双城经济圈位于我国西南内陆腹地，是全国重要的城镇化区域，具有承东启西、连接南北的区位优势。该区域是西部经济基础最好、经济实力最强的区域之一，电子信息、装备制造和金融等产业实力较为雄厚，具有一定的国际国内影响力；区域内城镇体系日趋健全，成都、重庆两市的核心引领作用不断增强，一批中小城市特色化发展趋势明显。四川和重庆两市的经济社会人文联系密切，民风相近、民心相亲，在经济产业发展、社会治理、文化交流等方面具有天然的良好基础。

长三角城市群是我国经济最具活力、开放程度最高、创新能力最强、吸纳外来人口最多的区域之一，包括上海市以及江苏省、浙江省和安徽省全域共 42 个城市，地域面积为 35.8 万平方千米，约占全国陆地面积的 3.7%；2019 年末常住人口为 2.27 亿人，约占全国总人口的 16.2%；2019 年，长三角城市群的地区生产总值合计 23.72 万亿元，约占全国 GDP 的 23.9%，同比增长 6.4%，高于全国 GDP 增速 0.3 个百分点。

京津冀是中国的"首都圈"，京津冀协同发展是站在实现中华民族伟大复兴中国梦的历史高度制定的国家战略。京津冀城市群包括北京市、天津市和河北省全域，共 14 个城市，地域面积为 21.6 万平方千米，约占全国陆地面积的 2.3%。2019 年末常住人口 1.13 亿人，约占全国总人口的 8.1%；2019 年末地区生产总值 8.46 万亿元，约占全国 GDP 的 8.5%。

粤港澳大湾区包括我国香港特别行政区，澳门特别行政区，以及广东省的广州、深圳、珠海、佛山、惠州、东莞、中山、江门、肇庆等，地域面积为 5.6 万平方千米，约占全国陆地面积的 0.58%；2019 年末常住人口 0.73 亿人，约占全国总人口的 5.2%；2019 年末地区生产总值 11.40 万亿元，约占全国 GDP 的 11.5%。粤港澳大湾区地处我国沿海开放前沿，以泛珠三角区域为广阔发展腹地，区位优势明显；经济发展水平全国领先，产业体系完备，集群优势明显，经济互补性强；科技研发、转化能力突出，拥有一批在全国乃至全球具有重要影响力的高校、科研院所和高新技术企业；国际化水平领先，粤港澳大湾区是外向度最高的经济区域和对外开放的重要窗口；合作基础良好，粤港澳三地文化同源、人缘相亲、民俗相近、优势互补，已形成多层次、全方位的合作格局。

（二）功能定位

2020 年《成渝地区双城经济圈建设规划纲要》确定成渝地区双城经济圈的战略定位是有全国影响力的重要经济中心、科技创新中心、改革开放新高地和高品质生活宜居地、带动全国高质量发展的重要增长极和新的动力源。成渝地区要在发挥西部经济龙头引领作用的同时，支持国家经济高质量发展，形成新的发展动力源；在新一轮科技革命和产业变革之际，更好地代表我国西部内陆腹地参与国际科技竞争与合作，形成我国又一个科技创新中心；在新时代发展背景下，站在改革开放的前沿位置，高效推进改革，扩大开放交流；通过经济社会的发展，让人民群众过上更加美好和高品质的生活。

2019 年《长三角区域一体化发展规划纲要》明确长三角地区发展的战略定位，即全国发展强劲活跃增长极、全国高质量发展样板区、率先基本实现现代化引领区、区域一体化发展示范区、新时代改革开放新高地。全国发展强劲活跃增长极要求长三角地区在促进我国经济提质增效升级中发挥"稳定器"和"主引擎"作用。全国高质量发展样板区、率先基本实现现代化引领区、区域一体化发展示范区，要求长三角地区在推动高质量发展、建设现代化经济体系、促进区域一体化发展方面当好排头兵。新时代改革开放新高地，要求长三角地区加快各类改革试点举措集中落实、率先突破和系统集成，以更大力度、更高水平推进全方位开放（安蓓，2019）。

2015 年《京津冀协同发展规划纲要》指出，京津冀整体定位是以首都为核心的世界级城市群、区域整体协同发展改革引领区、全国创新驱动经济增长新引擎、生态修复环境改善示范区。三省市定位分别为：北京市"全国政治中心、文化中心、国际交往中心、科技创新中心"；天津市"全国先进制造研发基地、北方国际航运核心区、金融创新运营示范区、改革开放先行区"；河北省"全国现代商贸物流重要基地、产业转型升级试验区、新型城镇化与城乡统筹示范区、京津冀生态环境支撑区"。区域整体定位体现了三省市"一盘棋"的思想，突出了功能互补、错位发展、相辅相成；三省市定位服从和服务于区域整体定位，增强整体性，符合京津冀协同发展的战略需要。①

2019 年《粤港澳大湾区发展规划纲要》明确，粤港澳大湾区是充满活力的世界级城市群、具有全球影响力的国际科技创新中心、"一带一路"建设的重要支撑、内地与港澳深度合作示范区、宜居宜业宜游的优质生活圈。依托香港、澳门作为自由开放经济体和广东作为改革开放排头兵的优势，粤港澳大湾区建成世界新兴产业、先进制造业和现代服务业基地，建设世界级城市群。瞄准世界科技和产业发展前沿，充分发挥粤港澳科技研发与产业创新优势，建成全球科技创新高地和新兴产业重要策源地。同时，更好发挥港澳在国家对外开放中的功能和作用，在更高层次参与国际经济合作和竞争，建设具有重要影响力的国际交通物流枢纽和国际文化交往中心。依托粤港澳良好合作基础，探索协调协同发展新模式，为粤港澳发展提供新动能，为内地与港澳更紧密合作提供示范。粤港澳大湾区为港澳居民在内地学习、就业、创业、生活提供更加便利的条件，建设生态安全、环境优美、社会安定、文化繁荣的美丽湾区。

如表 1-10 所示，从战略定位看，三大经济区均致力于打造世界级城市群，并且在经济增长、改革开放、科技创新、高质量发展及宜居宜业等方面在国内乃至国际起到示范引领作用。成渝地区双城经济圈着眼于建成具有全国影响力的城市群，主要聚焦于经济、科技、改革开放及宜居生活等方面。相比较而言，成渝地区双城经济圈在形成国际影响力道路上与三大经济区还存在一定差距，须紧紧把握国家层面的战略机遇，利用好区域层面的禀赋优势，立足西部在国内形成强大影响力，加速扩大国际影响。总体而言，长三角城市群聚焦通过一体化发展发挥全方位的引领作用，粤港澳大湾区聚焦通过开放扩大我国在世界上的影响力，京津冀城市群聚焦通过协同发展成为改革发展新样板，成渝地区双城经济圈聚焦通过创新和开放成为经济新动力。

表 1-10　成渝地区双城经济圈与三大经济区的战略定位

经济区	战略定位	来源	时间
京津冀城市群	以首都为核心的世界级城市群； 区域整体协同发展改革引领区； 全国创新驱动经济增长新引擎； 生态修复环境改善示范区	《京津冀协同发展规划纲要》	2015 年
长三角城市群	全国发展强劲活跃增长极； 全国高质量发展样板区； 率先基本实现现代化引领区； 区域一体化发展示范区； 新时代改革开放新高地	《长三角区域一体化发展规划纲要》	2019 年
粤港澳大湾区	充满活力的世界级城市群； 具有全球影响力的国际科技创新中心； "一带一路"建设的重要支撑； 内地与港澳深度合作示范区； 宜居宜业宜游的优质生活圈	《粤港澳大湾区发展规划纲要》	2019 年

---

① 京津冀协同发展是大思路大战略　《规划纲要》已印发. https://www.sohu.com/a/28942671_114984，2015-08-24.

续表

经济区	战略定位	来源	时间
成渝地区双城经济圈	具有全国影响力的重要经济中心； 科技创新中心； 改革开放新高地； 高品质生活宜居地； 带动全国高质量发展的重要增长极和新的动力源	《成渝地区双城经济圈建设规划纲要》	2020 年

（三）发展模式

成渝地区双城经济圈是中国区域经济发展国家战略中的一个"双城驱动"新模式。成都向东，"东进"战略引导着重大项目布局不断往东朝重庆方向延伸，东部新区成为推动经济圈建设的新平台；重庆向西，渝西片区成为重庆工业化、城镇化最活跃的区域。以成都和重庆为核心唱好"双城记"，构建世界上为数不多的双核型椭圆经济圈（李后强，2020）。

长三角城市群依托上海的龙头带动作用，苏浙皖各扬所长，跨区域协调互动。通过区域合作联动，长三角中心区实现一体化发展，带动长三角其他地区发展，引领长江经济带开放发展。通过城市间重大事项重大项目共商共建机制的建立和实践、市场网络不断畅通以及科技与制度创新双轮驱动，长三角中心区城市间的合作联动不断加强，内外贸易融合发展，产业城市一体化发展。

京津冀城市群是以主要城市为支点，以战略性功能区平台为载体，以交通干线、生态廊道为纽带的网络型空间格局。京津冀城市群把有序疏解非首都功能、优化提升首都核心功能、解决北京"大城市病"问题作为区域协同发展的首要任务。北京、天津实现同城化发展，共同发挥高端引领和辐射带动作用。京津、京保（定）石（家庄）、京唐（山）秦（皇岛）三个产业发展带和城镇聚集轴支撑京津冀协同发展，中部核心功能区、东部滨海发展区、南部功能拓展区和西北部生态涵养区和多个节点城市有序推动产业和人口聚集。

粤港澳大湾区大中小城市合理分工、功能互补，发挥香港－深圳、广州－佛山、澳门－珠海强强联合的引领带动作用，提升整体实力和全球影响力，引领粤港澳大湾区深度参与国际合作。粤港澳大湾区有序发展"飞地经济"，促进泛珠三角区域要素流动和产业转移，形成梯度发展、分工合理、优势互补的产业协作体系；发挥辐射引领作用，带动中南、西南地区发展，辐射东南亚、南亚。

四大经济区经济发展动力也有所差异。如表 1-11 所示，从投资看，成渝地区双城经济圈经济增长有持续动力。从消费看，成渝地区双城经济圈高质量发展存在潜力。2019年成渝地区双城经济圈社会消费品零售额共 27 575 亿元，处于四大经济区中末位，分别低于长三角城市群的 90 419 亿元、粤港澳大湾区的 30 425 亿元和京津冀城市群的 36 230亿元。2017~2019 年成渝地区双城经济圈社会消费品零售额累计增加 3 868 亿元，同期长三角城市群、粤港澳大湾区及京津冀城市群分别增加 11 351 亿元、3 107 亿元和 3 017亿元，成渝地区双城经济圈消费增幅低于长三角城市群但高于粤港澳大湾区和京津冀城市群。从进出口看，成渝地区双城经济圈外贸增长有较大空间。2019 年成渝地区双城经济圈进出口总额共 12 507 亿元，也处于四大经济区末位，分别低于长三角城市群的

113 000 亿元、粤港澳大湾区的 144 486 亿元和京津冀城市群的 40 011 亿元。2017~2019
年成渝地区双城经济圈进出口总额累计增加 3 437 亿元，同期长三角城市群、粤港澳大
湾区及京津冀城市群分别增加 11 514 亿元、7 406 亿元和 7 064 亿元，成渝地区双城经济
圈进出口总额增幅与三大经济区相比仍有明显差距。强劲的动力是区域经济发展的关
键，成渝地区双城经济圈经济发展落后于三大经济区，但投资、消费、外贸都已具一定
规模，且存在较大发展空间。

表 1-11　成渝地区双城经济圈与三大经济区经济发展动力主要指标比较　单位：亿元

经济区	固定资产投资额			社会消费品零售额			进出口总额		
	2019 年	2018 年	2017 年	2019 年	2018 年	2017 年	2019 年	2018 年	2017 年
成渝地区双城经济圈	—	42 587	44 771	27 575	25 107	23 707	12 507	11 121	9 070
长三角城市群	—	129 505	120 559	90 419	84 021	79 068	113 000	110 498	101 486
粤港澳大湾区	—	27 695	25 464	30 425	28 351	27 318	144 486	144 336	137 080
京津冀城市群	—	53 599	53 235	36 230	33 818	33 213	40 011	38 811	32 947

注：进出口总额香港数据来自香港特别行政区政府统计处，澳门数据来自澳门特别行政区统计暨普查局
资料来源：根据四大经济区所包含省、市有关年份《国民经济和社会发展统计公报》整理

经济增长是区域经济发展绩效最直接的体现，关于经济增长情况的比较分析有助于
把握四大经济区发展模式的差异。如表 1-12 所示，2019 年，成渝地区双城经济圈地区
生产总值总量为 65 060.4 亿元，约占全国 GDP 的 6.6%；同年，长三角城市群、粤港澳
大湾区、京津冀城市群地区生产总值总量分别为 237 252.8 亿元、113 981.8 亿元和
84 580.1 亿元，分别约占全国 GDP 的 23.9%、11.5%、8.5%。2019 年，四大经济区地区
生产总值合计占全国 GDP 的 50.5%，已超全国半数，四大经济区对我国经济持续稳定增
长具有重要引领作用。横向比较来看，2019 年成渝地区双城经济圈地区生产总值分别
相当于长三角城市群、粤港澳大湾区、京津冀城市群地区生产总值的 27.4%、57.1% 和
76.9%。由此看出，成渝地区双城经济圈经济总量仍然较小，与三大经济区存在一定差
距，尤其是经济总量不及长三角城市群的三成。2017~2019 年，成渝地区双城经济圈、
长三角城市群、粤港澳大湾区和京津冀城市群地区生产总值年均增速分别为 10.2%、
10.2%、5.6%、1.2%。在四大经济区中，成渝地区双城经济圈地区生产总值增速位于前
列，表现出良好的经济发展势头。

表 1-12　成渝地区双城经济圈与三大经济区地区生产总值总量比较　单位：亿元

经济区	2019 年	2018 年	2017 年
成渝地区双城经济圈	65 060.4	57 515.0	53 552.4
长三角城市群	237 252.8	211 479.1	195 321.5
粤港澳大湾区	113 981.8	108 632.4	102 273.5
京津冀城市群	84 580.1	85 139.9	82 559.8

注：粤港澳大湾区中香港数据来自香港特别行政区政府统计处，澳门数据来自澳门特别行政区统计暨普查局
资料来源：根据四大经济区所包含省、市有关年份《国民经济和社会发展统计公报》整理

　　2019 年长三角城市群、粤港澳大湾区和京津冀城市群的人均地区生产总值分别为 104 452 元、156 895 元和 74 801 元，同年成渝地区双城经济圈人均地区生产总值为 64 600 元（图 1-13）。相比而言，成渝地区双城经济圈与粤港澳大湾区的差距最大，成渝地区双城经济圈人均地区生产总值不到粤港澳大湾区人均地区生产总值的一半。2017~2019 年成渝地区双城经济圈人均地区生产总值累计增加 10 831 元，同期长三角城市群、粤港澳大湾区和京津冀城市群人均地区生产总值分别增加 17 097 元、9 835 元和 1 396 元，成渝地区双城经济圈人均经济增长态势良好。成渝地区双城经济圈经济总量和人均经济水平在四大经济区中处于低位，但人均经济增幅位于前列。

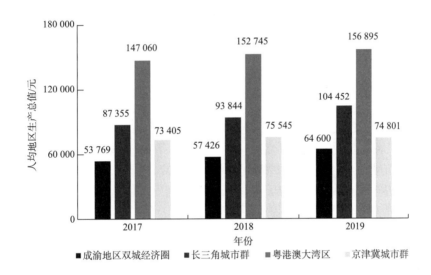

图 1-13　成渝地区双城经济圈与三大经济区人均地区生产总值比较
粤港澳大湾区中香港数据来自香港特别行政区政府统计处，澳门数据来自澳门特别行政区统计暨普查局
资料来源：根据四大经济区所包括省、市有关年份《国民经济和社会发展统计公报》整理

　　总之，四大经济区依托各自的禀赋优势和发展条件，因地制宜走上区域高质量发展道路。在新时代西部大开发提出新要求以及成渝地区双城经济圈建设成为国家战略的背景下，成渝地区各城市间统筹规划、协调发展力度加大，投资拉动经济增长的作用仍将有效发挥。成渝地区双城经济圈实现高质量发展，要狠抓消费，进一步发挥并放大消费在经济高质量发展中的积极作用。应进一步做好"一带一路"对接和项目落地等工作，借力新时代西部大开发形成新格局，深化成渝地区双城经济圈对外开放。在建设具有全国影响力的经济中心过程中，成渝地区双城经济圈须同时注重做大经济体量与提高人均经济水平，实现高质量发展。

二、结构化视角的比较分析

　　从结构化视角来看，区域发展特征可从产业状况、人口要素、科技创新、金融发展四个方面进行归纳。与成渝地区双城经济圈相比，我国京津冀、长三角和粤港澳三大经济区产业起步早，人口集聚程度高，科技创新和金融发展处于领先位置。

（一）产业状况

2019 年成渝地区双城经济圈地区生产总值达 6.51 万亿元，人均地区生产总值为 6.46 万元，其中成都市三次产业结构为 3.6∶30.8∶65.6，重庆市三次产业结构比为 6.6∶40.2∶53.2。成都市着力打造 "5+5+1" 现代产业体系，产业格局基本形成；重庆深入实施以大数据智能化为引领的创新驱动发展战略行动计划和军民融合发展战略行动计划。2019 年成渝两地的重点产业增速均明显快于全国平均水平，重庆的电子信息产业、金融业、旅游业等较全国平均增速优势明显，而智能产业、交通运输、仓储和邮政业增速慢于全国平均水平。成都的电子信息产业、先进材料业、文创业、旅游业、体育产业增速明显快于全国水平，医药健康业等增速较全国水平还有一定差距。在产业定位方面，成都和重庆均将电子信息、生物医药、装备制造作为重点发展产业，近年来也取得较快发展，但两地重点优势产业存在一定程度的同质性。

2019 年，长三角城市群地区生产总值达 23.72 万亿元，约占全国 GDP 的 23.9%，同比增长 6.4%，高于全国增速 0.3 个百分点。长三角区域服务业对经济发展的支撑作用进一步增强，全年区域第三产业增加值同比增长 7.4%，占长三角地区生产总值比重达 55%，社会消费品零售总额 8.9 万亿元，增长 7.6%，约占全国的 21.7%。近年来长三角区域已经完成产业迭代，传统劳动密集型制造产业已经向长江中上游及长三角周边区域转移，苏锡常等地重点发展生物医药、人工智能等高附加值先进制造业，杭州重点发展互联网产业，南京正积极打造包括绿色智能汽车、电子信息为主的 "4+4+1" 产业。但是，长三角区域也存在产业同质化竞争较严重的情况，从世界范围看自主创新能力依然较弱，地区间以电子、汽车等为主导的产业布局有较大相似性，多个城市提出发展集成电路产业，不少企业处在战略性新兴产业的低端环节，原生性研发能力和生产性服务业发展较为薄弱。[①]

2019 年京津冀城市群地区生产总值达 84 580.1 亿元，人均地区生产总值为 74 801 元。据第四次经济普查数据，第三产业成为京津冀区域发展的重要支撑。2018 年末，京津冀区域内第三产业法人单位 199.6 万家，占第二、三产业法人单位总数的 82.1%，比重比全国平均水平（78.8%）高 3.3 个百分点。并且，京津冀区域产业融合效果显著。2018 年末，京津冀法人单位在区域内跨省（市）的产业活动单位 1.6 万家，占区域内产业活动单位总量的 5.5%，比 2013 年末增长 180.2%。近年来京津冀城市群促进产业结构优化升级和产业空间布局重构，相继出台了《京津冀产业转移指南》等系列政策，建立了以 "2+4+N" 为核心的产业疏解空间载体和平台支点。2014~2018 年，河北省共承接北京市转入的产业活动单位 3 860 个，城市群内部产业发展格局得到优化（陈璐，2020）。目前，京津冀区域良好的产业分工格局初步形成，北京产业高端化趋势明显，天津服务业快速提升，河北先进制造业迅猛发展（国家统计局，2019）。

---

① 长三角一体化，发展趋势与机遇如何？ https://www.sohu.com/a/391516035_676545，2020-04-30.

粤港澳大湾区 2019 年地区生产总值为 11.40 万亿元，人均地区生产总值 156 895 元。粤港澳大湾区已形成围绕电子信息产业的高端制造集群，以批发零售、房地产、金融服务业为主导的产业体系；同时，传统制造如电气机械、石化产业、汽车制造仍占一定比重，区域内部工业门类完备。从产业结构看，香港、澳门第三产业占比达九成以上，广州、深圳工业体量依然不小，其他城市第三产业占比仅略高甚至相当于或低于第二产业占比。广州、深圳、东莞等珠江东岸城市高新技术制造业占比较高，已形成以电子信息、人工智能、生物医药、新材料、汽车/新能源汽车制造产业等为代表的产业集群。珠江西岸城市的优势产业不突出且规模较小，主要是家电制造、纺织服装、石油化工、电器机械等，在电子信息、汽车制造、生物医药等方面也有部分基础。大湾区产业整体东强西弱，城市间产业发展也面临一定程度的同质问题（郭跃文等，2020）。

总体而言，成渝地区双城经济圈电子信息、装备制造等产业发展势头强劲但成渝两市产业发展的差异化和互补性不强，长三角城市群产业升级成效显著但也存在内部同质性问题，京津冀通过区域内部产业经济地理重塑优化整体产业体系，粤港澳大湾区工业基础扎实且电子信息产业集群优势明显。成渝地区双城经济圈内主要城市应统筹谋划区域产业格局，协同推进区域产业体系优化和产业转型升级。

（二）人口要素

人口是区域发展的核心要素，如表 1-13 所示，2018 年成渝地区双城经济圈的常住人口已超过一亿人，达到 10 015.44 万人，2019 年进一步增长到 10 071.26 万人。随着成渝地区经济、城市群快速发展并持续扩大在国内外的影响力，未来将常态保持一亿人以上的人口规模。2019 年长三角城市群常住人口为 22 714.04 万人，约为成渝地区双城经济圈人口规模的 2.26 倍。人口充沛优势使得长三角城市群成为我国经济发展最活跃、创新能力最强的区域之一。2019 年粤港澳大湾区常住人口为 7 264.85 万人，较成渝地区双城经济圈少约 2 800 万人，但由于大湾区天然的地理优势以及较高的城镇化率，该区域是我国开放程度最高、经济活力最强的区域之一。2019 年京津冀城市群的常住人口规模为 11 307.40 万人，与成渝地区双城经济圈人口数量比较接近，该区域拥有北京、天津两座国家中心城市，是以首都北京为核心的世界级城市群。与之不同的是，成渝地区双城经济圈虽也包括两座国家中心城市（成都市和重庆市），但区域经济的"双核"特征更为明显。2019 年成渝地区双城经济圈人口密度为 544 人/千米^2，高于京津冀城市群的 524 人/千米^2，但低于长三角城市群的 635 人/千米^2，大幅低于粤港澳大湾区的 1 298 人/千米^2。2017~2019 年，成渝地区双城经济圈、长三角城市群、粤港澳大湾区和京津冀城市群分别累计增长 111.51 万人、354.61 万人、310.31 万人和 60.31 万人。成渝地区双城经济圈常住人口增量明显，在国内范围属于具有一定人口吸引力的区域。

表 1-13　成渝地区双城经济圈与三大经济区常住人口规模比较　　　　单位：万人

经济区	2019 年	2018 年	2017 年
成渝地区双城经济圈	10 071.26	10 015.44	9 959.75
长三角城市群	22 714.04	22 535.08	22 359.43
粤港澳大湾区	7 264.85	7 111.99	6 954.54
京津冀城市群	11 307.40	11 270.10	11 247.09

资料来源：根据四大经济区所包括省、市有关年份《国民经济和社会发展统计公报》整理

2019 年成渝地区双城经济圈城镇化率为 59.37%，虽然在西部处在较高位置，但明显低于长三角城市群（68.16%）、粤港澳大湾区（86.46%）以及京津冀城市群（66.71%）（图 1-14）。2017 年以来，我国三大经济区城镇化率虽都上升但升幅均未超过 2 个百分点，其中粤港澳大湾区、京津冀城市群和长三角城市群分别上升 1.17 个、1.77 个和 1.80 个百分点。2017~2019 年成渝地区双城经济圈城镇化率上升了约 3 个百分点，其城镇化处在快速发展阶段。

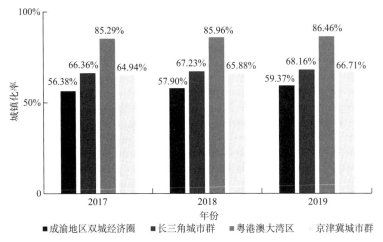

图 1-14　成渝地区双城经济圈与三大经济区城镇化率

资料来源：根据四大经济区所包括省、市有关年份《国民经济和社会发展统计公报》整理

就成渝地区双城经济圈人口发展特点来说，至少包括以下几个方面。第一，成渝地区双城经济圈是我国西部内陆人口集聚中心区，拥有丰富的劳动力资源，但区域内人口分布不平衡性高。经济圈人口主要集聚在成都和重庆两个核心城市，其他城市人口集聚度相对较低，空间上呈现"两头大，中间小"的人口分布格局。如表 1-13 所示，2018 年末，成渝地区双城经济圈人口数量达 10 015.44 万人，常住人口合计约占全国总人口的 7.2%。2010~2018 年，成渝地区双城经济圈四川区域与重庆的常住人口规模比例大致稳定维持在 2.27：1 的水平，反映出成渝地区双城经济圈常住人口主体在四川省，经济圈各城市间人口规模差异明显。第二，从人口的年龄、性别结构来看，成渝地区双城经济圈人口老龄化程度高于全国水平，男女性别比例较均衡。2018 年四川 65 岁以上老年人口数量占人口总量比重的 14.17%，仅次于辽宁、上海和山东，位于全国第四；重庆 65 岁以上老年人口 516.24 万人，占比为 15.17%。成渝地区双城经济圈人口性别比由

2009 年的 107.04 调整为 2018 年的 106.71，男女性别失衡状况得到改善。2018 年四川和重庆已经处于深度老龄化境况，经济圈的经济发展和社会保障受到巨大挑战。第三，从人口迁移流动及人才吸引力看，成渝地区双城经济圈人口净流出特征明显，且四川人口净流出规模不小，但两地近年来的人口回流趋势明显，高端人才加速集聚。2018 年，四川流出省外人口 995 万人，较 2017 年首次降到 1 000 万人以下（997 万人）后再次减少；重庆流出市外人口 479.3 万人，从市外流入 177.4 万人，净流出 301.9 万人。但随着产业转移、城镇化等因素的影响，成渝地区双城经济圈人口回流的现象同样存在。例如，2018 年末，四川常住人口数较上年增加 39 万人，其中人口增长 5.3 万人，已经连续 8 年保持增长；同年，重庆常住人口数较上年增长 26.63 万人，其中人口增长达 15.88 万人，两地近年来的人口回流趋势明显。截至 2018 年底，成都拥有各类人才 529 万人，人才总量位居全国第四；重庆人才数量也达 527.6 万人，人才吸引力不断提升。

（三）科技创新

成渝两市及绵阳市是成渝地区双城经济圈科技创新的主力军。截至 2019 年，成都、重庆两市共拥有 129 所普通高等教育学校，2019 年成都拥有国家级双创载体达 67 家，万人有效发明专利拥有量 25.8 件，同比增长 15.2%；技术合同登记成交额达 1 136.8 亿元，同比增长 20.1%；重庆共有各类研究机构 1 868 个，全市申请专利 29 023 件，较上年增加 691 件，增长 2.4%，形成国家或行业标准 598 项，增长 15.9%。截至 2018 年，重庆国家重点实验室、国家工程技术研究中心、国家工程研究中心总数达 55 个；全市综合科技创新水平指数和区域创新能力综合指标连续三年排名全国第 8 位。四川省的绵阳市是"中国科技城"，是党中央、国务院批准建设的中国唯一的科技城，重要的国防科研和电子工业生产基地。尽管科技创新基础良好，但成渝两市产业发展和创新体系协同程度仍不够高，创新要素的自由流动受限，成渝区域创新活动各成体系，创新主体间的创新活动难以形成合力，影响到区域整体资源利用率和创新能力的提高。成渝地区双城经济圈创新投入也有待强化，在创新投入方面，2018 年重庆 R&D 投入强度 2.01%，未达到全国平均水平（2.19%），较成都（2.56%）低 0.5 个百分点，与北京（6.17%）、上海（4.16%）、广东（2.78%）差距更加明显（高威，2020）。

长三角城市群有良好的创新载体，具备打造全国原始创新策源地的良好基础。长三角城市群集聚了全国 1/5 的国家重点实验室，集成电路和软件信息服务产业规模分别约占全国的 1/2 和 1/3。长三角区域协同创新综合水平自 2010 年以来年均增速达 9.33%，资源共享、创新合作、成果共用等一级指标年均增幅 7% 以上[①]。截至 2019 年，长三角三省一市共有高校 458 所，仅占全国的 17%，但在科研成果和学术声誉方面的表现突出，入选世界大学学术排名前 200、前 500 及前 1 000 的高校数量都多于粤港澳大湾区及京津冀城市群，入选前 200 名的高校有 7 所[②]。长三角城市群以区域一体化为着力点不

---

① 长三角地区近 30 位院士和逾百名专家齐聚浙江，热议——高水平科技供给如何握指成拳. http://www.zj.xinhuanet.com/2020-09/01/c_1126437859.htm，2020-09-01.

② 《粤港澳、京津冀、长三角地区高等教育与经济发展报告》发布. https://baijiahao.baidu.com/s?id=16697940544311 24006&wfr=spider&for=pc，2020-06-18.

断推进科技协同创新，已经形成颇具规模的区域合作平台。《长三角区域一体化发展规划纲要》指出"持续有序推进 G60 科创走廊建设"，G60 科创走廊覆盖 9 个城市，2 小时通勤圈已经建成，形成了"核级引领、圈层递进、点带联动"的创新生态。分地区看，浙江的"互联网+"产业、江苏的未来网络、安徽的量子信息技术等，均有着明显的地区优势和人才集聚特色。浙江还将依托院校和平台，重点培养一批有发展潜力的青年科学家和科技领军人才，打造"互联网+"、生命健康和新材料科创高地。

京津冀城市群的整体创新能力在国内有着明显的比较优势，其各类创新资源的富集程度、创新产出的规模和质量、各类创新主体的发育水平在全国居于领先地位。为实现京津冀科技资源信息共享，推动协同创新，2018 年建成京津冀科技资源创新服务平台，实现三地科技资源的数字化查询。京津冀城市群的研发投入水平在全国处于领先地位。2017 年京津冀城市群的研发强度为 3.09%，明显高于江浙沪地区的 2.81% 和广东省的 2.61%；其中，北京市研发强度高达 5.61%，远高于江浙沪地区与广东省，也超过经济合作与发展组织国家 2016 年 2.40% 的平均水平。京津冀城市群创新产出成果丰硕，2017 年京津冀城市群 SCI 科技论文发表数达 6.08 万篇，其中北京市 4.86 万篇，占全国的比重高达 16.71%，约为第二名江苏省的 1.57 倍，知识创新优势明显；2017 年京津冀城市群发明专利授权数有 5.69 万项，其中仅北京市的发明专利授权数就高达 4.61 万项，占全国的比重达 14.10%，高于其他发达省份，技术创新产出优势突出（张贵，2020）。北京市对京津冀城市群科技创新有显著贡献。2017 年，北京全社会研发经费支出占地区生产总值的 57%，居全国首位；万人发明专利拥有量 946 件，是全国平均水平的 96 倍；北京地区单位获国家科学技术奖数量占全国通用项目获奖总数的 36.1%。作为北京市建设全国科技创新中心的主平台，2017 年中关村科学城、怀柔科学城、未来科学城和北京经济技术开发区"三城一区"地区生产总值在北京占比超过 30%[①]。

粤港澳大湾区是兼具"金融—科技—制造"特色的潜力巨大的综合性湾区，具有经济规模庞大、产业体系完备、科教资源丰富、创新市场化程度高、环境开放包容的发展优势，以及"一国两制"的制度优势[②]。经过十几年的产业结构调整和科研倾斜，大湾区企业原始创新能力显著增强。粤港澳大湾区拥有一批科创园区，包括广州经济技术开发区、港深创新及科技园、横琴粤澳合作产业园、珠海国家高新技术产业开发区和中山火炬高技术产业开发区等，提高了大湾区内的科技成果转化能力（刘佳宁，2020）。粤港澳大湾区拥有 180 所高校，其中 5 所属于世界 100 强大学。有福布斯 500 强企业 16 家，有华为、比亚迪、腾讯等一大批世界领先的创新型科技企业，提升了粤港澳大湾区的整体创新水平。就区域内各地区而言，广东省研发投入总量已超 2 800 亿元，有效发明专利量、PCT 国际专利申请量稳居全国首位；香港、澳门和广州拥有的高校和科研机构较多，基础研究能力较强；深圳在人工智能、信息技术及生物医药等新兴产业领域拥有一批具有国际影响力的企业。

综合来看，成渝地区双城经济圈科技创新有一定基础但仍有较大发展空间，长三角

---

① 巨变京津冀之一｜"科技"与"城市"同频共振. https://www.sohu.com/a/297774001_268453?sec=wd, 2019-02-26.
② 多措并举打造粤港澳创新生态系统. http://www.china.com.cn/opinion/think/2019-04-11/content_74668782.htm, 2019-04-11.

城市群创新人才及科技企业集聚程度高，京津冀依靠北京市的带动在创新能力方面全国领先，粤港澳大湾区创新市场化程度高且典型科技企业国际影响大。相比而言，成渝地区双城经济圈科技实力和创新驱动能力仍有待加强。

（四）金融发展

成渝地区双城经济圈金融市场不断壮大，虽具备金融一体化发展的基础条件，但成渝两地金融体系发育程度有一定差异。据不完全统计，成渝地区双城经济圈内各类金融中介机构的数量合计近5 000家，存贷款总量超过15万亿元。成渝两市资金总量基本相当，截至2019年6月末，成都、重庆金融机构本外币各项存款余额总量分别为3.96万亿元、3.99万亿元，两市资金总量占到西部十省市的23.1%，已形成明显的区域资金极。从金融深化程度看（即资金总量比地区生产总值），成都金融深化程度（5.14）高于重庆（3.86），同时金融市场规模在西部具有较大优势，证券交易、保费收入等总量和增速全面领先重庆，资金集聚能力较重庆更具比较优势。截至2019年8月末，成都跨境结算量、股权投资基金对外投资额等居西部城市第一，其中跨境结算金额是重庆的6.24倍，股权投资投向省外比例达85%（重庆为50%），成都金融市场和资金辐射能力及吞吐能力高于重庆。

2019年12月末，长三角地区本外币各项存款余额为47.6万亿元，占全国比重为24.0%，同比增长9.9%，比全国高1.3个百分点；各项贷款余额为38.2万亿元，占全国比重为24.1%，同比增长13.5%，比全国高1.6个百分点[1]。2003年和2018年，长三角地区人均存贷款总额由3.43万元增加到25.07万元，增加6.3倍，年均增长14.18%。截至2019年底，长三角全部城市金融业增加值占地区生产总值比重的均值首超7%，金融业已经成为长三角区域重点行业，重要性日益凸显。沪、苏、杭三市科创板企业数量占长三角的七成以上，企业市值份额占八成以上。注册制将进一步释放资本市场改革红利，长三角区域有望形成以陆家嘴金融城为门户型枢纽、区域级金融中心城市为依托、若干功能性金融节点为补充的全新区域一体化金融格局。上海建设国际金融中心成为长三角金融发展的重要引领。上海浦东起步发展时就使用"金融先行"策略，注重发挥金融的创新引领作用。上海已成为全球金融要素市场集聚度最高的城市之一。股票、债券、期货、货币、票据、外汇、黄金、保险、信托等各类全国性金融要素市场在这里齐聚，直接融资额超过12万亿元。同时，上海也是全球金融基础设施最完善、金融产品最丰富的城市之一。人民币跨境支付系统、原油期货交易平台、上海清算所、上海保交所、上海票交所、科创板等一大批新型金融基础设施相继设立，"沪港通""债券通""沪伦通"、黄金国际板、国债期货等重大金融工具以及跨境人民币业务、投贷联动、跨境ETF（exchange traded funds，交易型开放式指数基金）等业务创新在上海齐聚，为跨境资金的互联互通、金融产品安全高效交易提供了有力支持，对区域和全国实体经济发展起到重要作用[2]。

① 央行报告：2019年长三角GDP23.7万亿元 占全国逾两成. https://baijiahao.baidu.com/s?id=1668743168611590483&wfr=spider&for=pc，2020-06-06.

② 上海国际金融中心建设迈向新征程. http://www.sh.xinhuanet.com/2020-09/25/c_139395436.htm，2020-09-25.

从存贷款余额变动情况看，京津冀城市群金融发展稳健。2017 年京津冀城市群金融机构存款余额为 22.65 万亿元，贷款余额为 13.35 万亿元；2019 年存款余额为 27.44 万亿元，贷款余额为 16.42 万亿元；三年间存款余额增幅 21.15%，贷款余额增幅 23.00%，资金的使用效率有所提高，金融业作为经济强有力的支持正在快速发展。京津冀城市群是中国上市公司较为密集的区域之一，近年来京津冀城市群上市公司数占全国比重的 12%左右。京津冀城市群中，北京市依靠独特的优势吸引了大量金融机构在此设立总部，从而带来庞大的金融资源聚集。2019 年，北京市各类持牌法人金融机构总部超过 800 家，资产总量超过 148 万亿元，占全国的 50%以上。亚洲基础设施投资银行、丝路基金、亚洲金融合作协会等一批国际金融合作组织均在北京设立。目前京津冀城市群的金融资源主要集中在北京地区，但随着京津冀协同发展战略的逐步推进，城市群内部各地区加大金融合作与金融分工，通过疏散北京过多的非首都功能，实现资本要素的重新聚集。此外，中国人民银行总行于 2016 年指导京津冀三地分支机构建立了协调机制，三地建立区域金融风险联防联控机制。据中国银行保险监督管理委员会数据，2018 年末北京银行业支持京津冀协同发展融资余额达 10 110.82 亿元，京津冀协同发展的金融服务体系不断完善。

粤港澳大湾区金融体系健全，金融市场发育好，金融业规模大，对支撑区域经济发展有巨大促进作用。粤港澳大湾区拥有广州、深圳和香港三大金融重镇，正在形成以香港为龙头，以广州、深圳、澳门、珠海为依托，以南沙、前海和横琴为节点的大湾区金融核心圈。经过几十年的改革开放，尤其是随着《内地与香港关于建立更紧密经贸关系的安排》的签订，粤港澳大湾区内各城市之间的金融联系日益密切，金融合作不断深化。大湾区内有香港交易所和深圳证券交易所，香港在全球金融中心中仅次于纽约和伦敦，为全球第三大金融中心；全球前 100 家大银行中有七成均在香港设立分支机构，并且香港证券市场是全国最大的 IPO（initial public offering，首次公开募股）市场和融资中心。深圳为国内重要的金融中心，也是风险投资最活跃的地方，集聚了招商银行、平安保险、国信证券等国内外不同类型的金融机构。广州是中国金融业创新发展的重要城市，金融业已成为广州实体经济发展和转型的主要推动力，并形成了科技金融、文化金融、绿色金融、民间金融等独具特色的金融业创新发展模式。粤港澳大湾区金融业总体规模已达世界级水平，2012~2018 年金融业增加值从 2 189.8 亿元增加到 11 608.17 亿元。根据 2020 年 3 月公布的第 27 期全球金融中心指数排名，粤港澳大湾区中共有三个城市跻身全球金融中心 20 强，香港排名第 6 位，深圳排名第 11 位，广州排名第 19 位，展示了粤港澳大湾区雄厚的金融实力（郭跃文等，2020）。

比较来看，成渝地区双城经济圈金融发展有一定基础但与东部地区仍有较大差距，长三角城市群依托上海建设国际金融中心将在未来引领全国金融发展，京津冀城市群金融资源主要集聚在北京市，但区域内金融协同发展趋势向好，粤港澳大湾区金融发展程度最高且香港在全球金融体系中扮演重要角色。

三、对成渝地区双城经济圈建设的启示

对比粤港澳、长三角和京津冀三大经济区，成渝地区双城经济圈在经济总量、产业

结构、科技研发强度、高新技术企业产值总量以及科技创新对经济增长的带动程度等方面，都还存在一定差距。只有"牢固树立一盘棋思想和一体化发展理念，健全合作机制"，体现区域优势和特色，成渝地区双城经济圈才能成为带动全国高质量发展的重要增长极和新的动力源。

一是成渝地区双城经济圈要加快补短板，充分发挥后发优势，拓展发展空间。与其他经济区相比，成渝地区双城经济圈产业体系、基础设施、开放程度等方面发展仍显滞后，但区域发展潜力和后发优势明显。新时代高质量发展目标对城市群的建设发展提出新的要求，成渝地区双城经济圈既可以吸收借鉴三大经济区或城市群的发展经验，也可以结合时代的新要求积极谋划更科学合理的发展路径。成渝地区双城经济圈应紧抓新型城镇化、"一带一路"和长江经济带建设的重大机遇，大力推动区域补短板、连通大开放，积极主动谋划更为科学、合理、符合区域实际的发展路径，充分利用好后发优势，更好地担当国家使命和服务国家战略全局。

二是成渝地区双城经济圈要加大开放发展步伐，加快构建成为内陆改革开放新高地。开放带来进步，封闭导致落后。当前我国发展的国内国际环境继续发生深刻复杂变化，推动成渝地区双城经济圈建设，有利于形成优势互补、高质量发展的区域经济布局，有利于拓展市场空间、优化和稳定产业链供应链，是构建以国内大循环为主体、国内国际双循环相互促进的新发展格局的一项重大举措。从对外开放程度来看，粤港澳大湾区历经 40 年的发展，目前已成为中国开放程度最高、经济活力最强的区域之一，开放水平远高于成渝地区双城经济圈。2019 年全年重庆市货物进出口总额 5 792.78 亿元，四川省进出口总额 6 765.9 亿元，而上海市货物进出口总额高达 34 046.82 亿元，反映出成渝两地对外经济的劣势。其他经济区的发展实践表明，不断扩大开放有利于区域要素集聚和经济活力提升。以成都、重庆两市为引领，成渝地区双城经济圈应坚定不移加快开放发展步伐，"双循环"背景下利用区域资源和优势加强内外联系，打造成为内陆改革开放新高地，助推形成陆海内外联动、东西双向互济的对外开放新格局。

三是成渝地区双城经济圈要充分利用川渝地缘相近、人文相通的优势，在发展中将特殊资源禀赋凝聚成发展优势。川渝两地历史同脉、文化同源、地理同域、经济同体，在经济产业、公共服务、人才创新等方面具有"一盘棋"发展的先天条件。牢固树立"一盘棋"思想和一体化发展理念，是推动成渝地区双城经济圈建设系统工程的必要内容。成渝地区是我国西部人口集聚地，常住人口规模庞大。2017~2019 年，成渝地区双城经济圈累计增长 111.51 万人，2019 年人口密度为 544 人/千米^2，并且近年来西部地区人口回流趋势明显，区域经济增长的劳动力储备较为充足，具备着成为具有全国影响力城市群的基础。成渝两地在国际上的吸引力逐年上升，截至 2018 年末成都外籍商旅人士已达 69 万，常住外国人 1.74 万，往来外籍人员数量位居中西部城市之首。截至 2019 年，在川落户世界 500 强企业累计达到 352 家，其中境外世界 500 强企业累计达 247 家。成都和重庆两市要充分发挥都市圈核心城市的优势，积极挖掘协作内容和共同发展基础，创新行政管理体制机制，实现更广泛、更深层、更优质的协同发展，打造"双核"引领城市群发展的标杆。

第四节　发展路径

一、突出中心城市"带得动"，写好极核发展篇

成渝地区双城经济圈是典型极核型经济，重庆主城区和成都两个中心城市在成渝地区具有双核特点。虽然世界各国往往将地广人稀视为经济发展的有利条件，但是几乎所有发达国家都不同程度地呈现人口、经济的集聚，也正是这种集聚带来了经济繁荣。从历史经验来看，违背市场规律而一味地寻求将人口从经济集聚区域转移出去的代价是巨大甚至徒劳的。例如，日本东京曾制定"首都功能分散计划"，在其后的十年里，东京人口的确下降了，但是却产生了"失去的十年"。因此，需要突出中心城市"带得动"，写好极核发展篇。一是提升中心城市的带动力，充分彰显极化效应，形成带动高质量发展的新动力源。跳出区域中心城市的定位，进一步增强中心城市的集聚势能，强化中心城市带动作用，发挥成渝两地各自比较优势，形成以城市群为主要形态的增长动力源。通过城市化和工业化发展促进经济集聚，充分发挥县域经济的活力，大力发展符合比较优势的劳动密集型企业，从公共品建设、土地政策、财税政策等方面支持产业集群发展，真正实现产业集群的规模效率、分工效率和结构效率。鼓励与推动成都和重庆在世界城市体系中去竞争，提升国际竞争力，促进世界各地经济要素向"双城"流动，用更高的站位引领城市跨越式发展。积极推进两地"强强合作"，着力实现在更广范围、更高层次，以更大力度协同推进产业协同平台建设，合作共建高质量发展的重要增长极。充分发挥产业集群比较优势，合理引导产业集群的转型升级和质量提升，建立具有区域特色的集群品牌。二是做顺做优传动系统，发挥好涓滴效应，做好动力的低损耗传导。切实做好"硬接软连"下半篇文章，在公共服务和民生工程有机"软连"上下功夫，建立跨区域公共服务、基础设施"同城化"机制，探索实现成渝品质生活圈内教育、医疗、文化等优质服务资源一卡通共享，实现成渝全域的民共享、民共乐。建立兼具工作、生活和娱乐功能的经济集聚体，促进"小乡大集镇、小县大城关"的建设，真正实现"产业和城镇融合发展"。提升对外形象，打造城市的软实力，不断提升市民和游客的幸福感和满意度。优先推进城市间轨道交通服务公交化运营、城市公共服务的跨市办理和陆路航空水运的协作发展。

二、重视纵深空间"承得起"，做好腹地承接事

成渝地区双城经济圈内的广阔经济腹地发展相对滞后，容易出现"中部塌陷"问题，尤其是县域。因此，需要重视纵深空间"承得起"，做好腹地承接事。一是加强良好分工协作，力戒单打独斗。站在国家层面的高度来谋划成渝地区整体的产业链、价值链和创新链，加强构建高效分工、错位发展、有序竞争、相互配合的现代产业体系，优化双极核与经济腹地间的产业布局、价值链布局和研发布局，重点推进中心城市除总部、研发和消费中心外的功能向经济腹地梯度转移。协同打造军民融合产业体系。积极打造跨区域协同产业园区，形成跨区域的产业协作良性机制。二是逐步缩小区域内差

距，优化腹地的发展层次。厚植天府之国本底，传承巴蜀文化精神，以文化融合与交流为平台，增强成渝两地文化的认同感，以特色消费文化引领发展。以成渝旅游大环线建设为抓手，积极推进重庆、成都共建巴蜀文化旅游走廊，重点打造巴蜀文明寻觅线、长江上游水游线、麻辣追味巴适线等特色线路，有机串联并带动腹地后发地区发展。适度根据区域内发展不平衡现状进行倾斜，不断优化营商环境，科学引导经济要素向腹地后发城市流动，推进后发地区加快发展。

三、唱响成渝联动"双城记"，奏好创新合作曲

成渝地区双城经济圈是依托成都与重庆两大城市的双核经济圈，两个中心城市在各自区域居于首位，有各种创新发展优势，又存在一定的竞争关系。因此，需要唱响成渝联动"双城记"，奏好创新合作曲。一是做好中心城市协同创新。破除省域概念，从有利于整体创新能力提升角度出发，推进成都与重庆由竞争转向竞合，加快区域协同创新体制建设。在创新资源集聚、匹配和使用方面深度合作，实现创新人才的共育、创新基地的共建、创新成果的共享，推进中心城市高校和科研院所成为协同创新动力培养的主阵地，推动两地企业成为协同创新的先行者。二是做好区域内创新资源的有机整合。立足成渝地区双城经济圈"一盘棋"思路，突破既有创新资源格局的束缚，通过规划布局和市场引导双管齐下，促进创新资源向重点区域集聚、匹配和组合，促进科技成果转化和产业化，加快形成区域整体合作创新发展优势。

四、保障外围区域"接得上"，打好边缘连接战

成渝地区双城经济圈已形成"中心—外围"型的圈层发展结构，中心经济辐射力向外逐层衰减，不可避免形成边缘化的外围区域，一定程度上会进一步加剧区域内部发展不平衡。边缘化的外围区域是成渝经济圈发展的短板，保障外围区域接得上成渝经济圈发展态势是其成为第四增长极的必然要求。因此，需要保障外围区域"接得上"，打好边缘连接战。一是提升边缘区域与两大中心城市的物理连接顺畅度。抓好川东和渝西区域的交通、通信、物流供应系统无差别连接，推动公共服务资源合理配置，基本公共服务普惠共享。解决好省际连接的错位、缺位与失位，加快畅通"瓶颈梗""断头路"，抓好连接大通道出口的合理布局。二是探索在外圈区域率先建立成渝合作优先产业园。积极向中央争取在优先产业园先行实施成渝地区叠加优惠政策，以优先产业园为抓手，做好成渝地区经济合作示范，推进边缘区域加快发展。

第五节　本章小结

形成重要经济增长极是经济高质量发展的关键：一方面能够带来区域经济内部的经济高质量发展，另一方面能够提升区域整体经济实力和经济能力，支撑国家整体经济高质量发展。随着新一轮西部大开发等一系列国家战略的实施，成都和重庆经济发展进入快车道，成都和重庆地区生产总值均进入中国城市前十强。成渝地区双城经济圈建设将

进一步推进成渝地区的密切合作，成为经济增长第四极的有力竞争者。然而，成渝地区双城经济圈仍然存在能级不足，成渝地区内部和与其他经济区存在较激烈的竞争关系、合作力度不足，成渝地区内部各区域仍然存在一些经济短板，这都将给成渝地区双城经济圈形成重要经济增长极、进一步成为第四增长极带来一定的挑战。通过审视和比较成渝地区双城经济圈与三大经济区的优劣势，本章提出突出中心城市"带得动"，写好极核发展篇；重视纵深空间"承得起"，做好腹地承接事；唱响成渝联动"双城记"，奏好创新合作曲；保障外围区域"接得上"，打好边缘连接战等四大建议。

参 考 文 献

安蓓. 2019-12-06. 引领高质量发展的重大战略举措——聚焦《长三角区域一体化发展规划纲要》. http://www.xinhuanet.com/politics/2019-12/06/c_1125317888.htm.

安虎森. 1997. 增长极理论评述. 南开经济评论，（1）：31-37.

陈璐. 2020. 河北蓝皮书：京津冀协同发展报告（2020）. 北京：社会科学文献出版社.

高威. 2020-10-28. 新发展理念下科技创新驱动成渝地区一体化发展. http://www.bswxw.com/bsyw/content_381582.

郭跃文，等. 2020. 粤港澳大湾区蓝皮书：粤港澳大湾区建设报告（2019）. 北京：人民出版社.

国家统计局. 2019-12-13. 京津冀区域产业协同发展成效显著. http://www.stats.gov.cn/tjsj/zxfb/201912/t20191213_1717382.html.

李后强. 2020-5-21. "双星"辉映的成渝地区双城经济圈 有望成为世界级城市群. https://baijiahao.baidu.com/s?id=1667254161167836080&wfr=spider&for=pc.

刘佳宁. 2020. 粤港澳大湾区科技金融协同发展路径研究. 南方金融，（9）：1-9.

世界银行. 2009. 2009 年世界发展报告：重塑世界经济地理. 北京：清华大学出版社.

张贵. 2020. 京津冀蓝皮书：京津冀经济社会发展报告 2019. 北京：社会科学文献出版社.

Fujita M，Thisse J F，2002. Economics of Agglomeration：Cities，Industrial Location，and Globalization. Cambridge：Cambridge University Press.

第二章 成渝地区双城经济圈：
建设重要经济中心

建设重要经济中心是党中央赋予成渝地区双城经济圈的核心任务之一。经济中心的建设需要尊重客观经济发展规律，充分挖掘比较优势，发挥极核城市的集聚与辐射作用，形成引领带动能力显著的高质量增长极，着力构建区域经济更高水平协调发展格局。21 世纪以来，成渝地区经济发展较快，为打造全国第四增长极奠定了坚实基础，形成建设国家级经济中心的产业支撑、就业支撑、投资支撑和空间支撑。成渝地区建设具有全国影响的重要经济中心在建链强链、创新能力、梯度格局、人力资本、跨域合作方面还存在着明显的制约。成渝地区双城经济圈建成国家级重要经济中心的实践需要依托协同布局的产业、牢固的动能基础、联动的空间结构、有效的聚才基础和协同的机制设计。

第一节 发 展 现 状

成渝地区双城经济圈建设具有全国影响的重要经济中心定位是基于坚实的发展现实而提出的。立足制度设计的视角分析，成渝地区经历了成渝经济区和成渝城市群两大国家战略实施的历史积淀与制度累积，奠定了区域经济发展新时代背景下成渝地区双城经济圈的制度设计基础。从经济发展的总体情况看，成渝地区的经济发展历经快速的"量变"已达到"质变"门槛，提出成渝地区双城经济圈的实践逻辑自洽。

一、成渝地区顶层制度设计的演进历程

成渝地区双城经济圈是党中央基于"全国一盘棋"的总体考量，结合 21 世纪以来成渝地区经济发展的实际情况，顺应新时代高质量发展要求制定的重大区域经济发展战略。从顶层设计视角分析，为在西部地区形成重要的经济中心和国家层面的经济增长极，成渝地区经历了国家级发展战略层面上的三个阶段升华："打基础"的成渝经济区、"强支撑"的成渝城市群和"提质量"的成渝地区双城经济圈。这种顶层设计的制度累积有利于政策延续，释放叠加效应，为在成渝地区建设国家级重要经济中心的定位提供了充分的依据。

（一）成渝经济区：打基础

2003 年，中国科学院地理科学与资源研究所研究报告《中国西部大开发重点区域规划前期研究》指出，要积极构建以成渝两大都市为中心、各级中心城市相互联系和合作的中国西部最大的双核城市群，形成西部大开发的最大战略支撑点。"成渝经济区"的概念首次出现在相关报告中，形成日后成渝地区协同发展的政策基础。2011 年 5 月，《成渝经济区区域规划》经国务院常务会议获正式同意批复。会议指出，在新形势下加快成渝经济区发展，对深入推进西部大开发、促进全国区域协调发展、增强国家综合实力具有重要意义。在这一文件中，"川内 15 市+重庆 27 区县"的成渝城市群范围被正式确定，为日后成渝城市群发展划清空间范围打下了良好的政策基础。

（二）成渝城市群：强支撑

2016 年 4 月，国务院印发《国务院关于成渝城市群发展规划的批复》。该规划明确了成渝城市群未来发展的主要目标，即到 2020 年，基本建成经济充满活力、生活品质优良、生态环境优美的国家级城市群；到 2030 年，重庆、成都等国家中心城市的辐射带动作用明显增强，实现由国家级城市群向世界级城市群的历史性跨越。在这一区域发展规划指导下，成渝城市群确立了"两步走"发展战略，"双城带动""协调发展"的相关政策目标得以确立，成渝城市群未来发展目标进一步清晰，政策支撑性进一步增强。

（三）双城经济圈：提质量

《2019 年新型城镇化建设重点任务》明确将成渝城市群与京津冀城市群、长三角城市群和粤港澳城市群并列，在国家层面上首次被定义为"四大城市群之一"。在2020 年 1 月 3 日召开的中央财经委员会第六次会议上，习近平总书记对建设"成渝地区双城经济圈"进行了专题部署。会议指出，要强化重庆和成都的中心城市带动作用，使成渝地区成为具有全国影响力的重要经济中心、科技创新中心、改革开放新高地、高品质生活宜居地，助推高质量发展；要加强顶层设计和统筹协调，突出中心城市带动作用，强化要素市场化配置，牢固树立一体化发展理念，做到统一谋划、一体部署、相互协作、共同实施，唱好"双城记"。至此，成渝城市群这一概念被升华为"成渝地区双城经济圈"，在强调成渝双核引领的同时，进一步明确成渝地区双城经济圈的国家重要经济中心地位与区域高质量发展目标，将成渝地区一体化协同发展提升到了新的阶段。

二、成渝地区双城经济圈发展的总体概况

自西部大开发以来，成渝地区的经济快速发展，尤其是成渝地区的经济发展上升至国家级战略层面之后的经济发展成绩极为突出。由 2010~2019 年成渝地区经济发展的总体情况分析可知：成渝地区双城经济圈的经济规模不断扩大，增长势头较为显著；经济发展效益持续优化，集聚能力逐步提升；中心—外围特征突出，极核辐射效应明显。

（一）经济规模不断扩大，增长势头较为显著

图 2-1 报告了 2010~2019 年成渝地区双城经济圈的地区生产总值。由此可知，成渝

地区双城经济圈样本期内的经济体量呈现明显的上升趋势。2010 年成渝地区双城经济圈的地区生产总值约 23 153.5 亿元，至 2019 年已增长为 65 060.5 亿元，约是 2010 年的 2.8 倍。这为建设重要经济中心奠定了良好的物质基础。

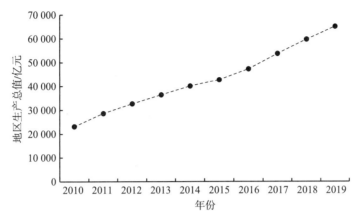

图 2-1　2010~2019 年成渝地区双城经济圈地区生产总值

资料来源：历年《四川统计年鉴》《重庆统计年鉴》

　　成渝地区双城经济圈长期保持中高速的经济增长，且增势良好。2010~2019 年，成渝地区双城经济圈的经济体量以每年实际增加约 12.2%的速度快速扩张，这一实际经济增速显著高于其他三个国家级增长极在相同时间区间内的实际经济增速。另外，图 2-2 显示，除 2018 年以外，成渝地区双城经济圈每一截面的同比增速均高于长三角、珠三角和京津冀地区。这说明尽管成渝地区双城经济圈的经济体量与其他三个国家级增长极的经济规模还有差距，但追赶势头强劲，且已基本形成了增长极的发展基础，与建成我国第四个经济中心的差距明显缩小。

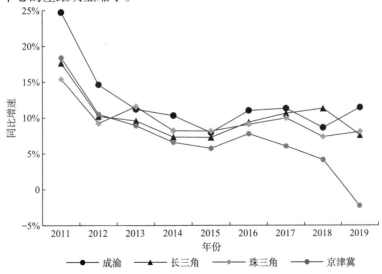

图 2-2　四大增长极地区生产总值的同比增速

资料来源：历年《四川统计年鉴》《重庆统计年鉴》《中国城市统计年鉴》

（二）经济发展效益持续优化，集聚能力逐步提升

国际上通常使用人均地区生产总值指标衡量经济发展效益。2010~2019 年，成渝地区双城经济圈的经济发展效益呈上升趋势（图 2-3）。2010 年，成渝地区双城经济圈的人均地区生产总值约为 23 411.9 元，2019 年的人均地区生产总值高达 63 531 元，约是 2010 年的 2.7 倍。可见，成渝地区双城经济圈经济发展的效益与质量出现显著改善。

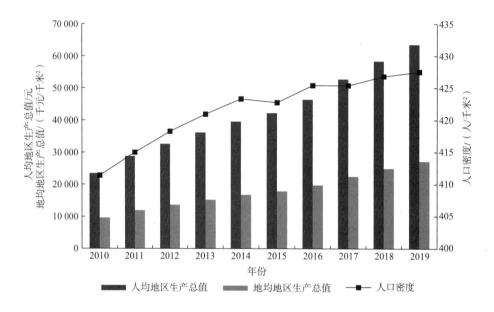

图 2-3　成渝地区双城经济圈的人均地区生产总值、地均地区生产总值与人口密度
由于缺乏重庆市区县级行政面积数据，此处的地均地区生产总值及人口密度使用重庆市全域的数据进行测算
资料来源：历年《四川统计年鉴》《重庆统计年鉴》

成渝地区双城经济圈经济发展效益明显提升的同时，地均产出规模与人口密度也在不断壮大，经济集聚能力也呈现出日益增强的特点。2019 年，成渝地区双城经济圈的地均地区生产总值约为 27 160.7 千元/千米²，较 2010 年增长了 1.8 倍；同期间的人口密度也出现了缓慢的提高。这表明，成渝地区双城经济圈的土地、人口等经济要素利用效率逐年改善，集聚效应显著释放，凸显了经济中心的重要特质。

（三）中心—外围特征突出，极核辐射效应明显

世界区域经济发展规律表明，经济中心的形成必然会出现"中心—外围"的区域空间开发模式。中心—外围发展模式下，增长极核以超强的集聚能力率先发展，区域内部的发展差距明显扩大，而后极核的辐射效应逐步释放，促进区域内部发展差距缩小。

成渝地区双城经济圈内部的经济发展差距较为明显，极核的区域中心特征突出。图 2-4 报告了 2019 年各市（区、县）的人均地区生产总值排序情况。人均地区生产总值

高于成渝地区双城经济圈平均水平的市（区、县）仅有 18 个，且重庆范围主要是九大主城区，四川范围主要是成都与德阳两市。特别强调，作为成渝地区双城经济圈极核之一的"成德眉资"四个城市中的眉山和资阳需要加快发展，缩小与其他极核市（区、县）的差距。

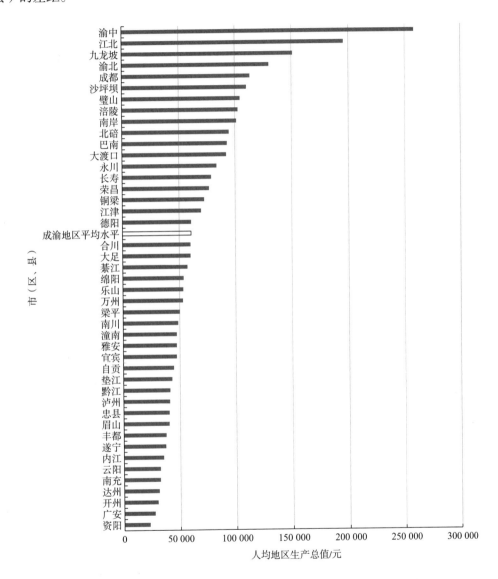

图 2-4　成渝地区双城经济圈 2019 年的市（区、县）人均地区生产总值

资料来源：历年《四川统计年鉴》《重庆统计年鉴》

　　为探究其内部发展差距的动态演化，此处进一步计算成渝地区双城经济圈 2000~2019 年各市（区、县）的泰尔（Theil）指数，计算方法如式（2-1）所示。其中，TBR_t 代表全国 i 区域间的差异，TWR_t 代表 i 区域内部 s 城市间总差异。由于仅讨论成

渝双城经济圈内部各城市总差异，因此可忽略 TBR_t 部分，仅针对 TWR_t 部分，并去除 $\dfrac{GDP_{it}}{GDP_t}$ 区域权重项进行计算。因此，简化后的泰尔指数如式（2-2）所示。以该公式计算的成渝地区双城经济圈泰尔指数详见图 2-5。

$$TP_t = TBR_t + TWR_t$$

$$= \sum \frac{GDP_{it}}{GDP_t}\left|\ln \frac{\dfrac{GDP_{it}}{N_{it}}}{\dfrac{GDP_t}{N_t}}\right| + \sum \frac{GDP_{it}}{GDP_t}\sum \frac{GDP_{sit}}{GDP_{st}}\left|\ln \frac{\dfrac{GDP_{sit}}{N_{sit}}}{\dfrac{GDP_{it}}{N_{it}}}\right| \qquad (2\text{-}1)$$

$$TP_t = \sum \frac{GDP_{sit}}{GDP_{st}}\left|\ln \frac{\dfrac{GDP_{sit}}{N_{sit}}}{\dfrac{GDP_{it}}{N_{it}}}\right| \qquad (2\text{-}2)$$

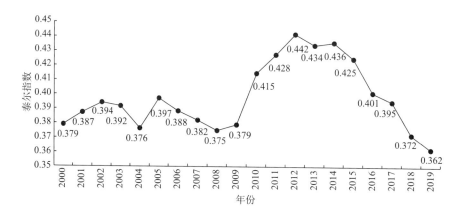

图 2-5　成渝地区双城经济圈的泰尔指数

资料来源：作者自行测算

　　图 2-5 显示，成渝地区双城经济圈空间范围内部发展差距的动态演进可分为三个时间段：2000~2009 年、2010~2014 年及 2015~2019 年。第一阶段（2000~2009 年）成渝地区内部市（区、县）的发展差距相对稳定，泰尔指数在 0.38 左右波动。第二阶段（2010~2014 年）成渝地区内部市（区、县）的发展差距显著扩大，泰尔指数也在这一阶段达到了整个样本期内的最大值0.442，可能的原因是成渝经济区规划出台，成渝一体化进程加快，成渝两大中心城市的集聚强度随政策支持而不断增强，使得中心与外围区域之间的发展差距迅速拉大。此后，在 2015~2019 年的第三阶段，成渝地区内部市（区、县）的发展差距显著缩小，泰尔指数在2019 年已经降至时间窗口范围内的最小值0.362。背后深层次的原因是，随着成渝城市群、成渝地区双城经济圈的顺次提出与实践，两大中心城市向外释放发展红利，体现出较强的正向空间溢出效应，对该区域经济增长的拉动作用日益明显，使得成渝地区内部市（区、县）的发展差距加速缩小。成渝地区双城经济圈内部发展差距的时序演化，展现了各城市由"集聚走向平

衡"的空间格局演变规律（陆铭和陈钊，2008），有利于加快建设国家级的重要经济中心。

第二节　结构支撑

新发展阶段下，在成渝地区建成国家级的重要经济中心是国家赋予成渝地区双城经济圈的重大任务。总的来看，成渝地区在产业发展、就业扩张、投资引力及空间结构四个方面的发展情况显现出支撑国家级重要经济中心建设的能力。

一、产业支撑

经济中心的形成需要建立在合理的产业及其结构基础上，应顺应产业发展与结构升级演进规律推进。根据 Kuznets（1955）的产业结构变迁理论，区域产业结构会经历主产业分别为第一产业、第二产业、第三产业的结构变动。目前来看，成渝地区双城经济圈的产业发展处于结构优化阶段，为经济中心的建设提供了良好支撑。

（一）产业结构持续优化

依据 2016 年《成渝城市群发展规划》中对成渝城市群的空间划分，选取四川 15 个地级城市及重庆的 27 个区、县数据加总值作为基础数据样本，并整理相应市（区、县）三大产业产值及占比的相关数据绘制图 2-6。

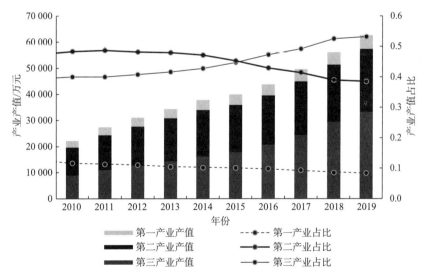

图 2-6　成渝地区双城经济圈三大产业产值及其占比的变化情况

资料来源：作者自行测算

在总量上，成渝地区双城经济圈呈现三次产业年增加值不断上升的趋势。其中，第三产业产值增长明显快于第一、二产业，体现了成渝地区整体产业结构不断优化的过程，与区域产业发展的一般性规律较为吻合。

在结构层面，虽然三次产业产值均逐年上升，但整体呈现"一产占比降低，二产占比先升后降，三产逐渐占据主导地位"的结构演化趋势。其中，第三产业于 2016 年增加值超过第二产业，并于 2018 年超过年地区生产总值的 50%，成为成渝地区双城经济圈经济发展的主要推动力。这一演化趋势体现了成渝地区双城经济圈产业结构不断优化、发展质量不断提高、发展动能逐步转化的轨迹，形成了建设重要经济中心的有力支撑。

（二）产业集聚趋势明显

区域产业发展通常依循"生产性服务业自发向中心城市集聚，制造业自发向外围城市集聚"的规律（Fujita et al.，2011）。参照《国民经济行业分类》（GB/T4754-2002）将生产性服务业划分为"交通运输业、信息传输及计算机服务业、金融业、科研技术服务及地质勘查业、租赁及商品服务业"五大行业，关于制造业的界定，使用相关就业数据[①]计算并比较成渝地区双城经济圈各市（区、县）2010年和2018年生产性服务业、制造业的区位商，详见表2-1。

表 2-1　成渝地区双城经济圈生产性服务业和制造业的区位商

城市	2010 年生产性服务业区位商	2018 年生产性服务业区位商	变化趋势	2010 年制造业区位商	2018 年制造业区位商	变化趋势
重庆	0.94	1.01	↑	0.99	1.12	↑
成都	0.99	1.30	↑	1.13	0.95	↓
自贡	1.13	0.90	↓	0.95	0.76	↓
泸州	0.89	0.48	↓	0.69	0.35	↓
德阳	0.77	0.63	↓	1.34	1.83	↑
绵阳	1.03	1.00	↓	1.5	1.15	↓
遂宁	0.52	0.43	↓	0.58	0.90	↑
内江	0.71	0.62	↓	0.79	0.98	↑
乐山	0.67	0.56	↓	1.23	0.85	↓
南充	1.12	0.82	↓	0.37	0.71	↑
宜宾	0.68	0.55	↓	1.37	1.43	↑
广安	0.93	0.48	↓	0.05	1.12	↑
达州	0.94	0.60	↓	0.39	0.71	↑
资阳	0.65	0.75	↑	0.97	0.92	↓
眉山	0.66	0.45	↓	1.15	1.04	↓

---

① 由于缺乏重庆市各区县就业数据，本章将重庆市作为整体纳入分析，且该数据截止于2018年，故年份为2010年及2018年两截面。

续表

城市	2010年生产性服务业区位商	2018年生产性服务业区位商	变化趋势	2010年制造业区位商	2018年制造业区位商	变化趋势
雅安	0.82	0.66	↓	0.58	0.59	↑
区位商上升	重庆、成都、资阳			重庆、德阳、遂宁、内江、南充、宜宾、广安、达州、雅安		

资料来源：根据历年《四川统计年鉴》《重庆统计年鉴》整理计算

　　成渝地区双城经济圈内部整体呈现生产性服务业向成渝两大中心城市集聚的趋势。除资阳的生产性服务业区位商略微上升外，生产性服务业仅成渝两地出现集聚度大幅增加的趋势，体现了中心城市具备较高的生产性服务业聚集能力。

　　在制造业方面，整体呈现外围城市集聚度不断上升的变化趋势，尤其以德阳、广安最为突出。相对地，成都制造业集聚度出现了大幅下降，制造业向外转移、生产性服务业向内集聚的产业转移趋势显著，显现出成都"集约化、规模化、涓滴化"的产业发展模式。与四川不同，重庆的制造业集聚度却同样得以上升，说明在集聚生产性服务业的同时，重庆出现明显的制造业转移趋势。可能的原因在于以重庆全域为观测样本、重庆内部各区县发展水平差距较大，这使得重庆制造业更多地在区域内转移。

二、就业支撑

　　就业是区域经济发展活力的重要衡量指标，也是一个区域能否成为重要经济中心的关键评判指标。总体上，成渝地区双城经济圈长期向好的就业效果与持续优化的就业结构为打造经济中心提供了较好的支撑。

（一）就业效果长期向好

　　图2-7报告了成渝地区双城经济圈的就业规模与失业率。其中，图2-7（a）描绘了2010~2019年成渝地区双城经济圈整体的就业规模与失业率变动情况；图2-7（b）展示的是2019年成渝地区双城经济圈各市（区、县）①的就业规模与失业率。

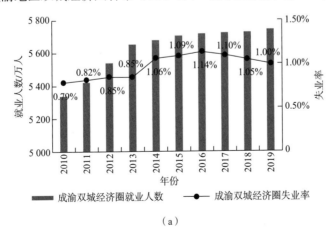

（a）

---

① 由于2009年及以后缺乏重庆各区县就业统计数据，这里以重庆全域的就业进行替代。

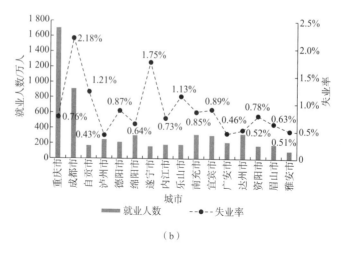

（b）

图 2-7 成渝地区双城经济圈的就业规模与失业率

资料来源：历年《四川统计年鉴》《重庆统计年鉴》

总体来看，成渝地区双城经济圈创造就业与吸纳就业的能力不断增强，就业效果显示出长期向好特征。由图 2-7（a）可知，成渝地区双城经济圈对劳动力的需求不断上涨，就业总量明显上升；此外，成渝地区双城经济圈的失业率在 1%左右波动，显著低于全国平均的失业率水平。这也进一步说明成渝地区双城经济圈经济活力较高，具备在建设重要经济中心过程中较强的解决就业问题能力。

分个体看，成渝地区双城经济圈各市（区、县）在创造就业与吸纳就业方面有着明显的差异化特征。图 2-7（b）显示，一方面，成渝地区双城经济圈的极核提供就业机会、吸纳劳动力的实力大于非极核的市（区、县）；另一方面，成渝地区双城经济圈的劳动力市场供需不匹配现象在市（区、县）层面表现得较为明显。失业率大于 1%的有成都、自贡、遂宁和乐山，说明这四个城市就业形势不乐观，仍需加大劳动力市场以及完善就业帮扶等相关工作；泸州、广安、雅安和达州的失业率分别为 0.43%、0.46%、0.51%和 0.52%，表明这四个城市的吸纳就业能力与其经济实力相对匹配。

（二）就业结构持续改善

就业对建设经济中心的支撑不仅仅表现在创造就业岗位、吸纳就业人员的规模层面，还体现为与产业发展相匹配的结构层面。世界经济发展经验表明，经济中心的产业结构往往表现为非农化、服务化。与之相适应，就业结构也应出现如此规律性的调整。

成渝地区双城经济圈 2010~2018 年的第一产业、第二产业和第三产业就业人员占就业人员总量的比重如图 2-8 所示。首先，成渝地区双城经济圈的就业结构呈现出非农就业比重逐年提高的趋势，就业非农化的特征明显。其次，第二产业就业比重相对较为稳定，且 2015 年达到峰值以后出现了下滑迹象，这可能与制造业向智能化转型升级使得对一般性劳动力需求减少有关。最后，样本期内成渝地区双城经济圈第三产业就业占比由 2010 年的 32.1%逐年提升至 2018 年的 40.2%，说明第三产业吸纳就业的能力不断提升，而且已成为向社会提供就业机会的绝对主力。

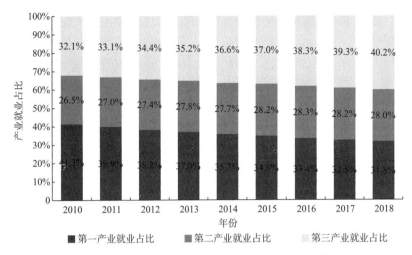

图 2-8 成渝地区双城经济圈的三次产业就业结构

资料来源：历年《四川统计年鉴》《重庆统计年鉴》

三、投资支撑

区域的投资规模、投资增速等不仅直接反映了当地经济活力和对资本的引力，也间接地说明了地区未来经济发展的潜力，是促进经济中心加速建设不可或缺的重要推动力。成渝地区双城经济圈在长期保持较高投资规模的同时，也注重引进国外的经济主体在辖区内开展产业投资，为重要经济中心的建设提供了有效支撑。

（一）固定资产投资保持增长趋势

固定资产投资是形成资本的基础，持续稳定的投资有利于经济稳定增长。这里使用 2010~2020 年的四川和重庆的全社会固定资产投资规模及其增速数据说明成渝地区双城经济圈的投资情况及其潜力，具体详见图 2-9。

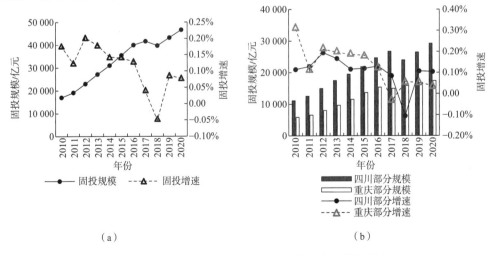

（a）　　　　　　　　　　　　　（b）

图 2-9 成渝地区双城经济圈的固定资产投资规模与增速

资料来源：历年《四川统计年鉴》《重庆统计年鉴》

　　整体上，成渝地区双城经济圈的投资吸引能力较强，固定资产投资规模体量较大、增势较好。图 2-9（a）显示，时间考察范围内成渝地区双城经济圈的全社会固定资产投资规模逐年壮大，2020 年已超过 4.6 万亿元。此外，受固定资产投资体量的增大以及受经济发展新常态下经济转型的可能影响，时间窗口内的固定资产投资增长速度自 2012 年以来出现明显的下滑趋势，但绝大多数年份依然保持了正向的增速，在 2018 年跌到谷底后，增速又出现了显著的上涨趋势。由此可知，成渝地区双城经济圈保持着吸引投资的潜力，长期投资的路径较为平稳，有利于持续支撑经济中心建设。

　　缩小空间尺度能够发现，成渝地区双城经济圈的四川部分和重庆部分的投资活力较高，但也存在"短期扩大、长期趋近"的差异化特征。图 2-9（b）显示，除重庆部分在 2017 年和四川部分在 2018 年的固定资产投资增速出现小幅下降外，四川部分和重庆部分的固定资产投资均出现了投资规模不断扩大的走势，而且投资增速也由"趋异"走向了"收敛"。这也从侧面说明成渝地区双城经济圈四川部分和重庆部分两大子区域的经济发展阶段已然接近，协同建设经济中心的基础较好。

（二）外商直接投资扩张势头良好

　　图 2-10 报告了成渝地区双城经济圈 2010~2018 年引进外商直接投资（foreign direct investment，FDI）的整体变化情况①。总体来看，尽管成渝地区双城经济圈的 FDI 规模及增速有明显波动，但也呈现出吸引外资能力稳定增强的特征。受国际金融危机对世界经济的负面冲击影响，成渝地区双城经济圈的 FDI 规模在 2014 年降至样本期的谷底。此后，在国家深度实施"一带一路"倡议的刺激下，成渝地区双城经济圈的 FDI 规模与增速反弹明显。这说明成渝地区双城经济圈的对外开放程度持续提高，吸引外资能力不断上升，境外资本在该区域的投资意愿显著增强。由此可见，成渝地区双城经济圈在世界经济网络中节点地位的明显提升，有利于"双循环"背景下加强本区域与世界的联系，加快经济中心建设。

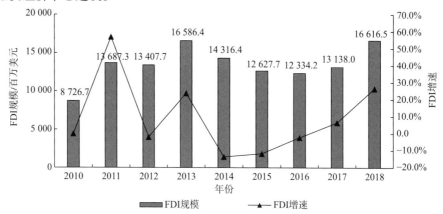

图 2-10　成渝地区双城经济圈的 FDI 规模与增速

资料来源：历年《四川统计年鉴》《重庆统计年鉴》

---

　　① 鉴于《重庆统计年鉴》缺少 2018 年以来的 FDI 数据，且也没有公开各区、县的 FDI 数据，此处使用重庆全市的 FDI 数据粗略衡量成渝地区双城经济圈重庆部分引进外资的总体水平。

四、空间支撑

合理的空间结构是提高城市及城市群承载力，完善区域功能布局，形成经济中心的重要支撑元素。成渝地区的城市经济历经多年发展，空间结构逐步趋于合理，已形成集聚经济功能较强的两大极核，辐射区域范围定形，带动能力正有序释放，这为两地携手构建国家级的经济中心提供了良好的空间载体。

（一）两大极核的引力势能显著

经典的引力模型在测度不同城市空间联系之时主要考虑经济、人口等规模因素，忽略了交通条件改善、经济发展因素等对城市间经济联系的重要影响。因而，此处将测度城市引力的地区生产总值或人口总量指标替换为一个基于多元指标体系复合的城市发展质量指数拓展经典的引力模型。测度城市发展质量的综合评价指标体系由三层构成，具体详见表2-2。

表 2-2　城市发展质量综合评价指标体系

一级指标	二级指标	三级指标
总体规模	人口规模	常住人口数/万人
	经济规模	地区生产总值/亿元
	土地规模	建设用地面积/平方千米
经济发展	消费水平	社会消费品零售总额/万元
	外贸水平	进出口总额/万元
	外资水平	实际利用外资/万美元
	财政水平	地方一般财政预算收入/万元
	产业结构	第三产业增加值占地区生产总值比重
交通条件	公路交通发展水平	道路面积/平方米
	道路桥梁发展潜力	道路桥梁固定资产投资/万元
	轨道交通发展水平	城市轨道交通长度/千米

注：城市轨道交通长度包括在建和建成长度综合，城市轨道交通包括地铁、轻轨、单轨、有轨、磁浮等

运用主成分分析法计算成渝地区双城经济圈空间范围内各城市经济发展综合得分 M_i，对传统引力模型进行调整后计算各城市间的空间联系强度 F_{ij}，公式如式（2-3）所示，再用最小最大标准化法[①]将城市质量调整至[1，1 000]范围内。其中，F_{ij} 为基于引力模型计算得出的 i 城市与 j 城市的空间联系强度；常数 G 为引力调整系数，通常取1；d 为 i 城市与 j 城市之间的直线距离。进一步，基于 WGS1984 投影坐标系下各城市间的几何中心距离进行测算；常数 b 为距离衰减系数，通常取2。进一步，可精确地度量城市间单方向影响，计算公式如式（2-4）和式（2-5）所示。其中，R_{ij} 为 i 城市对 j 城

---

① 最小最大标准化也叫离散标准化，是通过对原始数据进行线性变化，将数据映射到[0，1]之间，具体做法是 $x=\dfrac{x-\min}{\max-\min}$。为使数据更具美观性和可比性，这里再将通过此方法标准化后的数据全部乘以 1 000，且对最小值 0 加 1，最终使处理后的数据位于[1，1 000]之间。

市的影响系数，反之，R_{ji} 为 j 城市对 i 城市的影响系数；K_{ij} 为两城市间的权重系数，计算方法如式（2-6）所示。

$$F_{ij} = \frac{GM_i M_j}{d_{ij}^b} \tag{2-3}$$

$$R_{ij} = K_{ij} F_{ij} \tag{2-4}$$

$$R_{ji} = K_{ji} F_{ij} \tag{2-5}$$

$$K_{ij} = \frac{M_i}{M_i + M_j} \tag{2-6}$$

运用主成分分析方法，基于 2019 年《中国城市统计年鉴》《中国城市建设统计年鉴》中的相关数据，可以计算出成渝地区双城经济圈各市（区、县）的综合得分和城市发展质量，具体结果详见表 2-3。

表 2-3 成渝地区双城经济圈各城市综合得分及城市发展质量

城市	综合得分	城市发展质量	城市	综合得分	城市发展质量
成都	19.57	626.75	南充	−2.45	65.34
自贡	−2.93	52.95	眉山	−3.73	32.64
泸州	−2.86	54.73	宜宾	−2.93	52.89
德阳	−3.16	47.17	广安	−3.80	30.87
绵阳	−1.00	102.31	达州	−2.29	69.25
广元	−4.01	25.52	雅安	−4.67	8.61
遂宁	−3.69	33.56	资阳	−4.76	6.46
内江	−3.58	36.23	重庆	34.21	1 000.00
乐山	−2.90	53.65	中位数	−2.93	52.89

资料来源：作者自行测算

从表 2-3 中可以看出，成都和重庆的综合得分和城市发展质量均遥遥领先于成渝地区双城经济圈内的其他城市。由城市发展质量看，成都为 626.75，重庆为 1 000.00，而其他所有非极核城市的发展质量平均值仅为 42.07。需要说明的是，鉴于重庆区、县级的大量数据难以获得，这里将成渝地区双城经济圈重庆部分的空间范围界定为重庆全域，由此使得重庆的城市发展质量高于成都。

理论上，不同城市之间引力值的大小取决于城市发展质量和城市之间的地理距离。从表 2-4 中可以看出，除了少数体量过小、区位不佳的城市外，其余各个城市之间的引力值都不算太小，这表明成渝地区双城经济圈大多数城市之间的经济联系较为紧密；地理位置相隔较近的城市，如德阳和绵阳之间的引力值会明显偏大。此外，城市引力系数最为显著的特征是成都和重庆两大极核对其他非极核城市的引力要远远大于其他非极核城市之间的引力值。

表 2-4　成渝地区双城经济圈的引力值矩阵

城市	成都	自贡	泸州	德阳	绵阳	广元	遂宁	内江	乐山	南充	眉山	宜宾	广安	达州	雅安	资阳	重庆
成都																	
自贡	13.30																
泸州	6.15	4.12															
德阳	78.09	0.62	0.35														
绵阳	56.12	0.92	0.59	22.94													
广元	2.07	0.09	0.08	0.25	0.85												
遂宁	11.70	1.08	0.68	0.90	1.41	0.13											
内江	9.95	12.79	2.63	0.51	0.76	0.08	1.43										
乐山	21.78	2.79	0.90	0.74	1.03	0.09	0.53	1.20									
南充	10.96	0.83	0.73	1.10	2.32	0.38	3.50	0.86	0.51								
眉山	37.99	1.24	0.44	0.85	1.03	0.07	0.43	0.70	6.57	0.39							
宜宾	7.08	6.03	4.47	0.36	0.57	0.07	0.47	1.84	1.87	0.49	0.67						
广安	3.25	0.34	0.37	0.29	0.60	0.12	0.79	0.35	0.19	5.49	0.13	0.22					
达州	3.97	0.33	0.36	0.38	0.89	0.36	0.49	0.29	0.23	2.29	0.16	0.24	1.60				
雅安	4.03	0.14	0.07	0.14	0.19	0.01	0.06	0.08	0.67	0.06	0.58	0.11	0.02	0.03			
资阳	6.30	0.48	0.14	0.23	0.49	0.02	0.33	0.46	0.32	0.17	0.33	0.15	0.05	0.05	0.03		
重庆	83.97	18.06	36.68	5.97	11.13	1.91	15.15	17.61	7.37	25.98	4.44	13.27	21.61	14.29	0.75	1.63	

资料来源：作者自行测算

影响系数能在一定程度上反映出不同城市在发展质量上的实际差距。当 i 城市对 j 城市的影响系数大于 j 城市对 i 城市的影响系数时，表明 i 城市对 j 城市的影响要大于 j 城市对 i 城市的影响。例如，在表 2-5 中，成都对自贡的影响系数为 12.26，而自贡对成都的影响系数为 1.04。另外可知，成渝地区双城经济圈极核城市成都和重庆对其他非极核城市的影响要远远大于其他非极核城市对成渝两大极核的影响。这也暗示成渝地区双城经济圈两大极核区域的量能充足，通过产业转移等方式，能够强化极核对非极核城市的辐射作用。

表 2-5　成渝地区双城经济圈各城市间的影响系数

城市	成都	自贡	泸州	德阳	绵阳	广元	遂宁	内江	乐山	南充	眉山	宜宾	广安	达州	雅安	资阳	重庆
成都-		12.26	5.66	72.63	48.24	1.99	11.10	9.41	20.06	9.93	36.11	6.53	3.10	3.57	3.98	6.24	32.35
自贡-	1.04		2.03	0.33	0.31	0.06	0.66	7.59	1.38	0.37	0.77	3.02	0.22	0.14	0.12	0.43	0.91
泸州-	0.49	2.09		0.19	0.21	0.05	0.42	1.58	0.46	0.33	0.27	2.28	0.24	0.16	0.06	0.13	1.90
德阳-	5.47	0.29	0.16		7.24	0.17	0.53	0.29	0.35	0.46	0.50	0.17	0.17	0.15	0.11	0.20	0.27
绵阳-	7.87	0.61	0.39	15.70		0.68	1.06	0.56	0.68	1.42	0.78	0.38	0.46	0.53	0.18	0.25	1.03
广元-	0.08	0.03	0.03	0.09	0.17		0.06	0.03	0.03	0.11	0.02	0.06	0.10	0.01	0.01		0.05
遂宁-	0.59	0.42	0.26	0.38	0.35	0.07		0.69	0.20	1.19	0.22	0.18	0.41	0.16	0.04	0.27	0.49
内江-	0.54	5.20	1.05	0.22	0.20	0.04	0.74		0.49	0.31	0.37	0.75	0.19	0.10	0.07	0.39	0.62
乐山-	1.72	1.40	0.45	0.40	0.36	0.06	0.33	0.72		0.23	4.08	0.94	0.12	0.10	0.58	0.28	0.38
南充-	1.04	0.46	0.40	0.64	0.90	0.28	2.31	0.55	0.28		0.26	0.27	3.73	1.11	0.06	0.15	1.59

城市	成都	自贡	泸州	德阳	绵阳	广元	遂宁	内江	乐山	南充	眉山	宜宾	广安	达州	雅安	资阳	重庆
眉山-	1.88	0.47	0.16	0.35	0.25	0.04	0.21	0.33	2.49	0.13		0.25	0.07	0.05	0.46	0.28	0.14
宜宾-	0.55	3.01	2.20	0.19	0.19	0.05	0.29	1.09	0.93	0.22	0.41		0.14	0.11	0.09	0.13	0.67
广安-	0.15	0.13	0.14	0.11	0.14	0.07	0.38	0.16	0.07	1.76	0.07	0.08		0.49	0.02	0.04	0.65
达州-	0.39	0.19	0.20	0.22	0.36	0.26	0.33	0.19	0.13	1.18	0.11	0.14	1.11		0.03	0.05	0.93
雅安-	0.05	0.02	0.01	0.02	0.01	0.00	0.01	0.02	0.09	0.01	0.12	0.02	0.00	0.00		0.01	0.01
资阳-	0.06	0.05	0.02	0.03	0.02	0.00	0.07	0.07	0.03	0.02	0.06	0.02	0.01	0.00	0.01		0.01
重庆-	51.62	17.16	34.78	5.70	10.09	1.86	14.66	16.99	7.00	24.39	4.30	12.60	20.96	13.36	0.74	1.62	

注：第一列各城市后的"-"，表示以该城市为基点，对其他城市的影响系数

资料来源：作者自行测算

（二）极核首位度高但有所降低

城市首位度作为衡量经济发展要素在最大城市集中程度的重要指标，被广泛应用在区域空间经济相对地位的研究当中。M.Jefferson 提出"二城市指数"，即用首位城市与第二位城市的规模之比的计算方法：$S = P_1 / P_2$。为同时计算获取成渝地区双城经济圈的两大极核首位度，并捕获其演化趋势，这里将首位度公式调整为式（2-7）。其中，P_{Center} 为两大中心城市规模指标，P_i 为除极核以外其余非极核区域城市的规模指标，即计算中心城市与其他城市规模之比的期望值。

$$s = \frac{1}{n} \sum_{i=1}^{n} \left(P_{Center} / P_i \right) (i = 1, 2, \cdots, n) \qquad （2-7）$$

为充分把握极核城市的经济发展规模，此处选取人口、地区生产总值、人均地区生产总值作为度量城市规模的具体指标。运用式（2-7）计算的成渝地区双城经济圈两大极核城市首位度的结果如表 2-6 所示。

表 2-6　成渝地区双城经济圈的两大极核城市首位度

年份	成都人口首位度	成都地区生产总值首位度	成都人均地区生产总值首位度	重庆人口首位度	重庆地区生产总值首位度	重庆人均地区生产总值首位度
2010	2.90	10.01	3.69	8.35	13.70	1.76
2011	2.93	10.35	3.78	8.38	14.32	1.83
2012	2.95	10.83	3.93	8.40	14.57	1.86
2013	2.98	10.78	3.85	8.41	14.86	1.88
2014	3.03	10.91	3.84	8.44	15.38	1.94
2015	3.10	10.55	3.63	8.51	15.88	1.99
2016	3.61	10.87	3.14	8.76	16.49	1.96
2017	3.74	11.41	3.16	8.84	16.44	1.92
2018	3.87	11.52	3.06	8.92	15.85	1.83
2019	3.95	11.61	3.01	9.02	15.93	1.78

资料来源：作者自行测算

成渝地区双城经济圈的两大极核城市首位度较高，已显现出较强的集聚能力。由

表 2-6 可知，依据不同规模指标测算的 2010~2019 年成都与重庆城市首位度均大于 1，说明区域经济要素向极核集聚的程度较高，极核的经济体量贡献也较大。此外，重庆的人口与地区生产总值规模层面上的城市首位度比成都高的可能原因是这里将重庆全域纳入了考察。

从剔除人口因素的经济规模角度分析，成渝地区双城经济圈的两大极核正逐步释放涓滴效应，有带动整个区域由"极核独大"转型为"极核与非极核相对均衡"的态势。表 2-6 的人均地区生产总值首位度显示，成都和重庆分别在 2012 年、2015 年出现了拐点，步入了人均地区生产总值首位度下降通道，逐步向人均意义上的均衡状态收敛。背后深层次的原因是伴随人口、资金与制度等要素不断涌向两大极核，经济主体会在集聚效益和拥挤成本中相机抉择，由此推动产业等由极核向非极核区域扩散，这种近邻溢出最终将促使成渝地区双城经济圈的人均经济形成相对稳定的空间结构与空间布局。

第三节　存 在 问 题

经过多年的努力奋进，成渝地区在我国区域经济地理版图中的地位愈发显著，这为迈向更高质量的发展，形成具有全国影响力的经济中心提供了坚实的发展基础和有效的结构支撑。在中国特色社会主义经济发展进入新时代的当前，成渝地区双城经济圈建设国家级重要经济中心这一长远目标的实现，需要突破建链强链、创新能力、梯度格局、人力资本和跨域合作五个方面的障碍。

一、产业布局相对均质，协同强链力度需要加大

要素构成与要素禀赋在空间上存在均质或非均质分布特征，这是区域经济主体行为选择的主要依据，由此也使得不同空间尺度上的产业选择与布局呈现异质性与同质性的有机统一。辩证地分析，基于要素差异的产业异质性发展在带来地区专业化分工的同时，也可能加剧区域经济发展的不平衡，拉大区域经济发展差距。产业同质性发展一方面会诱发激烈的市场竞争，进一步可能导致资源过度消耗与产能过剩；另一方面有利于在局部范围内建立起相对完备的产业体系，形成更大空间尺度上整合产业、延伸产业链与价值链的基础。

立足全国宏观视角看，成渝地区双城经济圈的产业选择与布局有着较强的同质性。表 2-7 报告了成渝地区双城经济圈市（区、县）重点发展的产业，可知成渝地区双城经济圈重庆片区与四川片区的产业近似布局的特点明显，两大片区的产业发展重点有 15 个行业领域完全一致，同质化竞争无可避免。成渝地区产业结构趋同的主要原因在于川渝两地的要素基础与禀赋类似、地理区位相近、行政体制分割下激烈的地方政府竞争，以及成渝地区"中部塌陷区域"行政单元因来往不紧密而导致相对独立发展。从成渝地区双城经济圈的角度分析，成渝地区双城经济圈市（区、县）的产业发展也表现出异质性发展的特征。一方面，尽管两大极核区域重点选择与布局的产业所在领域相同，但在产业链条环节上却有着明显的差异；另一方面，非极核区域的市（区、县）在发展特色

产业的同时主要围绕极核区域的重点产业进行相关布局，从而这些地区的产业也形成微观的差异化格局。

表 2-7　成渝地区双城经济圈市（区、县）重点发展的产业

重庆片区		四川片区		
船舶及海洋工程装备	轻工	船舶与海洋工程制造	轻工	钢铁
电子信息	生产性服务业	电子信息	生产性服务业	建材
纺织	食品	纺织	食品	节能环保产业
轨道交通	新材料	轨道交通	新材料	有色金属
航空航天	新能源	航空航天	新能源	
化工	医药	化工	医药	
机械	智能制造装备	机械	智能制造装备	
汽车		汽车		

资料来源：依据中国工信部《产业发展与转移指导目录（2018 年本）》以及四川和重庆两地的产业规划整理

成渝地区经过多年的快速发展，产业布局发展方面已形成了"行业领域趋同、具体环节趋异"的相对均质格局。理论上，这种相对独立、近似均质的状态有利于在成渝地区双城经济圈的空间范围内充分整合利用产业发展资源，围绕有较大影响力、有较强竞争力的优势产业统筹布局关联产业，延伸拓展产业链与价值链。然而，由于竞争惯性、市场分割、经济网络不紧密等因素影响，成渝地区双城经济圈的同质化竞争依然相对激烈，异质性与同质性的辩证统一在经济发展过程中尚未得到充分体现，区域协同化、一体化的产业链与价值链的建构还有较长的路要走，这不仅限制了成渝地区双城经济圈的协调发展，更在较大程度上制约着成渝地区建设国家级重要经济中心的战略推进。

二、创新资源较为丰富，创新能力优化空间充足

创新是引领发展的第一动力，是建设现代化经济体系的战略支撑。对成渝地区双城经济圈来说，创新不仅是成渝地区重塑经济发展动力、提升区域全要素生产率、加快促进发展质量跃升的驱动器，更是成渝地区建设国家级重要经济中心的核心关键。

经过多年的不懈努力，成渝地区双城经济圈集聚了丰富的创新资源，人力资本的流量与存量较大，为成渝地区的创新发展打下了坚实的基础。由科技创新投入分析，成渝地区双城经济圈的财政投入中科技支出规模及比重、R&D 经费支出规模及 R&D 投入强度等均出现不同程度的增加。以培养高质量人力资源的院校为例，成渝地区高校众多，在双城经济圈的空间范围内共有 10 所"双一流高校"，为社会输送高质量人力资本的能力在全国位居前列。尽管成渝地区双城经济圈的创新资源日益累积、创新绩效有所改善，但仍然存在一些妨碍创新能力持续提升的不足，制约着经济中心的建设。

首先，成渝地区双城经济圈创新投入强度的提升空间较充足，创新投入的地理分布仍可进一步改善。一方面，国家及四川、重庆统计局的相关数据显示，成渝地区双城经济圈 2019 年的创新投入强度（R&D 经费占地区生产总值比重）约为 2.1%，约低于全国平均水平 1.1 个百分点，与北京（6.3%）、上海（4%）、天津（3.3%）、广东

（2.9%）、江苏（2.8%）、浙江（2.7%）等发达地区有显著差距；另一方面，成渝地区双城经济圈 R&D 经费投入在地理空间分布上也呈现出明显的非均衡特征，也即 R&D 经费投入主要集中于两大极核区域，非极核区域的 R&D 经费占比不高（图 2-11）。这表明成渝地区双城经济圈要想建成国家级经济中心，则需要在创新投入方面加大力度，并着力形成内部相对协调的创新格局。

图 2-11　成渝地区双城经济圈 R&D 经费投入的地理分布

四川的极核区域为成都、德阳、眉山、资阳 4 个城市，其余 12 个城市为非核心区域；重庆的核心区域设定为主城 9 区，其余 18 个区县为非核心区域

资料来源：基于官方统计数据自行测算绘制

其次，成渝地区双城经济圈协同创新力度需加大，促进协同创新提速。目前，成渝地区双城经济圈市（区、县）创新投入规模及其强度保持稳定的上升趋势，川渝省市高层对协同创新的意向明确、重视程度空前（如共建"西部科学城"、签署不同领域的协同创新框架战略协议、联合成立跨地域的高端智库等），有效推动了成渝地区双城经济圈的协同创新平稳发展。虽然成渝地区双城经济圈协同创新工作不断推进，但协同创新的不足之处仍较为明显。一方面，成渝地区拥有的众多科研院所以及创新平台之间基于协同创新框架、研讨会议层面的合作较多，依托重大项目跨地域、跨学科的联合创新攻关的合作较少；关注应用开发的研究合作较多、围绕核心关键技术的基础研究较少；重大科技创新基础设施独立建设、独立使用的较多，协同建设、共同利用的较少；局部制度创新较多，事关全局的顶层制度创新较少。另一方面，成渝地区科研院校、研究机构多是以论文发表为导向，成果转化或市场运用所受重视不够，限制了科技创新成果与市场需求匹配度的提升，不利于丰富的创新资源转化为现实生产力。此外，成渝地区不同城市之间的协同创新平台的构建进展缓慢。所以，成渝地区双城经济圈有必要加快构建协同创新网络，支撑国家级经济中心建设。

最后，成渝地区双城经济圈整体上处于模仿创新向自主创新的转化阶段，自主创新能力的提升空间较大。以高端装备制造业为例，成渝地区本土企业的技术水平有限，普遍处于中等水平，处于技术领先层次的较少，使得高端装备制造在核心技术、先进工艺、核心装备、基础原材料及关键零部件等方面受制于国外企业，从而限制了成渝地区双城经济圈高端装备制造产业整体发展后劲。根据 2019 年四川进口设备免税统计的数据，近 4 年来高档数控机床进口额占比高达 53%，这从侧面说明了成渝地区产业发展进程中模仿创新与技术引进的特征。另外，成渝地区双城经济圈空间范围内规模以上的高端装备制造企业较少，而且大多数企业的自主创新能力不足以支撑市场的高质量需要，向市场供给的产品科技含量与附加值不高，一定程度上限制了成渝地区高端制造业的市场竞争力，距离建立支撑经济中心建设的产业集群、高端装备制造业基地的要求还较远。从代表性城市的专利授权量进行分析，2019 年重庆是 43 870 项，成都是 50 775 项，远低于一线城市北京、上海、广州和深圳的专利授权量（表 2-8）。综上可知，成渝地区双城经济圈的技术支撑能力以及创新产出水平还明显低于发达地区，尚未达到国家级经济中心在创新维度方面的要求。

表 2-8　2019 年代表性城市的专利授权量

城市	重庆	成都	北京	深圳	广州	上海
专利授权量	43 870	50 775	131 716	166 600	104 813	100 600

资料来源：2020 年的《北京统计年鉴》和《重庆统计年鉴》；2019 年成都、广州、深圳和上海的《国民经济和社会发展统计公报》

三、涓滴效应已然释放，合理梯度构建亟须加快

经过多年的发展，成渝地区的经济实力位居全国前列，为全国性的经济中心建设提供了良好基础，但是内部严重失衡的经济空间格局也制约着经济中心的形成。总体来看，成渝地区双城经济圈的两大极核中心拥有显著的引力势能与较高的人口首位度、经济首位度，极化区域与外围区域发展落差显著。这主要是因为两大极核中心与外围区域城市之间的要素与经济活动长期以单向集聚为主，回流通道不畅，良性双向循环尚未形成。近几年，随着新发展理念的逐步落实，两大极核逐步发挥着辐射作用，涓滴效应已经显现，两大极核首位度的缓慢下降为此提供了有力证据。然而，相较于极化区域与外围区域之间存在的较大发展落差，两大极核释放的涓滴效应还较小。这主要与过去多年单向集聚发展模式下形成了不合理的经济梯度有关，较大的梯度差距限制了要素回流与产业转移。

一方面，较大的梯度差距产生了极核转出产业与转入地经济发展阶段不匹配的现象，妨碍中心地的产业转移及其辐射作用的发挥。Kuznets（1955）的产业发展理论表明，区域产业结构要与经济发展阶段相互适应，随着经济发展水平的提升，落后的产业应向不发达地区转移为先进产业提供发展空间的同时，带动落后地区的经济发展。由于成渝地区双城经济圈的极核区域与非极核区域之间长期存在着显著的经济梯度，发展落差较大，非极核市（区、县）承接极核转移产业的基础不牢靠，一定程度上限制着极核地区的产业转移，不利于极核地区依托产业转移发挥带动作用。

另一方面，较大的梯度差距致使产业承接地的"拉力"不足，在极核区域与辐射区域之间形成了产业转移的阻碍效应。产业迁移除了迁出地的"推力"外，迁入地的"拉力"同样重要。产业转移并不是一蹴而就的，而是对空间支撑、要素供给、产业基础、市场范围等有着内生的规定与要求。成渝地区双城经济圈的空间范围内，非极核要素的土地要素供给相对充足，具备了承接产业转移的空间支撑优势，但是人力资本、物质资本、科技资源等要素存量与极核区域有着较大差距，对产业转移难以形成有效支持；此外，非极核区域长期依赖中心地发展模式下形成的产业结构层次较低，产业发展配套设施相对滞后、关联产业布局不够，且市场范围有限，规模经济与范围经济难以充分发挥，由此形成的产业转移"拉力"较小，不利于极核区域产业的加速转移。

　　成渝地区多年的相对独立发展造就两大极核的同时，也在中心地与外围区域之间形成了较大经济发展梯度和严重失衡的生产力布局，这是成渝地区双城经济圈建设重要经济中心的重大挑战。充分把握成渝地区两大极核已经释放涓滴效应的实际情况，加快提升非极核区域承载产业的能力，借助产业转移通道逐步消除极核区域和非极核区域之间的发展差距，形成相对合理的经济梯度格局是支撑国家级经济中心建设的可行之举。

四、劳动资源禀赋良好，留才引才工作仍需加强

　　劳动力要素是经济发展最为基本的要素。成渝地区有着丰裕富足的劳动力资源，这可从极核区域人口的流入和非极核区域人口的流出看出（图 2-12）。一方面，成渝地区双城经济圈极核市（区、县）吸纳人口能力较强，劳动力呈现持续输入态势。样本期内，成渝地区的成都每年流入的劳动力大于 150 万人，流入重庆九大主城区的劳动力更多，每年超过了 180 万人。另一方面，成渝地区双城经济圈非极核市（区、县）的人口流动表现出长期净流出的特征，且劳动力输出规模较大。时间窗口范围内，重庆非极核市（区、县）每年的人口净流出规模在 470 万人以上，四川非极核市（区、县）的劳动力输出规模更是在 830 万人以上。由此可知，成渝地区双城经济圈具有流动性高、规模较大的劳动要素，能够为成渝地区双城经济圈的经济建设提供良好的劳动要素基础。

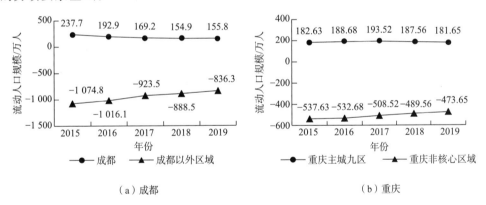

图 2-12　成渝地区双城经济圈极核和非极核区域的人口流动

资料来源：基于四川和重庆统计年鉴的相关数据绘制

　　在大量的劳动力供给中，专业性较强、水平较高的人力资本对成渝地区双城经济圈经济发展质量提升与经济中心建设极为重要。尽管成渝地区拥有众多的高等院校，每年均培养出大量的专业特色突出、技能水平较高的人才，但高校毕业生留在成渝地区工作的比例却并不高，仍有相当一部分流向了北京、上海、广州、深圳、杭州、天津等一线城市和新一线城市。究其原因，是本地企业培育不够，能够提供的合适的工作岗位较为有限。尤其在金融和计算机方面，成都和重庆每年都有大量的毕业生流向深圳、上海、北京、杭州这些金融和电子信息产业更为发达的城市。例如，2020 年，西南财经大学和电子科技大学两校的金融专业和计算机专业毕业生留在川渝地区工作的比例仅 50% 左

右，其余毕业生主要流入京津冀、长三角和珠三角地区（表 2-9）。金融和电子信息产业是成渝地区双城经济圈建设重要经济中心的关键支撑，然而这些专业人才的大量外流使得本属于成渝地区的比较优势转移到了其他地区，体现出成渝地区双城经济圈与三大增长极发展的差距，这在一定程度上对成渝地区建设国家级经济中心形成了制约。

表 2-9　2020 年金融和计算机代表性高校毕业生就业去向

西南财经大学		电子科技大学	
西南地区	50.31%	川渝	45.09%
华南地区	15.85%	广东省	18.50%
华东地区	15.49%	江浙沪	15.53%
华北地区	9.40%	京津冀	9.41%

资料来源：《西南财经大学 2020 届毕业生就业质量报告》和《电子科技大学 2020 届毕业生就业质量年度报告》

综上，尽管成渝地区双城经济圈的劳动资源禀赋较高，但整体上呈现出劳动力输出规模大的人口学特征，而且以高校毕业生为代表的人力资本留在成渝地区的比例也不高。这说明本地提供的就业岗位与劳动力供给不匹配，总量失衡与结构失衡的情况可能并存，极不利于成渝地区双城经济圈的长期经济增长与重要经济中心的建设，所以成渝地区有必要借助经济活动扩张，努力增加就业机会，加大留住人才、吸引人才的工作力度。

五、跨域合作稳步探索，两区适度分离需要深入

行政区主导经济发展模式下地方政府之间的竞争通常大于合作，显著的市场分割、相互模仿的产业布局、难以兼容的制度设计等使得区域协调发展的成本不断增大。突破行政地域限制，积极推进跨省域、跨市域的合作，对于推进区域经济一体化发展以及打造具有全国影响的重要经济中心极为重要。

借助成渝地区双城经济圈发展的"东风"，成渝地区各市（区、县）沿着携手共进、相向发展的进路，稳步探索跨行政地域合作，成效突出。自成渝地区双城经济圈提出以来，一年之中，成渝两地共签署合作协议 236 份，尤其在交通基础设施、现代产业体系、协同创新能力、国土空间格局、生态环境保护、体制机制创新、公共服务互联等多个领域积极展开合作。成渝地区跨域合作的典型实践有万达开川渝统筹发展示范区、成德眉资同城化、川东北和渝东北联手共建的高质量发展引领区、川南四市与渝西城市共建的融合发展试验区、广安和渝北共建的高竹产城融合新区、遂宁与潼南共建的川渝一体化发展先行区等。

成渝地区跨行政区域经济合作的力度较大，形成了诸如引领区、试验区、新区、先行区等跨域合作新平台。然而，这些跨地域合作的新实践仍处于摸索过程中，在跨地域的重大基础设施建设、不同行政区域总体规划以及部门规划衔接、产业合作、金融信贷及其监管、商贸市场与要素市场一体化等多个方面如何突破行政地域限制的问题还有待解决，相关体制机制设计仍需尽快突破。此外，跨行政区域合作成功的关键是经济区与行政区适度分离，但是促进两区适度分离的利益激励机制仍在艰难探索中。市场经济条

件下，这一机制的缺位难以有效解决地方政府个人理性与跨域合作集体理性之间的矛盾，容易导致跨域合作区域基础设施建设缓慢、项目难以落地、管理及服务供给不足、要素自由流动受阻等问题，这制约着成渝地区双城经济圈国家级经济中心的建设。

总体来看，成渝地区双城经济圈各市（区、县）充分发挥自身优势，着力推进跨行政区域合作，经济活动不断突破行政边界限制，内场外联的交通网络正加快推进，已经布局、谋划了一批重大项目，为加快推进有全国影响的经济中心建设提供了良好支撑。然而，在统一化的管理机制、共建共享的公共资源配置机制、成本共担互利双赢的利益联结机制、市场主导的产业协作机制以及要素市场一体化机制等制度设计方面仍不健全、不完善，限制了经济区与行政区适度分离实践及其红利的释放。因而，成渝地区双城经济圈要顺利实现重要经济中心的建设目标，需要基于既有的跨地域合作实践探索，由制度设计入手进一步推进经济区和行政区的适度分离，加快释放两区适度分离的改革红利。

第四节　发展路径

成渝地区双城经济圈建设国家级的经济中心是一项重大、系统、复杂、艰巨的任务。这一目标需要通过诸多领域的共同发力予以实现。产业布局方面，要以规划引领，协同布局区域产业；动能塑造方面，要以创新为抓手，筑牢提质扩容动能基础；空间结构方面，要以多层联动为基础，支撑区域整体竞争力提升；人才要素方面，要以聚才为导向，加快人力资本存量扩张；制度创新方面，要以机制创新为突破，协同破除制度藩篱。

一、规划引领，推动区域产业协同布局

（一）坚持科学统一设计，协同制定区域发展规划

城市群发展规划能够有效推动区域要素流动与高效集聚，行之有效的政策规划是释放区域发展活力、实现发展平衡的重要推动力量（李洪涛和王丽丽，2020）。2020年10月，《成渝地区双城经济圈建设规划纲要》出台，成为自2016年《成渝城市群发展规划纲要》之后成渝地区一体化发展的又一引领性文件。作为成渝地区双城经济圈建设中两大中心城市，成都和重庆两市应率先从该规划纲要出发，积极调整各自未来发展方向。在成都都市圈、重庆都市圈发展规划制定过程中，加强信息沟通、积极寻求合作，推动两大都市圈相向发展，加强对两城之间"中部塌陷"区域的辐射力度，在双核引领、区域联动的发展态势下，形成产业布局科学、具有地方特色、经济集约高效的经济圈发展格局。

（二）健全常态协调机制，完善公共资源配置机制

在跨地域建设经济中心的过程中，避免产业盲目布局的关键是要有健全的协调机制。一方面，要以常态化的省级党政联席会议机制为抓手，协调推进建设成渝地区双城

经济圈的重点任务、重大改革及重大项目等落到实处。另一方面，基于常态化的高层沟通机制，加快交通、环境、产业、人才、资源、公共服务等多个方面的合作机制建设，破除不同地区、不同领域、不同部门的合作壁垒，形成全面合作、互通有无的全方位合作格局。

完善公共资源配置是城市间要素自由流动的前提，是产业协同发展的基本支撑。因此，应加强成渝地区各个城市之间的公共基础设施建设，加强中心城市内部以及不同城市之间的轨道交通和快速通道建设，扩大经济圈内"公共交通一卡通"的覆盖范围，形成统一的公共服务共享机制，促进成渝地区的要素自由流动，提升内联外通水平，尤其是最大限度上降低各类生产要素及产品跨地域流动成本。

（三）推动产业科学布局，优化产业的分工与合作

良性的产业合作是促成城市形成"1+1>2"优势互补格局的客观要求。分工是合作的基础，成渝地区应基于本地比较优势，立足于整个经济圈"一盘棋"的视角，在各自的优势产业中"优中择优"，形成区域产业合理分工格局。以成渝两座中心城市为代表的各座城市需直面经济圈内产业同构的现实状况，根据本地相对于对方的比较优势，推动产业结构改善及产业双向转移，促进经济圈内产业高效分工、错位发展、有序竞争。例如，充分发挥重庆市装备制造业、汽车产业以及成都市高端服务业、电子信息产业的比较优势，推动两地产业双向整合，形成有特色优势的产业集群，发挥集聚经济的规模效益。

合作是分工的目的和高级阶段，成渝地区要以"政府牵头，政策引领，市场主导"的方式带动同行业内企业强强联合，形成区域内同产业优势互补、共谋发展的新格局。在市场合作层面，应加强成渝两地产业与消费市场的配合。通过加强两地市场联系，形成跨省、跨地市的统一市场，成都和重庆作为全国地级市人口均名列前茅的两大城市，这一市场潜力十分可观。因此，在成渝两地产业合作中，应消除市场壁垒，减少行政力度对市场的分割，积极向对方开放本地市场，形成产业与市场的二维优势互补局面。充分利用地区市场潜能，拓展两地的产业发展空间，提高相关产业在全国范围内的综合竞争水平。

二、创新驱动，筑牢提质扩容动能基础

（一）积极引进科创主体，补齐科研基础设施短板

一是加快科学城重大科技基础设施建设，加快重大科学装置的补齐进程。重大科技基础设施是科技研发产业落户发展的必备保障。"产业发展，设施先行"，成都与重庆两大科学城应抓住"十四五"规划这一重大科学基础设施项目落地机遇，结合科研产业的行业结构，积极策划一批重大科技基础设施，为科技研发产业的发展创造有利环境。二是应积极引进国家重点实验室与国家重点实验平台，提升基础科学创新能力。与长三角、粤港澳、京津冀等成熟城市群相比，成渝地区双城经济圈在国家重点实验室与国家重点实验平台的数量上明显处于劣势，这导致科技研发产业存在基础研发能力不足、知

识积累厚度不够的弊病。因此，成渝两地应积极利用极核城市的相对优势，与国内外创新资源优势单位对接，引导其落户本地。加强国家级实验室及实验平台与市内高等院校的合作力度，充分发挥两市核能的核动力研究、电子信息业研究等相关优势，促进国家实验室落户，进而提升科技研发产业整体能级。三是应进一步吸引高端科技人才落户，夯实科技研发产业的人力资本基础。掌握高端知识技能的劳动力是科技研发产业赖以发展的根本。成渝两大中心城市应当加大高端人才落户的政策优惠力度，积极吸纳海内外高端落户，通过适当降低高水平学历毕业生落户限制、住房补贴等方式促进高端人才集聚，助力科技研发产业发展。

（二）理顺产学研的关系，建立高效协同创新体系

作为科技研发的三大组成部分，产学研三者互有分工，互为依托，三者缺一不可。要加强成渝地区高技术企业与高等院校的合作，搭建高等院校学生与高技术企业的合作平台，加强高等教育从理论到实践的应用能力，促进基础创新落地生根；拓宽高技术企业吸纳高水平优秀应届生的就业路径，促进高技术企业保持可持续发展活力。在此基础上，应稳固高技术企业与研究院所、科研实验室的合作。通过构建技术支持开发协议与技术合作开发平台，密切高技术企业与科学研究所的已有合作，为高技术企业提供有力的技术支持，为研究院所提供技术转化为资本的路径。最后，要扎实研究院所与高等院校的原有联系，通过技术开发平台与院校合作培养的方式加强研究院所与高等院校的人才培养合作机制，加强科技研发人才的发掘与培养，为成渝地区创新持续健康发展提供源源不断的人才支持。

（三）拓宽创新空间尺度，构建内外协同创新网络

首先，要抓住成渝地区双城经济圈发展机遇，打造整体区域协同创新体系。成都、重庆科学城应协调好彼此的竞合关系，着力打造极核市区、中心城市、节点城市协同创新网络，加快创新资源整合。成渝两城应利用自身在创新网络中的地位及"桥梁"的角色引导其他节点城市进行创新联系（吕丹和王等，2020）。抓牢成渝地区双城经济圈的建设机遇，联合争取、合作规划更多国家重大科技基础设施项目落地，补齐西南地区重大科技基础设施建设短板；搭建跨行政区域的大学、研究院所与高技术企业间的合作创新平台，支持各创新主体在基础研发、技术应用与人才培养等方面的合作；建立优势科技资源共享机制，推动双方技术资源开放互通，促进知识要素有序流动。其次，要增强在全国创新体系的节点能级。应加强同北京、上海、深圳等成熟科技园区的研发合作与知识共享，加强成渝两城科技研发产业在全国范围内创新合作中的节点地位；立足于本地优势的核动力、化工、航天等传统优势产业，通过构建跨省域技术合作平台，提升本地优势科技研发产业在全国创新合作中的网络地位。此后，成渝地区还应主动加快融入全球创新体系。在立足区域与联系全国的基础上，成渝两大中心城市的科技研发产业还应参与到更大空间尺度的科技创新合作中来；充分利用"一带一路"背景下成渝两城的重要战略地位，牵头组建或参与"一带一路"科学城联盟、"一带一路"技术转移协作联盟，举办"一带一路"科技创新交流合作活动，提升与周边国家的科技合作力度，促

进与沿线城市的科技人文交流。

三、多层联动，支撑全域竞争实力提升

（一）做大做强优势产业，支撑极核发展质量提升

成渝地区双城经济圈建设具有全国影响的经济中心，需要依托两大极核发展质量的提升，引领带动区域整体加快发展。一要充分发挥比较优势，突出地域特色。成渝地区双城经济圈的产业发展应当进一步扶持当地优势产业，如成都的生物医药、电子信息等；重庆的汽车电子、装备制造等，而对于两地同时大力发展的汽车制造和笔记本电脑制造等行业实行品牌错位发展，配套生产互补的战略；进一步完善金融行业的监管制度等配套政策，加大力度建设西部金融中心，降低跨地域金融合作门槛，推动金融市场一体化发展。二要鼓励产业跨界合作，积极探索产业发展新模式。要抓住当前数字经济快速发展的浪潮，培育"AI+""物联网+"和"区块链+"等多个跨界融合新业态。三要加强中心城市的消费拉动能力，完善核心城市消费商品和服务的供给能力。从消费者的日常消费逻辑出发，深入改革产品供给的种类、时间、地点及配套服务等，打造现代化的生活消费产业链，充分挖掘消费潜力。四要加大力度培育能产生"示范效应"和"带动效应"的新经济企业。大力培育高新技术企业认证和高新技术产品认证，充分利用成渝两城的资金、技术、人力资本最为集中的优势，支持企业创新研发、申请专利等创新活动，提升企业的创新研发能力。推动大中小企业之间的融通发展，实现优势互补，增强技术和知识扩散效应。五要打造巴蜀文化。成渝地区文化特色资源丰富，如成都的熊猫文化、三国文化，重庆的红色文化、码头文化等，应进一步深度挖掘、打造和包装地域文化，使之成为更鲜明、更具价值的城市名片。

（二）加强交通网络建设，支撑极核辐射能力提升

健全的交通网络是降低流通成本、促进要素自由流动、形成统一市场、加快发挥极核辐射能力的基础。要加快完善以成都、重庆主城区为核心的区域交通网络建设，进一步促进圈内不同城市之间的互联互通，降低中心城市与非中心城市之间的通勤费用和通勤时间。鼓励非中心城市与中心城市展开多方面的合作，鼓励中心城市对口援助和扶持建设非中心城市的基础设施。完善经济圈内城际交通网络的建设，形成以高速铁路和高速公路为重点的现代化交通体系，为中心城市和非中心城市间的协同分工创造条件（宋德勇和李东方，2021）。

（三）明确城际分工协作，支撑国际产业集群建设

高影响力的产业集群是城市竞争力提升的基础。要进一步明确经济圈内其他城市所处的层级和应当扮演的角色，对不同圈层城市实施有差别的扶持政策。科学把握成渝地区双城经济圈极核区域首位度有所下降的趋势，充分结合其他地级市的比较优势，承接极核区域转移产业的同时，主动配套关联产业，形成极核与非极核之间优势互补、梯度合理的产业分工布局。例如，在科技创新方面，应当构建双城经济圈高质量发展联盟，高度重视科技创新能力的提升；大力建设以成都科学城、重庆科学城和绵阳科技城"创

新金三角"为内核的西部科学城；充分结合不同城市的创新优势，建设具有世界影响力的创新经济带。

四、着力聚才，加快人力资本存量扩张

（一）加强公共资源供给，促进劳动要素自由流动

公共资源配置是影响劳动力流动的重要因素。着力解决双城经济圈内的流动人口在子女教育、卫生医疗、社会保险、住房公积金等方面的制度障碍。成都和重庆两座中心城市之间劳动力存量以及流动规模巨大，倘若能够稳步推进公共服务和公共产品配置的无缝对接，持续增加高质量的公共资源供给，将能有效提升劳动力流动意愿与流动效率，提高劳动力市场活跃度，要素配置效率也将在更大的空间范围内得以提升，进而促进成渝地区双城经济圈的整体经济效率优化改善。

（二）创新人才支持政策，促进高端专业人才集聚

技术人才是经济发展核心要素。要在购房补贴、子女教育、公共卫生等多个方面给予一定的优惠政策，吸引更多"蓉漂"和"渝漂"；另外，除了吸引人才，更要留住人才，因此除了就业环境、公共服务等方面，还要注重城市环境的改善，打造宜居城市。高层次人才选择城市除了要看就业发展前景、子女教育、卫生医疗等方面，也非常看重城市居住环境、消费环境甚至城市文化。能够吸引年轻人的城市才是有未来的城市。因此成都重庆两城应当着力打造高品质的宜居环境，为吸引年轻人、留住年轻人打牢基础。同时，应当加快建设人才在成渝地区双城经济圈内的职称评定、职称互认等统一的评价制度，降低高水平人才的流动成本，推动成渝地区人才资源的优势互补与共建共享（刘昊和祝志勇，2020）。

（三）加强本地企业培育，促进微观引才能力提升

经济机会是影响中国高学历人才集聚的主导力量（古恒宇和沈体雁，2021）。企业是用人主体，只有企业能够提供优质的、充足的就业岗位，成渝地区方有可能吸纳更多的所需人才。因此，成渝地区双城经济圈引才能力的提升离不开本地企业的支撑，培育高质量的本地企业，为人才提供足够的就业机会和发展空间是主要抓手。尤其要加大培育当地创新人才和引进国内外优秀创新人才的力度，提供更具有市场竞争力的市场报酬，鼓励创新人才在双城经济圈内各个城市间的合作与交流，提高人才的创新效率（黄兴国等，2020）。

五、协同发力，破除行政区划制度藩篱

（一）完善统筹协调机制，有效管理区域发展合作

不同行政区域的管理差异、制度差异是妨碍成渝地区双城经济圈市（区、县）相向共兴发展，建设经济中心的关键影响因素。因而，以体制机制的创新为抓手，提高区域发展合作效能极为必要。一要加大"权力下沉"力度。在省级统筹协调的基础上，充分

授权合作示范区、先行区、引领区等新型跨行政区域"特殊"的经济社会管理权限，形成"政府服务+公司化运作"的市场化管理模式。二要建立健全"协商互认"机制。以协商互认打通政策、管理、规划、制度等制约跨行政区域合作的"堵点"。三要明确共建共享机制。应通过共同磋商、科学设定利益关联主体共同建设合作示范区的出资比例，约定地区生产总值、财政等收益分成比例，以最大限度调动参与主体的积极性。

（二）健全动态监管机制，实现利益共享更加合理

公平分配合作收益是提高跨地域合作稳定性的重要保证。因而，要进一步加强对政府行为和市场行为的监督管理，要建立健全成渝地区双城经济圈统一适用的督查考核体系。通过复查、审计等多种方式对经济圈内各项工作，尤其是跨地域合作项目进行公开透明的监督管理，对重大项目实行动态评估、终身追责等举措，着力构建公平、统一、健康、稳定的营商环境。要健全相关的法律制度，保证合作收益分配的公平性和公开性，使参与方都能对长期收益形成更为科学和准确的预期。此外，应当增加合作参与者的违约成本，加强双方的信任基础和对未来收益的信心。对不同产业链区间效益产出不同的问题，应当突破地域限制，将整个产业链视作整体，使负责相对较低附加值产业区间的城市也能合理共享负责高附加值产业链区间的城市产出的效益。

（三）创新要素配置机制，促进经济效率加速释放

行政边界引发的制度不协调、不匹配是成渝地区要素配置市场化水平不高的主要制约因素之一，阻碍了成渝地区双城经济圈经济效率的快速提升。依循市场化导向，积极变革要素配置方式，有利于加快重要经济中心的建设。一要完善土地要素配置机制。积极争取土地管理制度试点，建立健全城乡统一的土地要素市场，力争跨地域盘活土地资源，推动不同用途土地的合理转换。二要完善资金保障机制。加快区域性银行的设立，深化城商行与农信社等金融机构改革，建立匹配国际金融中心的多层金融市场体系，建设有利于风险资本、外资入川的金融市场环境；探索跨行政区域的"财政专项+新设园区发展基金+福利信贷+项目PPP融资"的融资模式，确保新型跨行政区合作平台建设资金充足、链条不断。三要完善聚才引才机制。以薪资、教育、住房、环境等招纳不同类别的人才及团队；重视发挥异地返乡创业精英的作用；将部分人员纳入政府干部培训计划，协调派员到发达地区挂职或培训学习，提升人才质量。

第五节 本 章 小 结

成渝地区的经济发展先后经历了三个阶段的演进升华："打基础"的成渝经济区、"强支撑"的成渝城市群和"提质量"的成渝地区双城经济圈。建设具有全国影响的重要经济中心是成渝地区双城经济圈的重大核心任务之一，需要尊重客观经济发展规律，充分挖掘成渝地区的比较优势，发挥极核城市的集聚与辐射作用，形成引领带动能力显著的国家级高质量增长极，着力促进区域经济更高水平协调发展格局的构建。

总体来说，成渝地区的经济发展较快，追赶京津冀、长三角和珠三角地区的势头迅

猛，初步形成了第四个国家级增长极的雏形。这也为成渝地区双城经济圈建设国家级的经济中心提供了重要的结构支撑：持续优化的产业结构、显著的产业集聚趋势、长期向好的就业效果、持续改善的就业结构、增势良好的固定资产投资与FDI、极核区域引力明显且首位度有所降低。

尽管多年的发展成效累积使得成渝地区突破了"量变引发质变"的门槛，但是成渝地区双城经济圈距建成具有全国影响的重要经济中心还有较长距离。这突出地表现为成渝地区的提质扩容依然面临显著制约：产业布局相对均质，协同强链力度需要加大；创新资源较为丰富，创新能力优化空间充足；涓滴效应已然释放，合理梯度构建亟须加快；劳动资源禀赋良好，留才引才工作仍需加强；跨域合作稳步探索，两区适度分离需要深入。

成渝地区双城经济圈建设国家级重要经济中心目标的顺利实现需要依托诸多领域共同发力。具体地，在产业布局方面，要以规划引领，协同布局区域产业；在动能塑造方面，要以创新为抓手，筑牢提质扩容动能基础；在空间结构方面，要以多层联动为基础，支撑区域整体竞争力提升；在人才要素方面，要以聚才为导向，加快人力资本存量扩张；在制度创新方面，要以机制创新为突破，协同破除制度藩篱。

参 考 文 献

古恒宇，沈体雁. 2021. 中国高学历人才的空间演化特征及驱动因素. 地理学报，76（2）：326-340.

国家发改委国地所课题组，肖金成. 2009. 我国城市群的发展阶段与十大城市群的功能定位. 改革，
　　（9）：5-23.

黄兴国，彭伟辉，何寻. 2020. 成渝地区双城经济圈技术创新网络演化与影响机制研究. 经济休制改
　　革，（4）：50-57.

孔翔，钱俊杰. 2009. 我国大城市近郊的高科技产业发展：基于产品内分工的视角. 经济地理，29（12）：
　　1985-1989，2017.

李洪涛，王丽丽. 2020. 城市群发展规划对要素流动与高效集聚的影响研究. 经济学家，（12）：
　　52-61.

刘昊，祝志勇. 2020. 成渝地区双城经济圈劳动力市场一体化及其影响因素研究. 软科学，34（10）：
　　90-96.

刘友金，罗登辉. 2009. 城际战略产业链与城市群发展战略. 经济地理，29（4）：601-607.

陆铭. 2017. 城市、区域和国家发展——空间政治经济学的现在与未来. 经济学（季刊），16（4）：
　　1499-1532.

陆铭，陈钊. 2008. 在集聚中走向平衡：城乡和区域协调发展的"第三条道路". 世界经济，（8）：
　　57-61.

吕丹，王等. 2020. "成渝城市群"创新网络结构特征演化及其协同创新发展. 中国软科学，（11）：
　　154-161.

宋德勇，李东方. 2021. 国家级城市群高质量平衡增长研究——基于产业分工的视角. 经济经纬，38（1）：
　　5-14.

张航，丁任重. 2020. 实施"强省会"战略的现实基础及其可能取向. 改革，（8）：147-158.

周世军. 2012. 我国中西部地区"三农"困境破解：机理与对策——基于产业转移与城镇化动态耦合演进. 经济学家，（6）：72-79.

Fujita M，Krugman P，Venables A J. 2011. The spatial economy：cities，regions，and international trade. MIT Press Books，1（1）：283-285.

Kuznets S. 1955. Economic growth and income inequality. American Economic Review，45（1）：1-28.

第三章 成渝地区双城经济圈：
建设科技创新中心

当今世界正经历百年未有之大变局，随着新一轮科技革命与产业变革迅猛发展，科技创新成为关键变量之一，国家和社会发展对加快科技创新提出更为迫切的要求。2020年 10 月，党的十九届五中全会审议通过《中共中央关于制定国民经济和社会发展第十四个五年规划和二〇三五年远景目标的建议》，将科技创新工作置于各项重大任务的首要位置，强调坚持创新在我国现代化建设全局中的核心地位。面临这一重大变局，坚持新的科技发展战略，大力促进科技创新，是我国应对外部挑战、促进社会经济发展的根本策略。同期，中央提出推动成渝地区双城经济圈建设这一重大战略决策，明确提出使成渝地区成为具有全国影响力的科技创新中心，加快实施创新驱动发展战略、培育高质量发展的新动力①。作为成渝地区双城经济圈建设"一极两中心两地"战略任务的重中之重，成渝科技创新中心建设对实现成渝地区双城经济圈建设目标起着战略性引领和支撑作用。科技创新中心在成渝双城长期发展积累和核心功能突破提升的基础上形成，具有科技创新资源密集、创新活动活跃、创新能力强大、创新影响范围广等特征。

作为全球创新网络的枢纽节点和创新资源要素的集聚地，科技创新中心在全球创新价值链、产业链等的分工体系中占据重要地位②。2020 年 1 月，上海市经济信息中心发布的《2020 全球科技创新中心评估报告》显示，硅谷、纽约 – 纽瓦克、伦敦、巴黎、波士顿等全球前 5 名的科技创新中心城市，对于区域乃至全球创新具有重要引领作用③。全球重要的科技创新中心基本都分布在经济发达和创新要素密集的区域。我国西部地区面积广阔、资源丰富、经济体量具有一定规模，是我国形成优势互补、高质量发展的区域经济布局的重要组成部分。其中成渝地区作为西部经济发展水平较高、产业基础雄厚、基础设施完善、各项资源较为集中的区域，历来是我国战略大后方的核心区域，也是当前引领新一轮西部大开发大开放的核心引擎。在新的历史机遇下，有必要系

---

① 中共中央政治局召开会议 审议《成渝地区双城经济圈建设规划纲要》中共中央总书记习近平主持会议. http://cpc.people.com.cn/n1/2020/1016/c64094-31895208.html，2020-12-26.

② 张志强，熊永兰，韩文艳. 成渝国家科技创新中心建设模式与政策研究. 中国西部，2020，（5）：11-23.

③ 《2020 全球科技创新中心评估报告》发布，上海综合排名上升 4 位. https://tech.sina.com.cn/roll/2020-01-10/doc-iihnzhha1640514.shtml，2020-01-10.

统审视成渝地区建设科技创新中心的现状、优势、问题及挑战，明确成都和重庆在建设具有全国影响力的科技创新中心中扮演的角色，构建成渝地区科技创新协同新机制，开辟成渝地区具有全国影响力的科技创新中心建设新路径。

第一节　发 展 现 状

以成都、重庆双城为核心的川渝地区，拥有逾 1 亿人口和近 7 万亿元经济总量，近年来经济增速位居全国前列。其中，重庆市经济增速曾多年领跑全国，成都市自 2017 年以来连续 12 个季度增速超 8%。2019 年，成渝地区实现地区生产总值近 7 万亿元，经济总量占西部比重达 33.25%。其中，成都、重庆两个核心城市以西部地区 1%的地理面积和 13%的人口，创造了成渝地区 20%的经济总量。以成渝为核心的双城经济圈不仅是引领西部地区开发开放的核心引擎，也是我国经济政治战略大后方，具备成为科技创新中心的基础。

一、科技政策支持力度大

近年来，响应国家创新驱动发展战略，四川和重庆两地政府相继出台政策大力支持科技创新。2018 年 12 月，四川省科技厅印发《四川省技术创新中心建设工作指引》《四川省建设省级创新型城市工作指引》，致力于推进四川技术创新中心建设，建设若干具有强大辐射力的创新型城市和科技创新中心。2019 年底，重庆市人民政府办公厅出台《重庆市引进科技创新资源行动计划（2019—2022 年）》，围绕设立高端研发机构、共建联合研发基地、建立科技成果转化基地或技术转移转化服务机构、合作推动"双一流"建设、合作建设科技创新平台等五个方面完善区域科技创新体系，提升科技创新能力。近年来，随着对科技创新的重视程度增加，两地政府相继出台推动成渝地区科技创新与合作的政策与协议，如2020 年4月四川省科技厅与重庆市科技局签订《进一步深化川渝科技创新合作 增强协同创新发展能力 共建具有全国影响力的科技创新中心框架协议》，围绕建设成渝区域协同创新共同体、推动成渝地区科技成果转化、深化成渝地区科技交流合作、持续优化成渝地区科技创新环境等几个方面深化科技创新合作，推动形成区域科技创新平台共建、资源共享、项目共促、政策共通、成果共享局面，加快建设具有全国影响力的科技创新中心，相关政策如表 3-1 所示。

表 3-1　川渝地区科技创新激励政策概览

区域	发布主体	政策名称	时间
四川	中共四川省委	《关于全面创新改革驱动转型发展的决定》	2015 年
	四川省科技厅、人才办、人力资源和社会保障厅、教育厅、财政厅	《四川省激励科技人员创新创业十六条政策》	2016 年
	四川省科技厅、发展改革委	《推进成德绵协同创新的 10 条科技政策措施》	2017 年

续表

区域	发布主体	政策名称	时间
四川	四川省人民政府办公厅	《四川省人民政府办公厅关于加快县域创新驱动发展的实施意见》	2018 年
	四川省科技厅	《四川省技术创新中心建设工作指引》	2018 年
	四川省科技厅、发展改革委	《四川省建设省级创新型城市工作指引》	2018 年
重庆	重庆市人民政府办公厅	《关于大力培育高新技术企业的实施意见》	2016 年
	重庆市委、市人民政府	《重庆市科教兴市和人才强市行动计划（2018—2020 年）》	2018 年
	重庆市人民政府办公厅	《重庆市引进科技创新资源行动计划（2019—2022 年）》	2019 年
四川、重庆	四川省科技厅与重庆市科技局	《进一步深化川渝科技创新合作 增强协同创新发展能力 共建具有全国影响力的科技创新中心框架协议》	2020 年

二、科技创新资源基础好

成渝地区是 20 世纪六七十年代我国重点建设的老工业基地，拥有丰富的军事科技资源，军工产业和军民融合发展潜力巨大，汽车制造、食品加工及化工医药等特色产业集群在全国占有重要地位。近年来陆续培育出电子信息、人工智能、大数据等新兴产业，为传统产业的数字化、智能化转型升级及科技创新提供了广阔的应用场景。此外，成渝地区拥有两江新区和天府新区 2 个国家级开发开放平台、12 个国家级高新区、10 所"双一流"建设高校、22 个国家重点实验室和 26 个国家工程技术研究中心，科技资源较为密集，具备开展前沿基础科学研究的基础[①]。

（一）研发投入提升

研发经费投入是衡量一个地方科研实力和发展潜力的重要指标。在研发经费投入方面，成渝两地科研经费投入总量相当。2018 年，四川省研发经费投入为 737.1 亿元，占地区生产总值比例为 1.81%，其中成都市研发经费为 392.3 亿元。重庆研发经费投入总量为 410.2 亿元；在财政科技经费投入方面，2018 年重庆投入总量为 68.59 亿元，比成都低 4.5 亿元。整体来看，成渝地区研发投入较为充足，且近年来投入总量日益提升，已经形成政府、高校、企业相互合作的研发创新投入体系，科技金融生态逐渐完善。

（二）人才资源丰富

高端人才是科技创新发展的动力源泉，创新驱动的实质就是人才驱动。人才强、科技强，从而能够带动产业强、经济强、国家强。近年来，四川省和重庆市陆续制定各类人才引进计划，如成都"天府高端引智计划"、重庆"鸿雁计划"等，为推动人才强省战略、人才强市行动计划，打造西部创新人才高地提供了有力支撑。截至 2017 年底，四川人才资源总量达 715.54 万人，较 2012 年增长 30.7%。其中高级专业技术人才与高技能人才分别较 2012 年增长 88.5%和 64.8%；留学回国人员和获中国外国人永久居留身

---

① 彭劲松. 成渝地区具有全国影响力的科技创新中心建设及协同发展研究. 城市，2020，（4）：20-27.

份证的外国专家数分别较2012年增长248%、122%；通过四川省人才计划共支持和引进近千名高端人才和近百个创新创业团队[①]。相比之下，重庆市的人才资源也相当丰富，截至 2018 年底，重庆全市人才总量已达 527.6 万人，其中中高级专业技术人才 86.7 万人，占专业技术人才的 50%；高技能人才 99.7 万人，占技能人才的 27.7%。其中包括"两院"院士16人，有突出贡献中青年专家98 人，享受国务院政府特殊津贴专家2 644人，中华技能大奖获得者 10 人[②]。

（三）科创主体集聚

成渝两地注重科技创新资源集聚，加快创新主体培育。2017 年，成都市在全市统筹规划建设 66 个分工合理、特色鲜明的产业功能区，加快建设创新活力强劲和服务功能完备的现代化城市新区。这些产业园区涵盖了先进制造业、现代服务业和融合产业、都市现代农业，覆盖了成都 22 个区（市）县，优化调整后的每一个产业功能区，与成都市正在推进城市建设和长远发展的战略核心功能一一对应，同时有效助力成渝地区双城经济圈建设成为具有全国影响力的科技创新中心。截至 2019 年，川渝地区共有高新技术企业 8 810 家，普通高等院校近 200 所（其中普通本科院校 79 所，"双一流"建设高校 10 所，"双一流"建设学科 18 个）（表3-2）。

表 3-2　成渝地区"双一流"建设高校及学科分布

城市	"双一流"建设高校	"双一流"建设学科
重庆市	重庆大学、西南大学	机械工程（自定）、电气工程（自定）、土木工程（自定）、生物学
四川省成都市	四川大学、电子科技大学、西南交通大学、西南财经大学、西南石油大学、成都理工大学、成都中医药大学	数学、化学、材料科学与工程、基础医学、口腔医学、护理学、电子科学与技术、信息与通信工程、交通运输工程、应用经济学（自定）、石油与天然气工程、地质学、中药学
四川省雅安市	四川农业大学	作物学（自定）

成渝大部分高等教育资源聚集在双城，79 所本科院校中有 55 所位于成渝两城，"双一流"建设高校几乎全部位于成都和重庆两市。此外，成都共有高新技术企业3 113 家，新增新经济企业4.1 万家。重庆市拥有市级及以上重点实验室 180 个，新型研发机构 75 个，有效期内高新技术企业达到 2 504 家。作为国家组织开展基础研究、聚集和培养优秀科技人才、具备先进科研装备的重要科技创新基地，成渝地区拥有的国家重点实验室数量也在逐步上升（图 3-1）。2020 年 3 月，科技部、重庆市人民政府批准建设省部共建超声医学工程、山区桥梁及隧道工程国家重点实验室，这也是重庆市近十年来再次获批国家重点实验室。近年来，成渝双城通过实施多种举措大力吸引和集聚科技创新主体与高端人才，集聚优质创新资源。成渝双城的创新能力在竞争中迸发活力，共同引领成渝经济圈建设。

---

① 王辉耀、陈涛. 四川人才发展报告（2019）. 北京：社会科学文献出版社，2019.

② 陈元春. 重庆市人民政府关于人才强市工作情况的报告——2019 年 9 月 23 日在市五届人大常委会第十二次会议上.

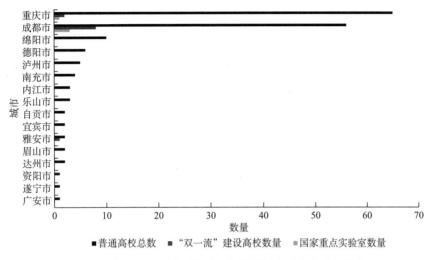

图 3-1　成渝地区双城经济圈内高校及国家重点实验室分布

三、科技服务平台规模化

作为整合与连接政府、企业、高校、科研机构等政产学研创新主体的载体，科技创新服务平台是建立以市场为导向、企业为主体、政产学研深度融合的成渝地区科技创新体系的重要组成部分之一。根据《成都市科技创新平台建设与资助管理办法》，科技创新服务平台是指围绕产业功能区创新发展，提升科技型企业创新能力，推进产业技术创新研发，促进创新资源开放共享，吸聚人才团队在蓉创新创造，依托科技型企业组建或面向中小企业服务的功能性平台，具体包括市级产学研联合实验室、市级工程技术研究中心、市级科技资源共享服务平台。目前，成渝地区科技创新服务平台大部分还是由政府部门与相关科研院所共同建设运营或者以科研院所为主导方、政府扶持的方式建设运营，其中政府部门主要涉及省（直辖市）科技厅（局）、地级市科技局及其建设的生产力促进中心等。成渝地区具有一定代表性的科技创新服务平台包括成都市创新创业服务平台、天府新区创新创业人才云服务平台、重庆科技资源共享平台、重庆科技服务云平台等。

四、科技创新整体成效高

近年来，在政策支持和投入保障的前提下，成渝地区科技创新能力显著增强，区域创新能力、科技活动产出实现稳步提升，在科研项目、专利、学术论文等方面均表现不俗。其中电子信息、航空航天、核技术等关键行业技术领域领跑全国，并取得一批具有代表性的重大技术突破，如航空发动机和燃气轮机高温核心部件的研发和生产、可诱导多孔钛人工骨等关键技术取得重大突破；钒钛稀土领域多项关键工艺技术及新材料处于国内领先水平。作为全球重要的电子信息产业基地，成渝地区已形成"芯、屏、器、核、网"世界级产业集群，产能约占全球的三分之一。

（一）项目数

据表 3-3 的统计结果，2019 年四川省科技成果登记项目共 965 项，以企业横向项目为主（651 项，占比 67.5%），上述科技成果中，900 项为应用技术类，占比 93.3%。成果水平整体较高，其中 23.4% 和 48.3% 的成果属于国际先进和国内领先水平。在国家科学技术奖励大会公布的 2019 年度国家科学技术奖名单中，由四川省主持完成的获奖项目 11 个，其中 2 个荣获国家科技进步一等奖，参与完成的项目有 14 个，涵盖电子信息、装备制造、先进材料、能源化工、现代农业、轨道交通、灾害预警等重点产业领域。在国家科技奖励数量减少、质量标准进一步提高的背景下，四川省获奖数量保持在全国前列，充分反映了其科技实力和创新能力不断提升。

表 3-3　2019 年四川省部分科技成果概况

类别	合计	科研机构	大专院校	企业	其他
基本情况	1 208	158	165	755	130
登记项目数	965	111	92	651	111
奖励项目数	243	47	73	104	19
成果计划	965	111	92	651	111
国家计划项目	47	10	9	21	7
部门计划项目	19	3	—	5	11
地方计划项目	324	56	61	175	32
部门基金项目	2	—	—	—	2
地方基金项目	7	1	2	2	2
其他	566	41	20	448	57
成果类别	965	111	92	651	111
基础理论	44	7	27	4	6
应用技术	900	102	61	645	92
软科学	21	2	4	2	13
成果水平	739	69	43	565	62
国际领先	26	6	3	17	—
国际先进	173	14	15	140	4
国内领先	357	30	17	288	22
国内先进	183	19	8	120	36

资料来源：《四川统计年鉴 2020》

重庆市的科研成果表现也相当突出，2019 年，重庆市科技成果登记数量达 1 312 项，其中应用技术成果 1 140 项，软科学成果 149 项，基础研究成果 23 项。2019 年度国家科学技术奖名单中，重庆市有 12 个项目获得国家科学技术奖，较 2018 年度实现翻番，其中牵头完成科技项目 4 个（科技进步奖一等奖 1 个、技术发明奖二等奖 1 个、科技进步奖二等奖 2 个）；参与完成科技项目 8 个（科技进步奖一等奖 2 个、技术发明奖二等奖 1 个、科技进步奖二等奖 5 个）。充分体现了近年来重庆基础研究能力逐步增强、科技创新协同发展不断拓展、重点产业科技支撑能力凸显等特点。

（二）专利数

作为知识产权领域的一项重要指标，发明专利数与区域科技进步和自主创新能力之间的关系最为密切。据统计，2019 年四川省申请专利数合计 131 529 项，授权专利数合计 82 066 项，其中最能衡量科研产出质量和市场应用水平的发明专利申请量为 39 539 项，授权量为 12 053 项。同年，重庆市申请专利数合计 67 271 项，授权专利数合计 43 870 项，其中发明专利申请量为 20 103 项，授权量为 6 988 项（表 3-4）。在更能体现区域自主创新能力的万人发明专利拥有量指标上，2019 年，成都市万人发明专利拥有量为 25.8 件，比上年增长 15.2%；重庆市万人发明专利拥有量达 10.46 件，增长 15.2%，均位于全国各省市前列。

表 3-4　2019 年川渝地区申请和授权专利概况

类别	四川省		重庆市	
	2018 年	2019 年	2018 年	2019 年
全省专利申请量合计	152 987	131 529	72 121	67 271
发明	53 805	39 539	22 686	20 103
实用新型	73 167	71 474	40 958	39 566
外观设计	26 015	20 516	8 477	7 602
全省专利授权量合计	87 372	82 066	45 688	43 870
发明	11 697	12 053	6 570	6 988
实用新型	53 121	51 521	31 261	30 646
外观设计	22 554	18 492	7 857	6 236

资料来源：《四川统计年鉴 2020》和《重庆统计年鉴 2020》

（三）论文数

学术论文是科技创新的重要体现，也是衡量一个区域原始创新能力的重要指标，基于 Web of Science 网站公开论文的统计，成都市和重庆市的学术论文发表数分别为 281 504 篇和 120 289 篇，分别位列全国第 8、第 19 位。从体现科研实力和创新水平的顶级论文数看，成都市和重庆市分别为 3 249 篇和 1 202 篇，分别位列全国第 10、第 23 位。作为西部重要增长极，成渝地区双城经济圈在原始科技创新方面还有进一步发展空间，提升创新水平，成为引领西部地区的科技创新中心。

五、科技创新体制机制改革

为了激发广大科研人员的积极性、主动性和创造性，鼓励多出成果、快出成果、出好成果，大力培育科技型企业，推动产学研协同创新，近年来成渝地区相继在科技创新体制机制方面进行了探索，如四川省的科技成果权属混合所有制改革、重庆市科技创新券专项行动等，并积累了许多值得推广的有益经验，在全国范围内形成了较大反响。

（一）科技成果权属混合所有制改革

在《中华人民共和国促进科技成果转化法》修订后，《关于实行以增加知识价值为导向分配政策的若干意见》等一系列政策也相继出台，直指科技成果转化转移难等长期制约科技创新深入发展的深层次问题。四川省作为国家全面创新改革试验区，近年来积极探索"产权驱动创新"模式，实现创新驱动发展战略。2016 年 5 月，成都市率先出台"成都新十条"，在全国范围内首创科技成果所有权改革，明确指出支持在蓉高校院所开展职务科技成果权属混合所有制改革。市科技局、市委组织部、市财政局等 8 部门联合发布了相关实施意见，明确了支持模式、确权流程、定价流程、收益分配、内部管理、部门职责。2016 年 6 月，成都市出台《促进国内外高校院所科技成果在蓉转移转化若干政策措施》，将支持在蓉高校院所开展职务科技成果权属混合所有制改革作为第一条，明确职务发明人与高校、科研院所可按约定不低于 7∶3 的比例共享科技成果知识产权，成为全国首个出台专项政策实施科技成果混合所有制改革的城市。2016 年 11 月，四川省出台《四川省激励科技人员创新创业十六条政策》，明确提出提高科技人员成果转化收益比例，高校、科研院所、医疗卫生机构等科技成果转移转化所获收益可按不同方式对完成科技成果转化的主要贡献人给予奖励。通过转让或许可取得的净收入以及作价投资所获的股份，允许将不低于 70% 的比例用于奖励。

在政策支持下，2016 年和 2017 年西南交通大学先后印发《西南交通大学专利管理规定》和《西南交通大学职务科技成果转化实施细则》，明确职务发明人可以按照 7∶3 的比例与学校共享专利权，评估作价入股后发明人持有专利权产生的 70% 股份，明确了知识产权国有部分的定价问题。政策发布至今，已有 184 项职务科技成果知识产权的分割确权，通过职务科技成果分割确权评估作价入股成立科技型企业 16 家，知识产权评估作价入股总值超过 1.3 亿元，带动社会投资近 8 亿元。而此前的 2003~2009 年，西南交通大学国家科技园仅有 1 项职务科技成果得到转化。2016 年四川大学出台《四川大学科技成果转化行动计划（试行）》，全方位系统性地提出促进科技成果转化八大方面、22条具体举措。截至 2017 年 7 月，四川大学已经有 70 余项技术成果申请确权，作价入股创办科技型企业近 20 家。2017 年 9 月，四川大学生物国家重点实验室研发团队 7 项成果作价 3.6 亿元（团队享有收益权的 90%），以作价入股的方式，由企业投资近 8 亿元，对成果进行产业化开发，后续研发将带动投资 100 亿元。2019 年 1 月，国务院办公厅印发《国务院办公厅关于推广第二批支持创新相关改革举措的通知》，将四川省探索职务科技成果权属改革的做法提炼为"以事前产权激励为核心的职务科技成果权属改革"，要求在全面创新改革试验 8 个区域进行推广。

（二）科技创新券专项行动

科技创新券制度起源于欧洲，荷兰、意大利、比利时等国家均实施了科技创新券制度，是为解决本国中小企业经济实力不足、创新资源缺乏、大学和研发机构缺少为中小企业服务的动力机制等问题而发行的一种"创新货币"。在我国加快实施创新驱动发展战略的大背景下，科技创新券成为大力培育科技型企业特别是高新技术企业、促进产学研协同创新的重要手段。2016 年 10 月，重庆市科学技术委员会、重庆市财政局印发《重庆市科技创新券实施管理办法（试行）》，率先探索科技创新券制度。该办法以企业创新需求为导向、财政事后补贴为引导、科技资源共享服务为手段，促进企业技术创新、转型升级。随着科技创新券制度在实践探索中日益成熟，2019 年底，重庆市科技局、重庆市财政局印发《重庆市科技创新券专项实施细则》，以电子有价凭证方式，进一步引导和激励创新资源对接科技型企业创新发展需求。创新券系电子券，分为资源共享券和融资辅导券，用于购买《国务院关于加快科技服务业发展的若干意见》所列的科技服务和上市或挂牌辅导服务。其中，资源共享券用于购买科技服务，面额分为 1 万元和 2 万元两种，资助对象为环大学创新生态圈内的企业或创客、市级以上科技企业孵化器内的在孵企业、国家或本市创新创业大赛的获奖团队及个人、向区县科技部门提出科技服务需求的创客；融资辅导券用于购买上市或挂牌辅导服务，面额为 4 万元。资助对象为企业系统中拟进入多层次资本市场融资发展的科技型企业。

第二节 存 在 问 题

一、科技创新投入力度不足

（一）投入总量强度有待提升

据《中国区域科技创新评价报告 2019》，成渝地区作为长江上游地区科技创新高地，重庆综合科技创新水平排名第 7 位，四川综合科技创新水平排名第 12 位，但成渝地区综合科技创新水平指数均低于全国平均水平的 70.71 分，处于全国第二梯队。《2019 年全国科技经费投入统计公报》显示，2019 年成渝地区 R&D 经费投入分别为 871 亿元和 469.6 亿元，R&D 经费投入强度为 1.87% 和 1.99%，相比于 2018 年有所增长。同期，陕西省 R&D 经费投入 584.6 亿元，虽低于四川省，但其 R&D 经费投入强度为 2.27%，远高于成渝地区，如表 3-5 所示。R&D 经费投入和投入强度是落实创新驱动发展战略的重要基础，也是衡量科技发展水平的重要指标。成渝地区的科技投入在西部地区排位处于领先地位，但与北上广等沿海经济科技发达地区相比，成渝地区差距仍然较大，今后需加大投入力度，加大 R&D 投入总量、提高 R&D 投入强度，巩固西部区域的排头兵位置并实现对北上广等区域的追赶。

表 3-5　2019 年各地区研究与试验发展（R&D）经费情况

地区	R&D 经费/亿元	R&D 经费投入强度
全国	22 143.6	2.23%
北京	2 233.6	6.31%
天津	463	3.28%
河北	566.7	1.61%
山西	191.2	1.12%
内蒙古	147.8	0.86%
辽宁	508.5	2.04%
吉林	148.4	1.27%
黑龙江	146.6	1.08%
上海	1 524.6	4%
江苏	2 779.5	2.79%

地区	R&D 经费/亿元	R&D 经费投入强度
浙江	1 669.8	2.68%
安徽	754	2.03%
福建	753.7	1.78%
江西	384.3	1.55%
山东	1 494.7	2.1%
河南	793	1.46%
湖北	957.9	2.09%
湖南	787.2	1.98%
广东	3 098.5	2.88%
广西	167.1	0.79%
海南	29.9	0.56%
重庆	469.6	1.99%
四川	871	1.87%
贵州	144.7	0.86%
云南	220	0.95%
西藏	4.3	0.26%
陕西	584.6	2.27%
甘肃	110.2	1.26%
青海	20.6	0.69%
宁夏	54.5	1.45%
新疆	64.1	0.47%

资料来源：《2019 年全国科技经费投入统计公报》

（二）投入结构仍有改善空间

基础研究是整个科学体系的源头，是所有技术问题的总机关。基础研究作为科技创新源泉，是创新性技术的基础，对建设科技强国具有重要的意义，更应进一步加强。根据《中国区域科技创新评价报告 2019》，2019 年四川省基础研究、应用研究和试验发展经费所占比重分别为 5.9%、14.7%和 79.4%，重庆市的占比分别为 6.0%、9.8%和84.2%。全国基础研究投入的比重在 2019 年首次超过 6%。科技部部长王志刚表示"十四五"期间，加大基础研究投入，提升基础研究在社会研发的比重，成渝地区应在现有基础上优化投资结构，加大基础研究投入力度。从经费执行结构看，成渝地区企业、政府属研究机构、高等学校经费支出存在比例失调问题，2019 年重庆市企业经费支出占比 79.4%，全国排名靠前，但同期四川省仅为 57.1%。这表明成渝地区企业创新主体地位仍有待进一步强化与明晰，部分企业存在科技投入不足、R&D 投入占主营业务收入的比重不高、模仿创新多、原始创新活动偏少等现象。

（三）科技投入过于分散

成渝地区双城经济圈要建成具有全国影响力的科技创新中心，离不开科技创新资金和人才等核心要素在区域内的优化高效配置、有序自由流动和深度融合。合理配置创新资源，对于促进创新要素的流动和共享、推动建立起优质高效的创新体系而言意义重大。当前，政府科技经费投入因缺乏有效的统筹协调机制，创新链条上各环节的资金断裂与交叉重复并存。成渝地区科技资源整体存在布局和配置分散、自成体系、重复建设和资源共享不足等情况。在科技投入管理体制机制如科技计划、经费投入、项目管理等多个领域，存在科技计划碎片化、科研项目聚焦不够、科研经费分割浪费等，这就导致成渝地区创新整体效能不强。

二、科技创新资源有待充实

（一）硬件资源

研究型大学、科研院所以及国家重点实验室、国家工程技术研究中心等孕育科技创新成果的机构数量是区域科技创新实力的重要体现。但从目前看来，成渝地区的科技创新资源与我国其他沿海发达地区的城市群相比还有较大差距。如图 3-2 所示，成渝地区国家重点实验室数量仅相当于长三角城市群的 12.5%、京津冀城市群的 10%。国家实验室和国家重点实验室作为国内实验室体系的金字塔尖，代表了实验室中的科技实力，但川渝两地共计 21 个，占比仅为 6.25%；国家工程技术研究中心成渝两地共计 26 个，占比 7.2%，相对西部其他省份占有优势地位，但与北京、山东、江苏等省份相比还存在明显的差距。此外，川渝两地在硬件方面较以往有所改善，但存在增幅不明显的情况，以四川省科技创新平台为例，截至 2020 年建成各类科技创新平台 1 800 余个，但国家级科技创新基地与 2018 年度相比无明显变化，仅 171 个。

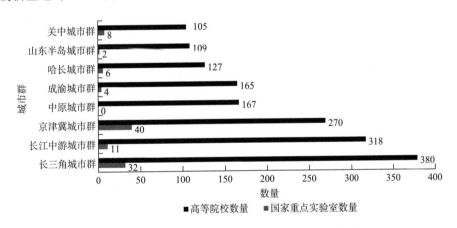

图 3-2　部分城市群高校及国家重点实验室数量

（二）人力资源

世界科技史证明，谁拥有了一流创新人才、拥有了一流科学家，谁就能在科技创新中占据优势。高水平科技人才是科技创新活动的"火车头"，是科技实力的标志性力量。《中国科技统计年鉴 2020》显示，截至 2019 年四川省 R&D 人员总人数为 270 123，占比 3.79%；重庆市 R&D 人员总人数为 160 668，占比 2.25%，与东部省份和部分中部省份相比仍有一定的差距。同时，成渝地区创新型科技人才结构性不足的矛盾仍然存在，科技人才队伍的规模与结构存在不匹配的状况，主要表现为关键技术领域、重点学科领域的领军人才不多，尖子人才不足，以两院院士为例，在川两院院士共有 63 位，在渝两院院士共有 16 位，川渝地区顶尖人才队伍规模落后于国内多个省份。在青年人才吸引力上，川渝地区仍需加大力度，既要引得来，更要留得住。根据在川院校 2020 届毕业生就业质量年度报告，包括四川大学、电子科技大学、西南交通大学、西南财经大学在内的多所高校留川率均低于 50%。科技创新发展客观上要求有稳定和持续的投入，团队建设和基地建设十分重要，由于"政产学研"四方联合培养不足，以青年人才为牵头人进行支撑的科技类支撑项目仍然较少，缺乏科技项目的相关支持，限制了青年人才的职业发展通道，不利于打造"人才队伍阶梯"。

三、协同创新能力有待提升

（一）区域间协同能力较低

从跨区域协同看，成渝地区地处相对偏远的西南地区，与长三角、京津冀、粤港澳大湾区的科技合作还相对较少。从成渝两地内部看，成渝地区内部科技资源分布不均衡，其中成都和重庆主城区具有丰富的高校及科研院所、科技创新资金投入以及高新技术企业资源，科技和产业资源门类也相对比较齐全，科技创新水平明显高于省内其他地区，而其他许多地级市科技创新基础还较为薄弱，科技创新资源供不应求，科技创新能力与竞争力还不强，区域协同创新的引领能力有待增强。同时，成渝两地协同创新格局尚未成形，目前规划构建"两极一廊多点"创新格局["两极"即以成都高新区为支撑的中国西部（成都）科学城、以重庆高新区为核心的中国西部（重庆）科学城；"一廊"即成渝科技创新走廊；"多点"即成渝地区多个创新功能区和创新节点]，但与 G60 科创走廊、杭州城西科创大走廊、光谷科技创新大走廊、宁波甬江科创大走廊、广深科技创新走廊等其他城市协同创新走廊相比，在规划、开发、建设和管理等方面还需加速进行，要明确各个重要区块的功能定位，加快编制控规和详规，做好区域内的相互配合，早日形成创新协同合力。

（二）区域内要素协同较弱

从科技创新要素配置与协同程度来看，存在企业、高校、科研院所等创新主体之间协作程度不高、产学研用多元创新主体缺乏内生性合作动力以及协同效果不佳等问题。从横向创新主体间的协作现状看，合作效应弱于竞争效应。产学研协同创新机制尚未真正建立，加之企业享有技术的准入门槛较高，造成企业参与研发的意愿不高，获利能力不强，阻碍和抑制了技术商业化与产业化的进程。从纵向创新主体合作情况看，政产学研用在科技创新价值链上的合作尚未形成"前端基础研究促进后端技术研发与生产，后端产业实践进一步反哺前端研究"的科技创新良性发展态势。

（三）企业主体地位不突出

在科技创新链条中，企业更为熟悉市场对科技成果的需求，具备配置科技创新资源的平台优势，对科技创新成果产业化和社会科技发展进步有更直接的推动作用。然而，

我国企业在科技创新方面的主体作用尚未得到充分发挥。《中国企业创新能力评价报告
2018》显示，四川省有 R&D 活动工业企业占工业企业比重为 13.3%，占全国平均水平
的 57.8%；有研发机构工业企业占工业企业比重为 5.8%，占全国平均水平的 35.6%；有
国际市场新产品工业企业占产品创新工业企业比重为 13.5%，占全国平均水平的
56.5%，低于全国平均水平（图 3-3 ）。从主观上讲，不少企业以利益为出发点，热衷于
外部引进，希冀通过从国内外购买相关专利、技术、产品实现快速获利，这导致企业创
新热情与积极性不强，潜心自主创新的积极性不高。从客观上讲，企业创新环境常受固
有的体制机制、市场调节等诸多方面的影响，还有待进一步优化。只有充分凸显企业的
技术创新主体地位，使企业真正成为技术创新决策、研发投入、科研组织、成果转化的
主体，才能从制度环境层面推动企业创新。

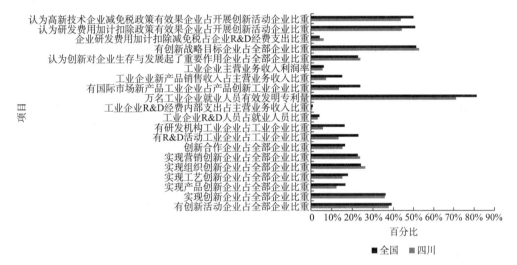

图 3-3　四川企业创新概况及其与全国平均水平的对比
资料来源：《中国企业创新能力评价报告 2018》

四、科技创新环境仍需完善

（一）政府管理存在高度重合

省级科技创新治理涉及发改委、科技厅、财政厅、教育厅、知识产权局等各部门，
科技创新治理存在分工不明、职责交叉、政出多门的现状。同时，与之配套的法律法规
建设相对滞后，政府督导、激励与评价机制不健全、不配套，与科技创新发展的要求不
适应。创新相关的人、财、物等制度由人社、财政、编办等机构制定，而创新体系与创
新能力则分别由科技、教育、发改等机构建设，创新资源难以有效配置，部门之间协同
性差，甚至相互扯皮，致使科技创新效率不高。

（二）市场环境继续深化改革

创新驱动要求科技和经济紧密结合，而科技和经济结合过程本身就是一个创新过
程，不仅包括研究开发的创新，也包括产品的设计创新、制造创新、管理创新以及市场

模式和市场开拓创新。所有这些环节构成一个完整的产品技术创新全过程。科技创新的不确定性和市场竞争中多元化需求之间的矛盾决定了科技和经济的结合不能靠政府干预，只有通过市场竞争的选择才能够实现。社会化和市场化创新环境不健全，公共服务以及公平的市场竞争环境的缺失，抑制了企业创新的积极性，也使得企业很难从社会和市场获得技术创新所必要的资源。

（三）高质量服务平台难满足

无论是科研人员的投入还是社会资本的投入，都需要建立一个通畅的利益回报机制。产学研结合要靠市场，要靠中介机构，通过市场化机制才能打破科技与经济的"两张皮"状况。但目前除成都创新创业服务平台、重庆科技资源共享平台等发展水平较高的科技创新服务平台以外，其余大多数平台发展缓慢，知名度低，资源服务能力弱，聚集科技资源的能力也较差。成渝地区内部科技创新资源的集聚和创新活动的空间分布极不均衡，科技服务平台主要集中在成都市和重庆主城区，成都市拥有科技创新的企业远多于其他地级市，重庆作为直辖市其科技资源也主要位于市中心。科技创新资源分布不均衡也直接导致科技的快速发展给这些区带来的增益强于偏离市中心的市辖区（县）。缺乏高水平的中介平台，一定程度上限制了川渝两地科技成果向生产力的转化，阻碍了专利"变现"，也抑制了科研人员和企业的创新创造热情，迟滞了金融机构等进场，不利于科技创新领域各要素的加速流动。例如，重庆市技术市场企业平均交易额从 2018 年 773.94 万元到 2019 年 656.85 万元，下滑达 15.13%，科技企业孵化器孵化基金总额从 2018 年 424 565 万元到 2019 年 319 400 万元，下滑达 24.77%。

第三节　案例分析：成渝携手建设中国西部科学城

一、战略定位和功能布局

在 2020 年初召开的中央财经委员会第六次会议上，习近平总书记就成渝地区双城经济圈建设进行专题部署，明确支持成渝两地以"一城多园"的模式共建西部科学城，进而推动双城经济圈创新高地的形成。

作为成渝科技创新中心的核心载体和主战场，西部科学城由重庆和四川两省市同步推进、携手打造。其中，西部（重庆）科学城的总体定位是"科学之城、创新高地"，兼具科技创新中心、科学中心、改革开放先行区以及高品质生活宜居区。从区位上看，主要分布于重庆中心城区西部槽谷，自北向南共涉及北碚、璧山、沙坪坝、九龙坡、江津 5 个行政区的部分区域，规划面积 1 198 平方千米。

从空间功能布局上看（图 3-4），主要包括"一核四片多点"的生产空间、"一主四副多组"的生活空间以及"一心一轴两屏"的生态空间。

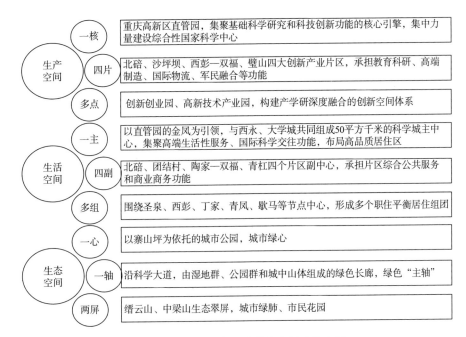

图 3-4 西部（重庆）科学城空间功能布局

西部（成都）科学城在战略定位上主要体现为创新驱动动力源、高端创新要素集聚地和创新创业生态典范区，总规划面积 361.6 平方千米，呈现"一核四区"为主的空间功能布局（图 3-5）。

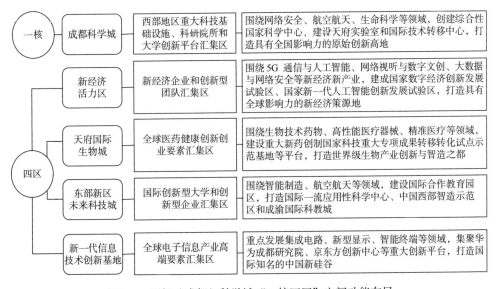

图 3-5 西部（成都）科学城"一核四区"空间功能布局

二、建设措施与初步成效

西部科学城建设是一项系统工程。成渝两地广泛聚集社会资源，共同搭建平台，优化区域环境，集聚科技人才。西部（重庆）科学城紧扣"十科"做文章（图 3-6），滚动实施"十大重点基础设施工程""十大科技研发创新中心""十大百亿级高新技术产业项目""十大内陆开放高地的重要支撑载体""十大高新技术企业总部""十大科技产业服务平台"等六个"十大工程"。

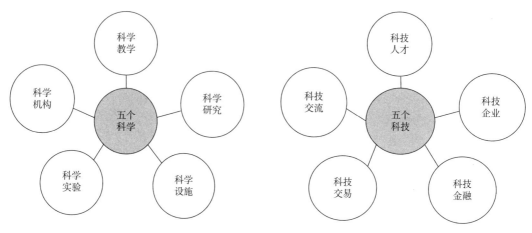

图 3-6　西部（重庆）科学城"十科"内涵

2020 年，西部（重庆）科学城集中开工科学大道、科学谷、科学城生态水系示范工程等 79 个重点项目，总投资约 1 300 亿元[①]。2021 年，集中开工重点项目增至 107个，总投资 1 062.3 亿元，其中，科技创新类、产业发展类、基础设施类以及社会民生类项目分别为 9 个、44 个、23 个和 31 个，各类项目总投资额分别为 130.3 亿元、466.2亿元、235.8 亿元和 230 亿元[②]。在大装置、大平台、大院所等重要创新平台载体推进方面，已建成山区桥梁及隧道工程等 5 个国家重点实验室，正式投运中国自然人群资源库重庆中心，获批首批国家应用数学中心。目前，西部（重庆）科学城已引进以英特尔 FPGA 创新中心等为代表的企业创新平台以及以中关村智酷等为代表的国际国内优质孵化平台。此外，中国科学院、北京理工大学、电子科技大学等与重庆市开展的大批校地合作项目也已落地或投入运行。

西部（成都）科学城则围绕 5 项重点任务、14 项推进策略分三步推进科学城建设。其中，5 项重点任务分别为资源汇聚、生态营造、动力承载、区域协同及改革创新，14项推进策略则主要涉及科技资源与创新人才/团队汇聚、现代产业集群构建、新型基础设施建设等。到 2025 年和 2035 年，分别建成具有全国影响力和国际影响力的科学城，并实现 2050 年全面建成全球一流科学城目标。

三、政策支持与体制机制改革探索

西部科学城建设离不开政策支持。为解决科技企业融资难题，2020 年 10 月，重庆

---

① 陈翔，王倩，刘波.79 个重点项目集中开工 总投资约 1 300 亿. 重庆晨报，2020-09-12，（01）.
② 张亦筑. 西部（重庆）科学城 107 个重点项目集中开工. 重庆日报，2021-04-16，（11）.

市发布金融支持西部（重庆）科学城建设相关政策，主要涵盖《金融支持西部（重庆）科学城建设实施方案》《关于发展股权投资促进创新创业的实施意见》《重庆高新区促进科技金融发展办法》《重庆高新区鼓励企业上市挂牌扶持办法》等共 64 条政策意见[①]。科学城通过公益参股的形式，有效地缓解了初创科技企业的融资难题。从相关部门了解到，重庆高新区已累计投放 3 341 万元种子基金，成功帮助 28 家科技型企业成长为高新技术企业。在政府服务方面，持续推进简政放权。仅 2020 年便实现"一件事一次办""最多跑一次"和"零材料提交"事项 109 件、1 171 件和 240 件，96.8%的政务服务实现网上办理[②]。引智环境方面，2021 年 3 月，重庆高新区发布 40 条"金凤凰"政策，涵盖西部（重庆）科学城人才引育、科技创新、产业发展、金融支持的全方位、全周期政策支撑体系（表 3-6）。其中，人才政策立足西部（重庆）科学城重点产业发展需要，引导各类用人单位围绕新一代信息技术、先进制造、大健康、高技术服务业四大主导产业，吸引集聚高层次人才团队落户；创新政策围绕加大创新研发投入、培育壮大企业主体、建设科研机构、推动成果转化等方面给予重点支持；产业政策聚焦西部（重庆）科学城四大主导产业重点细分领域，提供从基础研究、技术创新、成果转化到产业化的全产业链扶持政策；金融政策则从金融机构设立、金融牌照获取、经营规模扩张、经营风险分担补偿等方面激发金融活力，重点解决金融创新难题。

表 3-6　西部（重庆）科学城"金凤凰"政策（部分）

大类	数量	具体内容
人才政策	10 条	1. 成功孵化出独角兽或规模以上高新技术企业的专业孵化器，分别奖励 1 000 万元和 50 万元 2. 设立"金凤凰成就奖"和"金凤凰成长奖"，每年分别评选 2 名、10 名，每人分别奖励 100 万元、20 万元等 3. 对高端创新人才和紧缺产业人才，免除 8 年人才社区住房租金，期满后按类别实施赠予、成本价购买等 4. 对于优秀人才，每年按个人年工资薪金的一定比例给予专项奖励 5. 享受一站式人才服务绿色通道
创新政策	10 条	1. 对科技企业开展"一科三高"企业梯度培育工程，精准制定全生命周期扶持政策 2. 对成立时间在 3 个会计年度内且发展良好的科技企业，最高给予 15 万元一次性奖励 3. 经认定的高新技术、瞪羚以及高能级领军企业，分别最高给予每年 100 万、180 万和 900 万元奖励
产业政策	10 条	1. 支持大健康产业全周期发展。企业自主研发并产业化的创新药、改良型新药、已上市生物制品、第三类医疗器，单品种全周期最高给予 5 300 万元、3 300 万元、3 300 万元、2 740 万元补助 2. 提供包含产业政策清单、政策推介平台、资金管理办法以及网络申报审核系统在内的"四个一"保障
金融政策	10 条	1. 对三大主体（金融机构、金融服务机构、企业）实施全方位多角度奖励扶持 2. 创投风投机构在投资重庆高新区企业前后分别享受投资奖励和风险补偿 3. 上市、新三板挂牌企业取得银行贷款，单个企业每年给予最高 200 万元贴息

西部（成都）科学城也积极探索相关机制体制的改革，在《中国西部（成都）科学城战略规划》中，第 11~14 条策略均与改革相关。例如，在科研评价机制改革方面，率先探索创新项目非常规评审及支持机制，在人才评价机制中引入代表性成果和多元化评价制度，在科研机构评估中建立与评价结果挂钩的评估制度。在赋予科研事业单位及科

① 张亦筑. 重庆出台 64 条金融政策支持西部（重庆）科学城建设. 重庆日报，2021-10-28，（01）.
② 王斌来，蒋云龙，刘新吾. 重庆全力推进西部科学城建设. 人民日报，2021-04-04，（01）.

研人员更大自主权方面，成都高校将拥有在人才选用、职称评审、科研立项等方面更大的自主权，科研项目经费将实行包干制与负面清单制相结合，科研人员在出入境上将更加便利。

在这些政策支持下，一大批科技企业纷纷入驻。2020 年，在西部（重庆）科学城引进的项目中，科创项目比重超过 80%。与 2019 年相比，市级以上科技创新创业人才增长 34.2%，高新技术企业增长 42%①。目前，西部（重庆）科学城核心区拥有金凤电子信息产业园、国家质检基地、国家生物产业基地等多个新型产业载体，集聚英业达、广达、SK 海力士、华润微电子、联合微电子、中国中药、植恩药业、重庆车检院等知名企业，年产笔电等智能终端设备占全球近四分之一，集成电路产业产值超全市 80%，获批建设西部首个国家检验检测高技术服务业集聚区，国家应用数学中心等市级及以上研发平台 169 个，国家高新技术企业 137 家，市级及以上孵化器和众创空间 14 个（其中国家级 5 个），A 类评价国家级孵化器 2 家，知识价值信用贷款改革在全国率先试点。产业方面，西部（重庆）科学城已形成新一代信息技术千亿级、先进制造五百亿级、大健康和高技术服务 2 个百亿级产业集群②。仅 2020 年 1 月至 7 月，规模以上工业总产值超过 2 000 亿元③。

在成都科学城，聚焦航空航天技术、电子信息等重点领域，布局柔性基底微纳结构成像系统研究装置等 11 个"大装置"，成功引进 39 个以中国科学院为代表的国家科研机构以及 26 个以清华大学等为代表的高校协同创新项目，共汇聚起 270 余名高层次人才以及 5 000 余名科技创新人才④。在人工智能、集成电路、5G 通信等重点领域，成功引进海康威视等数字经济重点企业 90 余个。此外，围绕高新技术服务七大形态，引育科技服务机构 60 余个，培育高新技术企业 430 余家。在未来科技城，民航飞行学院天府校区、民航二所民航科技创新示范区、产投集团智造基地等项目相继落户，总投资超过 600 亿元。三峡集团四川能源投资总部项目和联东 U 谷未来科技产业园两个百亿项目也于 2020 年 10 月正式落户。9 万余家具有新经济性质的企业聚集于成都新经济活力区，涉及人工智能、大数据、网络安全、数字文创等新经济产业。一桥生物技术创新药物全球总部及制造基地项目等 8 个生产制造项目以及厌氧生物创新菌药智造平台项目等 6 个创新平台型及高品质科创空间项目落户生命科学创新区，总投资额超 130 亿元。此外，作为全球电子信息产业高端要素汇集区，京东方智慧系统创新中心等 8 个电子信息工业项目也在新一代信息技术创新基地集中开工。西部科学城大发展、大创新的序幕已经拉开，即将成为具有国际影响力的科技创新中心和链接全球创新网络的改革开放先行区。

---

① 王斌来，蒋云龙，刘新吾. 从规划到项目，服务科研排首位，重庆全力推进西部科学城建设. 人民日报，2021-04-04，（01）.

② 赵军奇. 西部（重庆）科学城：科学家的家 创业者的城. 人民日报，2020-09-21，（09）.

③ 赵聪聪. 西部（重庆）科学城建设加速推进 1—7 月规上工业总产值超 2 000 亿元. http://cq.cnr.cn/jr/20200916/t20200916_525262766.shtml，2020-09-16.

④ 孟骅，朱仑，何宏，等. 建设有全国影响的科技创新中心. 成都日报，2021-04-21，（04）.

第四节　发展路径

一、加大科技创新投入力度，优化投入结构

党的十九届五中全会提出要"加大研发投入，健全政府投入为主、社会多渠道投入机制，加大对基础前沿研究支持"[①]。加大科技经费投入是促进技术进步、实现创新驱动、推动高质量发展的必然要求，成渝地区科技创新投入力度虽逐年增长，但与其他城市群如京津冀城市群、长三角城市群等相比在投入力度与投入结构上存在一定差距。为把成渝地区建设为全国科技创新中心，成渝需要在增加科技创新投入总量的基础上加强科技创新投入力度，进而保障成渝地区科技创新的活力与持续力。此外，成渝地区还应注重科技创新投入结构的优化，调整科技创新经费在企业、科研机构、高等院校间的分配比例与比重，根据企业、科研机构与高等院校科技创新的实际需求，合理分配经费使用的比例，实行"按需分配"的分配模式，避免科技创新经费过于集中，让科技创新经费合理地流向需要的部门。同时，在经费流向领域上，成渝相关部门还应注重引导，对涉及国计民生的相关研究应大力鼓励与支持，特别是对具有原创性和有较大社会价值的基础研究、"卡脖子"产业的研究、民生方向相关产业的研究，应给予资金、政策支持，充分发挥相关部门的管理职能，为成渝地区科技创新铺平道路。

二、整合两地科技创新资源，形成智造优势

基础研究是科技创新的基础，城市群之间的竞争不再仅仅体现为对龙头企业或重大项目的争夺，更重要的是拓展至位于创新链前端的基础研究，以具有开创性的原始创新成果在市场中赢得先发优势。与京津冀城市群、长三角城市群相比，成渝城市群在孕育科技创新成果的机构如国家重点实验室、国家工程技术研究中心、各类科技创新平台的数量上还存在较大差距，所以加大科技创新投入，助力创新平台建设，成为成渝地区建设国家科技创新中心的重要环节。平台是科技创新的基础，人才为科技创新的核心。加强创新人才建设，实施积极的人才政策，大力引进各类优秀人才、重点培养青年人才、吸引留住高端人才、委任重用创新人才。通过"引、育、留、用"人才政策的实施，实现创新人才的聚合。人才与平台不仅需要建设，更需要实现两者之间合理有效的分配与整合，以平台建设聚合创新人才、以创新人才推动平台发展，推动平台建设与人才发展的良性互动，实现科技创新资源的整合，形成科技创新的智造优势，进而推动成渝地区科技创新的建设与发展。

三、深化区域协同融合发展，助推创新合作

"全面实施区域协调发展战略""建立更加有效的区域协同发展新机制"，既是新

[①] 加大基础研究投入 给科技创新注入"强心剂". https://baijiahao.baidu.com/s?id=1688458206938555284&wfr=spider&for=pc，2021-01-10.

时代国家重大战略之一，也是贯彻新发展理念、建设现代化经济体系的关键组成部分。区域协同创新发展主要指围绕创新目标多主体多因素共同协作的创新行为；其主要形式就体现为产学研协同创新，特别是高校、科研院所与行业企业、地方政府之间进行深入融合，构建产学研协同创新平台与模式。其典型特征是各方参与者拥有一致目标、内在动力以及有效的沟通机制，从而保障多方位的交流与多样化的协作。为深化成渝地区协同合作，实现区域内协同创新，成渝地区应积极推进"两极一廊多点"创新格局建设，积极扶植除中国西部（成都）科技城及中国西部（重庆）科技城以外的其他地区科技创新基地的建设，形成多点建设、多点协同的发展格局。建议在成渝西部科学城交汇区域共建成渝科学技术大学，使其成为成渝科技创新深度融合和提质增效发展的重要平台，既能聚集科研人才，还能培养汇集青年人才，努力将其打造为全国首个区域合作共建大学。同时，成渝地区还应加强区域内各要素之间的联系，将技术创新相关者如高校、科研院所、企业等进行深度融合，打通产品从技术研发到生产制造再到进入市场的各个环节，实现技术创新从上游到中游再到下游的对接与耦合，深化区域内各创新要素的协同融合，进而推动区域内协同创新发展。

四、提升科技创新良好环境，激发科创活力

良好的科技创新生态环境，是创新活力竞相迸发的基础与保障。建设良好的科技创新生态环境，首先，推进科技创新的硬件环境建设，加大对科技创新硬件基础设施如实验设备、实验仪器、实验平台的建设，为科研人员创造良好的研究平台；其次，加强科技创新的软环境建设，实施积极的创新人才奖励与评价机制，推行以代表作、社会影响力、社会贡献为导向的人才评价体系，为创新型人才的发展提供人性化人才环境，进而调动科技人才创新活力与积极性；最后，注重科技创新人文环境建设，巴蜀文化在语言、饮食、旅游等方面极具地方特色，在建设成渝地区双城经济圈的过程中，可充分融入巴蜀文化。通过文化建设，吸引更多的创新型人才集聚成渝，共谋发展。

第五节 本 章 小 结

科技是国民经济发展的重要支撑，科技创新则是增强经济竞争力的关键。建设成渝地区科技创新中心，既是成渝地区双城经济圈科技发展的内在需求，也是实现创新驱动和产业转型升级的必然选择。本章系统分析了成渝地区建设科技创新中心的现状、问题和挑战，明确了成都和重庆在研发投入、人才资源、科技创新主体集聚等方面的既有优势和不足。在此基础上，以成渝两地共建科技创新中心的核心载体和主战场——中国西部科学城为案例，对其战略定位与功能布局、建设措施与初步成效、政策支持与体制机制改革等进行深入分析。最后，从加大科技创新投入力度、优化投入结构、整合两地科技创新资源、深化区域协同融合发展、优化成渝地区科技创新环境等几个方面提出建设成渝地区具有全国影响力的科技创新中心的发展路径。

参 考 文 献

程国强. 2012. 中国农业对外开放：影响、启示与战略选择. 中国农村经济，（3）：4-13，43.

傅晨. 2013. 中国农业改革与发展前沿研究. 北京：中国农业出版社.

彭劲松. 2020. 成渝地区具有全国影响力的科技创新中心建设及协同发展研究. 城市，（4）：20-27.

王辉耀，陈涛. 2018. 四川人才发展报告. 北京：社会科学文献出版社.

王辉耀，陈涛. 2019. 四川人才发展报告. 北京：社会科学文献出版社.

吴晓波，倪好，周谷平. 2019. 中国西部大开发发展报告（2018）. 北京：中国人民大学出版社.

阎光才，曹妍，李梅，等. 2021. 中国高等教育发展年度报告（2019）：聚焦高校"双一流"建设. 上海：华东师范大学出版社.

张志强，熊永兰，韩文艳. 2020. 成渝国家科技创新中心建设模式与政策研究. 中国西部，（5）：11-23.

郅庭瑾，钱冬明，李廷洲. 2021. 国家教育发展报告（2019）. 上海：华东师范大学出版社.

第四章　成渝地区双城经济圈：
打造内陆开放高地

　　对外开放作为基本国策，引领中国的贸易与经济 40 多年来取得长足发展。在富国强民、互利共赢的发展之路上，把握住时代的机遇与挑战，充分利用内外资源，深化开放是大势所趋。成渝地区双城经济圈，据西部开放门户之地利，拥整体战略布局之精要，加强对外开放合作，于区域发展有如虎添翼之效。时值百年变局，风云激荡，打造内陆开放高地，助力国际国内双循环，正可乘势而上，为国家经济发展再添"极点"。

　　本章从双城经济圈对外开放的现状展开，分析区域对外开放的条件、意义及发展状况；揭示双城经济圈在对外开放中可能存在的开放规模、营商环境国际化、地形限制交通、产业结构方面的问题；以成都与重庆高新区的发展为例，一窥成渝两地对外开放合作中部分成就与难点；展望双城经济圈对外开放的发展路径。

第一节　发　展　现　状

一、成渝地区双城经济圈对外开放的条件

　　成渝地区双城经济圈地处长江通道与包昆通道纵横交汇的地带，虽居西南腹地，对外开放条件却得天独厚。得益于区域协调发展战略的推进，经济圈在区域物流、人口的集散沟通上逐渐发挥出明显优势。打造成渝地区双城经济圈，推动其扩大对外开放，于西部地区的发展格局乃至国家的开放战略布局大有裨益。

　　（一）自然条件

　　巴山蜀水之地，素有"天府之国"之称。虽然四川盆地的地形阻碍了道路交通发展，但营造了良好的发展环境。盆地内地貌平坦，气候宜人，此外在水能、天然气以及矿产资源上有天然优势，故而地区城镇林立、物阜民丰。有研究表明，成渝城市群耕地利用总体效率指数呈逐年上升趋势，区域内西北部耕地利用效率整体较高（Xiao and Tang，2018）。对土地等自然资源的良好有效利用为双城经济圈发挥比较优势、扩大对外开放增色不少。将 2003~2019 年成渝地区双城经济圈内外的人口数据进行比较（图 4-1），能够清晰地发现双城经济圈内的常住人口远远高于圈外，且圈内的人口总量呈现逐年增加的态势。2019 年，重庆市与四川省年末常住人口达 11 499 万人，其中

双城经济圈内人口占比为 81.75%，圈外的人口总数仅占 18.25%，可见成渝地区双城经济圈囊括了成渝两地大部分的人口资源，依托优越的自然禀赋，加之人口稠密、经济发展良好，实施地区对外开放的资源基础坚实。

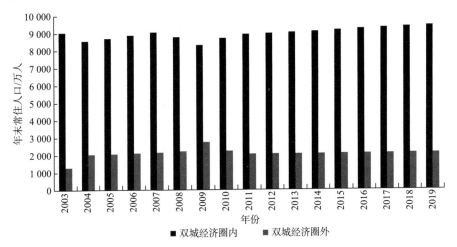

图 4-1　成渝地区双城经济圈圈内圈外人口总量比较

资料来源：各地区统计局

（二）区位条件

成渝地区双城经济圈坐落在西南腹地，通北贯南，畅达西东，堪称国内交通网络的西南综合枢纽。在区域的对外开放中，通畅高效的交通条件是基本条件。经济圈虽处内陆，临近西南边陲，但也为打造内陆开放高地构成绝佳优势。从国内的开放来看，双城经济圈依托西南方位，可以呈扇形辐射全国大部分区域。西北方向陇海兰新线可达甘肃新疆；经由长江水道可连接长江沿岸及东部地区；向南直接辐射云贵地区，茶马古道尚有迹可循。从国外的开放来说，成渝地区双城经济圈虽不临海临边，但顺着上述西北、东、南三个方向延伸，能够实现与国际更大范围的开放连接。西北一向，沿着"一带一路"经济带经由中欧班列继续延伸可达欧盟国家、中东欧国家；东部经由长江沿线入海亦能联通海外；向南则可依托陆海新通道连接印度半岛，发展双边经济走廊。综合来看，成渝地区双城经济圈通过有效的对外开放，能够实现对国际国内资源的优势整合和充分利用，助力国内国际双循环（李正梅和张应良，2015）。

（三）经济条件

成渝地区双城经济圈长期以来居于内陆，不易受战乱袭扰，底蕴丰厚。近年随着西部大开发等国家战略不断推进，西部地区经济发展成效显著，其中以成都、重庆为首的中心城市经济体量更是节节攀升。2019 年，成渝地区双城经济圈内地区生产总值总量逾 6.30 万亿元，全国占比达 6.38%。从经济总量来看，成渝地区双城经济圈的经济实力较为雄厚，扩大对外开放能够进一步发挥已有的经济优势，带动区域实现转型升级。

比较近年来全国与成渝地区双城经济圈经济增速的数据（图 4-2），不难看出历年双城经济圈内的经济增速几乎都高于全国的增速，这一态势在 2007~2015 年尤为明显，双城经济圈的经济整体处于高速发展阶段。2011 年，伴随着《成渝经济区区域规划》出台，成渝地区双城经济圈的经济增速出现明显峰值。2020 年首次提出的"成渝地区双城经济圈"概念，必将对双城经济圈的经济发展形成进一步推动。

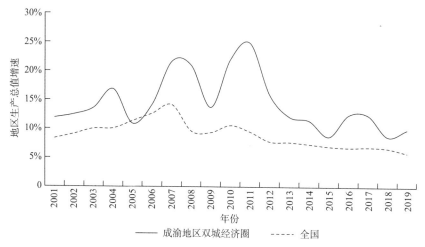

图 4-2　2001~2019 年成渝地区双城经济圈与全国经济增速对比
资料来源：国家统计局、区域统计年鉴

（四）政策条件

成渝地区双城经济圈历来当属西部地区的发展前沿，兼之诸多发展战略在此交汇，正是打造内陆对外开放高地的绝佳位置。同时，不少政策从顶层设计上为成渝地区双城经济圈的对外开放提供了坚实的基础。建设成渝地区双城经济圈、推进新时代西部大开发形成新格局等诸多政策的推出与施行，为双城经济圈的开放构筑了坚实的政策条件。可以预见，成渝地区双城经济圈的对外开放在诸多政策的保驾护航下必将取得更大发展。

（五）文化条件

自古川渝便是一衣带水、同根同源，文化共鸣程度极高。依托区域内较高的文化相融度，发扬巴蜀文化的独特魅力，能够形成独特的文化符号，打造成渝地区双城经济圈独立的品牌印象。在对外开放的商贸往来进程中能够增强区域的凝聚力，更容易形成品牌效应，构造区域特色，扩大竞争力。2019 年，川渝两地共计迎接了 826.14 万名入境游客，旅游外汇收入近 40.45 亿美元；2020 年，尽管遭受新冠肺炎疫情严重冲击，两地全年入境旅游人数仍然近 49.23 万人次，实现 1.55 亿美元旅游外汇收入，足见成渝两地文化品牌发展潜力强劲，在成渝地区双城经济圈的对外开放中颇有助力。纵观近十年成渝两地国际旅游外汇收入与接待国际游客量数据（图 4-3），明显地看到无论是接待游客的数量还是由此带来的外汇收入都是节节攀升，借助文化优势打造成渝旅游品牌，以国际旅游助力对外开放不失为双城经济圈发展对外贸易的新机遇。

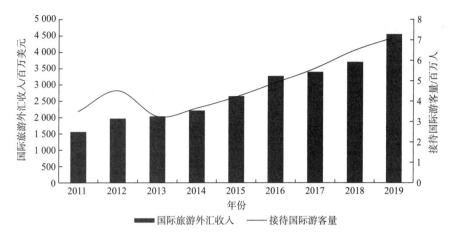

图 4-3　2011~2019 年成渝两地国际旅游外汇收入与接待国际游客量

资料来源：国家统计局

二、成渝地区双城经济圈对外开放的意义

（一）整体推进国家开放战略

"相通则共进，相闭则各退。"提高国家整体的开放型经济水平，不仅要拓宽范围，还要延展相关领域的深入性。相应地，城市群建设是引领国家经济发展、深入推进对外开放的重要抓手，扩大不同区域城市群的对外开放有利于由点到线、由线到面深层次贯彻落实国家的开放战略。

目前，我国的城市群发展呈现不平衡不充分的态势，相对较为欠缺的地理位置为中西部开放式发展带来一定阻碍，不少客观条件的制约更使其难以在区域的发展进程中取得优势。国家全面开放的进程也受制于中西部地理位置与发展状况上的劣势，要推进开放格局在内陆地区的深入，势必要对西部城市群的对外开放提出更高要求。成渝地区双城经济圈城市群通过扩大对外开放，依托长江水道沟通外部，借力长江中上游沿岸城市的发展脉络，打通资源要素、人才要素的东出通道，是加速自身发展的有力突破口，也是国家开放战略的重要实施部分。

因此，推动实施成渝地区双城经济圈的对外开放大有可为。双城经济圈四方通达，位置优越，实施更深更广阔的对外开放，能够增强对周边资源要素的吸引、汇聚，推动长江经济带沿线城市群实现更为紧密的连接，缩小国内地区间发展的差距，助力构建整体对外开放格局。

（二）促进区域协调发展

当前我国区域之间经济发展的不平衡不充分问题仍然突出。各个城市群之间的联系不甚紧密，区域之间缺乏联动发展的机制与动力，各大城市间辐射带动能力有限。

东部地区在第一轮开放中占据地利、率先崛起。尽管随着国家相关区域发展战略的不断践行，中西部地区在对外开放的程度以及经济发展的水平上突飞猛进，但与东部沿海地区之间仍然存在不小的差距。长江经济带作为横跨中国东、中、西部的一条发展轴和土地空间发展格局的核心部分，其内部区域的协调发展也至关重要。研究显示，长江经济带各城市间在城市群发展方面同样存在较大差距，其中上游与下游差距明显（Zhang et al.，2021）。有学者认为加强城市之间的网络联系，能够发挥空间上的外溢效果，推动城市群经济协调发展（Liu and Du，2021）。

成渝地区双城经济圈虽受限于内陆地形，不具有靠近边界或者靠近海边的优越位置，但其也具有一定的比较优势，如水电、旅游、矿产等方面。以成渝地区双城经济圈作为西部地区对外开放的门户，依托其自身的区位、经济发展优势，增进资源要素的国际国内流通，有利于塑造其对外开放中的良好形象，也能为将来西部地区扩大商业合作、引入资金提供平台和窗口。同时，双城经济圈的发展也能够带动我国西部地区经济水平的提高，有效协调长江经济带上下游发展差距。随着对外开放的广度不断延展，成渝地区双城经济圈的国际化能力和全球竞争力得到提高，进而带动中西部地区的区域经济发展，一定程度上平衡各区域之间发展上的不协调。

（三）助力经济圈高质量发展

改革开放以来，成渝两地握住良机，经济发展乘势而上。研究显示，自从改革开放后到 2010 年，成都和重庆的城市用地均出现显著增长，分别达到初始城市用地的 9.8 倍和 6.3 倍，而边缘扩张是这两个城市用地的主要增长形式（Qu et al.，2014）。随着经济的进一步开放，两地的城市化水平会更快增长，实现开放与发展的双向推动。

成渝地区双城经济圈实施对外开放，能够实现与国内国外各区域的有效联动，结合自身独特的文化以及资源优势，将引进来与走出去相结合，进出有度，互融互通。通过有效利用外来资本，吸收技术、知识和经验，扩展双城经济圈沿长江经济带、"一带一路"等方向的开放程度，有助于成渝地区双城经济圈内各城市之间进行生产要素的交换与流通，同时更有利于双城经济圈与各大城市群加强经济联系，取长补短，推动自身产业结构优化；增强区域之间人力、技术等要素流动，承接产业转移，扩大其影响力，在开放贸易中实现与国内国外的优势互补，更好融入世界经济的开放发展进程之中。

三、成渝地区双城经济圈对外开放现状

改革开放以来，国内各区域发展水平较从前均大为改观。西部大开发等区域协调发展战略的提出，促进了全国区域内资源要素的再分配与流动。资金、人力、科技等要素从东部等发达区域加速流向中西部地区，基于党的正确领导与系列政策的支持，西部地区尤其是成渝地区在经济、民生、脱贫攻坚和生态保护等各个阶段和领域都取得了一定成绩，为区域可持续发展贡献明显，正逐步实现由对外开放的内部腹地向开放高地的转换。在此过程中，成渝地区双城经济圈经济发达、实力强劲，不断提高对外开放的程度，有效实现沿边开放与腹地支撑的双向互动（刘世庆和林睿，2013）。

（一）对外开放基础设施建设

1. 物流设施

截至 2020 年末，成渝地区双城经济圈内已累计拥有大小 24 个物流集散中心

（表 4-1），物流集散转运能力优势显著。随着时代发展，物流的集散在现代贸易中的作用日益凸显，高效的货物流转能有效提升效率，扩大对外贸易的范围。建设更多的物流集散中心，有利于分散货物运输流转压力，节约交易时长，提升货物周转率，助力对外开放中的贸易往来。目前双城经济圈内物流集散中心数量较多，有助于成渝双城发挥国家商贸物流中心的枢纽功能，加强区域经贸交流，进一步提升开放水平。

表 4-1　成渝地区双城经济圈现有物流设施情况

城市	物流园区	物流中心	
成都	龙泉物流中心	成都航空物流园区	
	新都物流中心	成都国际集装箱物流园区	
	崇州物流中心	成都青白江散货物流园区	
	天府物流中心	新津物流园区	
	金堂物流中心	天府航空物流园区	
	简阳物流中心		
城市	枢纽型物流园	区域性交通物流枢纽	
重庆	重庆西部现代物流园	江津珞璜物流园	合川渭沱物流园
	重庆航空物流园	涪陵龙头港物流园	长寿化工物流园
	果园港物流园	万州新田港物流园	永川港桥现代物流园
		南彭贸易物流基地	忠县新生港物流园
		白市驿——双福农产品物流园	东站物流园

资料来源：根据成都、重庆政府网站相关资料整理而成

2. 交通基础设施建设

铁路运输方面，成渝地区双城经济圈内不少城市在西南地区发挥着重要的枢纽作用。高速铁路的建成使得城际可达性明显改善。加强大中城市间高铁通道建设，加快以高铁城市为基础的城际铁路网和快速交通体系建设，有利于城市群内部的联通发展（齐昕等，2021）。2020 年，一批连接成渝与达州万州的新高铁开工，成渝城际铁路亦实现提质增速，双城间往来时间缩短至一小时；全年川渝两地开行国际班列数接近 5 000 列，同比增幅近 60%；两地全年铁路货物周转量共计达到 1 009.71 亿吨千米。

公路运输方面，双城经济圈内已建成一定数量的对外出口公路，同时东盟跨境公路班车也已经进入常态化运行阶段。2020 年，成渝两地高速公路通车总里程共计 11 542 千米，公路运输能力方面，双城经济圈内，核心城市重庆市公路货运量为 99 679 万吨，公路路网密度达 219 千米/百千米^2；四川的货物公路周转量也达 1 617.1 亿吨千米，足见双城经济圈内城市的公路设施建设实力强劲，愈加完善。

水运方面，成渝地区双城经济圈依托长江航道，运输能力相当可观，其中，重庆市便是长江上游最大的枢纽港。2020 年，成渝两地依托内河港口实现吞吐能力表现不

俗，全年内河港口货物吞吐量达 17 857.81 万吨。

航运方面，成渝均为中西部的重要航空枢纽，成都双流、重庆江北国际机场在全球的排名均跻身前 50 以内，天府国际机场根据规划也将在 2021 年投入使用，经济圈对外开放具备良好的航空基础。2020 年，双城经济圈内的城市累计开通国际（地区）运输航线逾 230 条，国际航线规模远超国内大部分地区。双流国际机场全年旅客运输量近 4 074.2 万人次，在全国仅次于广州白云机场；重庆江北国际机场全年旅客运输量达 3 493.8 万人次，位列全国第四。

3. 自贸区建设

成渝地区双城经济圈内还拥有初具规模的自贸园区及保税区，为区域对外贸易提供诸多便利。经济圈内，四川、重庆分别拥有一个自贸试验区和一个综合保税区，此外在重庆的还有一个保税港区，发展对外贸易的条件优越。2020 年，双城经济圈内的自贸试验区新增注册企业共计 56 581 户，其注册资本的总额逾 5 138.2 亿元。

（二）对外贸易持续繁荣

由于中欧班列开通运营等对外贸易基础设施的逐渐完善，成渝地区双城经济圈进出口总额近年来呈增长态势，外贸需求为成渝地区双城经济圈建设提供了重要动能。2019 年成渝两地进出口总额共计 1 820.01 亿美元，其中双城经济圈内进出口总额为 1 632.58 亿美元，而双城经济圈外的进出口总额为 187.43 亿美元。将川渝两地双城经济圈内与圈外的城市进出口额进行对比（图 4-4），可以发现，成渝两地的进出口总额绝大部分由圈内城市创造，圈外城市对进出口的影响十分微小。自 2011 年始，圈内城市进出口总额增长迅速，虽经历 2015 年与 2016 年的短暂下降，但近几年回升明显，区域对外贸易发展态势良好。

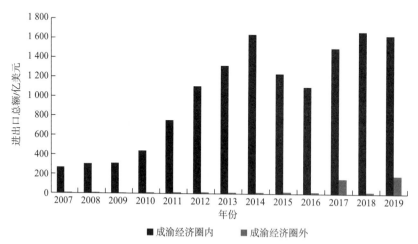

图 4-4　成渝地区双城经济圈 2007~2019 年进出口总额对比

资料来源：各地区统计年鉴

同时，中国对外贸易中主要贸易伙伴也随着国家开放战略的实践而不断发生变化。

美、欧、日等传统出口国占比逐渐下降，而新兴经济体国家的出口占比则呈现持续上升的态势。成渝地区双城经济圈在这一进程中更是凭借其地理上的优势与便利性，逐渐在与东盟等"一带一路"沿线国家或地区的贸易来往中发挥出枢纽作用。2020年，川渝两地对"一带一路"沿线国家或地区进出口总额超3 978.54亿元，总量瞩目。

（三）国际交流不断加强

近年来，成渝地区双城经济圈的国际贸易不断发展，对外资的吸引能力有增无减。以经济圈内外的实际使用外资额为例（图4-5），长期以来圈内城市实际利用外资的金额明显超过圈外城市，在对外资的吸引和运用上双城经济圈具有相当的优势。2019年，川渝两地全年实际使用外资258.6亿美元，2018年，此数据为237.9亿美元。截至2020年底，落户双城经济圈的世界500强企业累计超过598家。尽管2020年新冠肺炎疫情对国际贸易冲击不小，但成渝地区对外资的吸引能力依旧强劲，两地FDI总额逾46.5亿美元，其中四川省的FDI规模在中西部位列第一。

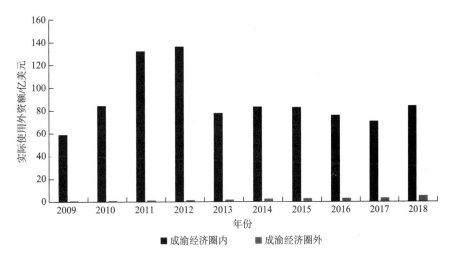

图 4-5　成渝实际利用外资情况

资料来源：各地区统计年鉴

从成渝地区近年对外投资情况来看（表4-2），无论存量还是流量都不断增加，对外投资的能力持续增强。两地对外投资的存量很清晰地呈现逐渐累积、稳步提升的态势，在全国的对外投资总量中占比较为稳定。对外投资的流量除了逐渐增长外，还往往随着政策的利好而出现明显提升，尤其是自2015年之后，川渝两地对外投资流量占比迅速跃居同期总额的10%以上，与国家成渝城市群等政策倾斜不无关系。在成渝地区双城经济圈内城市对外投资的进程中，企业实现自身企业资本增值的同时，对投资地的经济带动作用明显，有力推动川渝企业在对外开放中更好地"走出去"。

表 4-2　成渝对外投资情况　　　　　　　　　　　　　单位：万美元

年份	对外投资存量			对外投资流量		
	重庆	四川	全国中成渝占比	重庆	四川	全国中成渝占比
2004	12 033	2 891	0.39%	985	506	0.33%
2005	6 300	8 740	0.31%	590	2 666	0.32%
2006	7 419	14 339	0.35%	1 691	2 831	0.30%
2007	16 071	44 322	0.76%	8 713	29 120	1.93%
2008	27 674	39 758	0.56%	10 448	8 107	0.52%
2009	30 323	53 524	0.52%	4 747	10 740	0.41%
2010	65 565	125 352	0.95%	36 109	69 097	2.48%
2011	110 572	192 478	1.11%	40 125	56 341	2.14%
2012	170 951	224 573	1.27%	52 960	59 509	2.58%
2013	193 959	265 593	1.21%	34 655	58 447	1.65%
2014	265 660	352 409	1.21%	76 676	138 223	4.10%
2015	390 825	465 901	1.44%	149 638	118 730	9.65%
2016	626 560	584 727	1.85%	181 496	141 201	10.50%
2017	1 046 638	760 956	2.06%	502 827	176 569	12.75%
2018	1 202 820	909 329	2.08%	133 028	217 737	15.21%
2019	1 042 454	1 166 571	1.91%	151 369	156 998	11.33%

资料来源：CNRDS

在对外投资的过程中，不少成渝经济圈内的企业进展良好，实现自身发展的同时提振当地经济。重庆企业中冶赛迪通过钢铁系统的设计以及全产业链技术的对外输出至越南，不仅对内创造 33.5 亿美元的出口额，还在投资当地解决了就业问题。同样地，越南祥飞项目由重庆祥飞实业集团直接投资，在对外投资的实践过程中，祥飞实业集团还尝试与当地各级政企建立多样的合作方式。

在加强国际商贸交流的同时，成渝地区双城经济圈也不忘增进与国际城市的友好合作。截至 2019 年 8 月，重庆市已同超过 141 个城市建立友好合作关系。2020 年末，四川省国际友好合作关系城市达 104 个。成渝地区的国际交流正在其对外开放持续推进的进程中不断扩大。

（四）对外开放战略通道

1. 中欧班列

在成渝地区双城经济圈的对外开放路线中，沿"一带一路"向西至欧洲国家是一个重要的方向。自 2011 年 3 月 19 日首条中欧班列"渝新欧"开通之后，中欧班列在近十年的时间里不断开行，多达 71 个城市均设有站点。目前开通的中欧班列主要经由东、中、西三大连接通道，从边境口岸出境，可以顺利通达欧洲 90 多个城市。2020 年 3 月

27 日，从重庆和成都开出的中欧班列统一加上了共同的名称——"成渝"。同年，中欧班列开行达 1.24 万列，中欧班列（渝新欧）运营线路增加至 31 条。2021 年 1 月 1 日，首趟中欧班列（成渝）号满载着双城经济圈良好发展的希望经由成渝两地携手发出。中欧班列（成渝）号缩短了成渝与世界各地往来贸易的距离，双城之间的中欧班列正逐步实现融合发展，加快向西开放速度。

2. 西部陆海新通道

2019 年印发了《西部陆海新通道总体规划》，针对面向东南亚的开放问题，重点强调运输通道的建设和物流设施的完善两个方面。其中出海新通道的三条主通道均从成都或重庆出发，就近南向出海，连接西南与东南亚。成渝地区双城经济圈中成都与重庆均是核心城市，可以预见，西部陆海新通道的建设将充分发挥双城经济圈的区位优势，发挥核心城市在商业贸易往来中的物流中转作用，推动通道高质量发展。

西部陆海新通道的不断建设将构建新格局战略通道，助力西部发展，强有力地促进陆海内外联动（易森，2021）。就物流的集散和运输条件来说，成渝地区已经拥有了较为完备的交通口岸设施、富集的物流资源、较合理的空间布局，能够有力地推动成渝地区依托物流集散优势扩大对内对外开放。

第二节　存在问题

伴随着西部大开发与"一带一路"倡议的实施推进，成渝地区双城经济圈进出口总额与 FDI 额快速增长，为成渝地区经济的发展带来了巨大动力（胡锡琴和张红伟，2017）。进一步推进成渝地区双城经济圈对外开放，还需做好战略谋划，创造开放条件，如缩小居民收入分配差距、加速港口物流基础设施建设、优化产业结构等（周启良和范红忠，2017；顾菁和赵星，2018；陈福中等，2019；Farmer and Schelnast，2013）。根据以上进行分析，成渝经济圈对外开放还存在以下问题。

一、对外开放规模仍然较小

从前文分析中可以发现，近年来成渝经济圈对外开放水平显著提高，对外贸易规模增长迅速，但总体开放程度与京津冀、长三角、粤港澳等经济区相比仍有较大差距（图 4-6）。一方面，东部沿海经济区得益于自身区位优势和一系列国家优惠政策的扶持，经济实力较强，在拥抱全球化的过程中更加便捷，对外资吸引力较强。另一方面，成渝经济圈位于我国西南腹地，经济发展较为落后，对外资吸引能力相对较差，加上成渝在科技研发和人才培养上投入不足（洪成文等，2020），外资利用效率低下，技术溢出效应差，导致成渝在吸引国外高质量技术资源时存在技术溢出障碍，进而阻碍了成渝对外开放水平。对外贸易规模较小不利于发挥外贸与区域经济发展之间的相互促进作用（李正梅和张应良，2015），一定程度上抑制了成渝经济圈经济发展水平。

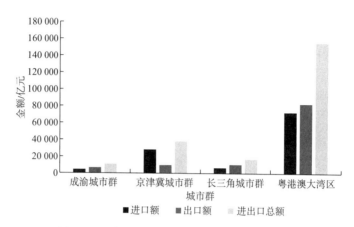

图 4-6   四大城市群进出口额对比图（2018 年）
资料来源：《中国城市统计年鉴 2018》

二、营商环境国际化水平待改善

优质的国际化营商环境是市场平稳健康发展的前提（赵展慧，2020；李拯，2020）。近年来，央广总台、粤港澳大湾区研究院、中国战略文化促进会等平台都发布了有关中国城市营商环境质量的报告。从报告中可以看出，成渝双城营商环境明显优于经济圈内其他城市，但与京、沪、广、深等标杆城市还存在差距（表 4-3、表 4-4）。

表 4-3   不同报告中中国城市营商环境排名

报告	成都	重庆	北京	上海	广州	深圳	杭州
央广总台（2019 年）	8	5	1	2	4	3	7
粤港澳大湾区（2020 年）	6	5	3	2	4	1	7
中国战略文化促进会（2020 年）	9	16	2	1	4	3	5

资料来源：央广总台、粤港澳大湾区研究院、中国战略文化促进会

表 4-4   成渝经济圈圈内圈外主要市（州）营商环境排名

指标	成渝经济圈圈内						成渝经济圈圈外		
	成都	重庆	泸州	德阳	绵阳	乐山	宜宾	广元	达州	攀枝花
营商环境总水平	5	6	175	110	61	95	159	154	—	75
市场活跃度[1]	6	5	165	179	113	—	143		169	
基础设施指数[2]	8	4	131	183	71	127	179	177	—	
市场总量指数[3]	8	5	114	130	93	150	107		125	174
商务成本指数[4]	158	107	66	23	89	74	62	122	105	81
城市社会服务[5]	5	6	200	88	32	167	106	124	142	68

1）取 2019 年底企业数（户）排名

2）取交通综合运输能力、互联网水平、路网密度等指标综合排名

3）取常住人口数、地区生产总值、进出口额、人均可支配收入等指标综合排名

4）取水电气成本指数、工资成本、土地成本等指标综合排名

5）取教育、人才、研发服务、养老、医疗、融资、科技等指标综合排名

注："—"表示该城市该指标排名在排行榜 Top200 之外

资料来源：粤港澳大湾区研究院

究其原因，首先，目前成渝地区尚未较好地搭建起健全的外商投资政策和法律制度体系，且对知识产权的保护度不足，与全面对外开放发展的理念不相符（丁邡和周海川，2020）。此外，成渝地区政府存在政务服务集成性不够、业务碎片化，政务处理效率较低、审批程序烦琐，以及政务系统共享性不足、信息壁垒导致协同监管存在阻碍等情况（王凤阁和陈霄，2020；郑迦元，2020），使得政务操作的便利性不强，增加了外资企业进入及运营的"隐形成本"，因此成渝"放管服"改革的广度和深度有待加大。其次，产业配套能力有待加强（雷绍坤，2020）。由于成渝本土龙头企业规模不足，难以为外资企业提供完备的上下游配套产业服务，外资企业需要承担更高的运营成本，最终导致成渝地区对外资的吸引力和竞争力较弱。最后，生活配套服务水平有待提高（黄玲等，2020；周娱华等，2021）。良好的生活配套服务能够营造良好的投资环境，而成渝地区的外籍人员存在着就业困难、子女入学困难等一系列问题；一方面是由于成渝优质公立学校名额有限、国际学校资源稀缺且费用较高，而成渝适龄学生数量多，子女入学竞争很激烈；另一方面是由于外籍人员办理入境就业手续过程烦琐，时间和经济成本较高，为外籍务工人员带来极大的不便利，无法实现劳动力市场与人才资源的有效整合（雷绍坤，2020）。

三、地形条件复杂，交通运输条件有待进一步提升

成渝地区双城经济圈是"一带一路"的重要战略节点，是推动全面对外开放的重要战略平台，因此成渝国际型综合交通枢纽的打造尤其重要。成渝经济圈深处西南腹地，古有天堑之称，且重庆地区多丘陵，地势起伏不定，交通网络密度小、路况条件差、道路等级低，对外交通的通达性和时效性较差（表 4-5）。由于深处西部内陆，水运基础条件差且吞吐量较低，外资企业的物流成本大大高于东部沿海地区，无法规模性地引入国外高质量技术资源。此外，四川盆地多云雾天气，于航空运输而言是不利因素，且国际航线网络的覆盖面不够、物流信息资源整合力度不足，在满足物流集散的时效性上是一大短板。区域发展，交通先行，成渝地区若想实现全方位对外开放，必须克服地形条件的天然阻碍，建立起高效通达的交通网络，打破成渝地区交通发展的瓶颈。拓宽成渝地区连通"一带一路"沿线重点国家的国际航线，大力扶持现代物流业，使得成渝拥有更加便捷的对外通道，降低国际运输的高额成本。

表 4-5　成渝经济圈主要城市公路运输情况（2019 年）

城市	公路总里程/千米	高速公路总里程/千米	人均高速公路里程/（千米/万人）
重庆市	174 284	3 223	1.03
成都市	28 259	1 055	0.64
绵阳市	20 194	412	0.84
德阳市	8 651	229	0.64
宜宾市	20 211	282	0.62
泸州市	14 976	470	1.09

续表

城市	公路总里程/千米	高速公路总里程/千米	人均高速公路里程/（千米/万人）
南充市	23 051	573	0.89
乐山市	12 960	305	0.93
遂宁市	9 108	358	1.12
眉山市	7 921	403	0.62
资阳市	12 386	277	1.11
双城经济圈内	330 377	8 618	0.90
双城经济圈外	181 003	2 318	1.13

资料来源：各市统计局

四、产业结构趋同，同质化竞争严重

同质化竞争情境下，企业间受恶性竞价影响，企业价值增值效率低下（韩兵等，2021）。一方面，由于受区位条件、工业基础、政策侧重等因素影响，成渝地区产业布局相似，重庆市"6+1"支柱产业①和成都市特色优势产业具有较高的重合度，汽车制造业、石油化工业、电子装备制造业等都是两地的支柱型产业。由于经济一体化程度不足，成渝经济圈城市间尚未形成高效合理的产业分工区域协同协作机制，市场竞争较为激烈，常常竞争多过合作。另一方面，受产业结构影响，成渝出口商品种类也集中在各类工业制成品，存在高度相似性，产品附加值较低（杨波和李霖瑶，2021）。出口商品的同质化加剧了成渝企业同业间竞争，在国内生产成本上涨、国际市场萎靡的情况下，企业间的恶性竞价严重阻碍了企业乃至整个行业的发展。

第三节 案例分析：成都高新区与重庆高新区对外开放剪影

一、成都高新区与重庆高新区简介

成都高新区（以下简称成高区）与重庆高新区（以下简称重高区）同属首批 27 个国家级高新技术产业开发区，分别创立于 1990 年和 1991 年。三十年来，两区稳步拓展辐射范围（如重高区向北拓展），积极融入后续国家重大发展战略（如成高区并入天府新区），为成渝两地经济又好又快发展做出了卓越的贡献。在经济增量上，1998~2018年成高区地区生产总值平均增速高达 24.1%②，重高区截至 2018 年实现高新技术企业净利润 133.44 亿元③。两大高新区均涌现出一批优秀的本地企业与国际企业生产研发中心，如成高区的诺峰药业、重高区的车辆检测研究院，对成渝两地立足实业、优化产业

---

① 其中"6"指支柱产业，为电子制造业、材料业、能源工业、化医业、装备制造业和汽车制造业；"1"指消费品行业。

② 数据来源：1997~2019 年《成都统计年鉴》.

③ 数据来源：《中国科技统计年鉴 2019》.

发展均做出了重要贡献。

为贯彻落实中央部署，响应国家"走出去"号召，成渝两地高新区一方面充分发挥自身优势，整合现有资源，不断开拓海外市场机会；另一方面把握成渝经济圈建设浪潮，深入进行交流合作，在发展过程中相互帮助促进，为实现两地良性竞争，对外开放水平不断迈上新台阶添砖加瓦。

本节剩余部分安排如下：第二部分通过比较双方优势产业，找出各自发展侧重点；第三部分重点分析两大高新区在对外开放中取得的成就和出现的问题；第四部分梳理双方自2016年以来在各类领域尤其是对外开放相关领域的合作，并对本案例进行总结。

二、成都高新区与重庆高新区重点产业比较

成都高新区的重点产业为新经济、电子信息和生物医药；并在此基础上构建五大功能区，图4-7列出了五大功能区和三大支柱产业的关系。截至2020年底，成高区三大支柱产业总计涌现了40家上市企业和126家登陆新三板的企业，在各大子类不断取得新突破，产业链完整度不断提高。

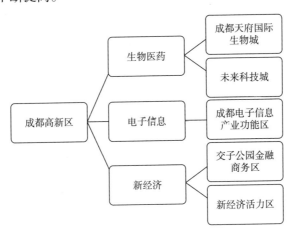

图 4-7　成高区三大支柱产业和五大功能区

资料来源：根据成都高新区官网信息整理（http://www.cdht.gov.cn/cdgxq/c139647/gxgk.shtml）

在生物医药产业上，成高区各大企业主要在重症诊断和特效药领域发力。例如，大中华区研发中心入驻天府国际生物城的迈克生物就于2019年在体外诊断（IVD）的研制上取得重要突破。电子信息产业近年来的进步主要体现在云计算和精密仪器领域，尤其是生产能力的不断提高。成高区重视上下游企业配套，从上游端的联想、华为研发中心到下游端的京东方和德州仪器，使得扩大的产能得以第一时间在园区内部消化，确保利润增长，让企业有余力选择下一步发展方向，形成良性循环。

近两年成高区将新经济发展尤其是金融科技发展摆在了重要位置。成高区秉承产业集聚原则，积极推行天府新区这一最新规划，建立交子金融科技中心，全面统筹协调成都金融业良性扩张。2017年，成都市政府先后就金融科技创新和推广中小微企业融资

平台出台多项政策措施，对于提高交子金融科技中心乃至整个成都市孵化新兴企业吸引金融巨头能力做出了有力部署。2017 年以来，即使遭遇新冠肺炎疫情冲击，成高区对金融机构的一系列扶持措施在总体上依然是卓有成效的。

重高区的情况则有所不同。成高区已经融入国家后续战略天府新区，作为天府新区高新片区在高新技术总产值、总利润、企业数量、就业岗位上都已在成都取得领先地位，而重高区的发展速度、发展规模、资源获取等方面近年来逐渐落后于两江新区，如果说成高区是成都市发展的名片，是国家高新区开发的成功典范，那么重高区只是"中人之姿"，是大多数没有取得远超预期增长的普通开发区的缩影。成渝经济圈既需要开疆拓土、乘风破浪的"龙头"；也需要平稳运行、提供保障的"基座"，重高区即使发展势头并未如成高区一样一枝独秀，但它的发展经验对绝大多数圈内城市同样有着重要的借鉴意义。2018 年重高区和两江新区主要指标百分比示意图如图 4-8 所示。

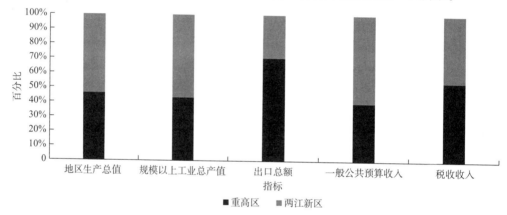

图 4-8　2018 年重高区和两江新区主要指标百分比示意图

资料来源：《重庆统计年鉴 2018》

重高区的支柱产业与成高区存在较大的重合性。重高区的新一代信息技术和成高区的电子信息，重高区的大健康和成高区的生物医药均构成直接竞争。高技术服务业和成高区的新经济竞争关系相对较弱，但考虑到成高区在发展制造业以及配齐关联业务上的勃勃雄心，双方在该领域的相似度仍然不可忽视。

重高区的增长速度自 2014 年以后趋于平稳。以高技术服务业为例，2014~2019 年每年签约入驻的企业不到 5 家，年均企业净利润增速低于 5%。为了解决这一难题，重高区政府同样选择抓住国家后续重大战略机会，对自身发展方式和组成结构进行革新。2020 年 1 月党中央决定建立西部（重庆）科技城后，重高区在这片区域内争取到了一片核心位置的直管园，将原有的一些发展不尽如人意的企业和新决定入驻的企业转移到这片区域。在更好的外部性基础上，重高区的高技术服务业近两年开始逐渐扭转颓势。例如，在 2018 年入选"2018 年度重庆市优秀创新型企业"的重庆市信息通信咨询设计院有限公司于 2020 年初入驻直管区。更充沛的研发费用、选择余地更广泛的配套企业和更加充足的人才供应力促该公司的技术研发在新冠肺炎疫情冲击下依然取得了长足发展，2020 年一年获取的技术专利就相当于过去三年之和。

在电子信息方面，和成高区相比，重高区企业更多集中于产业链下端，如高端零配件和原材料粗处理。位于重高区的西永微电园在多个细分产品上实现了"精准爆破"：以笔电产品为例，至 2021 年西永微电园笔电产品产量已经达到世界总产量的 25%[①]，同时产业链环节在重高区中的部分占比达到了 80% 以上。大健康方面，重高区建立起了大健康产业园和国家火炬现代中医药特色产业基地，针对中药现代化制程和中西医结合等问题不断推陈出新，近两年收到了良好的效果，截至 2019 年，大健康产业总产值已经接近 6 000 亿元，仅次于汽车产业、电子信息产业。

成高区与重高区重点产业的比较体现出成渝经济圈内部产业相似度保持在相对较高水平。这一现状对于鼓励良性竞争、增加城市圈对特定产业企业吸引力具有积极意义；但与此同时也会带来发展同质化和重复建设的风险。如何平衡好双边产业相似水平，也是成渝城市圈发展过程中必须走好的"钢丝"。

三、两大高新区的对外开放：成就与问题

重庆高新区对外开放成就：重庆高新区的对外开放可以概括为对企业的"引进"和"推出"。外资企业要进来，首先需要一个良性稳定的政策环境。重高区对外资企业权益的保障有两个代表性举措，一是根据《中华人民共和国外商投资法》及其配套法规给予外资企业在生产要素获取、市场竞争和政企关系上与本土企业的平等权利。图 4-9 概括了重高区政策文件涉及的外企权益类别，对于企业在日常经营中的问题基本做到全覆盖。二是针对外企反映最多的知识产权保护问题专事专办，按照行政、调解、仲裁、司法逐一递进又互相衔接的"四位一体"保护体系（图 4-10），为外企在经营中会遇到的不同类型、不同程度的知识产权侵害行为提供全方位保障。

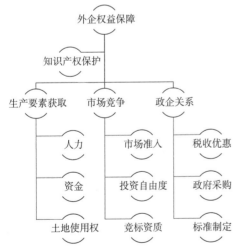

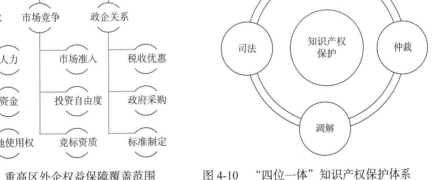

图 4-9　重高区外企权益保障覆盖范围　　　图 4-10　"四位一体"知识产权保护体系

资料来源：重庆高新区官网（http://gxq.cq.gov.cn/hdjl_202/yjzj/202009/t20200907_7857242.html）

[①] 稳规模、强研发，重庆高新区全力打造电子信息产业高地. http://gxq.cq.gov.cn/zsyz_202/zsdt/202004/t20200402_6924692_wap.html，2020-04-01.

　　新形势下，企业要走出去，需要转变发展思路，尤其是要摆脱对补贴的依赖。做好产品质量把控，积极融入当地市场，不断创新产品风格和营销方式。重高区秉承这一思路，将补贴领域转移到人员培训、报关服务等不直接干涉企业产品价格的领域，将更广阔的天地还给企业和市场。同时，为了让企业顺利收汇，减少不确定性因素，重高区积极牵头为企业争取出口信用保险，仅 2020 年一年就让企业参保率同比增长 37%①，外贸企业的市场意识和规范意识得到了有效提高。

　　重庆高新区对外开放问题：第一，中欧班列运力仍有提升空间。尽管至 2020 年底，重庆已开设中欧班列（渝新欧）31 条，但班列运力占对外出口商品总数的比重仍然不足 60%。重高区要继续扩大对外开放，提高进出口贸易额，就必须解决直达铁路运力不足带来的物流成本问题。第二，涉外资金周转流程存在优化必要。目前重高区为外贸企业提供的资金贷款保障由于扶持特定行业和应对特定情况的需要，往往某些领域重复补贴、重复扶持（电子信息领域），某些领域却未能覆盖到位（高技术服务业）。归根结底，还是重高区的管理水平尤其是清理积欠问题的能力需要进一步提升。

　　成都高新区对外开放成就：第一，2016~2020 年连续五年外资引进数量蝉联成都各区县榜首。百亿级别外资项目引进不断取得突破性进展，新设外商投资企业约占成都市总数的三分之一。第二，涉外服务专业化取得重大进展。位于高新区的中国-欧洲中心是成高区重点打造的对外"快速通道"。作为西部地区首家涉外"一站式"集成服务大厅，与常规的政务服务中心相比，中欧中心的亮点在于广泛配备多语种翻译机以及海关、涉外商检等中介服务。与此同时，房产购置、子女入学等生活服务也囊括进了中心业务范围。中欧中心运营一年有余，已将外企行政手续办理费时从 2~3 月缩短到 3 个工作日。第三，在大量的顶级外企项目落地融入实践中总结出了一整套促进外企与区内具体情况相互适应的工作思路。以美敦力公司为例，自 2014 年在成高区落户第一个项目以来，美敦力在后续四年中连续追加三轮投资。同时，成高区结合区内需求和外企发展情况，及时调整战略，在土地、税收等多个事项上做出调整。2020 年，美敦力公司各项目产值与税收贡献均创新高。

　　成都高新区对外开放问题：第一，用地紧张。近十余年的快速发展，伴随着国内外名气不断提升，给成高区带来了丰富的意向企业，也造成预备上马项目积压，区内用地高度紧缺。成高区一直在不断参与国家后续战略扩大用地指标，目前已经逐渐步入瓶颈。要在现有基础上更上一层楼，成高区一方面需要越来越多地替换现有企业，另一方面需要在不与目前管辖范围直接接壤的区域进一步拓展范围。第二，对标国际一流要求现有水平需全面提升。作为西部中心城市的重要发展引擎，成高区对影响范围的预期已不再局限于国内，而是扩展到国际舞台。根据毕马威2020 年 8 月发布的《成都自贸试验区营商环境第三方评估报告》②，成高区营商环境、开办企业、开展跨境贸易的模拟国际排名分别为 30、45 和 89，与世界一流水平仍然存在着一定差距。如何有力增效扩

　　① 稳外资、稳外贸，高新区打造对外开放新高地. https://baijiahao.baidu.com/s?id=1675367113743345180&wfr=spider&for=pc，2020-08-10.

　　② 李丹. 成都自贸试验区营商环境第三方评估报告发布 国际模拟排名第 30 名. http://scnews.newssc.org/system/20190809/000986679.html，2019-08-09.

容，革新招商引资、项目落地等多个领域的模式思路，由国内一流迈向国际知名，是成高区下一步绕不过去的挑战。

四、交流协调助力两大高新区共同进步

成高区管委会于《成都高新区 2020 年工作报告》中"合作共赢，建设外向型经济"部分，特别强调"突出与重庆高新区等地协同合作，紧抓川渝共建西部科学城的战略机遇"。这是两地近年来不断深化合作交流以及事务协调活动的缩影。如前文所述，成高区与重高区在支柱产业上有一定的重合性，因此双方的合作交流也集中在产业引导扶持上，也包含其他国家重大战略划定的领域，特别是成渝地区双城经济圈的建设。2020 年初新冠肺炎疫情的暴发给两地复工复产、维持经济增长、及时实现科技突破和产业提质换代都带来了巨大的困难。这种情况下合作共赢、"抱团取暖"的需求变得前所未有的迫切。双边合作进度也因此大大提升。

为了就双方合作的总体框架、推进进度具体细节进行统一协调、定期联合检查，成都高新区与重庆高新区分别于 2020 年 3 月 25 日和 4 月 29 日举行了两次联席会议。两次会议的成果主要在如下方面：一是将双方合作以联席会议的形式固定下来，每半年进行一次。二是就具体合作事项达成了基本框架：以"两极一廊多点"①和"六个一"②为主体思路，立足产业，聚焦科技，合作共赢，确保双城经济圈的优势得到充分发挥。三是就生态环境、社会治安等公共服务领域签署一系列战略合作协议，确保经济科技发展过程中有一个稳定的"大后方"。

两次联席会议以来，敲定的各个事项落地状况良好。双方各领域干部互访已形成常态化机制，科技企业引进相互配套，各取所需。尤其是成高区土地紧张的背景下有许多优质企业难以及时引入，这时往往可以介绍到重高区，而重高区在发展产业过程中遇到了具体操作上的困难，也可以向成高区汲取经验。这只是双方双赢场景的一个缩影。随着各项合作事宜的有序推进，未来双边发展前途必将愈发光明。

成渝高新区都经过了长期建设，承担着新形势下改革自身、积极融入并服务国家后续战略的重大历史使命。尽管双方区位不同，发展程度不同，支柱产业不完全相同，但双方同处成渝经济圈，是两大核心城市的重要发展引擎，两大高新区的协同合作程度深刻影响着成渝两地的协同合作；成渝两地的协同合作程度直接关系着成渝经济圈的内部统合程度与协调发展水平。2016 年以来尤其是 2020 年以来，成渝高新区一方面紧跟"双循环"理念，有序扩大对外开放，另一方面切实推进成渝两地合作，立足产业，着眼科技，保障民生，已经取得了丰硕的成果。而要如期实现《成渝城市群发展规划》中各项目标，仍需要包括成渝高新区在内的两地各部门共同努力，共创辉煌。

---

① "两极"即以成都高新区为支撑的中国西部（成都）科学城、以重庆高新区为核心的中国西部（重庆）科学城；"一廊"即成渝科技创新走廊；"多点"即成渝地区多个创新功能区和创新节点。

② "六个一"：一城：以"一城多园"模式合作共建西部科学城；一廊：共建成渝科创走廊；一高地：共建全国新经济示范高地；一区：共建西部创新创业引领区；一港：共建内陆自贸港；一机制：共建要素自由流动机制。

第四节　发　展　路　径

近年来，在习近平新思想的科学指引下，国家积极推进区域发展战略，区域协调发展已初显成就。其中，在西部大开发的背景下，西部地区受到资金、技术和人才等要素的倾斜支持，加速了成渝经济圈的融合与发展。如今，成渝双城地区经济圈的建设已上升为国家战略。作为继京津冀、长三角、粤港澳大湾区后首个也是唯一一个"内陆极"，成渝地区双城经济圈未来将成为西部地区乃至全国的高质量发展重要引擎。世界正经历百年未有之大变局，国内外发展形势具有不确定性，充斥着机遇与挑战。"十四五"规划明确提出，打造西部高能级对外开放平台，推动西部地区形成更高质量的对外开放格局。在此背景下，成渝经济圈如何顺应形势，把握机遇，打造内陆对外开放战略高地？

一、克服短板，发挥成渝经济圈带动作用

自 2000 年西部大开发战略施行以来，成渝经济圈顺应政策倾斜，凭借其较好的工业基础设施、良好的资源禀赋、丰富的劳动力和较为完善的工业体系，成为西部地区对外开放的"领头雁"。党的十八大以来，城市群协同发展成为我国地区经济建设的重点，我国区域发展战略进入新格局，逐渐形成东南西北四个增长极的新局面[①]。经济新常态下，西部地区传统的依靠低成本竞争优势的外贸模式亟须转型，成渝经济圈作为我国西部发展的重要支点和引擎，在国家实现区域协调发展的战略中做好"排头兵"，实现新作为（曹清尧，2018）。结合成渝经济圈发展现状及对外开放的影响因素分析，成渝经济圈对外开放有待改善的方面如下。

（一）加快畅通供应链陆海新通道

由于不具有水运的天然条件，成渝地区应着力发展陆地交通和航空运输。目前中欧班列（渝新欧）、西部陆海新通道铁海联运班列等硬件设施正在逐渐完善，但仍存在着限制开放通道形成的因素，一定程度上制约了成渝地区在全球市场上的资源配置功能。一是西部陆海新通道尚处于建设初期，受到西部地区基础设施、产业培育、经济水平等方面较为薄弱的影响，建设速度较慢，迫切需要国家在政策、资金、技术等方面给予大力扶持。二是沿线口岸协同运营困难。沿线各省市口岸尚未就贸易、物流、仓储、海关查验等形成统一标准，彼此间缺乏有效的协调、沟通和整合，导致口岸间冲突博弈激烈，无法发挥协同效用，提高外贸业务报关、通关处理效率。三是物流通道建设仍然滞后。航空体系有待优化，支线机场发展不足，航空口岸数量少（表4-6），航空物流发展滞后，尚未开通第五航权，陆海新通道业务流量不足，陆海空联运能力较弱。

[①] 着眼大棋局 落子更精准——如何看待区域协调发展. 人民日报，2019-08-26，（02）.

表 4-6　成渝地区主要机场分布

机场名称	机场所在地
重庆江北国际机场	重庆市渝北区
万州五桥机场	重庆市万州区
黔江武陵机场	重庆市黔江区
成都双流国际机场	成都市双流区
成都天府国际机场	成都市简阳市
绵阳南郊机场	绵阳市开发区
泸州云龙机场	泸州市泸县
南充高坪机场	南充市高坪区
西昌青山机场	凉山州西昌市

资料来源：买购网（https://www.maigoo.com/）

西部地区受长期以来发展相对滞后的影响，在推进陆海新通道建设的过程中应积极借助外力。利用国家资金政策扶持，大力发展基础设施，完善铁路网结构，提高铁路、公路通达度与衔接度。建立中央与地方、企业间联动机制，统筹解决陆海新通道运营过程中的重大问题。凝聚陆海新通道沿线各省份口岸共识，协调不同区域间利益关系，建立健全信息发布与共享平台，共享通道资源。通过 5G、区块链等技术，实现口岸间联网监管模式，加快推进"单一窗口"①机制的全面覆盖，加速通关流程标准化建设，实现口岸间数据的共享与综合利用。

（二）国际营商环境有待改善

优化国际营商环境，是成渝地区对标国际一流城市群对外开放水平的精准发力。提升政务服务水平方面，加速政府职能转变，维持政策持续性与稳定性，充分激发投资活力。提升产业配套能力方面，明确各自定位，发挥协同作用，大力推进高新产业建设，吸引外资流入高科技重点发展领域，充分利用外资的技术转移和技术溢出，提升自身科技水平和研发能力。加快产业链的整合，优化要素资源配置的能力与效率，提升承接国际高端项目的能力。生活配套服务方面，落实解决外籍人员住房、医疗、子女入学等问题，如推进优秀外籍人才落户政策，建设针对外籍人员的国际社区和国际学校等。

进一步加大政策支持力度，同时加速营造公平公正的法治环境，是改善国际营商环境的有力支撑。结合当地发展需要，提升政策供给能力，保障政策有效落实，对符合条件的外资企业给予税收优惠。坚持依法行政，维护良好市场秩序。加强市场监管，明确问责机制，保证社会公平正义。以信用建设为重点，健全失信惩戒机制，构建诚信有序的市场环境。

（三）加强成渝经济圈辐射作用

成渝双城作为西南地区对外开放的桥头堡，在吸引外资能力上明显强于周边县市（表 4-7），但仍未形成有效的溢出效应，对周边地区的带动能力不强。这种情况如不加以改善，不仅会加剧中心城市与中小城市的"马太效应"，也会影响双城经济圈整体

① 参与国际贸易和运输的各方，通过单一的平台提交标准化的信息和单证以满足相关法律法规及管理的要求。

动力的塑造和区域协同发展格局的形成。同时中欧班列的开通打通了成渝地区辐射欧亚的通道，为打造成渝成为西部对外开放高地提供了契机。

表 4-7　成渝经济圈主要城市对外贸易情况（2019 年）

城市	进出口总额/万元	外商投资实际到位资金/万美元
重庆市	57 927 807	1 031 042
成都市	58 556 928	1 316 900
绵阳市	2 090 541	17 951
德阳市	1 411 486	11 926
宜宾市	1 411 234	6 585
泸州市	841 342	15 140
南充市	608 004	8 454
乐山市	586 738	—
遂宁市	362 023	4 580
眉山市	352 722	13 476
资阳市	154 607	6 676
双城经济圈内	124 481 678	—
双城经济圈外	1 109 930	—

注："—"表示该城市未公布数据

资料来源：各市统计局

应结合不同城市自身条件，优化主导产业，完善产业链条，加强与核心城市的产业对接，接受核心城市辐射，为自身发展助力（胡小渝，2020）。重庆方面可依靠长江水道作为枢纽，凭借其制造业优势，实现产业转移，推进周边城市参与经济分工；借力"渝新欧"班列，加强与欧洲、中亚的经贸合作交流。成都方面可通过对口帮扶的方式，利用当地优势产业，发展特色对外贸易；发挥"双机场"优势，加大高附加值产品在外贸商品中的比重，实现"快线化、精品化"的国际物流运营。

（四）保证人才供给与质量

国际直接投资带来的技术溢出效应依赖于东道国的人力资本存量与人力资本质量，人力资本深刻影响国际直接投资带来的技术溢出效应（谢佳峻，2017）。川渝占据全国6 个深度老龄化省份中的两席，高龄人口增长迅速。区域差异化明显，农村老龄化高于城市，成都平原经济区、重庆主城都市区高于其他区域，成都和重庆养老服务压力巨大，对社会保障、公共和市场服务带来挑战。人才方面还存在短板，以每千人在校大学生数量这一指标为例，成渝双城与经济发达地区还存在较大差距（表 4-8），次级城市人才流出多，转型发展困难。

表 4-8　成渝经济圈主要城市每千人在校大学生数量（2019 年）

区域	城市	每千人在校大学生数量	全国城市排名
圈内	重庆	24	57
	成都	51	22

续表

区域	城市	每千人在校大学生数量	全国城市排名
圈内	绵阳	32	41
	德阳	32	40
	内江	9	147
	泸州	11	144
	乐山	16	97
	自贡	14	121
	南充	12	135
	眉山	8	190
圈外	攀枝花	22	66
	雅安	33	339

资料来源：《2020 年中国 296 个地级及以上城市营商环境报告》

提高生育意愿，降低城市生活成本，提高薪资待遇；有效控制房价，保障刚需住房，坚定不移地推动"房住不炒"理念；保障教育资源，提高人口素质；加快完善养老服务体系，实现养老产业向外围城市的转移。

加大对教育资源的投入，大力发展知识密集型产业，发挥高校在人才培育上的引领作用，加强跨国公司与国内高校的合作，培育一批专业能力强的国际化人才。实施积极的人才引进战略，提高对优秀海归人才的培养，增加 FDI 知识溢出效应。

二、助力"双循环"格局建设，加速推行战略转变

（一）"十四五"规划与成渝经济圈"双循环"

2021 年正值"十四五"规划的开局之年，规划中反复提出，要持续推进供给侧结构性改革，打通"双循环"网络，进一步扩大开放。当前全球化进程出现震荡与调整，国际投资与国际贸易增长陷入停滞，这对成渝推进对外开放进程既是机遇也是挑战。

我国积极推进构建"双循环"发展格局，旨在破除制约经济要素流通的阻碍，提高对国内国际资源的有效配置，形成对全球要素资源的强大引力场。这就要求我国进一步促进内需和外贸协调发展，促进国民经济良性循环。

成渝经济圈向内应加强与西部地区的联动，通过成渝、关中经济带协同发展，加强省级合作机制，发挥成渝国家重点贸易枢纽作用，依托"一带一路"西向通道，实现与西安、银川、西宁、乌鲁木齐等西北地区城市的产业合作，实现优势互补。加强与我国东部地区重点发展区域的多元协同，完善自身产业体系，在发挥自身在制造业产业链低端的比较优势的同时，引进高新技术和创新产品，推进新旧动能转换，逐步向产业链高端挺进。向外利用"一带一路"、《区域全面经济伙伴关系协定》等平台，加强与周边国家重点领域战略合作，优化自身产业链，推进西部大开发实现新发展。

（二）成渝经济圈开放的战略转变

1. 搭建创新平台，加速产业升级

双城经济圈要在加速产业升级上下大功夫，推动产业加快向中高端迈进。优化成渝地区"双一流"高校优势学科整体布局，建设支撑成渝国家科技创新中心的知识策源地，打造创新极核优势互补、高端资源合理布局的国家综合性科学中心。推动国内外一流高校在成渝设立创新研究院或研究中心，推动各类创新研究机构和国家技术创新中心落地。加快形成以成渝为核心、以点带面、辐射周边的区域创新协同体系，构建一体化创新平台。拓宽金融制度创新领域，放宽金融业外资准入门槛，扩大自由贸易账户建设范围，助推人民币国际化进程（尹庆伟，2021）。

2. 建设高质量服务业开放高地

服务业正在成为吸纳 FDI 的主战场，服务业的开放对优化产业结构有显著的正向作用（夏杰长等，2020）。相较于制造业对区域产业链建设的严苛要求，服务业更依赖有效的市场需求。伴随着城镇化进程的推进，西部地区未来服务业方面拥有巨大市场。应着力培育壮大一批生产性服务业，强化对双城经济圈高质量发展的支撑。

依托高品质开放平台，大力培育具有较强自主创新能力的生产性服务业企业，借助现代信息技术，实现定制生产和按需灵活生产，发展线上线下体验服务，提高针对不同用户的定制设计能力。利用生产制造各环节闲置资源，提升分散资源利用效率，推行物流资源共享。降低服务业外资准入门槛，强化专业化招商，实现服务业双向开放格局。

3. 打造高层次开放平台

在发展定位方面，建议在国家战略层面明确成渝地区在我国向西向南开放发展中的枢纽地位，以区域经济循环有力支撑"国内大循环"，以完善产业结构助力"国内国际双循环"，牢固占据产业链关键环节。强化自贸试验区的试点带动作用，发挥"成高区"与"重高区"示范作用，鼓励试验区结合当地外贸投资情况，不断深化"放管服"改革，在科学论证的基础上大胆创新金融政策，优化营商环境，促进国际贸易和投资的发展。发挥各类国际展销会、博览会的平台作用，创新招商引资方式，对外展示成渝双城的国际影响力，增强对外资吸引力，打通"双循环"背景下商品和要素的流通渠道，使其更好地服务对外贸易。积极发挥好企业的作用，加快跨国企业培育步伐，以国际一流跨国公司为标杆，完善公司治理；加强企业优势互补，提高企业国际化经营能力，鼓励有条件的民营企业参与国际贸易，重视技术创新与品牌建设，助力高质量 FDI 的引进。

4. 发展文化贸易，突出文化特色

目前中国文化贸易结构存在不合理、知名度与国际竞争力较低的问题（方伟洁，2018）。依托成渝地区丰厚的文化底蕴，打造具有成渝特色的文化产品，强化其在全球范围内的竞争力。加快文旅融合，展现成都怡人宜居、天人共乐的"公园城市"和重庆地理环境特殊、建筑形态多变的"魔幻城市"形象，提高城市国际曝光度，营造城市品牌。发展成渝地区美食旅游业，着力发展夜间经济，打造熊猫、美食、文化、历史、人文等特色亮点相互映衬的城市名片。

第五节　本章小结

　　成渝地区双城经济圈对外开放条件优越，自然资源禀赋、区域位置、经济基础、政策支持及文化底蕴等方面均为区域开放发展提供良好助力。近年来，经济圈内对外贸易基础设施持续完善，对外贸易也日趋繁荣，国际交流也随着中欧班列、西部陆海新通道等战略通道的逐步通畅而不断扩大，内陆开放高地的区域引领与带动作用正渐渐凸显。但不可否认，在双城经济圈对外开放的实践中也显露出部分问题，在对外开放的规模上与东部发达地区差距不小，营商环境国际化水平亦有待提高。此外，受制于地形条件的阻碍，经济圈交通运输的发展存在屏障，区域内趋同的产业结构与明显的同质化竞争于对外开放竞争力的提升也存在不利因素。经由两地对外开放合作中成都高新区与重庆高新区发展的案例，不难感受成渝两地着眼科技、鼎力互助的毅力与决心，双城经济圈的开放进程必将在两大核心城市的引领下更上层楼。未来，除了依托政策在战略通道、营商环境、区域辐射力度、人才培养等方面的助力，更要结合"十四五"规划引领经济圈开放战略的升级，在创新发展、服务业开放、平台搭建、突出文化特色等领域精准发力，扩大双城经济圈的对外开放。时逢百年变局，抓住对外开放的新机遇，打造内陆开放高地，必将促进双城经济圈的崛起，助力区域协调发展，整体推进国家开放战略的实施。

参考文献

曹清尧. 2018. 成渝城市群一体化发展的战略思考. 经济，（14）：74-81.

陈福中，樊亚宾，孙东升. 2019. 工业产业结构演进与贸易结构变化的内生动态影响机制——基于二十国集团（G20）面板数据的实证研究. 河北经贸大学学报，40（4）：77-86.

成都市高新区人民政府. 成都高新区 2020 年工作报告.

丁邡，周海川. 2020. 我国优化营商环境成效评估与建议. 宏观经济管理，（2）：59-65.

方伟洁. 2018. "一带一路"视野下中国对外文化贸易发展与布局研究. 价格月刊，（7）：69-73.

顾菁，赵星. 2018. 长三角国际贸易和国际物流协同性的区域差异分析. 商业经济，（8）：30-33，170.

国家发展改革委，住房城乡建设部. 2016-04-27. 国家发展改革委、住房城乡建设部关于印发成渝城市群发展规划的通知. https://www.ndrc.gov.cn/fzggw/jgsj/ghs/sjdt/201605/t20160504_1170022.html.

韩兵，刘芳名，匡海波. 2021. 同质化竞争情境下企业价值增值效率评价研究——以我国上市港口企业为例. 科研管理，42（4）：55-64.

洪成文，梁显平，韩少秀. 2020. 成渝地区双城经济圈高等教育的超常规发展战略. 重庆高教研究，8（4）：71-79.

胡锡琴，张红伟. 2017. 空间经济视域下城市群 FDI、服务业集聚的经济效应——基于成渝城市群的实证分析. 中国地质大学学报（社会科学版），17（5）：116-125.

胡小渝. 2020. 高质量发展视角下成渝地区"中部塌陷"到"中部崛起"的几点思考. 农村科学实验，（11）：122-124.

黄玲，胡琼，王敏仪. 2020. 成都国际化营商环境研究. 合作经济与科技，（6）：18-22.

雷绍坤. 2020. 成都利用外资的现状、问题及对策研究. 电子科技大学硕士学位论文.

李拯. 2020-12-14. 优化营商环境助力高质量发展. 人民日报，（005）.

李正梅，张应良. 2015. 对外贸易与区域经济增长——以成渝经济区为例. 管理学刊，28（6）：39-45.

刘世庆，林睿. 2013. 成渝经济区城市化进程的现状与愿景：自经济地理观察. 改革，（10）：77-86.

齐昕，王立军，张家星，等. 2021. 高铁影响下城市群空间关联形态与经济增长效应研究. 地理科学，41（3）：416-427.

孙军，高彦彦. 2020. "一带一路"倡议下中国城市群体系构建与价值链重塑. 江苏大学学报（社会科学版），22（1）：105-114.

王凤阁，陈霄. 2020. 重庆市营商环境优化提升的路径研究. 重庆科技学院学报（社会科学版），（3）：27-30.

夏杰长，肖宇，孙盼盼. 2020. 以服务业扩大开放促进中国产业升级：理论逻辑与政策思路. 国际贸易，（6）：4-13，79.

谢佳峻. 2017. 基于人力资本视角的 FDI 对自主创新的影响. 海南大学硕士学位论文.

徐承红. 2010. 成渝经济区的因由及其面临的现实问题. 改革，（3）：60-66.

杨波，李霖瑶. 2021. 成渝地区双城经济圈发展面临的主要问题及对策研究. 商业经济，（1）：20-22.

易淼. 2021. 新时代推动成渝地区双城经济圈建设探析：历史回顾与现实研判. 西部论坛，（1）：1-11.

尹庆伟. 2021. 我国自贸试验区金融制度创新的成效、问题及调整策略. 对外经贸实务，（1）：65-68.

张婷. 2020. 成渝地区双城经济圈城市群发展研究. 时代经贸，（30）：80-83.

赵展慧. 2020-11-13. 优化营商环境，强健经济"体格". 人民日报，（005）.

郑迦元. 2020. 重庆"放管服"改革推进优化营商环境研究. 现代经济信息，（7）：194-195.

周启良，范红忠. 2017. 收入分配差距对进口贸易的影响——基于中国 287 个地级及以上城市的面板数据. 地域研究与开发，36（6）：14-18.

周娱华，唐佳，汪瑞. 2021. 成都打造国际化营商环境升级版战略研究——基于央视营商环境数据的分析. 商展经济，（3）：29-31.

Chen D，Xu X L，Jiang H L，et al. 2020. Contribution of spatial heterogeneity and temporal-spatial change of ecosystems to the thermal environment of tourist destinations：a case study of Sichuan-Chongqing region，China. Advances in Meteorology，1-15.

Farmer K，Schelnast M. 2013. Growth and International Trade. Springer Berlin：Heidelberg.

Liu B，Du J. 2021. Empirical analysis of the spatial relationship between urban agglomeration economic network and economic growth based on big data. Journal of Physics：Conference Series，1800（1）.

Qu W，Zhao S，Yan S. 2014. Spatiotemporal patterns of urbanization over the past three decades：a comparison between two large cities in southwest China. Urban Ecosystems，17（3）：723-739.

Wang Q，Qian Y S，Zeng J W，et al. 2021. Land transportation accessibility and urbanization spatial pattern based on coupling coordination-taking Chengdu-Chongqing urban agglomeration as an example. Environmental Science，696：1-17.

Xiao Y，Tang H. 2018. The spatial and temporal characteristics of cultivated land utilization in Chengdu-Chongqing urban agglomeration. MATEC Web of Conferences，175.

Zhang Y，Duan D，Du D. 2021. Coordinated development of innovation system in China's Yangtze River Economic Belt，a demand and supply perspective. Sustainability，13（1）：1-21.

第五章　成渝地区双城经济圈：
建设高品质生活宜居地

党中央研究部署的成渝地区双城经济圈建设重大战略，将"高品质生活宜居地"作为五大重要建设目标之一。建设高品质生活宜居地，是顺应新时代我国经济社会主要矛盾的变化、满足人民群众对美好生活需要的时代使命，是贯彻以人民为中心的发展思想的积极体现。《中共四川省委关于制定四川省国民经济和社会发展第十四个五年规划和二〇三五年远景目标的建议》中指出，持续提升共建共享水平，加快建设高品质生活宜居地。坚持在发展中保障和改善民生，加快建设文化更繁荣、生活更富裕、服务更优质、环境更优美的宜居家园。群众百姓对于生活居住地最关注的因素，往往也集中在收入水平、文明程度、公共服务和生态环境等方面（盛毅，2020）。由四川省和重庆市构成的川渝地区，是闻名国内外的生活休闲、宜居宜业的地区之一，同时川渝地区覆盖了成渝地区双城经济圈的全部区域。对四川省和重庆市以及川渝地区整体的分析，可以反映该地区生活宜居的基本状况，也在一定程度上体现成渝地区双城经济圈建设高品质生活宜居地的现实基础。本章主要从生活富裕、人居环境、公共服务和文化发展四个方面分析四川省、重庆市和川渝地区整体的高品质生活宜居地发展建设情况，以期勾勒成渝地区双城经济圈建设高品质生活宜居地的未来图景。

第一节　发 展 现 状

一、生活富裕

稳定的就业和收入来源是人民群众安居乐业的首要条件。随着四川省和重庆市经济社会的快速发展，川渝地区人民群众的生活水平日益提高。居民人均可支配收入稳步增长，但与全国平均水平相比还有一定差距；川渝两省市的城乡居民可支配收入增幅高于全国平均水平，同时城乡居民收入比在逐年缓减，显示出成渝地区双城经济圈协同发展的良好态势；就业人员规模总体稳定增长。整体来看，川渝地区居民的物质生活条件不断改善，成渝地区双城经济圈生活富裕度逐渐提高。

（一）居民人均可支配收入

随着四川、重庆两省市经济社会的快速发展，川渝地区人均可支配收入在稳步增长

（图 5-1）。2015~2019 年，四川省居民人均可支配收入由 17 221.0 元增长至 24 703.1 元，累计增幅达 43.4%；重庆市居民人均可支配收入由 20 110.1 元增长至 28 920.4 元，累计增幅达 43.8%。与收入稳步增长相对的是，川渝两地居民人均可支配收入与全国平均水平有一定差距。2015~2019 年，四川省居民人均可支配收入比全国平均水平分别低 4 745.2 元、5 012.7 元、5 394.0 元、5 767.4 元和 6 029.7 元；重庆市居民人均可支配收入比全国平均水平分别低 1 856.1 元、1 786.9 元、1 820.8 元、1 842.2 元和 1 812.4 元。川渝地区群众的人均可支配收入水平与全国平均水平的差距持续存在，并且四川省与全国平均水平的差距更大。作为川渝地区经济高质量发展的代表，成渝地区双城经济圈的人均可支配收入预计同样呈现逐年递增趋势，成渝地区双城经济圈将引领四川省、重庆市和川渝地区的整体发展并逐步缩小与全国人均可支配收入水平的差距。

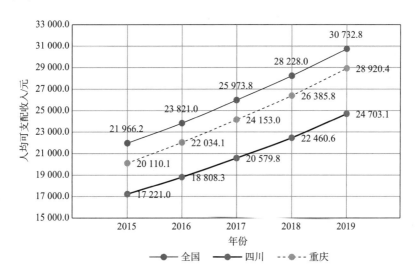

图 5-1　2015~2019 年全国、四川省、重庆市居民人均可支配收入变化情况

资料来源：《中国统计年鉴 2020》

（二）城乡居民人均可支配收入比

从城乡区域的角度来看，川渝地区城乡居民人均可支配收入水平均低于全国平均水平，但近年其增幅高于全国水平。如表 5-1 所示，四川省城镇居民人均可支配收入由 2015 年 26 205.3 元增长至 2019 年 36 153.7 元，农村居民人均可支配收入由 2015 年 10 247.4 元增长至 2019 年 14 670.1 元，累计增幅分别为 38.0% 和 43.2%；重庆市城镇居民人均可支配收入由 2015 年 27 238.8 元增长至 2019 年 37 938.6 元，农村居民人均可支配收入由 2015 年 10 504.7 元增长至 2019 年 15 133.3 元，累计增幅分别为 39.3% 和 44.1%。与此同时，全国城乡居民人均可支配收入累计增幅分别为 35.8% 和 40.3%，川渝地区城乡居民收入增幅高于全国平均水平。

表 5-1   2015~2019 年全国、四川省和重庆市城乡居民人均可支配收入   单位：元

年份	四川		重庆		全国	
	城镇	农村	城镇	农村	城镇	农村
2015	26 205.3	10 247.4	27 238.8	10 504.7	31 194.8	11 421.7
2016	28 335.3	11 203.1	29 610.0	11 548.8	33 616.2	12 363.4
2017	30 726.9	12 226.9	32 193.2	12 637.9	36 396.2	13 432.4
2018	33 215.9	13 331.4	34 889.3	13 781.2	39 250.8	14 617.0
2019	36 153.7	14 670.1	37 938.6	15 133.3	42 358.8	16 020.7

资料来源：《中国统计年鉴 2020》

四川、重庆两省市城乡居民人均可支配收入比逐年降低且持续低于全国平均水平（图 5-2）。2015~2019 年，四川省城乡居民人均可支配收入比从 2.56 降至 2.46，重庆市城乡居民人均可支配收入比从 2.59 降至 2.51；同一时期，全国城乡居民人均可支配收入由 2.73 降至 2.64。城乡居民收入比的逐年递减，体现出川渝地区城乡融合发展水平的提高和成渝地区双城经济圈协同发展的向好态势。展望未来，成渝地区双城经济圈的城乡居民收入水平将进一步提升，同时城乡收入水平相对差距将不断缓解，物质生活的改善为建设高品质生活宜居地奠定良好基础。

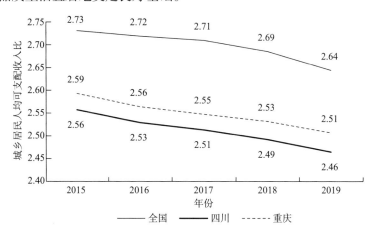

图 5-2   2015~2019 年全国、四川省、重庆市城乡居民人均可支配收入比变化情况
资料来源：根据《中国统计年鉴 2020》整理计算

（三）就业人员规模

就业是最大的民生，川渝地区就业人员总体规模呈现逐年增加趋势。表 5-2 显示，2015~2019 年，四川省就业人员数由 4 847.0 万人增加至 4 889.0 万人，累计增长 42.0 万人；重庆市就业人员数由 1 707.4 万人增加至 1 717.5 万人后递减至 1 704.5 万人，累计减少 2.9 万人。两省市合计就业人员规模由 2015 年 6 554.4 万人增加至 2019 年 6 593.5 万人，累计增长 39.1 万人。上述变化表明，随着成渝地区双城经济圈经济发展，以及产业结构的优化调整和就业结构的适应性变化，该地区的就业人员呈现总体规模上升、局部

适应性变动的特征。随着成渝地区双城经济圈高质量发展和生活宜居地建设，宜居宜业的环境氛围将吸引更多人口。成渝地区双城经济圈总体就业人员数规模庞大并稳定增长，基本民生生活保持稳定。

表 5-2　2015~2019 年四川省和重庆市就业人员数　　单位：万人

地区	2015 年	2016 年	2017 年	2018 年	2019 年
四川	4 847.0	4 860.0	4 872.0	4 881.0	4 889.0
重庆	1 707.4	1 717.5	1 714.6	1 709.5	1 704.5

资料来源：根据历年《四川统计年鉴》《重庆统计年鉴》整理

二、人居环境

高品质生活宜居地体现以人民为中心的思想，人民群众对美好生活的向往应当包括优良便利的人居环境。成渝地区双城经济圈目标建设高品质生活宜居地，则必然要在道路交通、日常出行、生活环境等方面下功夫，打造道路设施完善、交通条件便利和生态环境优美的人居环境。

（一）道路设施

近年来，川渝地区的道路设施状况不断改善，区域内建成的道路实有长度逐年稳定增长（表 5-3）。2015~2019 年，四川省实有道路长度由 13 378.0 千米增长至 20 402.0 千米，累计增长 7 024.0 千米，累计增幅 52.5%；重庆市实有道路长度由 7 712.0 千米增长至 10 105.0 千米，累计增长 2 393.0 千米，累计增幅 31.0%。同一时期，全国实有道路长度由 364 978.0 千米增长至 459 245.0 千米，累计增长 94 267 千米，累计增幅 25.8%。四川、重庆两省市建成道路的增幅高于全国平均水平，路设施状况不断改善为成渝地区双城经济圈建设高品质生活宜居地打下良好基础。预计未来，成渝地区双城经济圈的建设将使两省市有更多的道路交通合作项目签署并落地，道路基础设施条件得到进一步完善，人民群众便利出行的愿景将深化稳固。

表 5-3　2015~2019 年全国、四川省、重庆市年末实有道路长度　　单位：千米

地区	2015 年	2016 年	2017 年	2018 年	2019 年
全国	364 978.0	382 454.0	397 830.0	432 231.0	459 245.0
四川	13 378.0	14 835.0	16 077.0	17 832.0	20 402.0
重庆	7 712.0	8 498.0	9 364.0	9 520.0	10 105.0

资料来源：历年《中国统计年鉴》

实有道路面积指标能够进一步考察道路设施发展情况（表 5-4）。2015~2019 年，四川省实有道路面积由 27 937.0 万平方米增加至 42 936.0 万平方米，累计增长 14 999.0 万平方米，累计增幅 53.7%；重庆市实有道路面积由 16 128.0 万平方米增加至 22 160.0 万平方米，累计增长 6 032.0 万平方米，累计增幅 37.4%。同一时期，全国实有道路面积由 717 675.0 万平方米增加至 909 678.0 万平方米，累计增长 192 003.0 万平方米，累计增

幅 26.8%。四川、重庆两省市实有道路面积的增幅同样高于全国平均水平。由此判断，在大力推动成渝地区双城经济圈建设的背景下，密织成渝经济圈道路交通网络，道路设施发展状况也将不断得到提升。

表 5-4　2015~2019 年全国、四川省、重庆市年末实有道路面积 单位：万平方米

地区	2015 年	2016 年	2017 年	2018 年	2019 年
全国	717 675.0	753 819.0	788 853.0	854 268.0	909 678.0
四川	27 937.0	31 352.0	33 979.0	37 968.0	42 936.0
重庆	16 128.0	17 776.0	19 015.0	20 378.0	22 160.0

资料来源：历年《中国统计年鉴》

　　道路设施的人均水平是人民群众生活便利的重要参考。川渝地区位于我国西南腹地，基础交通设施条件有限，但近年来人均城市道路面积在稳步增加（图 5-3）。2015~2019 年，四川省人均城市道路面积由 13.63 平方米增加至 16.38 平方米，累计增幅 20.2%；重庆市人均城市道路面积由 12.05 平方米增加至 14.38 平方米，累计增幅 19.3%。同期，全国人均城市道路面积由 15.60 平方米增加至 17.36 平方米，累计增幅 11.3%。川渝两省市的人均城市道路面积累计增幅高于全国平均水平，但实际人均城市道路面积水平持续处于全国平均水平之下。未来，借助成渝地区双城经济圈建设契机，人均城市道路面积将有稳步提升的空间，高品质生活宜居地的建设将不断促进城市生活的便捷。

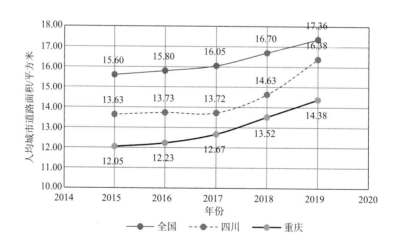

图 5-3　2015~2019 年全国、四川省、重庆市人均城市道路面积变化情况
资料来源：历年《中国统计年鉴》

（二）公共交通

　　高效的公共交通是人民群众日常出行的可靠保障，也是建设生活宜居地的重要影响因素。近年来，四川省和重庆市包括公共汽电车、轨道交通和出租汽车在内的公共交通条件在稳步发展（表 5-5）。

表 5-5　2015 年、2019 年全国、四川省、重庆市公共交通情况

指标		2015 年			2019 年		
		全国	四川	重庆	全国	四川	重庆
公共汽电车	运营车辆数/辆	482 975	21 266	11 573	584 026	29 337	13 226
	运营线路总长度/千米	666 444	22 745	13 342	964 919	38 160	27 105
	客运总量/万人次	7 054 193	379 658	246 920	6 288 266	361 271	240 421
轨道交通	配属车辆数/辆	19 941	732	918	40 998	2 764	2 130
	运营里程/千米	3 195	86	202	6 172	342	329
	客运总量/万人次	1 400 102	27 163	63 247	2 387 796	140 011	104 187
出租汽车/辆		1 092 083	35 342	20 631	1 102 470	34 499	22 385

资料来源：《中国统计年鉴 2016》《中国统计年鉴 2020》

公共汽电车领域。2015 年，四川省运营车辆数 21 266 辆，运营线路总长度 22 745 千米，客运总量 379 658 万人次，2019 年四川省运营车辆数增加至 29 337 辆，运营线路总长度增加至 38 160 千米，客运总量缓减至 361 271 万人次；2015 年，重庆市运营车辆数 11 573 辆，运营线路总长度 13 342 千米，客运总量 246 920 万人次，2019 年重庆市运营车辆数增加至 13 226 辆，运营线路总长度增加至 27 105 千米，客运总量缓减至 240 421 万人次。

轨道交通领域。2015 年，四川省配属车辆数 732 辆，运营里程 86 千米，客运总量 27 163 万人次，2019 年四川省配属车辆数增加至 2 764 辆，运营里程增加至 342 千米，客运总量增加至 140 011 万人次；2015 年，重庆市配属车辆数 918 辆，运营里程 202 千米，客运总量 63 247 万人次，2019 年重庆市配属车辆数增加至 2 130 辆，运营里程增加至 329 千米，客运总量增加至 104 187 万人次。

出租汽车领域。2015~2019 年，四川省出租汽车总量由 35 342 辆减少至 34 499 辆，重庆市出租汽车总量由 20 631 辆增加至 22 385 辆。

成渝地区群众出行方式的演变可以从公共交通领域的变化反映出来，在公共汽电车客运总量保持平稳态势的同时，成渝地区的轨道交通客运总量迅速增长；截至 2020 年末，成都市和重庆市的轨道交通运营里程数分别位居全国第 3 位和第 8 位[①]；轨道交通的快速发展极大地增进了成渝地区老百姓的出行便利。

公共交通的人均享有水平从个体层面反映群众生活出行的情况。如图 5-4 所示，2015~2019 年，川渝两地区的每万人拥有公共汽电车变化趋势相似：四川省由 13.52 标台增加至 14.46 标台后，又降至 13.25 标台；重庆市由 11.03 标台增加至 11.50 标台后，又降至 10.10 标台。2019 年两省市每万人拥有公共汽电车量较 2015 年均出现不同程度的降低，也体现了川渝地区人民选择公共交通出行方式的发展变化。

---

① 全国城市轨道交通运营里程官方排名来了. https://www.sohu.com/a/442907776_180330，2021-01-06.

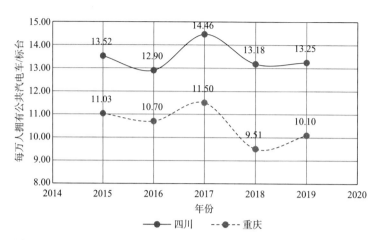

图 5-4　2015~2019 年四川省、重庆市每万人拥有公共汽电车变化情况
资料来源：历年《中国统计年鉴》

（三）园林绿化

高品质生活宜居地需要打造良好的生态环境，提高地区生态品质，为人民群众增添绿色生态的生活空间。近年以来，四川、重庆两省市在园林绿化方面取得长足发展（表 5-6）。2015~2019 年，四川省城市绿地面积由 87 096.0 公顷增加至 124 158.0 公顷，累计增幅 42.6%；公园绿地由 24 512.0 公顷增加至 36 786.0 公顷，累计增幅 50.1%；建成区绿化覆盖率由 38.7% 提高至 41.8%。同期，重庆市城市绿地面积由 55 934.0 公顷增加至 67 694.0 公顷，累计增幅 21.0%；公园绿地由 22 733.0 公顷增加至 25 589.0 公顷，累计增幅 12.6%；建成区绿化覆盖率由 40.3% 提高至 41.8%。

表 5-6　2015 年、2019 年四川省、重庆市公园和绿地情况

指标	2015 年		2019 年	
	四川	重庆	四川	重庆
城市绿地面积/公顷	87 096.0	55 934.0	124 158.0	67 694.0
公园绿地/公顷	24 512.0	22 733.0	36 786.0	25 589.0
建成区绿化覆盖率	38.7%	40.3%	41.8%	41.8%

资料来源：《中国统计年鉴 2016》《中国统计年鉴 2020》

从人均水平观察川渝地区的园林绿化程度（图 5-5）。2015~2019 年，四川省人均公园绿地面积由 11.96 平方米增加至 14.03 平方米，累计增幅 17.3%；重庆市人均公园绿地面积由 16.99 平方米小幅下降至 16.61 平方米，累计降幅 2.2%。同期，全国人均公园绿地面积由 13.35 平方米增加至 14.36 平方米，累计增幅 7.6%。四川省的累计增幅最大，但人均公园绿地面积仍然低于全国平均水平；重庆市显现出微小累计降幅，但由于其公园绿地的人均享有水平较高，重庆市人均公园绿地面积长期高于四川省和全国平均水平。随着成渝地区双城经济圈加快建设高品质生活宜居地，未来成渝地区人民群众将享受更多更优的公园绿地资源。

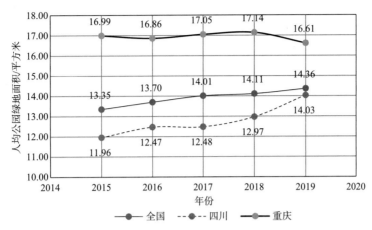

图 5-5　2015~2019 年全国、四川省、重庆市人均公园绿地面积变化情况

资料来源：历年《中国统计年鉴》

三、公共服务

高质量生活宜居地意味着提供高质量的公共服务，要把全面促进民生福祉放在重要位置，不断提高人民群众的生活满意度。成渝地区双城经济圈围绕高质量公共服务供给目标，努力使百姓普遍受益，使教育、医疗卫生和社会保险等基本内容得到持续改善提升。

（一）教育

政府教育支出及变化客观上反映了基本公共服务在教育层面的情况（表 5-7）。2015~2019 年，四川省教育支出由 1 252.33 亿元增加至 1 578.88 亿元，累计增幅 26.1%；重庆市教育支出由 536.24 亿元增加至 728.26 亿元，累计增幅 35.8%。川渝两省市教育支出逐年稳定增长，其中四川省教育支出的总额更多，重庆市教育支出的累计增幅更大。成渝地区双城经济圈作为西部地区教育资源相对富集的区域，教育支出的持续增长会不断夯实成渝地区教育公共服务的基础。

表 5-7　2015~2019 年四川省、重庆市教育支出情况　　　　　　单位：亿元

地区	2015 年	2016 年	2017 年	2018 年	2019 年
四川	1 252.33	1 301.85	1 389.2	1 461.78	1 578.88
重庆	536.24	575.18	626.3	680.99	728.26

资料来源：历年《中国统计年鉴》

从教育支出占地方一般公共预算支出比反映川渝地区教育发展状况（图 5-6）。2015~2019 年，四川省教育支出占地方一般公共预算支出比由 16.70% 下降至 15.26%，5 年内下降约 1.5 个百分点；重庆市教育支出占地方一般公共预算支出比由 14.14% 上升至 15.02%，5 年内上升约 1 个百分点。川渝两地教育支出占地方一般公共预算支出比逐渐趋同，一定程度上体现了成渝地区双城经济圈协同发展的新方向。

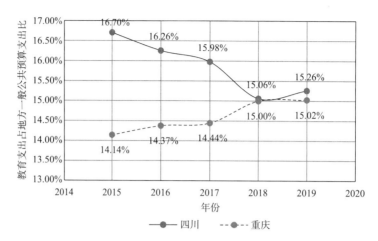

图 5-6　2015~2019 年四川省、重庆市教育支出占地方一般公共预算支出比变化情况

资料来源：历年《中国统计年鉴》

各级学校师生比从直观上反映地区教育发展状况（表 5-8）。2015~2019 年，四川省普通小学师生比由 17.59 下降至 16.45，累计下降 1.14 人次；初中师生比由 12.39 上升至 12.93，累计上升 0.54 人次；普通高中师生比由 15.95 下降至 13.82，累计下降 2.13 人次；中等职业学校师生比由 24.95 下降至 21.25，累计下降 3.7 人次；普通高校师生比由 17.95 上升至 19.56，累计上升 1.61 人次。同一时期内，重庆市普通小学师生比由 17.44 下降至 16.02，累计下降 1.42 人次；初中师生比由 12.71 上升至 13.74，累计上升 1.03 人次；普通高中师生比由 15.92 下降至 15.46，累计下降 0.46 人次；中等职业学校师生比由 21.69 下降至 20.99，累计下降 0.7 人次；普通高校师生比由 17.60 上升至 18.64，累计上升 1.04 人次。两省市各级学校师生比的变化，客观反映出成渝地区双城经济圈的学生规模和教师总数的动态趋势，其中普通高校教师数量在成渝地区显现出相对减少的状况。

表 5-8　2015 年、2019 年四川省、重庆市各级学校师生比情况（教师人数=1）

学校	2015 年		2019 年	
	四川	重庆	四川	重庆
普通小学	17.59	17.44	16.45	16.02
初中	12.39	12.71	12.93	13.74
普通高中	15.59	15.92	13.82	15.46
中等职业学校	24.95	21.69	21.25	20.99
普通高校	17.95	17.60	19.56	18.64

资料来源：《中国统计年鉴 2016》《中国统计年鉴 2020》

（二）医疗卫生

地区政府每年的医疗卫生支出及变化客观上可以反映其基本公共服务在医疗卫生层面的情况（表 5-9）。2015~2019 年，四川省医疗卫生支出由 686.42 亿元增加至 943.27 亿元，累计增幅 37.4%；重庆市医疗卫生支出由 313.98 亿元增加至 383.26 亿元，累计增幅 22.1%。川渝两省市医疗卫生支出逐年稳定增长，其中四川省医疗卫生支出的总额更多且累计增幅更大。成渝地区双城经济圈作为西部地区的代表，医疗卫生资源相对丰富，这对于建设高品质生活宜居地是优势利好条件。

表 5-9　2015~2019 年四川省、重庆市医疗卫生支出情况　　单位：亿元

地区	2015 年	2016 年	2017 年	2018 年	2019 年
四川	686.42	772.24	831.46	880.89	943.27
重庆	313.98	331.18	353.79	372.79	383.26

资料来源：历年《中国统计年鉴》

用医疗支出占地方一般公共预算支出比反映川渝地区医疗卫生发展状况（图 5-7）。2015~2019 年，四川省医疗卫生支出占地方一般公共预算支出比由 9.16%下降至 9.12%，五年内下降 0.04 个百分点；重庆市医疗卫生支出占地方一般公共预算支出比由 8.28%下降至 7.91%，五年内下降 0.37 个百分点。近年来，川渝两地医疗卫生支出占地方一般公共预算支出比一直保持在稳定区间，但随着成渝地区双城经济圈建设的深入推进，社会对高质量医疗卫生公共服务的需求将进一步增加，医疗卫生事业发展的重要性增强。

图 5-7　2015~2019 年四川省、重庆市医疗卫生支出占地方一般公共预算支出比变化情况
资料来源：历年《中国统计年鉴》

从医疗机构建设来看，如表 5-10 所示，2015~2019 年，四川省医疗机构由 80 109 个增加至 83 756 个，增幅 4.5%。其中，医院由 1 942 个增加至 2 417 个，增幅 24.5%；基层医疗卫生机构由 76 214 个增加至 80 500 个，增幅 5.6%；专业公共卫生机构由 1 801 个减少至 716 个。同时期内，重庆市医疗卫生机构由 19 806 个增加至 21 057 个，增幅 6.3%，其中，医院由 631 个增加至 846 个，增幅 34.1%；基层医疗卫生机构由 18 986 个增加至 20 001 个，增幅 5.3%；专业公共卫生机构由 159 个减少至 150 个。总体而言，四川省、重庆市两地医疗机构建设数量呈现出不断增加的趋势，医院和基层医疗卫生机构数量稳步增长且基层医疗卫生机构增幅较大，专业公共卫生机构数量呈现下降趋势。川渝两省市医疗机构情况的变化，客观上体现了成渝地区双城经济圈医疗机构资源的状况，未来应着力推进医疗卫生和公共卫生协同发展、深度融合的道路，优化医疗卫生资

源结构，夯实成渝地区作为高品质生活宜居地的医疗公共服务基础。

表 5-10　2015 年、2019 年四川省、重庆市医疗机构情况　　　单位：个

项目	2015 年		2019 年	
	四川	重庆	四川	重庆
合计	80 109	19 806	83 756	21 057
医院	1 942	631	2 417	846
基层医疗卫生机构	76 214	18 986	80 500	20 001
专业公共卫生机构	1 801	159	716	150

资料来源：《中国统计年鉴 2016》《中国统计年鉴 2020》

（三）社会保险

社会保险是人民生活福祉、群众安居乐业的基本保障，近年来川渝地区参加各类社会基本保险人数规模逐年稳定增长（图 5-8）。2015~2019 年，四川省参加城镇职工基本养老保险人数由 1 939.0 万人增加至 2 700.3 万人，累计增加 761.3 万人，累计增幅 39.3%；重庆市参加城镇职工基本养老保险人数由 849.3 万人增加至 1 127.7 万人，累计增加 278.4 万人，累计增幅 32.8%。川渝城镇居民的职工基本养老保险受益范围在不断扩大，人民生活保障得到稳步提升。

图 5-8　2015~2019 年四川省、重庆市参加城镇职工基本养老保险人数变化情况
资料来源：历年《中国统计年鉴》

城乡居民基本养老保险和失业保险能体现更广大人民群众的社会保障水平。表 5-11 显示，2015~2019 年，四川省城乡居民基本养老保险参加人数由 3 020.4 万人增长至 3 368.7 万人，实际领取人数由 1 095.0 万人增加至 1 119.5 万人；失业保险参加人数由 661.0 万人增加至 953.5 万人，实际领取人数由 33.2 万人减少至 32.7 万人。2015~2019 年，重庆市城乡居民基本养老保险参加人数由 1 111.1 万人增长至 1 162.7 万人，实际领取人数由 366.7 万人减少至 358.5 万人；失业保险参加人数由 439.5 万人增加至 515.0 万人，实际领取人数由 3.5 万人增加至 5.6 万人。2015 年以来，川渝地区城乡居民基本养老保险和失业保险的覆盖人群范围不断扩大，为人民的基本生活筑牢坚实保障。

表 5-11　2015 年、2019 年四川省、重庆市城乡居民基本养老保险和失业保险情况

单位：万人

项目		2015 年		2019 年	
		四川	重庆	四川	重庆
城乡居民基本养老保险	参加人数	3 020.4	1 111.1	3 368.7	1 162.7
	实际领取人数	1 095.0	366.7	1 119.5	358.5
失业保险	参加人数	661.0	439.5	953.5	515.0
	实际领取人数	33.2	3.5	32.7	5.6

资料来源：《中国统计年鉴 2016》《中国统计年鉴 2020》

　　成渝地区双城经济圈作为川渝地区的核心区域，在经济高质量发展的同时，将社会保障惠及广大的人民百姓。城镇职工基本养老保险、城乡居民基本养老保险和失业保险等各类社会保险，将不断发挥自身作用，筑牢社会保障网底，真正让人民群众享受经济发展带来的红利。

四、文化发展

　　巴蜀文化源远流长，文化发展与繁荣是建设高品质生活宜居地的必然要求之一。人民群众对美好生活的向往包括对精神文化生活的需求，要不断提升城乡文明程度和居民的文化素质修养。艺术表演活动、公共图书馆和博物馆是人民群众获得文化生活的主要来源，在一定程度上能体现川渝地区文化发展的软硬件水平。

（一）艺术表演

　　艺术表演团体能彰显本地文化特色和文化传播软实力，同时艺术表演场馆是重要的文化载体。表 5-12 列出了四川省和重庆市艺术表演团体及表演场馆的基本情况。

表 5-12　2015 年、2019 年四川省、重庆市艺术表演团体和艺术表演场馆情况

项目		2015 年		2019 年	
		四川	重庆	四川	重庆
艺术表演团体	机构数/个	543	730	732	1 646
	演出场次/万场次	10.26	9.58	6.14	19.82
	国内演出观众人次/万人次	2 012	2 223	2 642	2 976
艺术表演场馆	机构数/个	99	22	101	49
	演（映）出场次/万场次	1.07	0.14	1.38	2.03
	观众人次/万人次	202	59	321	118

资料来源：《中国统计年鉴 2016》《中国统计年鉴 2020》

　　艺术表演团体方面，重庆市艺术表演团体发展势头良好。2015~2019 年，四川省机构数由 543 个增加至 732 个，演出场次由 10.26 万场次下降至 6.14 万场次，国内演出观众人次由 2 012 万人次增加至 2 642 万人次；2015~2019 年，重庆市机构数由 730 个大幅增加至 1 646 个，演出场次由 9.58 万场次大幅增加至 19.82 万场次，国内演出观众人次由 2 223 万人次增加至 2 976 万人次。

艺术表演场馆方面，重庆市新增机构建设数量大。2015~2019 年，四川省机构数由 99 个增加至 101 个，演出场次由 1.07 万场次增加至 1.38 万场次，观众人次由 202 万人次增加至 321 万人次；2015~2019 年，重庆市机构数由 22 个增加至 49 个，演出场次由 0.14 万场次增加至 2.03 万场次，国内演出观众人次由 59 万人次增加至 118 万人次。

（二）公共图书馆和博物馆

如表 5-13 所示，2015~2019 年，四川省公共图书馆由 203 个增加至 206 个，人均拥有公共图书馆藏量由 0.41 册增加至 0.50 册，每万人拥有公共图书馆建筑面积由 68.5 平方米增加至 81.2 平方米。重庆市公共图书馆数量保持 43 个没有变化，人均拥有公共图书馆藏量由 0.43 册增加至 0.61 册，每万人拥有公共图书馆建筑面积由 97.6 平方米增加至 118.4 平方米。

表 5-13　2015 年、2019 年四川省、重庆市公共图书馆和博物馆基本情况

项目		2015 年		2019 年	
		四川	重庆	四川	重庆
公共图书馆	公共图书馆/个	203	43	206	43
	人均拥有公共图书馆藏量/册	0.41	0.43	0.50	0.61
	每万人拥有公共图书馆建筑面积/平方米	68.5	97.6	81.2	118.4
博物馆	机构数/个	225	78	256	104
	参观人次/万人次	5 997.0	2 299.0	7 219.0	3 793.0

资料来源：《中国统计年鉴 2016》《中国统计年鉴 2020》

2015~2019 年，四川省博物馆由 225 个增加至 256 个，参观人次由 5 997.0 万人次增加至 7 219.0 万人次；同一时期，重庆市博物馆由 78 个增加至 104 个，参观人次由 2 299.0 万人次增加至 3 793.0 万人次。

第二节　存在问题

一、居民收入与就业发展水平有待提高

第一，人均可支配收入水平不高。川渝地区人均可支配收入水平与全国平均水平仍有差距，这在一定程度上影响成渝地区双城经济圈高质量发展和高品质生活宜居地建设。2015 年以来，四川省和重庆市人均可支配收入水平稳步增长，但是与全国平均水平相比仍然有差距，并且四川省人均可支配收入水平与全国的差距有逐年扩大趋势。2019 年，四川省和重庆市的人均可支配收入分别为 24 703.1 元和 28 920.4 元；同年全国人均可支配收入为 30 732.8 元，分别比四川省和重庆市高 24.4% 和 6.3%。收入水平是人民群众物质生活的首要保障，建设高品质生活宜居地要重点关切居民收入问题。未来成渝地区双城经济圈引领川渝地区发展的同时，人均可支配收入水平将进一步稳定增长，但如何尽快缩小与全国平均水平之间的差距需引起重视。

第二，城乡居民收入差距仍然明显。川渝地区城乡居民人均收入比虽在减小，但绝

对差距在扩大，一定程度上影响成渝地区双城经济圈城乡融合和协同发展的水平，进而影响高品质生活宜居地建设。2015 年，四川省城镇居民人均可支配收入比农村居民人均可支配收入高 15 957.9 元，2019 年时差距扩大到 21 483.6 元；同期，重庆市城镇居民人均可支配收入与农村居民人均可支配收入的差距从 16 734.1 元扩大到 22 805.3 元。城乡居民人均收入比在减小的同时，绝对差距存在扩大现象，这反映出川渝地区城乡发展水平的不平衡状况。成渝地区双城经济圈在建设高品质生活宜居地进程中，要注意处理好城镇和农村发展的关系，使城镇居民和农村居民均能享受到由经济发展带来的生活水平提高，进而不断引领带动川渝地区整体城乡融合发展。

第三，就业发展区域均衡程度不够。川渝地区就业人员总量稳步增长，但存在局部地区就业人员数减少和错配现象，一定程度上反映成渝地区双城经济圈就业人员总量仍有增长空间、就业人员资源配置不平衡情况。一方面，重庆市就业人员规模出现逐年下降趋势，从 2017 年 1 714.6 万人、2018 年 1 709.5 万人到 2019 年 1 704.5 万人，三年累计减少 10.1 万人；另一方面，四川省就业人员总量呈稳定增长趋势但主要集中在成都市，容易产生就业人员资源错配甚至浪费的现象。宜居宜业的环境是吸引劳动年龄人口的重要因素，丰富的就业人员资源会对生活就业环境提出更高要求。成渝地区双城经济圈在打造高品质生活宜居地的同时，需重视局部区域出现的就业人员数减少和人力资源错配的现象。

二、人居环境有待进一步改善

一方面，城市交通基础设施供给不足。川渝地区人均城市道路面积与全国平均水平仍有差距，显示出成渝地区双城经济圈在推进城市道路建设的同时，要将道路设施的改善惠及更多居民。人均城市道路面积能在一定程度上体现群众出行的便利度和舒适度。2015 年以来，四川省和重庆市人均城市道路面积稳步增长，但是与全国平均水平相比仍然有差距。2019 年，四川省和重庆市的人均城市道路面积分别为 16.38 平方米和 14.38 平方米；同年全国人均城市道路面积为 17.36 平方米，分别比四川和重庆多 0.98 平方米和 2.98 平方米。由于川渝地区地形地势复杂，道路交通建设基础条件有限，在道路建设长度和建设面积稳步提升的同时，更应该关注人均城市道路面积水平。

另一方面，城市生态设施发展水平不高。以四川省为例，2015 年以来，四川省人均公园绿地面积水平呈增长趋势，2019 年已达到 14.03 平方米；但同时距全国人均公园绿地面积、重庆市人均公园绿地面积分别还差 0.33 平方米和 2.58 平方米。人均公园绿地面积是人民群众享受高品质生活宜居地的重要衡量指标，在以成都市为代表建设"新发展理念的公园城市示范区"引领下，四川省应着力缩小与全国平均水平的差距，同时对标重庆市，为成渝地区双城经济圈的公园绿地建设、为人民群众的人居环境提升贡献更多力量。

三、公共服务供需矛盾依然存在

第一，教育师资出现流失。川渝两地普通高校的师生比逐年升高，客观反映出成渝地区双城经济圈存在的高校师资资源流失现象。师生比可以直观衡量各类学生获得教育资源的状况，近年来川渝地区各级学校（普通小学、初中、普通高中、中等职业学校等）师生比稳中有降，体现了整体师资资源增长的态势。但普通高校的师生比呈现上升趋势，2015~2019 年，四川省普通高校师生比由 17.95 上升至 19.56，重庆市普通高校师生比由 17.60 上升至 18.64。优质的高等教育资源对于居民整体文化素质、城市文明建设等有重要促进作用。高品质生活宜居地需要与之相适应的城乡文明程度、居民道德文明素质，故高校师生比的升高、高校师资资源流失现象需得到重视。

第二，医疗卫生支出比重较低。四川省和重庆市存在医疗卫生支出比重较低的共性问题，成渝地区双城经济圈应当注重医疗卫生和教育的协同发展。2015~2019 年，四川省教育支出占地方一般公共预算支出比重在 15.06%~16.07%，而与之对应的医疗卫生支出占地方一般公共预算支出比重为 9.07%~9.64%，两者所占比重差距达到 5.42%~7.00%；同一时期内，重庆市教育支出占地方一般公共预算支出比重在 14.14%~15.02%，相对应的医疗卫生支出占地方一般公共预算支出比重为 7.91%~8.28%，两者所占比重差距达到 5.86%~7.11%。教育和医疗作为民生生活的两大基本内容，在公共预算支出中应给予相近比重。成渝地区双城经济圈在高品质生活宜居地建设进程中，要把医疗卫生事业的发展提升到和教育事业发展同等考虑的高度。

第三，公共卫生事业发展不足。川渝两地区均存在公共卫生机构减少，医疗卫生服务与公共卫生服务发展不协调的问题。新冠肺炎疫情的暴发在一定程度上暴露了各地区公共卫生领域的短板。事实上，公共卫生是关系到国家或地区民众健康的公共大事业，对重大疾病能起到良好的预防、监控和治疗作用。2015~2019 年，川渝地区的专业公共卫生机构合计由 1 960 个下降至 866 个，公共卫生的硬件机构设施下降趋势明显。另外，公共卫生人才培养比医疗卫生人才更加精细，培养周期更长。公共卫生机构数量的减少和卫生人才供给的缓慢将深刻影响未来成渝地区公共卫生事业的发展。成渝地区双城经济圈在建设高品质生活宜居地进程中，应探寻医疗卫生服务和公共卫生服务协同发展、互补合作的道路，调整和优化医疗卫生资源结构，不断巩固人民群众的医疗公共服务基础。

四、文化发展资源支撑不强

川渝文化闻名国内外，巴蜀优秀文化的弘扬与发展对于成渝地区双城经济圈建设高品质宜居地有积极作用。以四川省为例，全省艺术表演资源有进一步拓展空间。与重庆市相比，四川省在艺术表演资源挖掘方面有较大潜力。例如，艺术表演团体方面，2015~2019 年，重庆市表演团体机构个数由 730 个增加至 1 646 个，同期四川省仅由 543 个增加至 732 个，2019 年末重庆市比四川省多 914 个艺术表演团体；重庆市演出场次由 9.58 万场次增加至 19.82 万场次，同期四川省由 10.26 万场次减少至 6.14 万场次，2019 年末重庆市比四川省多 13.68 万场次。2019 年末重庆市国内演出观众人次比四川省多 334 万人次。应进一步加强巴蜀文化交流，推动包括艺术表演在内的各类文化表现形式的发展，打造具有川渝特色的文化产品，不断满足人民群众的精神文化需求。

第三节　案例分析：什邡市建设天府健康城

什邡市地处成都平原西北部，隶属于四川省德阳市，位于成都正北 40 千米处，辖区面积821平方千米，辖8个镇、2个街道、1个经开区，总人口43万，是唯一一个"中国雪茄之乡"、第一个"中国矿泉水之乡"和"中国书法之乡"，享有"蓉北宜居地，精致生活城"的美誉，是一座独具魅力、充满活力、蕴涵潜力的城市[①]。什邡市自然资源丰富，中医药等有关产业根基良好，紧邻成都市，交通便利，拥有用"健康"打造城市发展品牌的基础。在此背景下，什邡市推动"天府健康城"建设，让"健康"在助力产业优化升级、突显城市发展特色、彰显民生发展成效过程中发挥更大作用。

一、发展成效

（一）机构改革为先导，"健康什邡"建设有序推进

2019 年 3 月 15 日，什邡市在原"卫生和计划生育局""安全生产监督管理局"和其他相关机构（老龄工作职责）的基础上组建"卫生健康局"，以机构改革为重要契机，全面推进"健康什邡"建设和天府健康城建设。深化机构改革的同时，什邡市贯彻落实《"健康中国 2030"规划纲要》《"健康四川 2030"规划纲要》，坚持以项目建设为支撑，市、镇、村三级医疗卫生网络建设成效显著，医疗卫生服务能力大幅提高，人民群众的健康获得感不断提升。

（二）政策引领为策略，多举措推动大健康发展

什邡市委市政府高度重视人民群众健康，在出台一系列健康促进政策的基础之上，2020 年 10 月 15 日又印发《什邡市"将健康融入所有政策工作"指导方案》，专门成立什邡市健康促进委员会，运用"将健康融入所有政策"策略应对健康问题，通过部门协作控制和减少健康的危险因素，各部门分工明确，共同提高人群健康素养和健康水平。

（三）医药发展先行，打开彭什产业深度合作局面

什邡与彭州地缘相近、文化相通、经济社会互动频繁，开展跨区域资源转化合作符合新时代经济社会高质量发展的需要，符合两地人民群众对美好生活的需求。彭什合作是全面贯彻落实四川省委"一干多支"发展战略和成都平原经济区协同发展决策部署的必要环节，两地于2019年签署跨区域资源转化合作框架协议（2019~2022 年），明确了包括产业资源互补融合在内的四大合作领域（推进交通路网建设、推进产业资源互补融合、推进生态环保联防联控联治、推进跨区域公共服务资源对接共享）。医药产业作为彭什双方第一批交流合作产业，于2020年6月正式开展产业对接。什邡天府健康城和彭州天府中药城的合作发展既有利于产业集聚和人才互动，也有利于扩大双方在医药大健康产业的国内国际影响力、实现双赢。

[①] 什邡简介. http://www.shifang.gov.cn/gov/file_view?_fileid=24763.

（四）脱贫攻坚为抓手，健康扶贫工程成效显著

近年来，什邡市坚持把脱贫攻坚作为最大的民生工程，全面拓宽攻坚路径、全力帮助群众增收，打造"5 个 1+N"大扶贫格局，为打好脱贫攻坚战奠定了坚实基础，尤其在健康扶贫工作上探索出"什邡经验"，取得显著成效。什邡通过资源整合、加大资金资源投入，成功打造了皇菊、川芎、黄背木耳、车前子等一系列特色农业产品种植基地，不仅开拓出产业扶贫开发新路子，也为什邡发展大健康产业积累了中医药原材料优势。

（五）医疗卫生软硬件水平跨越式提升

近年来，什邡市委市政府以群众需求为着眼点，不断加大卫生、教育等民生工程投入。什邡医疗卫生事业取得快速提升，建立起覆盖城乡、均衡发展、功能完善、特色鲜明、适应群众的医疗服务体系。什邡市中医医院扩建工程、什邡市烧伤医院、什邡市第一人民医院扩建工程等一大批医疗机构不断提高整体服务水平、增强综合实力。"5·12"汶川地震之后，北京市与什邡市建立的援建关系保留至今。2018 年 5 月京什双方签订《医药战略合作框架协议书》等一系列合作协议，通过更多的资源投入和技术人力支持助推什邡建设精致生活城、西部教育城、天府健康城，打造创新改革示范区、森林康养首选区、幸福和谐样板区。

二、突出问题

什邡"天府健康城"建设既面临着重大时代机遇，也面临着高质量发展的严峻挑战；既有特色发展基础优势，也存在一系列短板。具体包括以下几个方面。

（一）产业基础薄弱，健康城建设的产业支撑力不足

建设天府健康城，必须大力发展大健康产业。大健康产业是跨行业跨领域的新兴产业，涉及一、二、三产业及多个部门，而什邡"一产不够优、二产不够强、三产发展滞后，主导产业还未形成规模效益和竞争优势"①的短板依然突出；重大产业项目、支撑型经济主体偏少，整体科技创新驱动能力不强。什邡在构建以"1+3+2"产业为核心支撑的现代产业体系过程中，"1"即烟草产业，"3"即高端装备制造、食品饮料、现代化工三大优势产业，"2"即现代物流、旅游康养产业。按照大健康产业的发展要求，烟草产业必须转型升级，推进高质量发展，并且拓展产业链，主动推进产业融合发展。理论上讲，按照新发展理念，高质量发展的烟草行业与大健康产业并行不悖，但烟草行业的转型升级难度大、技术要求高，短期内将会带来经济社会发展的"阵痛"，对于健康城建设的产业支撑作用有待加强。

（二）市场规模较小，消费的拉动力有待提升

消费是利用社会产品来满足人民美好生活需要的过程，只有持续扩大内需、增强消

① 什邡市人民政府工作报告 2020. http://www.shifang.gov.cn/gov/file_view?_fileid=108911，2020-05-15.

费的经济拉动作用才能有效推动经济社会的发展改革。人口规模决定着潜在的消费市场规模，从户籍人口的规模看，什邡 2019 年末户籍总人口数为 425 601，人口总量排名居德阳市六县（市、区）第五位，迁入人口（837人）远小于迁出人口（1 902人），面临着人口年龄结构老龄化、迁出人口不断增加等问题。从社会消费品零售总额看，在德阳市六县（市、区）中什邡市近 10 年一直处于较低水平，2010~2017 年保持着第五位的排名，自 2018 年以来排名略有上升达到第四位，但整体来看，什邡的消费市场规模还有待进一步提升，扩大内需具有人口结构与规模数量方面的压力。

（三）特色定位不清晰，缺乏可持续性的竞争力

只有打造具有地区特色、人产城良性互动与融合的健康城才具有可持续性和市场竞争力。从四川省内来看，大健康产业的区域竞争十分激烈。温江健康产业"有基础有创新、有传统有资源、有要素有载体"，彭州天府中药城"产值规模大、区域特色足、竞争错位化"，成都天府国际生物城"三生合一、四医融合、接轨国际"，而什邡"天府健康城"如何与彭州"天府中药城"、温江"成都医学城"和成都"天府国际生物城"四区协同、共同构建万亿级生物医药产业和避免同质化发展，还缺乏较为明确的定位设计及规划安排。从全国看，各地涌现了诸多地方特色和国际影响力兼具的健康城。在加快形成以国内大循环为主体、国内国际双循环相互促进的新发展格局背景下，如何依托健康城建设有力促进什邡服务业提质增效，如何在国内国际市场展现大健康产业的"什邡品牌"，如何推进健康城的智慧化、可持续化发展，目前尚缺乏明确的发展规划。

三、机遇挑战

（一）重大机遇

1. 健康中国战略

2016 年 8 月，习近平总书记在全国卫生与健康大会上强调："要坚持正确的卫生与健康工作方针，以基层为重点，以改革创新为动力，预防为主，中西医并重，将健康融入所有政策，人民共建共享。"[①]将健康上升为国家战略，大力促进全民健康。近年来，从国家到各省都对健康产业尤为关注，出台了系列相关政策。什邡市坚持树立全民健康理念，坚持把满足人民群众健康需求作为最大的民生工程。

2. 成渝地区双城经济圈与成德眉资一体化

成渝地区双城经济圈建设上升为国家战略，成都经济圈建设发展明显加快。《成德眉资同城化发展暨成都都市圈建设三年行动计划（2020-2022 年）》的公布，预示着蓝图谋划已基本完成，接下来就是扎实推进。什邡面临多重国家战略交汇叠加的有利环境，为什邡增强发展动力和优势打开了新窗口。什邡地处成德绵经济带腹地，将在更大范围、更宽领域、更高层次上吸引和汇集优质发展要素。

[①]习近平：把人民健康放在优先发展战略地位. http://www.xinhuanet.com/politics/2016-08/20/c_1119425802.htm，2016-08-20.

3. 产业机遇

根据国家相关规划，到 2030 年，"健康中国"带来的大健康产业市场规模有望达16 万亿元，如此大规模的产业足以吸引各路资本进入。再加上随着居民收入水平不断提高，消费结构升级加快，人们对生活质量的要求日益提高，我国大健康产业市场前景良好。从大健康产业的生命周期来看，我国目前位于高速发展期，大健康产业发展形势良好，为"天府健康城"发展带来机遇。

（二）面临挑战

1. 人才支撑

在城市建设中，需要具有不同知识结构的人力资源。只有这些具有一定知识技能的人力资源发挥能动作用，才能打造出城市的核心竞争力（赵玉英，2009）。大健康产业发展需要包括医生、护士、管理、护工等各类人才支撑。什邡市人才招引和管理使用存在一定差距，医疗卫生人才队伍还存在专业结构、区域分布不均衡，质量有待提高等突出问题；医学类专业总体上培养时间长；由于学历和科技成果的限制，大量有多年临床经验的医生没有上升空间，人才流失严重；农村偏远地区教育、卫生、文化、体育等专业性要求较高的技术性人才严重匮乏，农村实用型人才数量偏少。

2. 市场监管

国家提出"健康中国"战略后，提出一系列利好政策，促使资本踊跃进入，无论是传统的医药企业还是互联网、房地产企业，都想从其中分一杯羹。但如何完善监管体制，引发良性竞争是整个产业所面临的重大问题。如果市场监管不严，将会成为天府健康城建设的巨大障碍。若市场进出混乱，大量不具备资格的主体进入市场，将降低消费者对整个健康行业的信任。在激烈竞争的市场中，一些企业可能会通过不正当手段获得利益，如生产假冒伪劣产品、寻求行业垄断等，会对行业发展和消费者健康产生不良影响。

3. 技术创新

目前我国医疗行业大多是生产型企业，而研发工作成本较高、时间长，对企业本身要求也高，所以创新不足。虽然专利数量增加较快，但核心专利数量较少；大多数先进医疗器械多靠进口与改装，不但价格昂贵，而且容易受国际关系影响。整个行业的竞争力不强，技术创新压力较大。

四、发展保障

（一）加强政策引导

1. 强化领导、明确目标、落实责任，高质量统筹协调推进天府健康城建设

加强政府在公共服务、社会管理等领域的能力建设，加强统一规划与分类指导，明确什邡市的大健康产业功能分区。制定科学可行的发展目标，用目标引领改革发展和健康城建设，紧扣目标任务、解决实际问题。明晰各部门的权责关系，建立党政领导主持

下的协调组织架构和多规合一的协调联动机制，保证多部门形成合力，协调解决健康产业改革发展中的重要问题、健康城建设过程中的突出难题。

2. 贯彻落实"健康中国"战略，推进"健康四川"行动，建设"健康什邡"

依托地区禀赋积极争取国家、省、市各级重大健康项目工程支持，争取大健康产业的优惠政策和激励措施，开展大健康产业的精准招商。发挥中医药、旅游康养等大健康产业发展示范带动和辐射作用，以健康什邡推动健康四川、健康中国建设。

3. 落实"将健康融入所有政策"策略，瞄准各部门政策开发的重点领域

树立"大卫生、大健康"理念，充分保障公民的健康教育、公平获得基本医疗卫生服务的权利，提高人民群众的养老和医疗质量。把人民健康放在优先发展的战略地位，积极采取财政支持和行政规划，将健康理念融入各项政策及其制定过程。

（二）强化要素支撑

1. 人才要素保障

优化人才结构，提高大健康相关各产业、行业高水平人才储备，引进所需要的高素质、高能力人才。继续发挥政府的资源整合优势，共享人才教育培训资源，加大专业化培训投入，提供更多集体培训、继续教育、学术交流的机会。集中选拔一批具有大健康职业背景、技能基础、学术能力的本土人才，进行专业的知识能力培训，以本土人才支撑本土产业发展。完善人才保障机制，掌握不同人才的不同需求，提供个性化人才服务。积极协调解决人才的生活需求，保障置业安居、配偶就业、子女教育等生活方面的资金和政策扶持，解决人才干事创业的后顾之忧、留得住人才。

2. 科技创新要素保障

加快建设科技创新平台，着力完善科技平台体制机制建设，深化产学研用深度融合的协同创新体系。以高科技产业的进步支撑大健康产业的可持续发展，以生物科学技术、新一代互联网信息技术的发展进步为天府健康城大健康产业提供动力和活力。推动形成"互联网+医疗健康"，依托"互联网+"升级打造具有中医药特色、高质量的互联网实体医院，打造一批具有国际竞争力的优势品牌产业，满足多样化数字化的就医用药需求。

3. 金融要素保障

进一步改善营商环境，提高行政审批效率、降低实体经济成本、优化营商服务能力、创新市场监管方式。继续深化"放管服"改革，提升政务服务质量效能，着力提升"互联网+政务服务"水平，完善督查督办、媒体曝光、监察专员等机制，为市场主体提供规范、便利、高效的政务服务。落实税费改革，减轻企业财税负担，对于重点行业的重点企业给予合法合规合理的财税补贴和政策鼓励。着力解决企业融资难融资贵问题。

（三）优化发展环境

1. 践行"两山"理论，推进生态平衡、社会和谐

大力发展环保产业，促进人居环境的修复和持续改善，构建绿色产业体系和空间格局，引导形成绿色生产方式和生活方式。推进环保常态化、网格化、法治化、社会化"四化"建设，落实环保网格化管理工作机制。加强生物多样性保护，推动九顶山、鎣华山等重点生态功能区建设，因地制宜发展一批都市休闲、农业采摘、健康养生等特色小镇，推进生态平衡和大健康产业进步同步进行。

2. 面向高质量发展需要，加快推进新型基础设施投资建设

推动 5G 技术、云计算、新能源、大数据、区块链等新型基础设施建设，为发展大健康产业提供有利的硬件环境保障，促进大健康产业实现高质量、全方位发展，充分释放互联网背景下医疗数字资源的价值。加快新能源、工业互联网、轨道交通等在城市的投资建设，进一步提升城市形象，推动城镇化、消费升级和扩大内需。加快医疗卫生重点项目建设进度，优化医疗设施布局，解决区域医疗服务水平不平衡问题，加快提高公共卫生应急服务能力。

3. 开展健康教育、提高全民健康意识，营造良好"大健康"氛围

实施健康知识普及行动，不断提高公民健康素养，营造绿色安全健康环境。加强爱国卫生运动建设，强化群众自我保健意识，培养良好卫生习惯，提高民众文明卫生素质。充分利用多媒体渠道进行宣传教育，让民众接受正确的理念和健康知识。配合好中国雪茄文化名城的战略定位，积极筹划举办高水平健康论坛、会展、赛事等品牌活动，营造良好社会氛围，扩大健康什邡的国际国内影响力。

（四）促进合作交流

1. 加强大健康产业之间的合作交流，以产业交流发展促进健康城发展

积极促进健康产业融合。大力推动大健康产业内部各行业的交流合作，通过跨行业、跨地区的产业交流，积极开拓大健康产业发展的新思路、新模式，优势共享、信息互通、共克短板。努力拓展传统产业发展空间、积极培育新型产业创新发展动能，加快制造业转型升级步伐。

2. 加强与科研机构及院校的合作交流，促进全市经济社会高质量发展

以高校和科研院所为两翼，打造健康产业链，形成战略性产业。要加强与高校院所合作，争取设立国家、省级重点实验室，积极争取国省重大科技基础设施和科技项目落地。积极推动产学研的合作，强化人才保障，鼓励社会资本举办培训学校，加强从业人员培养储备。加大学术、技术带头人以及青年人才培养力度，通过专题培训、考察交流等多种方式培养和引进健康产业方面的人才。

3. 加强与国际国内特色健康城之间的交流合作，实现共同发展

立足什邡市的区位优势，通过天府健康城项目建设加强和国际健康产业发展优越的

国家及地区开展交流合作。结合国家、省发展战略大布局，基于什邡区位、产业、文化等优势，找准天府健康城的发展定位，以人口聚集化、产业集群化、城市景观化、服务功能化为重点，持续优化健康城城市格局、做强城市产业、做优城市生态、做精城市管理。传播和推广什邡健康理念、什邡健康标准、什邡健康产品，形成自己独特的发展建设路径与模式，高标准推进天府健康城建设，全面提升民生福祉，提升什邡的国际国内影响力。

第四节　发 展 路 径

推动成渝地区双城经济圈建设，是构建以国内大循环为主体、国内国际双循环相互促进的新发展格局的一项重大举措（崔艳新，2021）。建设高品质生活宜居地能够满足人民对美好生活的向往，同时推动成渝地区政治、经济、文化、生态等多个方面可持续发展，使之功能耦合、结构配套、相互促进。有关成渝地区双城经济圈建设高品质生活宜居地的发展路径建议如下。

一、提高人民物质生活水平，走向共同富裕

第一，提高川渝地区人均可支配收入，拓宽收入渠道，缩小与全国平均水平的差距。人均可支配收入的提高对民众生活质量的改善与生活水平的提高有着至关重要的影响。一是创造良好的社会环境，完善税收政策、财政政策、金融政策、社会救助体系等，共同推动人民收入水平提高，增加人民的获得感、幸福感、安全感。二是关注川渝地区低收入人群，多为其提供就业岗位和就业机会，完善对低收入人群的帮扶机制和帮扶政策，减轻社会排斥，促进社会融合。三是建立合理有序的投资理财大环境，完善相关制度规定，规范投资理财机构的运行机制，培养居民投资理财的能力，积极引导居民进行投资理财，拓展增收渠道，增加自身可支配收入。

第二，缩小川渝地区城乡发展差距，推动成渝地区双城经济圈城乡融合和协同发展。一是规范农村房屋建设，完善农村乡镇的基础设施建设，如修建道路、健身设施、公共厕所、垃圾回收站点等。二是改善农村生态环境，重点整治环境污染问题，加强对村民的宣传教育，创建美丽宜居示范村。三是加大特色小镇和美丽乡村建设力度，强化产业支撑，鼓励和引导各镇各村发挥优势，打造一批特色小镇、特色村、产业村，拓展村民收入渠道和提高收入水平，促进城乡均衡发展。四是积极引进人才，建立健全返乡就业和创业的激励机制，提高乡村教师、医生等职业的工资待遇，引导城市专业人士定期参与乡村治理和建设事业，激发农村的发展活力。

第三，促进就业创业，夯实物质保障。推动经济持续发展、实现共同富裕是建设高品质生活宜居地的物质基础（邹伟等，2021）。就业是获得物质财富的重要渠道。要打造全方位的就业创业公共服务体系，提升就业创业服务质量，妥善解决川渝地区就业人员数减少和人力资源错配等问题。一是围绕市场需求，开展多种形式的就业创业技能培训和指导，提高培训质量，对接相应企业。二是完善相应政策法规，建立激励就业创业

政策支持体系。一方面，减轻企业用工成本，对其进行税收减免和财政补贴等，提高中小企业吸纳劳动力的能力。另一方面，持续优化自主创业环境，提供贷款服务、职业培训补贴等系列优惠政策，形成良好的就业创业氛围。三是促进人才资源在川渝地区的合理流动，完善川渝地区的落户政策和奖励政策，加大对优秀人才的引进力度。四是促进产业结构优化升级，拓宽就业渠道，培育新的就业增长点，增加就业机会，促进人力资源合理配置。

二、促进人居环境质量提升，提高生活品质

人居环境与民生福祉紧密相关。切实推进人居环境建设是成渝地区双城经济圈建设高品质生活宜居地的内在要求。通过完善城市道路建设，改善川渝地区生态环境，打造绿色人居环境，推进绿色发展、共享发展和可持续发展，提高人民的生活品质。

第一，缩小川渝地区人均城市道路面积与全国平均水平的差距，优化交通网络体系，提高民众出行的便利度和舒适度。一是推进川渝地区道路改造和建设工作，进一步增加川渝地区人均城市道路面积。综合布局交通网络，优化川渝地区交通网络体系（黄云辉，2021）。二是推动城市交通逐渐朝着智能化交通方向发展，发展便捷的公共交通，如加快发展公共汽电车、轨道交通和出租汽车等，实现川渝地区互通互联，缩短川渝地区内部通勤及周边小镇的通勤时间，为人们日常生活提供便利。同时兼顾绿色低碳出行，增强人民的幸福感。三是对川渝地区的交通公共场所实行便利化、智慧化、人性化和规范化管理，如在水路客运站、汽车客运站、公交站点等公共场所为司机和乘客提供便民服务。

第二，提高城市绿化水平，着力提升四川省人均公园绿地面积水平，不断改善人居环境，形成可持续的城市空间形态和格局。近年来，四川省人均公园绿地面积累计增幅较大，但人均公园绿地面积仍然低于全国平均水平。因此，四川省要向重庆市看齐，积极借鉴重庆市公园绿地建设经验，提高园林绿化设计水平和建设质量。综合考虑四川地区环境承载力，合理规划建设公园城市，合理搭配草、花、树等多样化植物，高标准实施市区道路绿化建设、公园绿地建设、单位小区绿化建设、城市空地绿化建设等项目，不断增绿扩绿，打造绿色健康的生活环境，发挥生态宜居功能，提升生态环境质量，让人们能亲近自然、享受生活。与此同时，实施一系列生态建设保护修复工程，修建和完善休闲绿道，构建完善的绿道体系，融绿色环保、健康休闲、文化娱乐、智能化为一体。四川省园林绿化工作要以高标准为导向，从而形成布局合理、风景优美、生态良好的城市园林绿化新格局。

三、提供高质量的公共服务，保障改善民生

第一，加大教育建设的投入力度，拓展教育资源。教育是国之大计和党之大计，承载着国家和民族的希望。要建成高品质生活宜居地的重要因素之一就是教育。对于高校来说，人才是其发展的关键，而川渝地区在教育方面存在的一个突出问题就是高校师资流失，因此需要采取以下几个措施，以促进教育发展。一是加强文化教育经费的支持力

度，改善学校办学条件，完善教学基础设施建设。二是对高校的师资管理模式进行完善和调整，以人为本，增添人文关怀，建立健全对教学和科研人才的激励机制，提升教师工作自主性、能动性和积极性，不断激发教师的教育工作热情与科研活动的创造性。如此一来，才能让高校留得住人才，从而有效应对高校师生比升高、高校师资资源流失的现象。三是重视教师队伍建设，稳定和提升教育教学质量。高校在搭建教师团体时，注重优化年龄分布和结构，提高教学教研水平。同时川渝地区要加强院校间的合作，相互交流办学经验，两地互相引进教育教学和科研人才（杨继瑞等，2020）。定期派遣两地高校师生进行交流、研修，促进高校优质师资资源合理流动，共同建设高水平大学。四是引进先进的教育理念和教育方式，促进科学技术与文化教育深度融合，利用云课堂、线上教学等新型教学方式，推动川渝地区教育资源共建共享，促进两地文化教育资源优化配置。

第二，完善社会保障体系，更好地惠及全民，进一步提高医疗卫生支出在公共预算支出中的比重。社会保障作为建设高品质生活宜居地的一大基本途径与重要的制度保障，能保障人民群众共享改革发展成果，提升生活质量。一是加大医疗卫生投入力度，继续深化医药卫生体制改革，将资金用到实处，如将资金投到医疗卫生方面的基础设施建设、医疗医药人才资源的培养、先进医疗技术的引进等方面，推动医院、基层医疗卫生机构、专业公共卫生机构稳步发展，从而全面提升川渝地区的医疗健康水平。二是深化对城镇居民的职工基本养老保险制度改革，缩小城乡差距，扩大受益人群，保障民众的基本生活，积极应对人口老龄化。完善失业保险制度，落实稳岗补贴、技能提升补贴等相关政策，促进劳动力的可持续供给。

四、制定文化建设战略和发展规划，丰富民众精神生活

建设高品质生活宜居地就要以人为本、宜居为本，更加注重品质与质量，文化则是一大重要考量因素。文化发展有利于凝聚社会共识，促进社会整合，进一步夯实成渝地区双城经济圈建设高品质生活宜居地的基础。

第一，完善文化资源共享体系，提升公共文化服务供给效率与质量，为人民群众提供丰富的精神文化生活。推动川渝地区文化资源共建共享，完善公共文化服务体系，全面提升民众的文化自觉和文化自信。一是加大对川渝地区的艺术表演场馆，如非遗馆、文化馆、图书馆、美术馆、大剧院、博物馆等公共文化设施的投入力度，推动公共文化服务设施质量提升。二是推进基本公共文化服务标准化、均等化，积极开展具有本地文化特色的艺术表演活动、优秀的民间艺术表演活动，引导优质的文化资源走向基层和群众。三是充分利用现代新兴科技，将科技创意元素巧妙地融入川渝地区的文化资源，通过新兴智能设备加以呈现，着力提升文化服务效能。例如，通过线上艺术展演和艺术云讲堂的形式呈现艺术表演活动，民众就可以获取独特的文化体验和感受。

第二，弘扬巴蜀优秀文化，打造川渝文化特色，尤其是要进一步挖掘川渝地区的艺术表演资源方面的发展潜力，发挥民营艺术表演团体在繁荣社会主义文艺、丰富群众精神文化生活中的作用。具体而言，有以下几点：一是细致梳理川渝地区历史文化发展脉络，深入发展"巴蜀文化"，充分利用川渝文化特色，如发展川渝地区特有的茶馆文

化、蜀绣文化、川剧文化、火锅文化、熊猫文化等，加快文化与旅游、教育等领域的深度融合，推动相关产业转型升级。开发特色文创产品，扩大和引导文化消费，从而打造地方特色，展现川渝文化魅力，增强民众归属感，共筑精神家园（郑正真和伍萌，2021）。二是拓展川渝地区的艺术表演资源，尤其是四川地区，需要对艺术表演团体发展情况进行深度调研，积极鼓励、支持和引导当地的艺术表演团体健康发展，加大对艺术表演团体机构活动的政策支持及资金支持。加强艺术表演类人才队伍建设，培育优秀的艺术表演类专业人才，助推川渝地区艺术表演事业发展。

第三，推动川渝地区文化交流与合作，更好地满足新时代人民群众的精神文化需求。川渝地区可开展文化交流演出活动，相互切磋，共享文化艺术盛宴。同时要建设好川渝地区文化互学互鉴平台，围绕文化艺术创作、活动开展、专业人才培养、体制机制建设等相关情况开展座谈会或分享会，进行深入讨论，总结出文化艺术表演发展的规律和方向，相互吸取经验和教训，巩固川渝地区的文化资源共建共享成果，从而把川渝地区的文化交流和文化发展再往前推进一步。

第五节　本 章 小 结

本章从生活富裕、人居环境、公共服务和文化发展四个方面对成渝经济圈的生活宜居地建设现状和存在问题进行描述和分析，并通过什邡市建设天府健康城的案例展现地方参与建设高品质生活宜居地的积极实践，最后对成渝地区双城经济圈建设高品质生活宜居地提出相关发展路径。本章研究分析认为，成渝地区双城经济圈在建设高品质生活宜居地进程中有丰厚基础：第一，居民生活富裕度稳步提高，表现为居民人均可支配收入的提高和城乡居民人均可支配收入比的降低，以及充沛的就业人员规模；第二，人居环境条件不断改善，道路基础设施建设、公共交通运营管理及园林绿化等方面得到长足发展；第三，公共服务保障惠及更广的人民群众，教育、医疗和社会保险等事关民生生活的基本需求，其发展态势持续向好向优；第四，文化得到大力发展和繁荣，川渝文化源远流长，以艺术表演、公共图书馆和博物馆建设为代表的文化事业不断创新和发展。

与此同时，成渝地区双城经济圈在建设高品质生活宜居地目标时依然面临挑战：居民人均可支配收入水平长期低于全国平均水平、人均享有的人居环境设施水平需要进一步提升、教育与医疗两大民生工程还需协同发展、文化事业的交流与繁荣需要经济圈内形成合力等。一方面，通过什邡市建设天府健康城案例可以看到成渝地区在高品质生活宜居地建设道路上的探索实践；另一方面，要坚持从提高人民物质生活水平、促进人居环境质量提升、提供高质量公共服务以及繁荣和发展川渝文化等多方面着手，形成有效发展路径并不断推动成渝地区双城经济圈建设高品质生活宜居地。

参 考 文 献

崔艳新. 2021. 发挥成都优势　建设新发展格局重要战略支点. 先锋，（3）：25-27.

黄云辉. 2021. 积极融入成渝地区双城经济圈建设　加快打造高品质生活示范区. 重庆行政, 22（1）: 19-21.

盛毅. 2020. 建设具有成都特质的高品质生活宜居城市. 先锋, （12）: 32-35.

杨继瑞，杜思远，冯一桃. 2020. 成渝地区双城经济圈建设的战略定位与推进策略——"首届成渝地区双城经济圈发展论坛"会议综述. 西部论坛, 30（6）: 62-70.

赵玉英. 2009. 人力资源建设在城市发展中的核心作用. 商场现代化, （11）: 303.

郑正真，伍萌. 2021. 成渝地区双城经济圈建设的战略定位及路径. 重庆行政, 22（1）: 12-15.

邹伟，韩洁，于佳欣，等. 2021-04-17. 于变局中开新局. 人民日报, （001）.

下篇　重点任务

第六章　成渝地区双城经济圈：
完善基础设施新布局

中共十九届五中全会审议通过的《中共中央关于制定国民经济和社会发展第十四个五年规划和二〇三五年远景目标的建议》提出"有为政府"，强调"推动有效市场和有为政府更好结合"。新结构经济学的"有为政府"论主张，"市场有效以政府有为为前提，政府有为以市场有效为依归"（林毅夫，2011，2013）。有效市场体现在市场通过提供价格信号，引导企业家按照比较优势选择技术、发展产业。政府有为则体现在政府综合并用"因势利导"和"倒弹琵琶"，不断发挥动态禀赋优势，着重完善基础设施和保证制度安排。成渝地区双城经济圈是"有效市场和有为政府结合"的微观缩影。一方面，成渝地区双城经济圈建设是符合中国国情、具有中国特色、凸显巴蜀区情的制度安排；另一方面，在有效的制度安排下，推动成渝地区双城经济圈基础设施建设是"政府有为"的客观要求和核心要义，明晰成渝地区双城经济圈基础设施的建设现状及存在问题，利于在成渝地区双城经济圈建设中坚持问题导向，保障政策实施的精准性。

完善基础设施新布局在成渝地区双城经济圈建设中发挥着不可替代的重要作用。从全国视阈来看，按照《交通强国建设纲要》和《国家综合立体交通网规划纲要》文件精神，打造成渝地区双城经济圈成为我国"第四大"国际性综合交通枢纽集群和综合立体交通网主骨架的"第四极"，是交通强国建设的关键环节。从区域视阈来看，按照《国家发展改革委关于培育发展现代化都市圈的指导意见》，都市圈的形成通常需要具备两个基础性条件：一是具备较强的辐射能力；二是具备较强的通勤能力，通常以 1 小时通勤圈为基本范围。因此，加快推动成渝地区双城经济圈基础设施的有效衔接和有机整合，加速推进以成渝为核心的区域"三张交通网"和"两个交通圈"的多层次立体交通网络新格局建设，是推动都市圈同城化、城市群一体化和双城经济圈协同化发展的关键抓手和基础性工程，对于我国西部地区深度融入 "一带一路"倡议、加快建设西部陆海新通道、发挥成渝地区双城经济圈在国内国际双循环新发展格局中的支点作用具有重要的战略意义。本章着重分析成渝地区双城经济圈基础设施建设现状及存在问题，并对标长三角城市群，提出推动成渝地区双城经济圈基础设施建设的对策建议。

第一节　发 展 现 状

　　《成渝地区双城经济圈建设规划纲要》明确强调，成渝地区双城经济圈建设要着力提升重庆主城和成都发展能级，并同周边市县形成一体化发展的都市圈。鉴此，本节选取核心城市、都市圈及城市群三个视角审视成渝地区双城经济圈基础设施建设现状。探讨成渝地区双城经济圈基础设施建设，需首先明确重庆主城、成都都市圈和重庆都市圈、成渝地区双城经济圈的研究范围。对于重庆主城和重庆都市圈，考虑到《中共重庆市委关于制定重庆市国民经济和社会发展第十四个五年规划和二〇三五年远景目标的建议》明确提出，重庆市"十四五"期间将构建主城区"1 小时通勤圈"，并将重庆主城区由 9 个传统中心城区扩展至包括 4 个同城化发展先行区城市、4 个重要战略支点城市和 4 个桥头堡城市在内的 21 个区，因此，本章将重庆主城区界定为 9 个传统中心城区，重庆都市圈则包括重庆市 21 个区。对于成都都市圈，借助中国铁路 12306 官网和盛名时刻表可以发现，以成都市为起始点，成都平原经济区均处在 1 小时通勤范围内。按照《关于推动成德眉资同城化发展的指导意见》和《四川省国民经济和社会发展第十四个五年规划和二〇三五年远景目标纲要》文件精神，由于成德眉资之外的其他成都平原经济区城市被划定为环成都经济圈城市，从而成都都市圈仅包括成都、德阳、眉山、资阳 4 市。对于成渝地区双城经济圈的范围界定，现有研究有两类可供借鉴：一类是广义层面的成渝地区双城经济圈概念。例如，张勋和乔坤元（2016）较早定义了全国 8 个经济圈，并将西南地区整体作为一个独立的经济圈，即川渝经济圈，包括重庆、四川、贵州、云南和西藏。另一类是选用成渝城市群统计口径，该支文献在《成渝城市群发展规划》（以下简称《规划》）印发前后的范围界定并不统一。例如，在《规划》印发前，宁越敏（2011）将成渝城市群界定为成都、资阳、内江、自贡和重庆；在《规划》印发后，相关文献则统一将考察范围界定为重庆、成都、自贡、泸州、德阳、绵阳、遂宁、内江、乐山、南充、眉山、宜宾、广安、达州、雅安和资阳等在内的广阔区域。考虑到城市群在《中华人民共和国国民经济和社会发展第十一五个五年规划纲要》中被确定为我国城市化推进的主体形态，且城市群发展包含中心区和外围区，从而选取《规划》印发后的成渝城市群范围作为成渝地区双城经济圈的考察区域。

一、城市层面基础设施建设现状

　　交通基础设施提质增效是城市高质量发展的重要内容。2021 年，成都市第十七届人民代表大会第五次会议审议通过的《关于实施幸福美好生活十大工程的报告》提出，将构建"通勤圈、生活圈、商业圈"高度融合的通勤体系，丰富居民"轨道+公交+慢行"的绿色出行选择。立体化、多层次的综合交通运输网也是重庆市推进交通强国试点建设的核心内容，《推动成渝地区双城经济圈建设加强交通基础设施建设行动方案（2020—2022 年）》明确指出构建"轨道多层次、高速多通道、航道千吨级、机场双枢纽"等的综合运输网络。因此，本节重点选取"轨道""公交"等通勤方式分析核心城市的交通基础设施建设现状。考虑到便捷顺畅、经济高效、绿色集约、智能先进和安全可靠的市内交通是增强城市活力、提升城市韧性的重要举措，从而本节以此为标准考察基础设施建设成效，并选取上海等重要节点城市，对比分析成都和重庆主城交通基础设施建设现状。

（一）成渝双城轨道交通建设领跑全国

城市轨道交通是便民出行、治理"大城市病"、提升居住幸福感的重要民生工程，成渝双城轨道交通建设始终走在全国前列[1]。其一，成渝双城轨道交通建设规模显著增长。从城轨交通的运营规模来看，截至 2020 年底，全国运营城轨交通的城市累计达到 45 个，运营线路长度合计 4 360 千米。其中，成都市地铁、现代有轨电车和市域快轨运营里程分别达到 518.5 千米、94.2 千米和 39.3 千米，城轨交通运营线路里程合计 652 千米，位列全国第 3 位，仅次于上海市和北京市，且市内地铁交通与公路运输、航空运输实现无缝换乘。重庆中心城区运营地铁 244.99 千米，单轨 98.5 千米，城轨交通合计 343.49 千米，运营里程数位列全国第 8 位。从城轨交通在建规模来看，2020 年，成都市城轨交通在建规模达到 459.1 千米，远高于其他城市，其中市域快轨 38.7 千米。成都和重庆中心城区的城轨车站数量分别达到 327 座和 178 座，位列全国第 3 位和第 9 位，站点规模相对较大。其二，成渝双城轨道交通客运效率快速提升。2020 年，成都和重庆主城轨道交通客运量达到 12.2 亿人次和 8.4 亿人次，进站量为 7.35 亿人次和 5.65 亿人次，客运周转量 98.35 亿人·千米和 73.32 亿人·千米，分别居全国第 5 位和第 6 位，日均客运量达 399.2 万人次和 229.4 万人次，居全国第 5 位和第 7 位，客运强度则分别以 0.72 万人次/（千米·日）和 0.67 万人次/（千米·日），居全国第 7 位和第 8 位，其中成都市客运强度超过 1 万人次/（千米·日）的地铁线有 5 条，仅次于上海、广州、北京和深圳。在城轨交通运行速度方面，2020 年，成都市以日均实际开行 5 062 列次轨道交通居全国第 4 位，运营速度平均达到 44.4 千米/小时，仅次于东莞，居全国第 2 位。从城轨交通的运营与间隔时长来看，重庆市城轨交通平均日运营服务时长超过 18 小时/日，日运营时长仅次于北京市和上海市，成都市城轨线网平均运营服务时长为 17.8 小时/日，但线路高峰小时最小发车间隔时长仅为 120 秒，低于北京、上海和广州。其三，城市轨道交通建设进程加快。2020 年，成都市当年新增运营线路里程为 216.3 千米，占全国新增城轨运营线路长度的 17.42%，居全国首位，较排位第 2 位的杭州市多出 47.27 千米。重庆中心城区在 2020 年新增地铁里程数为 14.99 千米。城市轨道交通建设覆盖面相对较广。

（二）成渝双城道路交通网持续优化

道路交通网是基础设施建设的主要内容，是"政府有为"的重要体现，是增强区域空间联系的关键渠道。其一，成都和重庆中心城区公路交通网规模持续扩大，但快速交通网尚待进一步完善。2019 年，成都市公路通车里程达到 28 260 千米，较 2018 年增长

---

[1] 轨道交通的数据来自中国轨道交通协会《城市轨道交通 2020 年度统计和分析报告》，网址：https://www.camet.org.cn。

1.91%，公路密度为 197.14 千米/百千米²。重庆中心城区 2019 年公路线路里程达到 13 118 千米，营运线路密度为 239.71 千米/百千米²，其中等级公路和高速公路里程分别为 12 431 千米和 574 千米，占比分别达到 94.76%和 4.38%。与成渝相比，上海市 2019 年公路运输通车里程为 13 045 千米，高速公路 845 千米，占比 6.48%，公路运输密度为 205.74 千米/百千米²。可见，成渝高等级公路密度仍有待提高。其二，公共交通、私人交通、共享交通齐头并进，居民出行方便快捷。公共交通方面，成都市 2019 年公共营运汽车数量为 15 948 辆，公交营运线路为 1 132 条，线路长度达到 16 833 千米，全年公交客运总量 164 197 万人次，较 2018 年增长 1.39%，年末出租汽车 16 524 辆，较 2018 年新增 3 874 辆。私人交通方面，2019 年，成都市全社会各种机动车辆 577.24 万辆，包括私人汽车 438.83 万辆，较 2018 年增长 4.41%，千人拥有私人汽车数量为 265 辆。重庆市[①]2019 年民用车辆拥有量 653.95 万辆，私人民用车辆 592.25 万辆，私人汽车 460.08 万辆，较 2018 年增长 9.62%，千人拥有私人汽车 147 辆。与成渝相比，上海市 2019 年拥有 339.9 万辆汽车，其中私人汽车 321.29 万辆，千人拥有私人汽车数量为 132 辆。可以看出，上海市完善的城市轨道交通对私人汽车可能表现出一定的替代作用，而成渝地区交通设施之间仍以互补性为主。共享交通方面，滴滴出行 2020 年度城市交通出行报告显示，在绿色出行热度指数[②]的测算结果中，成都和重庆分别排在第 2 位和第 15 位，成都市共享交通发展较快。

（三）成渝双城综合立体交通走廊建设成效显著

成渝双城综合立体交通网实体线网持续织密，公路、铁路、水路、航空等"多位一体"的综合立体交通体系不断完善。其一，成渝双城高水平综合交通枢纽能级显著提升。成都市被国际航空运输协会评为继上海、北京、广州之后全球航空连通性最强的第四大城市。2020 年，成都市新开通塔什干、札幌、马尼拉、雅加达、阿拉木图和东京 6 条国际定期客货运直飞航线，累计开通国际（地区）客货运航线达到 130 条，国际航线规模稳居全国第 4、中西部首位。2020 年，成都双流国际机场旅客吞吐量 4 074.2 万人次，居全国第 2，仅次于广州白云机场，跻身全球十大最繁忙机场第 8 位。成都天府国际机场的开航投运将进一步增强成渝双城的国际航空枢纽地位。2020 年，成都国际铁路港经开区获批设立省级经开区，成渝中欧班列（成渝）开行近 5 000 列，占当年全国中欧班列开行总量的 40%。其二，立体化的货物运输交通网。2016 年，《长江经济带发展规划纲要》强调上海、武汉和重庆在长江经济带发挥黄金水道作用中处于核心地位。因此，货物运输领域分别选取上海和武汉进行对比分析，成都、重庆、上海和武汉四市货物运输情况参见表 6-1，从表中可以看出，成渝双城具有货运规模大、运距短等的特点。具体地，一是成渝货运规模较大，水运潜力仍待释放。整体看，重庆市长江上游航运中心的地位持续巩固，但与上海和武汉相比，重庆市水运货物量比重偏低，公路运输比重较高，水运潜力仍然较大。与其他城市相比，成都市 2019 年货物运输总量约

---

① 囿于数据获取受限，"重庆市"统计范围为重庆全市。

② 绿色出行热度指数综合考虑了网约车拼单数据、共享单车数据、共享电动车数据、顺风车数据、交通运行指数等，体现居民绿色出行的交通选乘行为。

为 3.14 亿吨，相当于武汉的 46.45%，水运货物量偏低，长江上游黄金水道潜力仍待开发。二是成渝货物运输的平均运距较短，通江达海能力有待提升。整体看，成渝双城货物综合运输距离较短。例如，成都市 2019 年的货物运输距离相当于武汉市和上海市的 22.47% 和 4.77%，重庆市也仅为武汉市和上海市的 55.50% 和 11.78%，运输距离相对较短。区分运输方式的考察中，成都市和重庆市铁路运输距离较长，民航和公路运距较武汉短，重庆市水运距离也仅相当于上海的 27.66%，通江达海能力有待增强。其三，成渝客运交通发展提速。如表 6-2 所示，2019 年，成都、重庆、上海和武汉四市的旅客运输量均较 2018 年有明显提升。在各类旅客运输中，航空运输和铁路运输旅客数量增长尤为凸显，公路运输则出现不同程度的下降或增长幅度微小。例如，成都市 2019 年铁路运输旅客新增 2.56 亿人次，占全年各类交通新增旅客运输量的 97.7%。然而，从旅客的运输距离来看，成都市旅客运输距离相对较短。

表 6-1　2019 年主要城市货物运输量

城市	货物运输总计/万吨	铁路/万吨	民用航空/万吨	水运/万吨	公路/万吨
成都	31 377.2	766（2.44%）	70.8（0.23%）	—	30 540.4（97.33%）
重庆	112 765.38	1 692.45（1.50%）	14.16（0.01%）	21 093.77（18.71%）	89 965（79.78%）
上海	109 609	472（0.43%）	406（0.37%）	69 981（63.85%）	38 750（35.35%）
武汉	67 555.22	8 186.1（12.12%）	17.19（0.03%）	17 573.73（26.01%）	41 778.2（61.84%）

城市	货物周转量/（亿吨·千米）	铁路/（亿吨·千米）	民用航空/（亿吨·千米）	水运/（亿吨·千米）	公路/（亿吨·千米）
成都	406.82	90.36（22.21%）	14.91（3.67%）	—	301.56（74.13%）
重庆	3 610.54	202.37（5.60%）	2.2（0.06%）	2 453.38（67.95%）	952.59（26.38%）
上海	29 801	14（0.05%）	61（0.20%）	29 429（98.75%）	297（1%）
武汉	3 897.18	1 253.8（32.17%）	5.59（0.14%）	1 781.4（45.71%）	856.39（21.97%）

注：数据来自市级统计年鉴，括号中的数据表示该类运输方式的货运比重，下表同

表 6-2　2019 年主要城市旅客运输量

城市	旅客运输总计/万人次	铁路/万人次	民用航空/万人次	水运/万人次	公路/万人次
成都	164 563.3	148 996.7	6 386.2	41.6	9 138.8
重庆	63 558.26	8 406.8	3 405.12	756.34	50 990
上海	22 238	12 834	6 121	115	3 168
武汉	25 370.77	18 807.7	1 680.07	—	4 883

城市	旅客周转量/（亿人·千米）	铁路/（亿人·千米）	民用航空/（亿人·千米）	水运/（亿人·千米）	公路/（亿人·千米）
成都	1 390.20	193.16	1 106.80	0.218	90.22
重庆	967.7	236.35	482.64	5.73	242.98
上海	2 561.11	117.69	2 334.18	0.76	108.49
武汉	1 238.82	959.4	—	235.95	43.47

（四）成渝双城智慧交通建设加速推进

智慧交通赋能智慧城市发展。成渝两地长期注重推动智慧交通发展，5G、物联网等"新基建"加速推进为智慧交通发展提供了有力保障。截至2020年第一季度，成都市累计建成5G基站一万余个，重庆市累计开通5G基站4.9万个。2020年6月以来，重庆和成都相继发布《新型基础设施建设行动方案（2020-2022年）》，擘画了成渝双城新型交通基础设施的建设蓝图，强调通过构建数字化、网络化、智能化的基础设施体系，部署实施基础信息网攻坚工程、提升区域骨干通信能力、打造存算一体数据中心、推动工业互联网创新发展等重点任务，依托数字经济重塑经济发展新格局，建设人工智能发展高地。《成都市智慧城市建设行动方案（2020-2022）》提出建设完善的智慧化城市感知体系和信息基础设施建设。当前，成都市全面推进电子客票系统，并引入浪潮存储搭建存储平台，强化了大数据与"互联网+"交通管理的深度融合，重庆市则通过引进航空智能系统、打造多式联运云、搭建智慧交通管理平台等推动交通智能化。此外，邮电通信业务在一定程度上可以反映办理信息传递的业务量，体现地区信息网络市场发展水平。以邮电通信业为例，2019年，成都市全年邮电业务总量1 933.4亿元，比2018年增长41.4%，人均邮电业务量1.17万元，移动电话用户2 616.96万户，人均1.58部。重庆市2019年邮政业务总量166.31亿元，电信业务总量2 601.49亿元，人均邮电业务量0.89万元，邮电业务收入390.1亿元，移动电话用户3 678.8万户，人均1.18部。上海市2019年邮政业务总量770.04亿元，电信业务总量2 240.43亿元，人均0.92万元，电信业务收入582.32亿元，移动电话普及率165.1%。可以看出，成都、重庆与上海基本邮电业务发展水平相当，为"新基建"提供了坚实的发展基础。此外，数字经济是推动智慧交通的重要基础，成渝双城数字经济发展势头向好，《2019城市数字发展指数报告》显示，2018年，成都市和重庆市均位列全国数字二线城市，居全国第5位和第18位。同时，依据2016年和2017年的《中国"互联网+交通"城市指数研究报告》，成都和重庆"互联网+交通"指数分别居全国第6位和第10位，智慧交通建设仍待加强。

（五）交通设施一体化发展格局加快构建

便捷畅通的一体化交通网络是强化空间联系、提升空间可转移性的基础条件。成渝地区双城经济圈提出以来，成渝双城深入落实川渝党政联席会议制度，以项目为抓手，强化部门对接力度，合力编制成渝地区全面深化合作的工作推进方案，以跨区域合作平台为支撑，持续发力毗邻地区共建共享、联动协作的体制机制建立，通力推进便捷顺畅的一体化交通运输体系，统筹推进成达万、渝万、成渝中线高铁开工建设，成渝客专提速运营，成渝正式进入1小时交通圈，公交轨道"一码通乘"，成渝两城开发一程多站跨省旅游线路70余条，成渝双城经济联系强度不断加深。依据百度迁徙大数据①，在重庆外来人口的日迁移数据中，成都市位居首位，比重绝大多数高于12%，而在成都市外来人口的日迁移数据中，重庆市位列第三位，占所有迁入人口的比重绝大多数高于

---

① 百度迁徙地图. https://qianxi.baidu.com/.

7%，表现出成渝两城联系不断增强。

二、都市圈层面基础设施建设现状

（一）成都都市圈交通一体化建设现状

成都都市圈交通一体化强调促进都市圈"内联"。根据《成德眉资同城化暨成都都市圈交通基础设施互联互通三年实施方案（2020—2022 年）》的有关部署，成德眉资同城化将以项目推进为抓手，以交通同城化为先导，按照"外建大通道、内建大网络、共建大枢纽"思路，加快构建以轨道交通为骨干的多节点、网络状、全覆盖交通网络。一方面，明确增强成都铁路主枢纽功能，培育德眉资区域型综合铁路枢纽，加快推动近郊班线公交化、铁路运营公交化，推进形成以成都为中心枢纽的多层次多制式轨道系统，构建干线铁路、城际铁路、市域（郊）铁路、城市轨道交通"四网融合"的经济圈高效便捷交通网。优化完善多式联运型和干支结合型货运枢纽布局，形成一体化现代物流网络，如双流国际机场建成 4 个市（州）集货点，中欧班列省内资源占比达 65%。随着基础设施的不断完善，成德眉资同城化程度持续加深，一体化立体路网建设加快推进。当前，成都都市圈高速铁路半小时通勤圈基本建成①，并处在加速构建干线铁路、城际铁路、市域铁路、城市轨道和高速公路等的半小时立体化轨道通勤圈阶段。2020 年以来，成资市域铁路 S3 线、成眉市域铁路 S5 线、成德市域铁路 S11 线开工建设，东部新区站、天府站、成渝高铁资阳北综合客运枢纽、德阳南站综合枢纽、彭山北综合客运枢纽等项目顺利推进，成都站扩能改造、成都国际铁路港基础设施建设、成资大道等项目建设加速推进，成都至德阳、绵阳等铁路动车日开行达 259 对，都市圈铁路公交化运营服务水平不断提升。同时，开通多条城际公交线路，推出跨市定制客运、公交线路，以公交"一卡通"为代表的都市圈交通出行"同城待遇"不断深化。另一方面，统筹推进都市圈信息网络和市政设施建设。统筹建设政务服务"一张网"、公共数据"一个库"，实现公共管理、政务服务、社会治理、空间地理等领域信息同城化。

（二）重庆都市圈交通一体化建设现状

习近平总书记在 2016 年视察重庆时明确了重庆市"两点""两地"的定位要求，并对重庆市确立了"两高"的发展目标。2019 年，习近平总书记进一步强调重庆市要发挥好"三个作用"②。重庆市要发挥好在"双循环"新发展格局中的担当和使命，高质量的基础设施建设是关键内容。2019 年，重庆市被确定为首批交通强国建设试点地区。以交通强国建设试点为契机，围绕《交通强国建设纲要》，重庆市 2020 年印发《重庆市推动交通强国建设试点实施方案（2021—2025 年）》，明确以国家综合性铁

---

① 结合铁路 12306 官网和盛名时刻表，选取高速铁路出行，由成都出发，到德阳最短仅需 23 分钟（里程为 66 千米），到眉山最短仅需 26 分钟（里程为 74 千米），到资阳最短仅需 22 分钟（里程为 83 千米）。

② "两点"，即重庆是西部大开发的重要战略支点，处在"一带一路"和长江经济带的联结点；"两地"，即重庆建设内陆开放高地，成为山清水秀美丽之地。"两高"的发展目标指努力推动高质量发展，创造高品质生活。"三个作用"，即重庆市在推进新时代西部大开发中发挥支撑作用、在推进共建"一带一路"中发挥带动作用、在推进长江经济带绿色发展中发挥示范作用。

路枢纽、国家公路运输枢纽、长江上游航运中心、国际航空门户枢纽为目标，推进内陆国际物流枢纽高质量发展试点、成渝地区双城经济圈交通一体化发展试点、重庆东站站城一体化发展试点、山水城市交旅融合发展试点、内河水运集约绿色发展试点、智慧交通提质升级发展试点，基本建成"发达的快速网、完善的干线网、广泛的基础网"，基本实现"陆上交通成渝双核 1 小时、市域 2 小时、毗邻省会 3 小时、北上广深 6 小时通达"的交通通勤圈。以"1 小时通达"为目标，推动干线铁路、市域铁路、城市轨道"三铁"融合发展，打造轨道上的都市圈。统筹推进高速公路射线扩能和进出城通道建设协调，促进区域间、城乡间互联互通。按照站城一体的思路，加快推进重庆东站枢纽、重庆站改造等大型综合客运枢纽建设，积极推进旅客联程运输，提升综合客运枢纽服务品质。当前，按照铁路通勤最短时间计算，重庆都市圈也基本实现了高铁半小时通勤圈①。

（三）都市圈基础设施发展水平比较

都市圈基础设施一体化是都市圈基础设施建设的基本目标。本部分以高铁和城市公共客运为两种主要通勤方式，选取上海大都市圈、广州都市圈作为参照，考察交通基础设施的一体化发展水平②。其一，与广州都市圈与上海大都市圈相比，成都都市圈和重庆都市圈范围较小，通勤时间更短。从成都市或重庆主城区到都市圈其他城市的通勤里程数绝大多数小于 100 千米，通勤时间相对较短，半小时交通通勤圈基本建立。与成渝两个都市圈较为相近的是广州都市圈。广州都市圈中，广州到佛山的通勤距离最短为 30 千米，通勤时间最短仅需 19 分钟，广州到韶关 227 千米，通勤时间需 51 分钟。与之相比，上海大都市圈的范围更为广泛，如上海大都市圈中，上海到苏州的通勤里程相对较短，为 81 千米，而到宁波的通勤里程则达到 314 千米，高铁通勤则需用时 1 小时 49 分。其二，成都都市圈和重庆都市圈同城化进程表现滞后。与成都都市圈和重庆都市圈相比，广州都市圈和上海大都市圈发展更为成熟，区域同城化融合发展成效更为凸显，如沪苏同城化、沪嘉同城化等初步构建了服务市域、连接上海轨道交通线网的市域线。此外，广州都市圈和上海大都市圈城市不仅与极核城市之间的合作更为密切，非核心城市之间的交流也更为密集，并已经成为带动地方经济发展的新极核，如苏锡常一体化、苏通跨江合作等不断推动上海大都市圈区域次区域合作深化。广州都市圈和深圳都市圈同城化不断加深，广州和佛山两个"万亿城市"同城化致力于打造粤港澳大湾区中轴，香港-深圳、澳门-珠海一体化也持续加深。其三，公共交通较为畅通。我国主要都市圈在城轨交通、城际高速铁路等交通方式日益完善的情况下，若公共客运仍有较高频次，则证明多式交通未表现出"此消彼长"的关系，说明市际联系更为紧密。因此，选取都市圈内部市际公共客运通勤频率来考察都市圈交通基础设施一体化。为了保证数据分析

---

① 结合铁路 12306 官网和盛名时刻表，选取高速铁路出行，由重庆主城出发，重庆到永川仅需 22 分钟（里程 57 千米），重庆到合川仅需 25 分钟（里程 56 千米），重庆到綦江仅需 26 分钟（里程 61 千米），重庆到大足仅需 27 分钟（里程 79 千米），重庆到荣昌仅需 29 分钟（里程 89 千米）。重庆到潼南相对较远，里程数为 106 千米，最短用时 45 分钟。

② 《上海市城市总体规划（2017-2035 年）》中，上海大都市圈包括上海、苏州、无锡、常州、南通、嘉兴、宁波、舟山、湖州。《广东省开发区总体发展规划（2020-2035 年）》中明确提出，推动广州都市圈、深圳都市圈和珠江口西岸都市圈深度融合。其中广州都市圈包括广州、佛山、肇庆、清远、云浮和韶关。

的一致性，班次数据主要源自车次网①。车次网数据显示，上海大都市圈中，上海到苏州、宁波、嘉兴、无锡单日班次超过100班，分别有172、138、125和108班，上海到南通、常州、湖州和舟山分别有91、84、81和4班。在广州都市圈中，广州到清远、肇庆、云浮、佛山和韶关的班次分别为134、130、67、64和7班。成都都市圈中，成都到眉山、资阳、德阳的班次为103、96和67班。重庆都市圈中，重庆到永川、大足、合川、江津、铜梁、綦江、荣昌等主城新区的班次为54、53、47、46、43、40、32班。可见，"蜀道通"已经加速迈向"蜀道畅"，但仍有待进一步强化。

三、城市群层面基础设施建设现状

城市群是区域经济高质量发展的重要载体。交通基础设施尤其是快速交通网会激发交通基础设施的"空间吞噬"效应（王雨飞和倪鹏飞，2016），利于压缩城市群时空距离，推动区域一体化，从而优越的交通基础设施对城市群高质量发展具有重要意义。然而，关于交通基础设施的优劣应该如何评价？本部分借鉴金凤君等（2008）的观点，从"量""质""势"三个视角审视成渝地区双城经济圈基础设施发展水平，并选取长三角城市群、粤港澳大湾区做对比分析②。

（一）交通基础设施"量"的对比

本部分选取市内交通以及铁路、公路、水路和航空四种运输方式，比较分析三大区域交通基础设施的"量"。需要说明的是，由于数据获取渠道受限，四种交通运输方式"量"的测算中，成渝地区双城经济圈在重庆市的统计范围有所不同，并以重庆全市范围为主。对于粤港澳大湾区，若没有特别注明则没有统计香港和澳门两个特别行政区。相关数据主要源自相应行政区统计年鉴及交通年鉴等。

第一，市内交通对比。2016年，《中共中央 国务院关于关于进一步加强城市规划建设管理工作的若干意见》明确指出要树立"窄马路、密路网"的城市道路布局理念，建设快速路、主次干路和支路级配合理的道路网系统，并提出到2020年，城市建成区平均路网密度提高到8千米/千米²的建设目标。据2020年度《中国主要城市道路网密度监测报告》统计，粤港澳大湾区、长三角城市群和京津冀城市群监测城市的中心城区建成区总体平均道路网密度分别为7.3千米/千米²、5.8千米/千米²和4.5千米/千米²，可以看出，粤港澳大湾区建成区道路密度高于长三角城市群，并接近城市道路布局的建设目标。按照中心城区建成面积统计口径，2020年，成都和重庆分别以8.3千米/千米²和6.7千米/千米²居主要城市第4位和12位，居特大型城市第1位和第3位③，而成渝地区双城经济圈其他城市的建成区道路密度相对较低，亟待提升。从城轨交通来看，成渝地区

---

① 车次网与客运网上售票系统的数据存在一定的出入，为了保证统一性，以车次网收录的数据2019年全国汽车时刻表为准。网址：www.checi.cn。

② 金凤君等（2008）认为，"量"即交通基础设施规模，"质"指交通基础设施的能力表现，"势"指个体在整体中的优势程度。

③ 数据来源：住房和城乡建设部城市交通基础设施监测与治理实验室，中国城市规划设计研究院，北京四维图新科技股份有限公司.2020年度中国主要城市道路网密度监测报告.

双城经济圈、长三角城市群、粤港澳大湾区城轨运营里程分别为 1 013 千米、2 127.3 千米和 1 028.9 千米，共计 4 169.2 千米，占全国运营总里程的比重达到 52.31%。成渝地区双城经济圈、长三角城市群、粤港澳大湾区广东省内区域分别有 3 个、8 个、5 个城市开通运营城轨交通，累计开通城轨的城市达 16 个，占全国已开通城轨交通运营城市的 29.63%。三大城市群城轨交通规模均较大，但成渝地区双城经济圈城轨交通密集集中在核心城市。

第二，公路运输对比。公路运输是一种布局灵活的交通运输方式，是城市系统运行的"经络"，高质量的交通基础设施建设利于提升交通通达度，降低企业运输成本，强化市场竞争，提高资源配置效率（刘冲等，2020）。当前，我国公路运输已经实现由"初步连通"到"覆盖成网"的重大跨越。2019 年，我国公路总里程达到 501.25 万千米，仍是我国货物运输的主导方式，占全社会货运量的比重为 70.44%。路网密度是衡量一个地区交通通达度的重要指标，是推动都市圈一体化的重要途径。据统计，2017 年成渝地区双城经济圈、长三角城市群和粤港澳大湾区[1]范围内的公路网密度分别为 148 千米/百千米^2、141 千米/百千米^2 和 125 千米/百千米^2，且成渝地区双城经济圈路网"加密方案"加速推进，2018 年路网密度提升至 155 千米/百千米^2，提升速度快于其他主要城市群。

第三，铁路运输对比。铁路运输是城市发展的"大动脉"，本部分选取单个区域和跨区域两个层面考察铁路运输的"量"。其一，城市群内部[2]，成渝地区双城经济圈货运规模较大，但运距偏小。按照《中国铁道年鉴 2019》，长三角城市群、粤港澳大湾区、成渝地区双城经济圈铁路客运量分别占全国铁路客运量的 20.05%、10.11% 和 6.76%，货运量占全国的比重则分别为 4.73%、2.31% 和 2.28%，然而，成渝地区双城经济圈货物运距明显较短，货运周转量明显偏小，仅占全国货运周转量的 0.94%，低于长三角城市群和粤港澳大湾区 3.42 个和 2.77 个百分点。其二，城市群对外交流方面，成渝地区双城经济圈外向发展仍待拓展。与成渝地区双城经济圈相比，长三角城市群和粤港澳大湾区的铁路货运交流目的地更加多样化。具体来看，长三角城市群中，上海、江苏、浙江、安徽与长三角城市群内部的铁路货物交流量分别为 47 万吨、1 723 万吨、2 388 万吨、6 334 万吨，分别占该点铁路货物发送量的 10.61%、29.03%、68.17%、78.54%。粤港澳大湾区中，广东与本省铁路货物交流仅占 38.49%。成渝地区双城经济圈中，重庆和四川的铁路货物交流量分别为 1 036 万吨和 3 280 万吨，占该点铁路货物发送量的 60.76% 和 59.63%，对外经济联系仍有较大拓展空间。其三，核心城市客货运规模相对较大。客运方面，2019 年，成都市铁路客运量占客运总量的比重达到 90.54%，远高于上海、广州和重庆。然而，成渝双城平均客运运距显著低于上海市和广州市。货运方面，重庆市铁路客货运距相对较远，显著高于其他多种运输方式的运输距离。成渝铁路货运运距相对较远，但上海和广州的货物运输运距仍显著高于成渝双城。

---

① 包含香港特别行政区。东莞市没有统计海域面积。

② 限于数据获取受限，选取省（市）级层面进行对比。同时，为了保证统计口径的一致性，这里没有参考相应省（市）的统计年鉴。具体的省（市）选择准则为，长三角城市群选取上海、浙江、江苏、安徽；成渝地区双城经济圈选取四川、重庆；粤港澳大湾区选取广东省。

第四，水路运输对比。航道航线和港口建设是水路运输系统的重要组成部分，本部分选取水路客货运规模、港口建设和水运航道三方面进行比较分析。其一，水路客货运规模。据中国港口协会 2020 年的统计[①]，按照省级行政区统计口径，长三角城市群、粤港澳大湾区、成渝地区双城经济圈 2020 年累计客运量分别达到 5 330 万人、1 345 万人和 1 477 万人，平均运距为 12.14 千米、31.76 千米、21.56 千米。同年，长三角城市群、粤港澳大湾区、成渝地区双城经济圈累计货运量 415 194 万吨、103 759 万吨、26 346 万吨，平均运距为 1 327.38 千米、2 352.07 千米、972.46 千米。可以看出，长三角城市群与粤港澳大湾区以远洋运输为主，货物运输距离相对更远。其二，港口建设。2020 年 4 月，四川省交通运输厅和重庆市交通局签订合作备忘录，成渝开启运输服务一体化全方位合作的新征程。两地明确共同打造长江上游港口群。《2019 长江航运发展报告》统计表明，从内河港口泊位数量来看，2019 年，四川省拥有生产用码头泊位数 1 661 个，仅次于江苏省和浙江省，位列第 3 位，重庆港口则拥有 632 个。从港口货物吞吐量来看，长三角城市群一市三省货物吞吐量占长江经济带货物吞吐量的比重为 81.16%，成渝地区双城经济圈占比 4.39%。其中，重庆港口吞吐量以 17 127 万吨位列长江经济带第 5 位，重庆港成为中西部地区长江干线港口货物吞吐量最大的港口。四川省泸州港和宜宾港吞吐量为 951.2 万吨和 909.3 万吨，在长江干线各港口中的运力偏低，外贸比重也相对较低。长三角城市群和粤港澳大湾区在水运方面具有明显优势[②]，并处在由城市港口、省市港口向港口群发展转变阶段。其三，水运航道。《2019 年长江航运发展报告》统计显示，从长江流域内河航道分布来看，江苏省高居榜首，四川省和重庆市内河航道通航里程分别为 10 540 千米和 4 472.3 千米，位列长江经济带第 3 位和第 8 位。从长江干线主要断面日均交通流量统计来看，长江上游明显小于长江下游，重庆朝天门以上船舶流量明显减少。

第五，航空运输对比。《"十三五"现代综合交通运输体系发展规划》明确将成都市作为继北京、上海、广州之后第 4 个国家重点打造的国际性综合交通枢纽，成渝机场群也成为继京津冀机场群、长三角机场群、粤港澳大湾区机场群之后我国着力打造的第四个世界级机场群，以组成我国国际航空门户枢纽的基本格局。其一，机场数量分布。按照《2020 年民航机场生产统计公报》《长江三角洲区域一体化发展规划纲要》《长江三角洲地区交通运输更高质量一体化发展规划》，长三角机场群当前共计 23 座机场，包括上海 2 座、浙江 7 座、江苏 9 座和安徽 5 座，并规划建设 9 座机场。粤港澳大湾区拥有 7 座机场。成渝地区双城经济圈则拥有 10 座机场，机场数量多于粤港澳大湾区。其二，旅客及货邮运输规模。据《2020 年民航机场生产统计公报》（以下简称

---

① 2020 年 12 月水路旅客运输量. http://www.port.org.cn/info/2021/207393.htm，2021-02-05.

② 囿于数据缺乏，据笔者搜索，《中国港口年鉴 2018》统计显示，2017 年，在规模以上的沿海港口中，长三角城市群货物吞吐量占沿海港口和全国规模以上港口货物吞吐量的 16.2% 和 23.72%，相应地，旅客吞吐量的比重为 15.47% 和 17.52%。粤港澳珠江九市货物吞吐量占沿海港口和全国规模以上港口货物吞吐量的 8.58% 和 12.57%，旅客吞吐量的对应比重分别为 17.94% 和 20.33%。内河规模以上港口货物吞吐量为 401 710 万吨，长三角城市群规模以上港口吞吐量占比达到 59.17%，粤港澳佛山和肇庆两市占比 2.97%，成渝地区双城经济圈重庆市和泸州市占比 1.83%。重庆市港口客运吞吐量规模相对较大，占内河规模以上港口客运吞吐量的比重达 70.47%。

《公报》）统计，2020 年，京津冀机场群完成旅客吞吐量 7 435.9 万人次，长三角机场群完成旅客吞吐量 16 116.2 万人次，粤港澳大湾区机场群珠三角九市完成旅客吞吐量 9 148.1 万人次，成渝机场群完成旅客吞吐量 8 383 万人次，西南地区旅客吞吐量位于华东和中南地区之后，位列第三。在货邮吞吐量方面，《公报》显示，京津冀机场群完成货邮吞吐量156.1 万吨，长三角机场群完成货邮吞吐量580.9 万吨，粤港澳大湾区机场群珠三角九市完成货邮吞吐量 320.5 万吨，成渝机场群完成货邮吞吐量105.3 万吨，西南地区货邮吞吐量占比为 9.9%，高于东北地区和西北地区，成渝航空枢纽地位仍待进一步增强。

（二）交通基础设施"质"的对比

交通基础设施的"质"反映了基础设施的技术和能力特征。高质量的交通基础设施建设可以克服地理距离对经济交易的阻滞作用，利于以更低的成本开展最优投入品搜寻工作，是提高市场一体化、扩大内循环和高质量发展的重要基础（吴群锋等，2021）。本部分主要通过交通流畅度及基础设施的竞争力水平来反映交通基础设施的"质"。

第一，市内交通对比。市内交通的畅通程度直接影响着居民的生活质量。其一，城市交通通达度。据《2020 年度中国主要城市交通分析报告》统计，成渝两城在候车时长、高峰期公交运行速率、地面公交出行幸福指数等城市交通运行效率方面表现较好，但仍存在三个方面问题：一是进出公交系统的步行距离偏远；二是成渝地区双城经济圈高峰期拥堵时长显著高于长三角城市群和粤港澳大湾区；三是重点区域道路拥堵亟待治理，如四川大学华西医院周边道路在全国主要区域中表现最为拥堵。其二，数字交通发展水平。《2019 城市数字发展指数报告》显示，2018 年，广东、江苏、北京、浙江、山东是数字发展指数排名前 5 的省份，北京、深圳、上海、广州、成都的数字发展指数位列市级排名前 5，成都市和重庆市均处在全国数字二线城市，重庆市则处在第18 名，长三角城市群、粤港澳大湾区和成渝地区双城经济圈数字发展指数均较高。进一步而言，"互联网+交通"发展指数在一定程度上反映了区域交通智能化水平，依据 2016 年和 2017 年的《中国"互联网+交通"城市指数研究报告》，成渝地区双城经济圈成渝双核心城市智能化水平相对较高，分别位列全国第 6 和第 10，经济圈其余城市水平则相对较低，并主要位于"中国主要城市'互联网+交通'发展排行榜"100 强后 30 名。粤港澳大湾区和长三角城市群一方面城市群整体智能化水平较高，并形成了"互联网+交通"治理的集群区域；另一方面次核心区域智能化发展水平由 2016 年到 2017 年表现出强劲的上升势头[①]。市内交通影响着居住幸福感，在全国热门迁入城市中，粤港澳大湾区和长三角城市群核心城市仍是居民迁徙的主要意愿地，且明显强于成渝两个核心城市。成渝地区双城经济圈除成渝两市外，其余城市较难进入迁入热门城市。

第二，公路运输对比。与长三角城市群和粤港澳大湾区相比，成渝地区双城经济圈公路网建设规模持续推进，但是在公路质量和效益方面仍亟待提升，主要表现在两个方

[①] 源自高德大数据平台. https://trp.autonavi.com/download.do.

面。其一，高速公路里程相对较短。2018 年，成渝地区双城经济圈高速公路里程占通车里程的比重为 2.4%，分别低于粤港澳大湾区和长三角城市群 4.55 个和 0.88 个百分点。其二，等级公路比重偏低。一是从城市群的视角来看，成渝地区双城经济圈、长三角城市群和粤港澳大湾区等级公路占通车里程的比重分别为 89.03%、98.50% 和99.62%[①]；二是从城市层面来看，包括成都在内的成渝地区双城经济圈城市等级公路比重普遍显著低于长三角城市群和粤港澳大湾区的区域性中心城市。

第三，铁路运输对比。铁路尤其是高速铁路的发展将改变城市的日常可达性，调整等时圈范围，重塑中国经济空间布局，尤其是对节点城市的影响深远（蒋海兵等，2010；董艳梅和朱英明，2016）。因此，高速铁路开通的时间及列车发行数量将对区域经济尤其是沿线站点发展带来较大冲击。其一，从开通时间来看，成渝地区双城经济圈、长三角城市群和粤港澳大湾区主要城市的高铁通车时间均主要集中在 2005 年之后，时间相对统一。其二，从发行车次来看，依据火车票网统计数据[②]，在全国开通高铁的车站中，长三角城市群和粤港澳大湾区核心城市开通的高铁数量较多，南京南、上海虹桥、杭州东、广州南均超过 500 列，成都东和重庆西则分别为 154 和 88 列高铁。动车组的考察中，南京南、上海虹桥、杭州东、广州南的动车组发行数量分别为 133 列、106 列、97 列、347 列，成都东和重庆北分别为 178 列和 143 列，成渝地区双城经济圈仍以动车组为主。

第四，水路运输对比。选取港口运力和航道运输条件两个层面进行对比分析。其一，港口运力。以重庆为核心，长江上游航运中心已初具规模。据《重庆统计年鉴2020》统计，2019 年，重庆市海岸线长 81 961 米，其中生产用海岸线 61 669 米，拥有 968 个泊位，生产用泊位 632 个，港口货物吞吐量 19 406.98 万吨，集装箱年吞吐量1 758.18 万标准箱，进港量和出港量分别为 10 273.85 万吨和 9 133.13 万吨。泸州港是四川第一大港，2019 年拥有经营性货运码头 17 座，生产用码头泊位数共计 47 个，包含 30个千吨级泊位，铁水联运班列 11 条。设计最大靠泊能力 3 000 吨，集装箱码头年吞吐能力 100 万标箱。四川省和重庆市内河港口散装件杂货物年通过能力为 5 775 万吨和15 306 万吨，位列长江流域第 6 和第 9，单位港口运力有待提升。与之相比，长三角城市群和粤港澳大湾区港口更具集群规模。在长三角城市群中，上海和南京分别拥有万吨级泊位 181 个和 62 个，货物吞吐量分别达到 73 048 万吨和 25 411 万吨。粤港澳大湾区中，如广州拥有泊位数 631 个，其中万吨级泊位数 76 个，泊位长度更是达到 70 229 米，货物吞吐量 61 313.31 万吨。其二，航道运输条件。2019 年，重庆内河航道里程达到4 472.3 千米，等级航道 1 929.3 千米。其中，二级航道 533 千米，三级航道 542.1 千米。2020 年，重庆九龙坡以下三级航道升级改造为一级航道并投入运营，高等级航道整治工作加速推进。四川省内河航道 10 540 千米，仅次于江苏省与湖南省，三级航道 299 千米，高等级航道较为缺乏。然而，长三角城市群和粤港澳大湾区通江达海的区位优势更

---

① 测算过程中，长三角城市群中的上海以及浙江省的下辖城市缺乏等级公路数据，本章选取 2013 年相关城市等级公路比重作为标准，计算得到 2018 年各城市的等级公路数据。等级公路占通车里程的比重选取将相应城市群的数据加总，进而计算比值。

② 火车票网统计数据. http://gaotie.huochepiao.com/gaotiezhan/.

为明显。

第五，航空运输对比。其一，机场等级。长三角城市群中，4F 等级机场有 3 个，4E 等级机场有 9 个，4D 等级机场有 5 个，4C 等级机场有 6 个；粤港澳大湾区中，4F 等级机场有 3 个，4E 等级机场 2 个，4C 等级机场 2 个；成渝地区双城经济圈范围内，4F 等级机场有 3 个，4D 等级机场 1 个，4C 等级机场 6 个。可以看出，支线机场对成渝航空枢纽地位的支撑作用尚待进一步增强。其二，发展定位。《长江三角洲地区交通运输更高质量一体化发展规划》明确提出，巩固上海国际航空枢纽地位，优化提升杭州、南京、合肥区域航空枢纽功能，新增南通新机场作为上海国际航空枢纽的重要组成部分，支持区域性枢纽机场建设，加快支线机场的兴建工程，推进机场改扩建工程。按照上海市航空枢纽战略，"两场"以浦东国际机场为主构建"国际门户枢纽机场"，以虹桥机场为辅构建"国内枢纽机场"。《粤港澳大湾区发展规划纲要》《民航局关于支持粤港澳大湾区民航协同发展的实施意见》明确巩固香港国际航空枢纽地位，增强广州、深圳国际航空枢纽竞争力，着力提升广州国际航空枢纽的规模和功能，形成澳门、珠海等机场多点联动的区域协调发展新格局。《全国民用运输机场布局规划》强调提升成都、重庆的国际枢纽地位，高效整合成都平原机场群，形成"天府-双流-绵阳"三点带面的航空枢纽发展格局。《重庆国际航空枢纽战略规划》显示，2035 年重庆新机场将投入使用，届时成渝地区双城经济圈将拥有 4 座 4F 级机场。可见，成渝航空枢纽地位仍待巩固提升。其三，出港运力。依据《2019 年境内民航机场发展报告》统计[1]，2019 年境内（不含港澳）千万级机场达 39 座，长三角城市群、粤港澳大湾区和成渝地区双城经济圈分别拥有 6 座、3 座和 2 座。北京首都机场、上海浦东机场、广州白云机场、成都双流机场出港运力位列前 4，重庆江北机场位列第 9，运力增长较快，但与前 3 名运力相比差距较大。在 200 万级以上的机场中，绵阳南郊机场位列第 10。成都双流和重庆江北机场在 2019 年分别以 318 条和 274 条出港航线位列第 4 和第 9。2020 年，成都双流和重庆江北机场出港航班量则位列千万级机场第 2 和第 5，全球第 9 和第 13，成都双流-广州白云进入全球最繁忙航线 Top30 榜单，但成都双流机场出港准点率相对偏低[2]。

（三）交通基础设施"势"的对比

长三角城市群、粤港澳大湾区是我国新一轮改革开放的有力推动者，是区域一体化的引领者，是打破行政边界、推动跨区域协调发展的探索者和践行者，对成渝地区双城经济圈的建设具有较强的借鉴意义。引领成渝交通基础设施一体化是打造成渝地区双城经济圈的重要抓手，利于形成"川渝一体"的西部大开发新格局，通过外联内引，形成"西南-西北"的西部一体化发展新格局，并依托长江经济带和快速交通网，谋划布局横向贯通中东部、纵向覆盖长江经济带的流域经济，是全面融入"双循环"，积极推动"一带一路"倡议和高质量建设西部陆海新通道的关键举措。

---

① 数据来源：飞常准大数据研究院. https://data.variflight.com/reports.

② 数据来源：《2020 年度全球民航航班运行数据图鉴》. https://data.variflight.com/reports.

第二节 存 在 问 题

成渝地区双城经济圈提出以来，成渝两地凝心聚力、多措并举，紧锣密鼓地出台了系列实质性推进方案，高质量推动成渝地区基础设施建设。前文结合核心城市、都市圈和城市群三个视角，审视了成渝地区双城经济圈基础设施发展现状。可以看出，第一，核心城市一体化综合运输体系基本确立。成渝两地轨道交通建设领跑全国，但由于行政区面积较大，城轨运营密度偏低。城市道路网密度提升较快，但高等级公路、高速路比重仍较低。同时，私家车数量的快速上涨对城市治理提出了较高要求，但基础设施智慧绿色水平不高也导致核心城市出现拥堵不畅等的治理难题。第二，都市圈内部半小时通勤圈基本形成，但是都市圈同城化、城市群一体化和双城经济圈协同化发展水平仍然滞后，"都市圈"之间的通勤体系尚待完善，区域中心城市辐射带动能力不强，尚难形成辐射圈。第三，城市群基础设施互联互通水平仍待强化。成渝地区双城经济圈城际基础设施发展水平差异显著，以及互联互通资源缺乏整合，城市群基础设施运行效率有待提高。

一、高质量一体化基础设施亟待完善

一体化基础设施网络，不仅包括核心城市的轨道交通、道路交通等交通方式运行便捷顺畅，同时也包括都市圈、城市群立体化交通网的一体化。与长三角城市群和粤港澳大湾区相比，成渝地区双城经济圈一体化交通基础设施网络亟待完善。其一，出行仍不通畅。依据滴滴出行 2020 年度城市交通出行报告对核心城市的统计结果，重庆市和成都市全天交通运行指数（TTI）分别位列主要城市的第 3 和第 7[①]，交通拥堵程度相对较高。在汽车保有量 400 万辆的城市中，重庆市拥堵指数最高，成都市也仅次于重庆市和北京市，位列第 3。重庆市和成都市在早高峰和晚高峰的交通运行指数均位列主要城市前 10，重庆市更是高居第 3 位，道路拥堵时间较长。如前文所述，《2020年度中国主要城市交通分析报告》也指明，成渝地区双城经济圈高峰期拥堵时长显著高于长三角城市群和粤港澳大湾区，重点区域的拥堵也较为严重。此外，省际"断头路"也有待打通，省际高速路通道有待进一步协调对接。其二，成渝地区城轨密度仍偏低。成渝交通基础设施发展迅猛，尤其是成都市地铁建设增速及在建规模稳居全国首位，但是从城市轨道交通的密度来看，以全市面积和市辖区面积分别作为统计口径，成都市城轨运营线路密度为 4.55 千米/百千米^2 和 17.7 千米/百千米^2，分别位列全国第 6 和第 3，城市轨道交通密度相对较高，但低于长三角城市群和粤港澳大湾区核心城市，如深圳、上海、广州按照城市行政区面积测算的城市轨道交通密度分别为 21.16 千米/百千米^2、13.16 千米/百千米^2 和 7.33 千米/百千米^2。重庆中心城区的城轨运营密度为 6.27 千米/百千米^2，重庆都市圈城轨交通则为 1.2 千米/百千米^2，都市圈城轨交通体系亟待构建。基于城轨里程及

---

① 交通运行指数指的是实际出行耗时与自由流条件下出行耗时之比，值越大说明耗时越长。主要城市交通运行指数的排名为西安市、哈尔滨市、重庆市、长春市、北京市、广州市、成都市。

行政区面积的加总数据，计算得到城市群城轨交通密度，结果显示，成渝地区双城经济圈、长三角城市群和粤港澳大湾区开通城轨交通城市的地铁密度为 1.8 千米/百千米^2、3.1 千米/百千米^2、5.97 千米/百千米^2，成渝地区城轨交通密度仍偏低。其三，高等级路网建设滞后。前文测算结果表明，成渝地区双城经济圈城市等级公路及高速公路占通车里程的比重甚至低于长三角城市群和粤港澳大湾区城市 2013 年的水平，高等级路网亟待构建。其四，铁路、航空、水路运输网络位势偏弱。一是成渝两地铁路枢纽地位仍待进一步强化。与长三角城市群和粤港澳大湾区相比，成渝两地高速铁路运输仍以动车组为主，高铁发行数量相对偏少，通勤时间较长，高铁运输网络亟待"织密"。二是成渝两城航空枢纽地位有待进一步强化，支线机场存在密度较低以及等级不高等的问题，如何提升支线机场的支撑能力是打造成渝世界级机场群的关键。三是干支联动的高等级航道网有待拓展，港口岸线利用效率低等问题制约着长江上游水运行业发展。例如，《2018 中国交通运输统计年鉴》统计结果显示，2017 年长三角城市群一市三省、广东省内河一级航道占全国的比重为 46.61%、30.14%，重庆市二级和三级航道占本市等级航道的 57.11%，四川省四级和七级航道居多，合计占本省等级航道的 68%，重庆市航道条件相对较好。《2019 长江航运发展报告》进一步统计显示，按照省级行政区统计口径，2019 年，长三角城市群和长江中游城市群干支流三级及以上航道占长江经济带的比重分别为 45% 和 39.69%。成渝地区双城经济圈中，重庆市和四川省干支流三级及以上航道合计 1 374.1 千米，占长江经济带的比重为 15.15%，其中二级航道及 64.45% 的三级航道分布于重庆市。当前，重庆市航道改造取得显著成效，如长江上游九龙坡至朝天门河段航道改造为一级航道，但与东部地区相比，高等级航道偏少一级航道干支联动能力仍不强等问题突出。其五，便捷高效的立体化交通网亟待构建。《国家综合立体交通网规划纲要》提出构建便捷顺畅、经济高效、绿色集约、智能先进、安全可靠的国家综合立体交通网。以铁路运输为例，如前文所述，长三角城市群、粤港澳大湾区、成渝地区双城经济圈铁路营运里程占全国的比重为 8.1%、3.44% 和 5.53%，铁路客运量分别占全国铁路客运量的 20.05%、10.11% 和 6.76%，占全国铁路货运量的比重为 4.73%、2.31% 和 2.28%，成渝地区铁路营运效率相对较低。同时，成渝地区缺乏多层级的都市圈规划指引与远景谋划，次中心区域城市间通勤成本偏高，城市群、都市圈城际轨道交通网络基本缺位，交通网络"门对门"的高效便捷联通对接不足等问题制约了成渝地区双城经济圈融合发展。

二、智慧绿色基础设施网络亟待构建

新基建为智慧城市的发展提供了新动能。交通基础设施建设的数字化转型，是交通设施高质量发展的核心要义。成渝地区双城经济圈核心城市、都市圈及城市群三个层面的智慧交通发展水平均有显著提升，但仍待进一步发展。其一，智慧交通建设相对滞后。数字经济是智慧交通建设的基础，《2019 城市数字发展指数报告》统计结果显示，成渝地区双城经济圈的数字发展指数较之主要城市群增长缓慢。具体而言，城市数字化治理以及智慧城市建设方面，成都、重庆与东部发达地区还存在明显差距。依据《中国城市数字治理报告（2020）》，杭州市数字治理水平居全国第一，在数字行政服务、公共服务和数字生活服务等指标方面全面领先，并带动了周边区域数字化水平的显著提升。成都市数字化治理水平位列全国第 11。其中，居民数字生活满意度方面位列全国第 6 和非一线城市第 4，重庆数字治理水平落后于成都市，显然，核心城市治理水平亟待提升。"互联网+交通"是基础设施智能化的重要表现形式。2017 年《中国"互联网+交通"城市指数研究报告》显示，成渝地区双城经济圈成渝双核心城市智慧交通水平相对较高，"互联网+交通"指数分别位列全国第 6 和第 10，成都市数字生活、数字政务水平相对较高，如智慧出行方面使用导航频次位列全国第 3，"互联网+政务"指数发展持续向好，但成渝两城在智慧交通和智慧出行方面表现较为滞后，仅相当于北京市的 38.4% 和 27.2%，亟待提升。其二，智慧交通发展不平衡特征鲜明。一方面，核心城市与域内其他地区数字发展指数差异凸显。《2019 城市数字发展指数报告》显示，成都市数字发展指数较高，但重庆市、四川省数字治理水平相对较低，体现出成渝地区双城经济圈内部智慧交通发展不平衡的特征。另一方面，核心城市与区域次中心城市差异凸显。《中国"互联网+交通"城市指数研究报告 2017》统计显示，成都和重庆的"互联网+交通"指数相对较高，但是经济圈次中心城市"互联网+交通"表现相对滞后，如绵阳、德阳、南充和自贡分别位列百强单的第 78、84、98 和 99 名，区域性城市的"互联网+交通"指数与三角城市群和粤港澳大湾区相比明显滞后，难以有效支撑成渝两个核心城市智慧交通集群发展。其三，基础设施绿色发展水平偏低。《中国城市交通绿色发展报告（2020）》以省级行政单位作为考察对象，构建交通强国指标体系，测算结果表明，重庆市和四川省位列西部地区第 6 和第 9，指数得分仅相当于排名首位的江苏省的 46.64% 和 42.39%，显示出区内交通绿色发展水平较低或内部差异较大的发展现实。

三、基础设施综合治理体系亟待健全

推动交通基础设施一体化，需要以一体化法治建设为基础，以区域一体化顶层设计为牵引，以数字技术为支撑，以项目联动为抓手，统筹推进区域基础设施市场一体化。成渝地区双城经济圈在交通基础设施协同建设机制方面已经取得了初步进展，但是在交通运输综合治理体系方面仍存在诸多领域需要突破，成渝地区双城经济圈交通一体化协同体制机制亟待推进。其一，跨区域协同共建共管机制尚待健全。成渝两地依托领导小组机制，加强了跨行政区划交流，出台了《成渝地区双城经济圈综合交通运输发展规划》等系列文件。然而，为强化区域交通一体化的综合统筹力度，充分调动各方推动交通一体化的积极性，有效解决重大交通项目规划和运营中存在的推诿、扯皮等突出问题，应着力健全跨省交通一体化体制机制。其二，跨区域交通一体化政策法规对接尚不充分。交通一体化应以"一张蓝图一个标准一套制度"为基本前提，推动政策法规、网络安全管理、智慧城市标准等的协同是构建现代综合交通运输网络体系的核心举措，成渝地区双城经济圈各方当前就政策法规如何对接探讨尚不充分，有效的常态化联络机制缺乏。其三，跨区域交通基础设施一体化协同管理机制尚待突破。协同管理机制是推动成渝地区双城经济圈发展的重要组织保障。成渝地区双城经济圈在通关协作、资源管理、统筹运营等方面仍待进一步探索。其四，跨区域交通一体化运输市场尚待建立。以

区域交通一体化发展为导向，成渝地区双城经济圈地方保护主义有待进一步破除，成本共担、利益共享、调度协同、互联互通的一体化体制机制有待强化。

第三节　案例分析：长三角城市群基础设施协同发展对成渝地区双城经济圈建设的启示

长三角城市群在我国推进城市群一体化中发挥着重要的引领作用，担当着城市群一体化体制机制改革与创新的发展使命。当前，长三角城市群以上海市为综合交通枢纽，推动形成了城轨交通延伸衔接、公路运输有效对接、高铁直达、航道组网、机场密集、高效联通、多式融合的"多中心、多圈层、立体化"综合交通网，探索并打造了城市群一体化体制机制的"长三角样板"。长三角城市群基础设施高质量一体化的经验做法对我国其他城市群基础设施建设具有重要的借鉴意义。结合成渝地区双城经济圈基础设施建设中存在的问题，本章重点梳理长三角城市群在推动交通设施高质量一体化、智慧绿色交通网建设以及体制机制改革方面的做法经验，以提供政策参考。

一、基础设施网络基本形成

以都市圈为载体，长三角城市群致力于打造多层级、多枢纽的交通通勤圈。首先，同城化发展。伴随着长三角多层次交通运输方式高质量一体化的深入推进，以"沪苏同城化""苏锡常一体化"为典型代表的区域融合发展助力"轨道上的长三角"再提速。长三角城市群持续打造层次丰富的轨道交通体系和更高品质的运输服务体系，区域城市积极推动"入苏融沪接浙"，有力推动了区域同城化发展。当前，苏州已全方位、深层次、宽领域接轨上海新格局。"沪嘉一体化"也进入同城化通勤阶段。其次，打造都市圈通勤圈。以城轨交通为骨干，长三角城市群形成了城际铁路、市域铁路、城市轨道交通、城市快速路等密网交织的都市圈大动脉，高效联通上海大都市圈以及南京、杭州、合肥、苏锡常、宁波都市圈，形成都市圈"1 小时通勤圈"。最后，健全城市群交通一体化体系。以顶层设计为牵引，长三角"一市三省"一体化合作持续深化[1]。以上海为综合交通枢纽，同时着力打造南京、杭州、合肥、宁波为区域中心枢纽，加速构建高速铁路、高速公路连接线和城际铁路网，持续优化高速公路网络层次结构，实现相邻城市间高速公路直连，长三角地区逐步呈现"一核多中心"的交通网络建设布局。合肥与上海、南京、杭州等城市间基本实现铁路客运公交化运行、2 小时快速通达。合肥与长三角 8 个城市实现地铁乘车"一码通行"，道路运输证等 5 类电子证照数据实现"长三角"地区证照互享，港航一体、民航合作持续深化。

二、智慧绿色交通加速发展

长三角城市群现代化交通基础设施建设始终走在全国前列。其一，发展一体化智慧

---

[1] 比如长三角"一市三省"2020 年签署的《长三角地区省际交通互联互通建设合作协议》等。

交通设施。长三角"一市三省"均出台了智慧交通发展规划，在《长江三角洲区域智能网联汽车道路测试互认合作协议》等系列智慧交通一体化协议的指引下，长三角展开了智慧交通一体化的创新探索。上海智能网联汽车取得可观成果，应用场景更加多样化。国家首批 5G 车路协同项目落地苏州，为长三角智慧交通建设提供了项目支撑。长三角城市群启动全国首条智慧高速公路——杭绍甬高速公路，并将形成国内多项智慧高速公路建设标准。上海、泰州成为全国认定的自动驾驶封闭测试场地。长三角城市群智慧港口、智慧物流发展提速。其二，数字长三角加速崛起。长三角城市群不断推动城市的数字化精细管理，乌镇互联网会议成为长三角数字化发展的微观缩影和经典名片，工业互联网、区域云平台、交通信息共享平台加速城市群资源整合。长三角城市群加快交通网络信息平台建设，持续打造一体互联的交通信息共建共享平台，促进交通运输信息在地区内高效实时传递。推进交通运输电子证照共享互认，深化交通运输物流公共信息平台建设，支撑区域一体化智慧物流服务。其三，发力基础设施绿色化协同发展。加强运输结构调整和交通设施能源使用的清洁化，遏制交通运输污染源。长三角城市群不断强化政企合作，形成交通运输全流程合作框架，出台交通运输污染整治专项规划，做好交通污染的"管家"。推动长三角联合执法、联防联控，降低交通污染程度，如江苏省"十三五"期间运输结构调整和污染防治取得显著成效，2019 年江苏省港口碳排放强度同比下降 11.8%。此外，《中国城市交通绿色发展报告（2020）》测算结果显示，江苏、上海、浙江位列东部地区绿色发展指数前三，交通科技创新指数位列第 2 至第 4，安徽基础设施绿色发展指数则稳居中部地区首位。

三、体制机制改革持续推进

打破行政壁垒，规划先行、统筹布局是长三角城市群推动交通运输高质量一体化的重要制度保障。长三角城市群在推动交通运输高质量一体化体制机制改革中做出了诸多创新性探索。其一，协同推进体制机制不断健全。在《长江三角洲区域一体化发展规划纲要》《长三角生态绿色一体化发展示范区总体方案》等的框架协议内，长三角城市群一体化协同体制机制日臻成熟，协同立法、联合执法、协同决策、政策对接、联防联控等为长三角城市群交通运输高质量一体化提供了坚强保障。例如，长三角城市群一体化协同体制机制有效支撑了应急管理协同。又如，新冠肺炎疫情防控期间，长三角"抗疫一盘棋"，"一码通""云签约""货通证"①等助力长三角城市群疫情期间复工复产。其二，重点领域体制机制改革不断推进。聚焦规划对接、战略协同、专题合作、市场统一和机制完善，长三角城市群在交通一体化管理体制方面组建了长三角区域合作办公室，并拟在轨道交通、空域资源等领域设置专项推进机构。2020 年，交通银行长三角一体化管理总部在上海成立，为区域产业发展提供金融支持。其三，强化制度供给，推动交通运输市场一体化。长三角积极探索构建体现交通运输更高质量一体化发展要求的标准体系和统计体系，加快制定和完善符合长三角地区实际的城际铁路、市域（郊）

---

① 疫情期间，长三角三省一市建立协同互助 5 项工作机制，建立长三角健康码互认通用机制，借助大数据助力区域经济社会有序恢复。上海市在疫情期间发布"长三角疫情防控交通运输一体化货运车辆通行证"。

铁路、综合交通枢纽、智能交通等技术标准，强化各类标准衔接，不断推动交通投资、物流、贸易自由化便利化制度创新，促进资源要素自由流动。

该案例对成渝地区双城经济圈完善基础设施新布局具有较强的借鉴意义。首先，跨区域基础设施协同建设需首先突破"行政区经济"缺陷。以一体化顶层设计为牵引，长三角城市群通过制度设计、机构设置、战略对接等举措，形成了环环相扣、动态调整、协同应急等的基础设施协同建设体制机制，为基础设施建设提供根本保障。其次，着力推动立体化交通网络体系建设。依托多层次、多制式、多模式的基础设施网络体系，长三角城市群核心城市交通网加速织密，并围绕中心城市、次中心城市打造多个都市圈，形成都市圈内部同城化及都市圈之间通勤化的发展格局，基础设施互联互通以及设施平台共建共享极大地推动了多层嵌套的城市体系形成。最后，高标准打造一体化综合基础设施网络。对标现代化基础设施建设要求，借助车联网、智慧交通、云平台等新型基础设施的加速发展，长三角城市群持续巩固和强化在现代化基础设施协同建设方面的引领地位。

第四节　发展路径

针对成渝地区双城经济圈交通运输一体化推进中存在的问题，借鉴长三角城市群基础设施一体化发展经验，本章认为成渝地区推动基础设施高质量发展应树立"大交通"理念，围绕核心城市、都市圈和城市群三个层面，不断增强核心城市枢纽能级，构建以主中心、次中心为核心的都市圈一体化通勤网络，持续打造城市群立体化、多层次、内联外引的快速运输网络。

一、打造内联外通的高质量一体化设施网络

基础设施一体化是成渝地区双城经济圈建设的前置性条件，客观要求加大多层次、立体化交通通勤圈的建设力度，持续推动成渝地区双城经济圈基础设施高质量一体化发展，打造核心城市、都市圈和城市群基础设施共同体。其一，不断增强核心城市（主中心）发展能级。树立"站城一体"发展理念，充分发挥轨道交通的支撑引领作用，形成以轨道交通为主干，公共交通与共享交通相互支撑的城市绿色出行圈。同时，提高城市交通运行效率，加快基础设施互联互通，着力布局智慧交通运行体系，有效设计缩短接驳换乘距离，推动建立"点对点、门对门"的城市生活交通圈，提升城市竞争力。其二，建立健全都市圈高效通勤网。成都和重庆要发力形成同城化都市圈发展新格局，强化核心城市辐射带动能力，推进都市圈地铁同城化和城铁、客运公交化，培育"日常通勤圈"。科学培育区域中心城市（次中心）都市圈，有序织密城际铁路、市域铁路、城市轨道交通、城市快速路等立体式道路交通网，组网形成核心都市圈与中心都市圈相互嵌套、直连直通的都市圈通勤圈，推动"跨界"都市圈建设。其三，打造世界级基础设施网络体系。成渝地区双城经济圈要加宽加密等级公路，打通省际"断头路"，协调畅通快速路，引导跨区域有效衔接和多种交通方式无缝对接，加速推动成渝城市群高速铁

路覆盖范围、发车频次和运行效率，推进铁路公交化，打造"轨道上的经济圈"。紧抓成渝地区双城经济圈港口群建设，推广铁水联运、江海联运等运输组织方式，优化港口布局，提升航道等级和集疏运能力，疏通航道梗阻，合力打造长江上游航运中心和"水上高速公路"运输体系。着力巩固提升成渝国际航空枢纽竞争力和服务功能。推动成渝地区世界级机场群建设，加快新建、改造和整合支线机场资源，提升支线机场支撑能力，加大临空经济示范区建设力度。加快推进交通枢纽和运输大通道建设，推动形成连接主要城市群的高铁快速通道，全力推动交通强国试点建设。做好扩张区域基础设施"增量化"的同时，还要甄判与顺应收缩区域的动态发展趋势，审慎做好基础设施的"减量化"规划，提高基础设施沿线的土地利用效率，探索出一条基础设施建设与土地集约利用的现代化发展路子。

二、聚焦智慧绿色构建现代化基础设施体系

安全可靠是基础设施建设的基本要求，智能绿色是实施"新基建"的应有之义，是现代化基础设施未来的发展方向，"新基建"的规划、运营、管理等环节应不断吸收新理念，采用新技术，满足人民群众的多样化需求，提升居民绿色幸福感，支撑国家减排目标。成渝地区具有一定的数字经济发展基础，推动智慧绿色交通是治理城市拥堵、打造智慧城市和公园城市的重要举措。其一，推动基础设施智能化。大数据、人工智能、5G 等新技术重塑了新产业、新业态、新模式。成渝地区双城经济圈基础设施建设应着力推动基础设施数字化、网联化、智能化，探索并推广智慧公路、智慧航运、智慧港口、智慧城轨等的示范试点，强化传统基础设施的智能化改造。其二，加大基础设施数据集成应用。一方面，整合交通业务资源，构建智慧化交通运输平台，提供实时的泊位、航班、气象、水文、交易等信息，实现运输全过程智能化服务、数字化管理、智慧化决策。另一方面，依托信息技术和信息平台，有利于实现政务服务、城市精准治理"一网通"，以及成渝地区双城经济圈智慧交通的一体化协同发展，便于协同应对突发事件，做好基础设施的协同管控。其三，协同推动成渝交通绿色低碳发展。一是推动交通设施的标准化、清洁化和集约化。加快降低基础设施能耗，推广应用节能、清洁能源或新能源交通运输工具，调整运输结构，打造生态航道、绿色港口，有效整合机场、铁路、岸线等资源，加速新型节能减排技术引入，提高交通资源使用的集约程度。二是加大环境监管执法力度，做好交通污染的联防联控。

三、持续完善基础设施一体化协同体制机制

成渝地区双城经济圈基础设施协同发展需要强化制度供给。当前，成渝地区双城经济圈正处在加速推进阶段，迫切需要建立健全经济圈基础设施一体化协同推进长效机制。其一，加强成渝地区双城经济圈协同发展的顶层设计。改变基础设施传统规划理念，树立基础设施建设现代化发展观念，统筹谋划成渝地区双城经济圈基础设施建设的近期目标与远景规划。科学编制以都市区、都市圈为单位的发展规划，将都市圈发展上升到区域战略层面，完善成都和重庆都市圈常态化协同联动机制，推动都市圈协同发

展、融合发展，加快提升都市圈同城一体化水平。其二，推进建设交通一体化协同体制机制。打破行政壁垒，合力布局区域交通规划一体化，探索推动跨区域利益协调、共享机制，推进跨区域交通运输业的运营、管理、联防联控、补贴分担等的全链条协同机制建设，解决交通高质量一体化中存在的不协调、不对接、难同步等问题，完善交通一体化推进的后评估制度。以领导小组机制为基础，组建成渝地区一体化合作机构，探索推动多种交通运输方式对接推进机构，建立健全多方利益相关者的交流机制、决策机制以及联席会议制度等，并上升到正式制度层面。深入对接跨区域法规政策和标准，推进联合执法和综合协作机制，强化"协同共治"执法机制建设。其三，推动交通市场一体化。整合成渝地区双城经济圈交通资源，以贸易自由化、要素自由流动、信用市场体系建设为基础，提高交通运输市场化收益。探索推动成渝地区双城经济圈投融资体制机制改革，鼓励相关银行开设成渝一体化管理机构，出台成渝地区基础设施高质量一体化发展支持计划。

第五节　本章小结

　　成渝地区双城经济圈建设是符合中国国情、具有中国特色、凸显巴蜀区情的制度安排。在有效的制度安排框架下，加快基础设施互联互通是"政府有为"的核心内容。因此，完善基础设施布局是成渝地区双城经济圈建设的关键领域。成渝地区双城经济圈的建设需要打造核心城市、都市圈和城市群基础设施共同体。整体看，成渝双城的交通枢纽能级和服务能力得到显著提升，巴蜀地区已实现"蜀道难"到"蜀道畅"的发展跃迁，但交通网有待加密、治理水平有待提升。都市圈层面，成渝双城都市圈内部城市半小时通勤圈基本形成，但存在同城化发展滞后、次中心发展不足、都市圈衔接不畅等的问题，"都市圈通勤圈"概念、理论、设计与实践亟待统筹推进。城市群层面，成渝地区双城经济圈基础设施在"量"上表现向好，城轨线、公路网、机场群、港口群等织密加强，但也存在交通拥堵、数字治理能力偏低、集成效率不高、运输效益不强、次中心支撑能力不足等的问题。长江三角洲是城市群建设的引领者，体制机制改革是其推进基础设施一体化的前置性条件，立体化、多层次的交通网及现代化基础设施建设是其关键抓手。对标长三角城市群，成渝地区双城经济圈要突破短板，消除体制障碍，瞄准现代化基础设施，强化"点对点、门对门"的服务功能，打造快捷畅通的"面对面"设施体系，不断提升枢纽能级，构建"轨道上的成渝经济圈"，改造"成渝高速水路"，合力建设"世界级机场群"，不断健全高质量一体化基础设施网络体系。

参　考　文　献

董艳梅，朱英明. 2016. 高铁建设的就业效应研究——基于中国 285 个城市倾向匹配倍差法的证据. 经
　　济管理，38（11）：26-44.
蒋海兵，徐建刚，祁毅. 2010. 京沪高铁对区域中心城市陆路可达性影响. 地理学报，65（10）：

1287-1298.

交通运输部长江航务管理局. 2020. 2019长江航运发展报告. 北京：人民交通出版社.

金凤君，王成金，李秀伟. 2008. 中国区域交通优势的甄别方法及应用分析. 地理学报，（8）：787-798.

李达，刘铁鹰，赵薇. 2020. 中国城市交通绿色发展报告（2020）. 北京：社会科学文献出版社.

林毅夫. 2011. 新结构经济学——重构发展经济学的框架. 经济学（季刊），10（1）：1-32.

林毅夫. 2013. 政府与市场的关系. 国家行政学院学报，（6）：4-5.

刘冲，吴群锋，刘青. 2020. 交通基础设施、市场可达性与企业生产率——基于竞争和资源配置的视角. 经济研究，55（7）：140-158.

宁越敏. 2011. 中国都市区和大城市群的界定——兼论大城市群在区域经济发展中的作用. 地理科学，31（3）：257-263.

王雨飞，倪鹏飞. 2016. 高速铁路影响下的经济增长溢出与区域空间优化. 中国工业经济，（2）：21-36.

吴群锋，刘冲，祁涵. 2021. 交通基础设施建设、市场可达性与企业出口产品质量. 经济科学，（2）：33-46.

张勋，乔坤元. 2016. 中国区域间经济互动的来源：知识溢出还是技术扩散?. 经济学（季刊），15（4）：1629-1652.

第七章　成渝地区双城经济圈：
塑造区域协同新格局[①]

　　现阶段，随着我国城市化和区域发展格局的深刻演变以及中心城市引领的都市圈、城市群等空间形态的快速发展，区域之间的关系越来越系统和复杂，发展中面临的机遇与挑战并存，更加有效地促进区域协同发展显得尤为重要和迫切。成渝地区双城经济圈建设作为构建"双循环"新发展格局的一项重大举措，对于引领带动西部地区发展，拓展全国经济增长新空间具有重要意义和深远影响。成渝地区双城经济圈人口分布密集，产业基础雄厚，创新能力强，开放程度高，是新时代西部大开发形成新格局的重要组成部分和关键支撑区域，是"一带一路"和长江经济带的战略交汇区，面临诸多重大发展机遇和政策利好。然而，现实中由于自然、历史、行政、经济、社会等多种因素的相互制约和相互影响，成渝地区不平衡、不充分、不协调发展问题一直比较突出，跨区域治理面临多重挑战，域内蕴藏的巨大发展潜能与活力尚未充分发挥出来。在此背景下，塑造区域协同新格局是成渝地区双城经济圈高质量高水平共建共享的必然要求，是做大做强成渝地区经济实力，实现更好、更快可持续发展的迫切需要，是成渝地区双城经济圈建成"一极两中心两地"的重要路径和支撑。

　　与传统区域发展路径和政策思路不同，经济圈作为一定区域范围内的经济组织实体和生产布局的一种地域组合形式，其区域协同更加强调不同地区和城市之间的动态平衡与深度分工合作，其中既涉及单个地区和城市发展路径的优化，也涉及地区和地区之间、城市和城市之间关系的调整与"1+1>2"的协同增长效应释放。从理论上讲，塑造经济圈区域协同新格局至少涵盖四方面内容：空间协同、产业协同、规划协同和政策协同。其中，空间协同是区域协同的基础和支撑，产业协同是区域协同的核心和关键，规划协同与政策协同是区域协同的重要保障。基于这一分析框架，本章拟对成渝地区双城经济圈区域协同现状进行分析，揭示发展过程中存在的主要问题以及面临的挑战与约束，进而提出发展路径及相关对策建议，以期为塑造成渝地区双城经济圈区域协同新格局、支撑建成"一极两中心两地"提供实践启发和政策决策参考。

---

　　① 本报告研究受作者主持的国家自然科学基金青年项目"多中心城市网络的区域经济协调发展驱动机制研究——以长江经济带为例"（71904161）资助。

第一节　发 展 现 状

作为我国西部地区和全国范围内的一块重要区域，成渝地区协同发展因具有重要意义和深远影响而一直备受关注。伴随着西部大开发战略实施推进，在国家规划和政策层面，成渝地区先后经历成渝经济区、成渝城市群两个承前启后的规划发展阶段，目前正在处于成渝地区双城经济圈建设新阶段。尽管不同阶段面临的发展任务和发展侧重点有所差异，但区域协同发展始终是其中的重要内容，并呈现出区域经济持续增长、经济联系日益加强等良好发展势头。近年来，成渝地区协同发展在时间和空间维度上呈现新特征与新趋向。

一、区域总体协同状况

区域经济协同发展是区域之间或同一区域内各城市之间协同共生，合力推进区域经济实现由无序至有序、从初级到高级的动态转变，最终促进区域高效有序发展的过程（李琳和刘莹，2014），体现为各区域板块和城市间融合互动不断加深、各地区经济均持续发展和区域经济差距和人均收入水平差距趋于缩小的过程。因此，城市人均收入水平差异及变动可以反映区域总体协同水平及动态演进。基于 2005~2019 年成渝地区双城经济圈的地级市与区县层面[①]以及地级市层面[②]的人均地区生产总值差距及其变动看（图7-1和图7-2），总体表现先扩大后缓慢缩小的态势，地市和区县层面、地级市层的基尼系数在 2005~2019 年由 0.20 缓慢降低至 0.18。这反映出成渝地区双城经济圈人均收入差距微幅缩小，区域总体协同发展水平在波动中有所提升，但整体协同水平较低，协同进程比较缓慢。

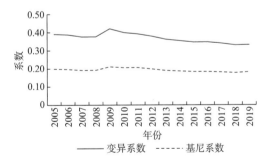

图 7-1　成渝地区双城经济圈地级市和区县层面人均地区生产总值空间差异及变动
资料来源：根据 2006~2020 年《四川统计年鉴》和《重庆统计年鉴》整理计算

---

① 地级市与区县层面考察涉及的基本空间单元为四川省 15 个地级及以上城市和重庆市的 29 个区县（9 个中心城区和周边 20 个区县）。

② 地级市层面考察涉及的基本空间单元为四川省 15 个地级及以上城市和重庆市共 16 个城市。

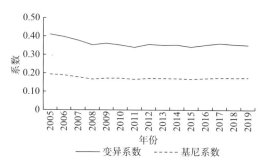

图 7-2　成渝地区双城经济圈 16 个地级及以上城市人均地区生产总值空间差异及变动
资料来源：根据 2006~2020 年《四川统计年鉴》和《重庆统计年鉴》整理计算

进一步，将成渝地区双城经济圈划分为四川板块和重庆板块，其中四川板块涉及四川省 15 个地级及以上城市，重庆板块涉及重庆中心城区（9 区）和 20 个区县。城市（区县）人均地区生产总值的基尼系数及其变动显示，四川板块由 2005 年的 0.19 下降到 2017 年的 0.16，随后缓慢上升至 2019 年的 0.17。重庆板块则由 2005 年的 0.19 上升到 2009 年的 0.22，随后持续下降到 2019 年的 0.14。这表明近年来重庆板块总体区域协同发展水平要高于四川板块。

二、区域空间协同现状

空间是经济社会活动的载体，区域空间结构是区域人口、产业和通道等叠加基础上点域、线域和面域要素组合的空间综合映射，可以反映区域空间协同的状况及水平。合理有序的城市空间结构是区域资源空间配置优化和经济高质量协同发展的平台与载体，这对于经济圈这样的经济组织实体和生产力布局地域组合形式而言更为重要。从呈现形式和内容上看，空间结构集中体现为由人口分布形成的空间形态结构以及由商品要素流动网络驱动的空间功能结构。基于人口空间分布和经济联系网络结构分析发现，成渝地区双城经济圈空间结构与空间协同发展呈现如下现状和特征。

（一）成都和重庆"双核"特征显著

成都和重庆是成渝地区双城经济圈人口集聚的两大核心。从城区人口集聚和空间分布格局看，2006~2019 年，成都和重庆两市的城区人口规模占到成渝地区双城经济圈城区人口规模的 60%以上，2019 年达到 65.75%。其中，重庆的城区人口规模在整个经济圈的占比在 40%以上，成都保持在 20%，而且自 2015 年以来成都的城区人口规模占比明显提升，由 2015 年的 20.58%增加到 2019 年的 25.40%（图 7-3）。与之形成鲜明对比的是，其余城市的城区人口规模占比皆不足 5%。从 2019 年城区人口规模看，重庆为 1 186 万人，成都为 746 万人，是成渝地区双城经济圈城区人口两大集聚核心，而其余城市的城区人口规模皆低于 120 万人，排名第三的泸州市城区人口仅约为成都市的 1/6、重庆市的 1/10，与重庆和成都的规模差距悬殊（图 7-4）。这显示出成渝地区双城经济圈空间结构的"双核"特征非常突出。

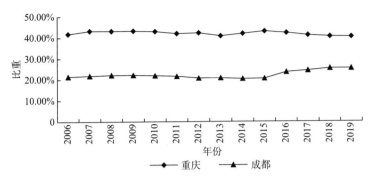

图 7-3　成都、重庆城区人口占成渝地区双城经济圈城区人口的比重

资料来源：根据 2006~2019 年《中国城市建设统计年鉴》整理计算

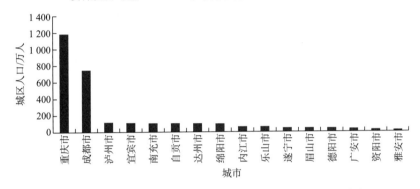

图 7-4　成渝地区双城经济圈各城市城区人口规模（2019 年）

资料来源：根据《中国城市建设统计年鉴 2019》整理

从常住人口空间集聚和分布看，2019 年成渝地区双城经济圈 15 个地级市与 29 个区县常住人口为合计为 9 671.06 万人，其中成都都市圈（成都、德阳、眉山和资阳）为 2 564.00 万人，占经济圈常住人口的 26.51%；重庆都市圈（重庆主城都市区 21 区）常住人口为 2 027.29 万人，占经济圈常住人口的 20.96%（表 7-1）。这显示出成渝地区双城经济圈的空间形态结构以双核双都市圈为主导的特征。比较而言，成都都市圈的单中心集聚特征比重庆都市圈更为突出，2019 年成都市常住人口占成都都市圈人口的 64.67%；重庆主城区常住人口占重庆都市圈人口的 43.62%，低于前者 21.05 个百分点。人口规模空间分布显现出成渝地区双城经济圈的空间结构既不同于一般意义的单中心经济圈，也有别于发达地区的多中心经济圈，更多呈现的是两大单核都市圈的组合形态。

表 7-1　2019 年成渝地区双城经济圈常住人口规模及分布

区域构成		2019 年常住人口规模/万人	占相应都市圈人口比重	占整个经济圈人口比重
四川板块	四川 15 个地级市	6 946.90	—	71.83%
	成都都市圈	2 564.00	—	26.51%
	中心城市	1 658.10	64.67%	17.14%
	其他城市	905.90	35.33%	9.37%
重庆板块	重庆 29 个区县	2 724.16	—	28.17%
	重庆都市圈	2 027.29		20.96%

续表

	区域构成	2019 年常住人口规模/万人	占相应都市圈人口比重	占整个经济圈人口比重
重庆板块	中心城区	884.39	43.62%	9.14%
	其他区县	1 142.90	56.38%	11.82%
合计		9 671.06	—	100.00%

资料来源：根据《四川统计年鉴 2020》和《重庆统计年鉴 2020》整理计算

从城市网络空间结构看，重庆和成都的"双核"特征更为明显。基于隶属网络模型和 1 000 家上市公司的数据，测度了成渝地区双城经济圈城市（区、县）之间的网络联系、节点集聚规模以及节点中心度，其中网络联系反映城市间联系量的大小及强度的高低；节点集聚规模为该城市与其他城市网络联系值的加总值，呈现城市节点在网络中的空间流集聚能力以及集聚规模大小；节点中心度为各城市节点集聚规模占最大节点集聚规模的比重，反映该城市在网络中的地位。测度结果显示，成都和重庆中心城区之间的联系最强，构成了成渝地区双城经济圈的最强、最粗联系轴，而且随着时间的推移，这种联系不断强化。与此同时，成都与德阳、绵阳、乐山的联系强度也相对较大，而其余城市之间的联系普遍相对不足，其联系网络比较稀疏。总体上，成渝地区双城经济圈城市网络联系空间具有明显的空间不均衡性，呈现以成都和重庆中心城区为一联系主轴、以成都与德阳、绵阳、乐山等为一联系主轴的 T 形格局。

进一步从网络节点集聚规模和节点中心度来看（图7-5 和图 7-6），成都和重庆主城区是成渝地区双城经济圈网络的极核，这两大城市（区）集聚了大量的空间流而成为网络的核心。2019 年成都和重庆中心城区的节点集聚规模达到85 182 和73 345，分别是排名第三的绵阳（16 245）的 5.24 倍和4.51 倍。2006~2019 年的成都和重庆中心城区的网络节点中心度保持在 70%以上，而且在 2010~2019 年呈现"双核并驾齐驱"的运行特征。与之形成鲜明对比的是，除过成都和重庆主城区之外，成渝地区双城经济圈其余城市（区、县）的节点集聚规模和节点中心度整体都偏低。尽管这些区域集聚了少量的经济流而成为网络中不可缺少的一部分，但仍处于网络的边缘位置。

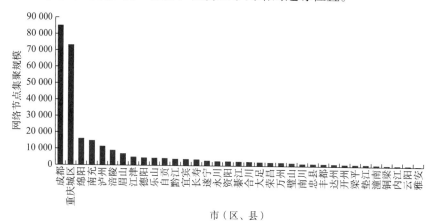

图 7-5　成渝地区双城经济圈各市（区、县）的网络节点集聚规模（2019 年）
资料来源：根据 Wind 资讯等整理计算

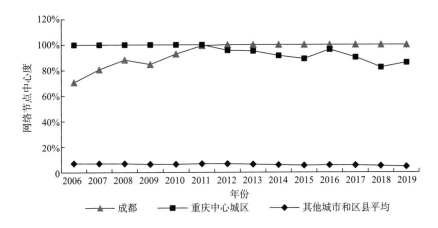

图 7-6　成渝地区双城经济圈成都与重庆中心城区网络节点中心度变动
资料来源：根据 Wind 资讯等整理计算

（二）成渝双核和各轴带人口空间分布与集聚进程不一

结合点域、线域、面域要素及其组成来看成渝双核、各轴带的人口空间分布，进一步考察空间特征及协同发展现状。为了便于比较，将成都和重庆主城区作为成渝双核，将资阳、遂宁、内江、永川、大足、荣昌、潼南、铜梁、璧山等划归到成渝主轴，将泸州、宜宾、江津、长寿、涪陵、丰都、忠县、万州、云阳等节点城市划归为沿江城市轴，将德阳、绵阳、眉山、乐山、雅安划归到成绵德乐城市带。不同分类区域的常住人口规模、变动及空间分布显示（图 7-7），成渝双核的常住人口规模不断增加，由 2008 年的 1 955 万人增加到 2019 年的 2 542 万人，表明成都和重庆中心城区的极核地位不断固化和强化。然而，成渝主轴上（除过成都和重庆中心城区）的常住人口规模随着时间的推移却出现了微幅下降，由 2008 年的 1 598 万人变动到 2019 年的 1 425 万人，减少了 173 万人，其中除了行政区划调整导致相关城市人口增减变动外，也与成渝双核的较强的虹吸效应有关。沿江城市轴、成绵德乐城市带（除过成都）常住人口规模自 2010 年以来呈现持续缓慢增长态势，且沿江城市带人口增速相对更快，人口绝对规模上也领先于前者。成渝双核与各轴带常住人口变动及分布差异反映出空间不平衡发展特征突出，反映出现阶段成渝地区双城经济圈的空间结构仍然在持续调整。

（三）经济圈全域空间组织结构持续极化调整

借助基于规模-位序法则的多中心分析方法，通过线性回归得到幂指数以测度和刻画区域空间结构的单中心或多中心特征：该指数绝对值越大，表明人口规模与位序的拟合线越陡峭，区域单中心空间特征越明显。利用成渝地区 2010 年和 2019 年 16 个地级及以上城市对数形式的城区人口规模和位序指标进行线性拟合发现（图 7-8），2010 年规模-位序幂指数的绝对值为 1.21，大于 1，呈现为比较明显的极化特征。2019 年，该幂指数的绝对值进一步增大至 1.29，反映出由城区人口规模-位序呈现的成渝地区双城经济圈空间极化特征进一步强化。

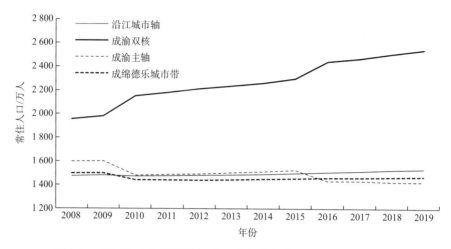

图 7-7　成渝地区双城经济圈双核、各轴带常住人口规模分布及变动

资料来源：根据 2009~2020 年《四川统计年鉴》和《重庆统计年鉴》整理计算

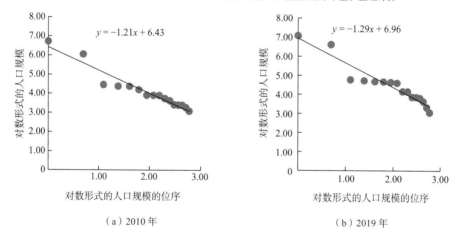

（a）2010 年　　　　　　　　　　　　　（b）2019 年

图 7-8　对数形式的城市城区人口规模与位序的线性拟合关系（2010 年、2019 年）

资料来源：根据《四川统计年鉴 2020》和《重庆统计年鉴 2020》计算整理

进一步对成渝地区双城经济圈城市网络空间结构整体特征进行刻画，借鉴 Taylor 等（2008）的测度方法，将区域内网络节点中心度排名第二至第六位的城市取节点中心度的平均值作为反映区域网络空间单中心或多中心特征的指标，该指标值越大，说明区域城市网络多中心程度越明显。测度结果发现，成渝地区双城经济圈城市网络多中心度值较低，且有下降趋势。该指数值由 2006 年的 32.50% 缓慢下降到 2019 年的 29.44%，说明地区城市网络的多中心化程度不足，双核空间网络结构有持续强化的趋势。

三、区域产业协同现状

区域产业协同是区域协同的重要构成内容，主要体现为区域产业分工协作及其深化。成渝地区双城经济圈各地区和城市的资源禀赋与比较优势存在差异，产业分工协作具备一定的现实基础。但由于自然地理、经济社会、历史文化、行政因素等的影响，成渝地区双城经济圈不同城市间产业结构相似程度比较高，中心与外围的地区专业化存在较大差异，但近年来也出现了一些积极变化。

第一，区域产业结构整体差异较小，近年来呈现出新变化。通过测算成渝地区双城经济圈 16 个城市第二、三产业 18 个行业门类的产业结构差异度①发现，不同城市间的产业结构差异系数整体较低，反映出产业同构、同质化现象比较严重。2005~2019 年，一些重点城市之间的产业结构差异度系数出现平缓的 U 形变动特征（图 7-9），反映出区域产业结构差异由大变小再变大，即产业结构相似度由小变大再变小，产业结构同构经历先加剧后逐步弱化的过程。其中，2012 年以来成都与资阳、绵阳、德阳，重庆与资阳、宜宾等城市的产业结构差异度系数明显提升，表明其区域发展差异互补、产业分工协作的条件逐步转好。

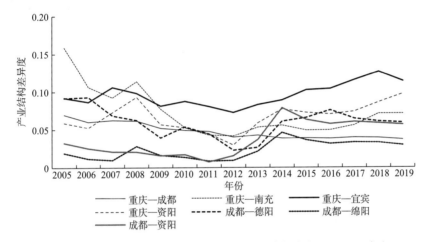

图 7-9　成渝地区部分城市产业结构差异度及其变动（2005~2019 年）

资料来源：根据 2006~2020 年《四川统计年鉴》和《重庆统计年鉴》整理计算

第二，成都和重庆双核产业结构整体相似度高，个别产业门类各具优势。区位商是识别产业集聚程度或衡量地区产业相对优势的常用指标。通过测度各城市区位商发现，作为成渝地区双城经济圈两大极核的成都和重庆市的产业结构相似度较高，2005~2019 年保持在 0.93~0.97，且逐步缓慢增大，表明成都和重庆的产业结构相似度高，而且有进一步加剧的趋势。进一步，测度各个细分行业门类的区位商发现（图 7-10），2019 年成都和重庆在制造业、金融业、房地产业、租赁和商业服务等大多数行业门类上区位商比较接近，表明在这些行业具有相近的专业化程度。与此同时，两地在个别行业上的专业化程度存在明显差异，如重庆在水利、环境和公共设施管理业上的专业化程度明显要高于成都，而成都在交通运输、仓储和邮政业以及科学研究、技术服务和地质勘查业上的专业化优势明显大于重庆。这说明两地产业同构及竞争问题一直存在且有加剧趋势，但个别产业上具有差异互补和分工协作的潜力与条件。

---

① 区域产业差异度通过区域产业结构相似度的逆向转换得到，即区域产业结构差异度=1-区域产业结构相似度。该指标可以反映地区间产业结构的差异与互补情况。

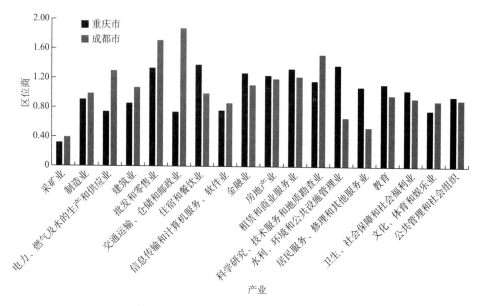

图 7-10　重庆市和成都市区位商（2019 年）

资料来源：根据《四川统计年鉴 2020》和《重庆统计年鉴 2020》计算整理

第三，产业分工在核心与外围之间初步形成，成都和重庆两地专业化程度高，其他地区专业化程度普遍低。用地区加权区位商指数衡量地区专业化程度，测度结果显示（图 7-11），成都和重庆的地区专业化程度一直较高，且远领先于经济圈内的其他城市，其加权区位商在样本期内大多数年份是其他城市加权区位商平均值的 5~6 倍。加权区位商在核心与外围地区存在数量级差异，反映出中心和外围地区专业化程度的势差大，外围地区专业化水平有待加快提升。

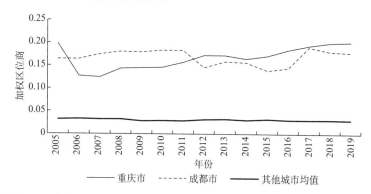

图 7-11　成渝地区双城经济圈城市加权区位商及其变动（2005~2019 年）

资料来源：根据 2006~2020 年《四川统计年鉴》和《重庆统计年鉴》计算整理

　　进一步，基于生产制造 4 个产业门类和生产服务 6 个产业门类①对中心和外围地区的空间功能分工状况进行测度，发现成渝地区双城经济圈中心与外围之间的功能分工水

---

① 这里的生产制造包括采矿业，制造业，电力、燃气及水的生产和供应业，建筑业；生产服务包括交通运输、仓储和邮政业，信息传输和计算机服务、软件业，金融业，房地产业，租赁和商业服务业，科学研究、技术服务和地质勘查业。

平随着时间的推移不断提升，成都和重庆两大核心城市在交通运输、仓储和邮政业，租赁和商业服务业，科学研究、技术服务和地质勘查业等领域具有专业化功能优势，而外围地区在生产制造方面呈现出比较明显的专业化功能优势，表明双城经济圈中心与外围的空间功能分工初步形成。事实上，近年来成都和重庆与周边地区和城市在功能互补、产业分工协作方面的合作协议不断出台，川渝毗邻地区共建产业合作园区的步伐稳步展开，特别是 2020 年中央层面提出成渝地区双城经济圈建设以来，成渝地区在成都和重庆两个中心城市组织带动下，城市间的空间功能分工与产业协作进度明显加快，开局良好。

四、区域规划协同现状

对于跨行政区的地域而言，区域协同态势的形成和协同发展水平的提升力离不开区域发展规划的引导和规划的协同统筹。自西部大开发战略实施以来，成渝地区和整个西部的经济社会发展进程明显加快，国家和地方层面涉及成渝地区发展的规划陆续出台，为成渝地区不同阶段发展问题的解决、主要发展目标的实现提供了基本遵循和行动指引。目前，围绕《成渝地区双城经济圈建设规划纲要》，各层面的规划在加紧制定和出台，初步形成了良好的规划协同开局态势。

第一，中央层面相关规划接续出台，成渝地区协同发展的顶层部署和指引逐步完善。2011 年，国务院批复实施《成渝经济区区域规划》，该规划对成渝经济区的具体发展目标、战略定位、区域空间布局等进行了部署。2016 年，国家发展和改革委员会、住房和城乡建设部联合印发《成渝城市群发展规划》，规划涉及成渝城市群发展定位与布局、产业分工与协作、基础设施的互联互通等多个重要方面。2020 年 1 月 3 日，中央财经委员会第六次会议明确提出，推动成渝地区双城经济圈建设。同年 10 月 16 日，中共中央政治局召开会议审议《成渝地区双城经济圈建设规划纲要》，标志着成渝协同发展进入全新阶段。中央和国家层面这些承前启后、继往开来和与时俱进的规划的颁布实施，为成渝地区的协同发展提供了顶层设计、总体遵循和重要保障。

第二，川渝两地相关规划加快制定实施，规划协同工作启动并逐步展开。特别是2020 年以来针对双城经济圈国土空间布局优化的规划及协作协同加快展开。例如，2020 年 5 月，川渝两地规划和自然资源部门共同签署《深化规划和自然资源领域合作助推成渝地区双城经济圈建设合作协议》，在推动成渝地区双城经济圈国土空间规划编制、协调各级国土空间规划编制等多个方面深入合作。同时，两地将相关战略要求转化为五年行动，共同推进《成渝地区双城经济圈国土空间规划》编制工作，并形成相关具体工作方案等。

第三，区域内地市、区县协同发展和一体化发展相关规划加紧谋划出台，如涉及成德眉资同城化发展、"万开云"一体化协同发展的相关规划陆续制定或出台。2020 年以来，相关区域规划建设加紧加密开启，遂潼川渝毗邻地区一体化发展先行区规划建设、万达开川渝统筹发展示范区规划建设、合广长环重庆主城都市区经济协同发展示范区规划建设等相继启动，区域内规划协同态势良好。

总之，伴随着中央层面成渝地区双城经济圈建设的提出以及《成渝地区双城经济圈建设规划纲要》的颁布，四川和重庆两省市间的相关规划部署陆续出台，并加紧对接，一些城市、区县之间的合作也逐步展开并力图通过制定规划的方式更好落实和推进，为引导和促进区域协同发展开新局提供了保障。

五、区域政策协同现状

区域政策是比区域战略和区域规划更详细、更具有针对性的措施和手段，围绕成渝地区双城经济圈建设战略部署和规划要求，相关政策正在加快制定和落实。

一方面，跨行政区政策对接和协同稳步推进。各地按照中央层面有关成渝地区双城经济圈建设部署和要求，积极加强在投资、产业发展、要素流动等方面的政策沟通和对接，政策协同机制逐步建立。例如，2020 年 4 月，四川省发展和改革委员会地区处、重庆市发展和改革委员会合作处分别加挂推动成渝地区双城经济圈建设统筹处，新设推动成渝地区双城经济圈建设政策协同处、项目推进处，主要负责相关政策协同和项目推进工作。7 月，四川和重庆两省市政府办公厅联合印发《川渝毗邻地区合作共建区域发展功能平台推进方案》，明确提出探索建立互联互通的基础设施支撑体系，探索建立协作共兴的区域产业体系，探索制定共享的公共服务政策等。2021 年 1 月 4 日，川渝两省市政府办公厅共同印发《成渝地区双城经济圈便捷生活行动方案》，提出在交通通信、户口迁移、就业社保、教育文化、医疗卫生、住房保障等方面实施便捷行动，加强政策相互衔接和政策协同联动。

另一方面，相关领域政策及改革重点逐步明确。2020 年 4 月，四川省出台《推动成渝地区双城经济圈建设重点改革工作安排》，明确 20 项重点改革任务。同年 8 月川渝两地联合印发《关于推动成渝地区双城经济圈建设的若干重大改革举措》，针对性地提出了 11 条需两省市协同推进的重大改革举措。2021 年 3 月 8 日，川渝两省市政府办公厅联合发布《成渝地区双城经济圈"放管服"改革 2021 年重点任务清单》《川渝通办事项清单（第二批）》，明确提出了涉及两地企业群众办事创业需求的 43 项重点任务以及 115 项高频政务服务事项。

第二节　存　在　问　题

成渝地区双城经济圈在空间、产业、规划和政策等层面的协同步伐加快推进，总体形成了良好的开局和态势，但由于自然地理、经济社会、制度政策、历史文化等多重要素的相互制约和相互影响，成渝地区双城经济圈发展中也存在不少的挑战，面临的发展不充分、不平衡问题更为突出且多重特殊矛盾交织（唐文金，2020）。成渝双核作为引领带动区域发展的能力尚且不足，区域地域功能的整合提升能力及水平不够，面临成长中的烦恼。成渝地区双城经济圈在空间、产业、规划和政策等方面的协同存在多方面问题，使得区域内的巨大发展潜能与活力没有充分激发和释放出来。

一、空间结构不合理制约空间效率与潜能释放

（一）空间极化问题突出，城市规模体系断层

成渝地区双城经济圈空间形态呈现为两个单中心都市圈的组合模式，存在双核极化现象比较突出、中间塌陷等问题，城市规模空间分布具有明显不平衡性，城市层级体系不完善，存在中间断层问题。结合2019年城区人口规模分布看（表7-2），现阶段成渝地区双城经济圈城市体系总体呈现为成都重庆双核首位度较高、中等规模城市严重缺乏的问题。即使在大城市行列中，也呈现出断层问题，表现为城区人口在300万~500万的Ⅰ型大城市严重缺乏，人口规模100万~300万的Ⅱ型大城市数量较多（有6个），且城市能级普遍较低，规模差异较小，城区人口在100万~120万浮动。总体而言，现阶段成渝地区双城经济圈城市体系规模空间结构不合理，存在双重中间塌陷与断层问题，即在大、中、小城市分布中呈现为中等规模城市数量和发展不足；在大城市分布中，Ⅰ型大城市严重缺乏，Ⅱ型大城市存在既不大又不强的问题。

表 7-2　成渝地区双城经济圈 16 城市的规模及分类

城市规模分类		城市名称及 2019 年城区人口规模/万人
超大城市		重庆市（1 185.60）
特大城市		成都市（746.22）
大城市	Ⅰ型大城市	无
	Ⅱ型大城市	泸州市（118.77）、宜宾市（113.02）、南充市（107.70）、自贡市（106.85）、达州市（104.32）、绵阳市（100.46）
中等城市		内江市（63.99）、乐山市（63.72）
小城市	Ⅰ型小城市	遂宁市（47.95）、眉山市（47.55）、德阳市（45.11）、广安市（37.89）、资阳市（27.85）、雅安市（21.30）
	Ⅱ型小城市	无

资料来源：根据《中国城市建设统计年鉴 2019》整理

空间结构决定区域资源要素配置的空间效率，合理有序的城市体系和空间结构是区域资源配置优化的重要载体和平台，而不合理的城市体系和空间结构对区域发展会造成不利影响。现阶段成渝地区双城经济圈存在的空间结构失衡、城市体系断层等问题，直接制约了其空间效率与潜能的释放。同时，城市规模扩张依然存在整体不充分与城市间分布不平衡的问题，极大限制了区域市场整体规模经济效应的发挥。

（二）双核集聚力强劲而辐射带动作用不足

现阶段成渝双核既是成渝地区双城经济圈人口集聚的规模中心，也是大量空间流汇聚的组织中心，规模中心与组织中心的双重叠加使得双核的集聚能力不断强化，中心地位异常突出。在集聚外部性和网络外部性的作用下，这种空间结构不仅难以让集聚效益和扩散效益有机叠加，反而双核的集聚能力被不断放大，辐射带动能力弱化，"虹吸效应"强劲，周边存在"集聚阴影"现象。通过成都都市圈4城市网络节点中心度的变动来看（图7-12），2000年以来成都在整个网络中的节点集聚规模不断增大，节点中心地位显著提升且十分突出，但同时其周边的资阳和德阳的相对节点中心度则出现了总体

下降趋势。成都周边城市的空间流集聚能力与成都差距极大，二者形成了明显的"剪刀差"。尽管眉山市的相对节点中心度在 2014 年有了显著提升并迈向新台阶，但 2015 年以来在新台阶上出现了持续下降，反映出现阶段成都都市圈中成都极核的"虹吸效应"强劲而"扩散效应"尚且不足，没有充分带动周边城市的发展。

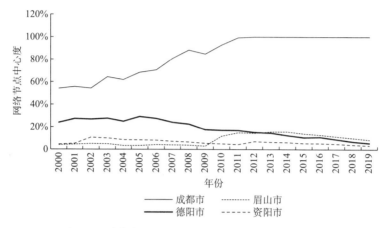

图 7-12　成都都市圈 4 城市网络节点中心度及其变动
资料来源：根据 Wind 资讯等计算整理

从理论和实践经验看，与单核、单中心独大的空间结构相比，多核、多中心城市网络因同时具有多中心和网络化组织结构特征，可以实现对集聚外部性和网络外部性的互锁与强化，具有区域经济协调发展功效（丁如曦等，2020）。成渝地区双城经济圈双核突出的空间结构优势体现在具备十分强大的双核整合力量，可以在广泛的区域内组织人口、产业和资源配置，积极承接发达地区的产业转移，甚至可以在全国和全世界范围内吸引汇聚高端资源要素为成渝地区所用。两个超大核心城市如果高效集聚人口和经济社会活动且良性竞合、相向而行，则可以在大幅度提高区域经济运行效率、优化产业布局的同时，促进知识、信息增进和创新活动，使其成为区域经济发展的主引擎而发挥龙头带动作用。但成渝地区双核突出的空间结构也存在不容忽视的劣势，主要体现在现阶段核心城市极化过度而扩散不足，对区域经济的辐射带动作用不够，有碍经济圈内其他城市的成长发育，容易造成城市体系的断层，不利于区域协同发展（姚士谋等，2016）。因此，成渝双核集聚与扩散作用之间的合力强度将直接影响经济圈协同发展的进程与效益，只有扭转单方向过度集聚和虹吸、形成多向度集聚与扩散效应的叠加与聚合，才有利于双核辐射及双核整合作用的发挥。

（三）空间互联互通相对滞后，轴带串联支撑作用不充分

虽然近年来成渝地区交通路网密度在不断提升，但路网覆盖程度仍然不足，主要表现为域内城际铁路和高铁网络建设相对滞后，成都、重庆之间的快速交通联系通道发展较慢。一方面，成都、重庆与其他城市之间，以及成都、重庆周边节点城市与小城镇之间的快速联系通道不足；另一方面，域内南北向快速铁路联系相对薄弱，成渝双核与各轴带节点城市之间以及各轴带节点城市之间的快速通道联系欠缺。此外，既有交通通

道、轴带上缺乏必要的产业布局、产业拓展、资源配套，使得通道经济及其效应不足，也制约了成渝双核沿着交通通道发挥辐射带动作用。总之，现阶段成渝地区双城经济圈区域空间结构优化的交通制导作用不明显，交通网络建设以及交通在塑造经济密度走势、引导人口规模合理分布方面的作用有待充分发挥。

二、分工协作深度不够影响地域功能整合提升

（一）成都和重庆双核间产业同构比较严重造成背向而行

经济圈的基本动能是城市之间分工与合作，通过产业分工挖掘区域比较优势，增强市场竞争力。多年来，重庆和成都两地没有形成良好的产业分工与互补的关系而存在竞争远大于合作、背向而行问题。主要原因在于：一方面，成都和重庆的产业结构相似度高，近年来保持在0.96左右且有缓慢加剧趋势，支柱产业同构化、同质化问题突出，导致主导产业资源要素竞争尤其是高端发展平台竞争日趋激烈（成都科技顾问团，2020；李优树和冯秀玲，2020）；另一方面，重庆主城和成都周边及中间地带还没有形成具有承接、连接功能和较强产业集聚力的次级枢纽城市，导致域内生产网络一体化程度不高。此外，由于成渝中间地带城市发展能级普遍不足且产业结构和发展水平相似，与成都和重庆两大核心城市的功能分工和功能协同整体不足，这些城市彼此之间在赋能兴业过程中也存在竞争关系，产业分工协作面临较大的挑战。

（二）区域产业分工协作程度不高制约区域比较优势聚合

由于历史、地理、行政、经济、社会等因素的影响，成都、重庆以及德阳、宜宾等城市产业发展多是自成体系，产业分工协作特别是产业链环节上分工不足。两大极核与周边城市功能互补、功能整合和功能协同进程缓慢，存在产业链"断链""弱链"等问题，"补链""拓链""强链""优链"发展任务迫切。与此同时，域内中小城市由于自身规模和发展条件的限制，在区域内和区际产业分工网络中的嵌入性和互联能力不足，使得区域城市网络的功能互补与协同效应难以形成，并进一步制约了价值传递和增值能力。也就是说，现阶段成渝地区双城经济圈尚未形成由中心城市按照城市间的比较优势和经济联系组织由近及远、由点到面的产业分工网络，各区域分散的比较优势尚难以聚合为整体发展优势。

此外，由于成渝地区双城经济圈双核之外的城市的城镇化发展的产业支撑不足，庞大的人口规模优势和城镇化潜力未能真正转化为现实的城市发展优势以及产-城-人融合互促优势，存在常住人口规模大但城区人口规模明显偏小、城市规模分布结构和空间结构不合理、发展不平衡不充分等突出问题。

（三）与新发展阶段不相适应的地区间无序竞争依然存在

在高度联通的现代社会，城市并非空间中孤立的个体，而是城市体系和经济社会网络中的节点，并在与其他城市相互联系、相互作用过程中开放发展。特别是在新发展阶段和区域协调发展导向下，更加要求城市间应形成良好的竞合关系，并在融入网络的过程中不断提高自身的战略耦合能力和价值捕获与创造能力，形成融通互惠发展格局。

现实中，成渝地区双城经济圈域内由于分工协作不足和行政分割的原因，一些城市在招商引资、高端要素集聚等方面存在比较激烈的竞争。加之域内除过成都和重庆之外的其他大多数城市在发展阶段、规模能级等方面比较接近，共同面临成长壮大的诉求与烦恼，为了追求本地经济利益和规模扩张，不惜与周边城市展开激烈竞争，甚至演化为恶性竞争。尽管区域发展中竞争不可避免，保持适当的竞争并建立良好的竞合关系有助于激发各地区地发展潜能，但过度竞争则会适得其反，容易导致出现偏离区域比较优势和资源禀赋的主导产业同质化和重复建设问题。因此，要想充分发掘成渝地区的巨大发展潜能与活力，需要建立良好的城市竞合关系并相向而行，形成优势互补与协同共兴的发展格局。

三、规划衔接不足影响区域协同的广度与深度

第一，地方层面行政区规划占主导，经济区层面规划及协同不足。尽管成渝地区相关发展规划制定实施及协同步伐在加快，但总体呈现为行政区规划为主导，多是基于本地发展利益和中长期发展目标对所辖行政区域内的社会经济发展和建设布局进行规划，而涉及经济区这一由自然条件、经济发展方向大体一致的行政区组合而成的地域经济组织单元的规划相对不足，使得经济区内解决区域之间发展不平衡或区际分工协作问题缺乏统一的部署和依据。在现阶段我国的区域经济已开始由传统的省域经济、行政区经济向城市群经济、经济区经济转变的背景下，跨行政区的协同发展诉求日渐强烈，经济区规划的不足和规划协同性的欠缺，不利于区域生产力布局和地域功能的整合提升。

第二，各地区总体规划与专项规划之间的协同程度有待提升。在目前成渝地区已出台的一些规划中，专项规划和总体规划之间以及专项规划之间衔接协同度不够，如交通建设、产业发展等相关规划内容的组合搭配不够，一些规划的科学性、前瞻性和协同性相对不足。尤其是有些地区和城市的产业规划多是自成体系，很少涉及与周边地区产业分工协作协同及配套对接的问题，缺少主动承接中心城市功能疏解、产业转移等方面的规划部署，甚至存在不结合本地区发展阶段、不顾本地资源禀赋和比较优势而盲目借鉴发达地区、一味追求产业高大上的规划"过度"问题。

第三，资源统筹利用的规划引导机制不完善，影响区域协同进程。目前，成渝地区一些涉及资源利用的内容多停留在协议和框架层面，统筹利用区域资源要素的规划相对不足，涉及的内容比较单一或比较概略，引导机制也够完善，没有真正转化为区域资源统筹利用和生产力布局的具体行动依据和具有约束力的部署，影响了相关合作内容的落实落地。

四、资源要素跨区域流动面临行政和政策壁垒

第一，区域发展面临行政性因素的制约。成渝地区双城经济圈横跨四川和重庆两个省级行政单元以及许多地市、区县行政单元，在过往的发展中存在比较突出的行政区经济现象和问题，使得经济活动空间受制于行政区划范围，行政区边界存在屏蔽效应，跨行政区的生产要素流动受到严重阻碍。同时，各行政区内实施的产业政策和提供的公共服务存在

很大差异，导致各类生产要素的集聚也出现差异，最终影响到各地经济集聚能力和劳动生产率的差异，限制了行政区边界两端的区域一体化发展（孙久文和张翱，2020）。尽管成渝地区经历了成渝经济区、成渝城市群等规划发展时段，区域交通联系和人口、资源要素的流动规模和速度都有了很大的提升，但由于传统的行政区经济具有封闭性和稳定性，其消极影响在现阶段依然存在。以行政区为主的各地产业政策、公共服务政策存在分割和衔接不畅等问题，资源要素跨区域、跨边界流动面临行政和政策壁垒，这与中央层面提出的"促进产业、人口及各类要素合理流动和高效集聚"要求还存在较大差距。

第二，政策协同刚起步亟待深入和拓展。自中央层面提出成渝地区双城经济圈建设以及要求"牢固树立一盘棋思想和一体化发展理念"以来，成渝地区地方层面的政策协同加紧推进，政策机制创新步伐明显加快，特别是四川省发展和改革委员会和重庆市发展和改革委员会皆新设了推动成渝地区双城经济圈建设政策协同处、项目推进处，为两地政策协同提供了体制机制保障。但总体而言，由于政策协同刚起步，目前许多政策及协同还停留在思路、协议或框架层面上，具体的协同发展基础设施政策、产业政策、公共服务政策以及具有针对性的政策协同力度还不够，有待后续持续深入和拓展。

第三，要素跨区域流动存在制度性壁垒。由于现阶段成渝地区双城经济圈区域市场机制、合作机制等尚未建立健全，地方保护和市场分割现象仍然存在，行政壁垒未完全破除，区域内统一市场和信用体系建设进展缓慢，区域协同发展、一体化发展成本共担和利益共享机制尚不完善，制约了区域协同发展进程。此外，不同行政单元在产业发展、公共服务等政策上行政分割的存在，导致各地区在各类资源要素的集聚上也存在差异，影响到区域资源要素的合理流动和高效集聚。同时，现阶段成渝地区中心城市与外围城市间、川渝毗邻地区之间存在较大的发展势差和政策落差，人才、资金、信息等资源要素的跨区域流动和配置面临制度和政策壁垒限制，进而影响了区域板块的融合互动和区域协同发展的进程与效益。

第三节　案例分析：遂潼川渝毗邻地区协同发展

在成渝地区双城经济圈协同发展过程中，川渝毗邻地区的协同发展是其中的一项重要内容，也是现实中的难点问题。遂宁和潼南作为川渝毗邻地区的典型代表，近些年来在区域协同发展方面做了许多实践探索，从四川省人民政府和重庆市人民政府同意批复设立遂潼川渝毗邻地区一体化发展先行区，到两省市发展和改革委员会联合印发《遂潼川渝毗邻地区一体化发展先行区总体方案》，两地协同发展不断迈向新台阶。对此进行案例分析，不仅有助于审视成渝地区协同发展的实践问题，而且有助于为破解协同难题提供经验借鉴与政策启示。

一、协同发展基础与条件

（一）地理空间紧邻，区位优势明显

遂宁和潼南是分别属于四川省的地级市和重庆市的区县，两地在地理空间上紧邻相

连，历史同脉，文化同源，地理同域，同处四川盆地中心，位于全国"两横三纵"城市化战略格局沿长江通道横轴和包昆通道纵轴的交汇地带，以及成都东向重庆、重庆西向成都的要道之上。两地主城区直线距离 35 千米，距离成都天府国际机场、重庆主城区不到 100 千米。其中，遂宁是联动成渝的发展轴心，川渝毗邻地区先行区，也是互济南翼、北翼的中枢纽带，是成渝间重要的节点城市和综合交通枢纽；潼南地处重庆、成都两座国家级中心城市 1 小时经济圈交汇点，位居成渝腹心，是成渝两地合作发展的门户之城和桥头堡。

比较成渝地区双城经济圈各城市的区位条件，无论是东向的万州—重庆主城—泸州、西向的绵阳—德阳—成都—乐山，还是北向的广元—南充—达州、南向的内江—自贡—宜宾，皆非成渝主轴地带，而遂宁、潼南位于成渝地区双城经济圈地理中心和成渝发展主轴的重要联结带上，两地的区位优势明显，为联通成渝"双核"互动、双向开放合作与协同发展创造了良好条件。

（二）资源优势互补，产业基础良好

遂宁物产丰富，资源富集，是四川省重要的粮食、油料、生猪、水果、中药材生产基地。石油、天然气、盐卤等资源储量也比较丰富。此外，遂宁拥有涪江纵贯全境、穿城而过的水环境优势以及山、寺、湖、岛、城共生体的独特资源禀赋，"绿色"是其发展底色，为农业、工业和文旅等产业发展奠定了良好基础。潼南则拥有丰富的水电、天然气、旅游等资源，为其改造升级传统产业、培育壮大新兴产业、推动三次产业融合发展、着力构建现代产业体系奠定了重要的资源基础和条件。

近年来，遂宁潼南两地电子信息、智能制造、节能环保等优势产业加快聚集，具备整合提升、集群成链的发展基础。两地是成渝地区重要的"菜篮子""果篮子"，"潼南绿""遂宁鲜"农产品区域公用品牌具有融合发展潜力。两地正在加快建设巴蜀特色康养和休闲度假旅游目的地，具有联手打造巴蜀文化旅游品牌的资源优势①。

（三）合作意愿强烈，合作机制健全

遂宁潼南山水相连、人文相亲，历史上大多数时间同属一个省级行政区域，在经济、社会、文化等方面一直存在强烈的合作意愿和现实交流，具有实施协同发展、一体化发展的地理和人文基础。相邻的地理位置加强了两地合作的基础，相似的地理环境和资源优势互补进一步激发区域合作意愿以实现规模经济和协同增长。特别是成渝地区双城经济圈建设上升为国家战略，更是鼓舞了两地的合作信心与干劲。

另外，两地的合作机制不断完善和健全，共同成立一体化发展领导小组和多个专项工作组，已签订"1+N"合作协议，建立重点事项清单化管理机制、两地党政定期互访机制、部门协同机制等。制定共同推进基础设施建设、产业分工协作、生态环境保护、公共服务共享等中长期规划、中短期行动计划和年度重点任务，率先开通川渝首条跨省城际公交，实现住房公积金异地互贷①。

---

① 资料来源：遂潼川渝毗邻地区一体化发展先行区总体方案. http://www.scanju.gov.cn/zfwj/-/articles/20522707.shtml，2021-02-05.

二、协同发展实践与现状

（一）空间协同稳步推进

2020 年 12 月，遂潼川渝毗邻地区一体化发展先行区获批，将遂宁市和重庆市潼南区全域纳入规划范围，统筹进行空间布局，标志着两地空间协同进入新阶段。以遂宁中心城区、潼南中心城区建设为重点，以现代产业创新走廊、涪江生态绿色走廊、琼江乡村振兴走廊为纽带，以遂潼涪江创新产业园区为载体，"双中心、三走廊、一园区"空间结构正在加快规划布局和推进，引导两地逐步形成集约高效、疏密有度、生态宜居的空间格局。

此外，遂潼协同发展、一体化发展的国土空间战略规划加紧制定，空间战略规划范围涉及遂潼全域一体化地区和遂潼涪江新区两个空间层次。同时，一些与空间协同有关的交通基础设施、产业园区建设也在加紧谋划和实施，为促进两地点域、线域和面域空间要素的统筹布局利用与空间协同发展提供前期准备。

（二）产业协作加快谋划

围绕柠檬、生猪等特色优势产业，遂潼两地共同规划建设现代高效特色农业产业带和川渝乡村振兴遂潼合作示范区，建设涪江沿岸特色农产品标准化基地，加强"遂宁鲜"与"潼南绿"等区域公用品牌深度合作，做大做强做优现代农业。同时，共同启动编制遂潼工业经济一体化协同发展规划，推动天然气化工、锂电及新材料、电子信息、装备与智能制造等产业协同发展。

遂潼两地在锂电及新材料、电子信息、油气盐化工、智能制造、绿色食饮五大产业领域加快协同发展步伐，整合产业资源与平台，共建产业园区，促进产业配套协作。遂宁高新技术产业园区与潼南高新技术产业园区共同申报并已被纳入首批成渝地区双城经济圈产业合作示范园区，园区将重点发展智能制造、特色消费品、环保表面处理、绿色建筑建材等产业集群。

（三）规划协同逐步深入

早在 2017 年，遂潼两地就已正式建立战略合作关系。随着成渝地区双城经济圈建设上升为国家战略，遂潼两地合作持续升温，规划协同工作加快推进。例如，编制完成《遂潼一体化发展规划》《遂潼工业一体化协同发展规划》等，共同规划建设遂潼涪江创新产业园区，并协力争取重点规划项目和事项进入重庆市、四川省规划。

两地还共同编制了《遂潼川渝毗邻地区一体化发展先行区总体方案》，共同建立了遂潼一体化发展规划体系，同步启动国土空间、产业发展等专项规划编制。在共谋空间规划、共推基础设施、共兴优势产业、共抓科技创新、共治生态环境、共享公共服务等方面，双方正在积极开展交流与合作。

三、协同发展经验与启示

川渝毗邻地区的合作发展是成渝地区双城经济圈区域协同发展的重点和难点，从遂潼川渝毗邻地区协同发展、一体化发展先行先试与实践探索来看，一些行之有效的经验和做法正在不断积累，并具有实践与政策启示意义，值得推广和借鉴。

（一）加强规划引导：协同发展，规划先行

对于省域毗邻地区而言，协同发展离不开规划统筹与引导，遂潼两地携手共绘发展蓝图，共同编制一体化发展先行区总体方案，按照"宜工则工、宜农则农、宜商则商、宜游则游"思路，构建全域"双中心三走廊一园区"空间格局。在遂潼毗邻区域谋划建设遂潼涪江创新产业园区，全力打造"三地一枢纽"。自2020年3月遂宁潼南两地签订遂潼一体化发展"1+N"合作协议，遂潼协同发展、一体化发展迈出了实质合作步伐，逐步进入战略统筹、规划引导、全面深化的新阶段。两地围绕基础设施、产业发展、协同创新、体制机制等方面展开深度合作，不断加强规划协同。这些规划的落地实施将进一步引导两地的协同发展，也为其他的川渝毗邻地区协同发展提供了规划先行的经验借鉴。

（二）加强政策协同：政策对接，夯实保障

遂潼两地在交通建设、产业发展、公共服务等领域注重加强政策沟通和对接，促使一批标志性工程加快谋划实施，也推动了教育医疗资源共享以及人社资源互惠。此外，两地还比较重视政策对接和推进的机制化，搭建推动合作的专门机构，共同组建推动区域一体化发展的领导小组和工作专班，并依托合作协议和项目建设，梳理、制定创新性政策措施，为寻求两地携手合作的新突破做好管理和服务保障。这些政策对接有助于打破行政壁垒和政策分割，促进人口和资源要素的跨行政区流动和优化配置。

（三）加强产业协作：产业铸基，协作共赢

产业是发展的基础，产业分工协作是区域协同的核心。在遂潼川渝毗邻地区一体化发展先行区建设进程中，遂潼两地将产业发展与合作作为核心，着力实现优势互补、互利共赢，携手打造川渝一体化发展重要产业走廊。此外，两地依托毗邻地区乡镇，共同谋划建设产业园区，探索以特色产业为主导的"一园多区"发展模式。这种依托共建产业园区、推进产业分工协作的实践路径与方式，不仅有利于突破现有体制机制障碍和政策约束，走出一条跨区域毗邻园区相互促进、优势互补、互利共赢的产业共建发展道路，还有利于整合已有产业园区和功能平台，吸引集聚人才、资金、技术等要素资源，主动承接先行地区产业转移，发展壮大特色优势产业，夯实支撑区域发展的产业基础，共同建设具有较强竞争力的产业链和产业集群。

但不容忽视的是，由于区域协同发展是一个由无序至有序、从初级到高级的动态转变过程，具有动态性、系统性和复杂性。遂潼川渝毗邻地区协同发展开局良好，未来可期，但发展中面临的机遇与挑战并存，优势与短板同在。区域合作协作中还存在一些有待进一步理顺的权利、责任与利益关系，以及亟待解决的"政府热、市场冷""协议制定热、落地实施冷"等现实难题。同时，由于传统行政区经济的封闭性和稳定性，其消极影响在现阶段甚至较长的一段时间内将依然存在。如何在空间、产业、规划、政策等多个方面全面深入加强协作协同，以切实突破省域行政边界的限制，真正实现

"1+1>2"的跨域协同增长和高水平高质量协同一体化发展，还需要充分发挥市场主导和政府引导的作用、各方不断的共同努力以及更加有效的改革创新与实践探索。

第四节　发展路径

针对现阶段成渝地区双城经济圈区域协同中存在的问题与挑战，应按照中央对成渝地区双城经济圈建设的顶层设计、部署要求以及"一极两中心两地"的目标定位，结合成渝地区发展现实条件与发展潜力，确立并遵照"扬长处、补短板、打基础、抓关键"的战略原则，抢抓机遇塑造成渝地区双城经济圈区域协同新格局，以更加有效支撑和促进高质量规划建设和一体化发展。其发展思路与发展路径在于：着力塑造以双核引领带动、轴带串联支撑、多中心多节点网络化区域空间协同为载体，以产业分工协作、功能优势互补和经济利益共享的区域产业协同为核心，以中央和地方层面纵向、横向规划协同与政策协同为保障的区域协同新格局。建立以成都引领成都都市圈、重庆主城引领重庆都市圈发展，两大都市圈带动成渝地区双城经济圈发展新模式，推动川渝两大区域板块之间融合互动发展，形成统筹有力、竞合有序、绿色协调、共享共赢的成渝地区双城经济圈协同发展态势，努力实现比较优势充分发挥、空间潜能持续释放、区域差距范围合理、基本公共服务均等、资源集约高效利用、环境生态有效保护的区域协同发展目标。

一、优化区域发展空间格局

优化区域空间发展格局是塑造成渝地区双城经济圈区域协同新格局的基础和支撑，重在对区域点域、线域和面域空间要素进行合理组配、有机衔接和融合整合，处理好核心与边缘、中心与外围关系，形成双核引领带动、轴带串联支撑、双圈互动融合、多点结节成网的空间格局，实现空间效率与空间公平的统一，不断释放空间潜能，真正做到空间一盘棋和空间一体化。

第一，做强做优极核。极核即重庆主城和成都。在现阶段，既要极化核心提升能级，也要带动区域生产网络的完善，构建空间-要素-产业有机融合、体系完整的经济圈。按照"着力提升重庆主城和成都的综合竞争力，推动城市发展由外延扩张向内涵提升转变"要求，立足本地及资源环境承载能力，面向西部和全国，放眼欧亚与全球，增强双核在承载人口和发展要素方面的能力，在积极嵌入全国城市网络和世界城市网络的过程中提升其在更广范围内吸引集聚高端要素并加以优化配置的能力，不断提升在全国和世界范围的能级与层级。推动重庆主城和成都加速融入全球产业链高端和价值链核心，推动与经济圈其他城市的通道、产业、平台等领域的共建共享，不断强化优化其在要素集聚、资源集成、高端引领等方面的功能和作用，为双核充分发挥主引擎和龙头带动作用打下坚实基础。

第二，加强核轴联动。在成渝主轴、沿江轴、成绵乐交通轴等既有轴带基础上，充分利用铁路、高速公路、航运等干线对两大极核、极核与大中小城市（镇）以及大中小城市（镇）之间的串联互通作用，发展壮大经济走廊和通道经济。以快速通道建设和轴带联动带动区域协同发展，构建网络化区域发展新格局。通过轴带联动将四川的"一干多支"与重庆的"一区两群"空间发展格局进行有机整合。一方面为重庆主城和成都沿着轴带发挥辐射带动作用、处理好中心和区域的关系打好互联互通基础；另一方面为轴带上的城市增强人口、产业吸引力和集聚力以更好融入经济圈创造有利条件。通过加强核轴联动、支持次级节点中心城市的发展壮大，逆转中间塌陷格局，破除城市体系断层问题。

第三，推进双圈融合。双圈即重庆都市圈和成都都市圈。积极探索以极核引领都市圈发展，都市圈融合互动带动经济圈发展的新模式。在加快成德眉资同城化步伐发展壮大成都都市圈、加快重庆主城9区与周边12区（县）融合步伐发展壮大重庆都市圈的同时，积极促进成都和重庆主城耦合发展，让成都东进与重庆西扩在空间上相呼应，在功能上相互促进、相向发展。鼓励两大都市圈内不同规模、不同层级城市和区县之间展开跨区域深度联系与合作，在双核引领下相向而行并促进两大都市圈辐射范围的拓展、交叠以及区块边界的柔性化，提升整个区域资源要素的空间配置效率。

第四，织密城市网络。针对成渝地区双城经济圈空间网络联系的不平衡问题，应在区域一盘棋和一体化协同导向下促进大中小城市和小城镇链接性的提升以结节成网。从中心城市、都市圈、成渝主轴发展走廊、外围中心城市和县域单元等层面，识别优势潜力地区和有短板的空间以便有针对性地扬长避短，支持网络中关键性节点城市的发展壮大，推动区域资源要素的优化配置。一方面，促进成都和重庆主城对外联系通道的多向度延伸与对接，以扩大其发展所带来的利益受惠区间和范围；另一方面，支持中小城市和潜力型小城镇发展，增强其对外联通能力、网络嵌入能力和要素集聚能力，以及对中心城市非核心功能和转移产业的承载能力。通过发展和加强以交通网络为支撑的城市网络化联系，织密城市网络，强化功能互补与协同，促进成渝地区双城经济圈大中小城市与小城镇形成互利共生、开放协同、相互成就、整体成势的协同发展新局面。

在优化成渝地区双城经济圈点域、线域、面域空间要素组合搭配，处理好中心城市、都市圈、经济圈关系的过程中，还需要注意：区域空间结构的调整和优化是一个渐进的自然历史过程，涉及产业、人口、城建等多元因素及其复杂系统性的互动。成渝地区双城经济圈现阶段由人口空间分布和功能联系不平衡、不充分而形成的空间格局有其自身自然、地理、历史等原因以及经济发展、空间结构演变阶段性规律的使然，因此不应孤立地看待域内城市规模差异及空间分布不平衡，短期内一味追求人口和空间规模的扩张有可能带来重复建设和同质化竞争（陆军和毛文峰，2020），而应着眼于城市关系和城市网络视角，以提升网络地位和市场互动塑造差异互补和共生互惠的良性竞合关系。通过提升链接的质量、优化链接的方式、提高网络的密度，强化不同类型、不同规模城市特别是中小城市在融入中心城市引领的城市网络中的战略耦合能力和价值捕获与创造能力。在双核、多中心、多节点网络化空间支撑下发挥各地区比较优势，促进劳动力、资金、信息、技术等各类要素合理流动和高效集聚，推动形成主体功能明显、优势互补、高质量发展的成渝地区双城经济圈国土空间开发保护格局。

二、推进区域产业分工协作

产业是经济之本，区域产业分工协作是理顺区域经济利益关系、促进区域协同发展的关键，尤其是对于经济圈这样的实体经济组织和生产力地域组合而言更加重要。推进产业分工协作可谓成渝地区双城经济圈建设和协同发展的重中之重。为此，应在既有经济联系和比较优势基础上，更加注重区域产业协同，发挥市场机制作用和政府引导作用，推动经济圈城市间产业融合发展、集聚发展和功能互补。依托产业布局优化和空间集聚优势，充分提升城市人口集聚效应，形成以产业和功能优化为支撑和牵引的城市规模扩张内生机制，推进产业协同与空间协同相互促进发展。

第一，明确经济圈产业分工协作的推进重点与空间次序。从发达国家和先行地区的发展经验来看，在经济圈具备集聚效应的基础上，各城市形成深度分工协作，是释放经济圈内各类要素潜力、促进地域功能整合提升的关键。遵从经济发展规律并结合成渝地区双城经济圈实际情况，应该有重点、有步骤地推进区域产业分工协作。在"利益引力"已经大于"行政阻力"的成德眉资、重庆中心城区与周边各区县以及各区域中心城市与周边区县之间，应当按同城化、一体化标准和要求推进，在多个产业和城市功能方面实现合理分工协作；在其他区域，需根据双方合作需求的强烈程度、历史基础和现实条件，选择部分产业、部分领域逐步推进分工合作（成都科技顾问团，2020）。基于各地区资源禀赋、动态比较优势、既有经济联系和未来合作空间，把塑造优势产业集群、非核心功能疏解、产业转移承载、产业升级优化以及产业链补链、延链、强链有机结合和一体化谋划起来，由近及远、由点到面稳步推进区域产业分工优化和互惠互利协作。

第二，以共建产业园区为平台和载体促进产业分工和协作。在川东北渝东北、成渝中部、川南渝西等川渝毗邻地区推进产业合作园区共建和已有产业园区资源的整合，沿交通轴线布局产业合作园区，实现产业协同与空间协同的相互促进和产、城、人的有机联动。按照"政府搭台，企业唱戏"的原则，尊重企业在区域产业分工合作中的主体地位。以产业分工协作为主线，依托产业园区和功能平台共建，理顺区域经济利益创造和分配关系，确立以空间功能结构优化带动空间形态结构优化的思路，在成渝地区双城经济圈点-线-面空间布局基础上，通过具体的产业园区和功能平台建设破解局部功能空间塌陷，弥补区域产业链薄弱环节，激发潜力区域的活力，统筹促进城市间的功能互补与协同。

第三，有效推动中心城市核心功能优化和非核心功能疏解。对于双核结构突出的成渝地区双城经济圈而言，要想有效发挥双核的主引擎和龙头带动作用，必须基于功能互补与协同，通过自身核心功能强化优化和非核心功能疏解以引导组织区域产业分工网络，构建互惠互利的中心与区域的关系。一方面，成都和重庆主城应放眼全国和全球，在主动参与构建"双循环"新发展格局过程中，推进产业布局优化以及在产业链、价值链上的高端爬升，培育现代化产业体系，重点在先进制造、高级生产性服务业等方面集群化发展，配套都市型加工业和现代农业等；另一方面，中心城市要避免产业门类和功能的大而全，而要根据发展阶段、城市功能定位的动态演进来调整优化产业结构和产业布局，提升产业水平和层次，把与发展阶段不相适应的一般性制造业和劳动密集型产业向周边地区转移，把与城市功能定位不相符的非核心功能向周边城市、区县疏解，以此引导、组织都市圈和经济圈的产业分工协作。在川渝毗邻地区、成渝主轴中间地带支持承接中心城市产业转移示范区建设，进一步优化区域产业空间布局。

第四，增强中小城市产业要素吸引集聚与利用能力，提升产业能级。破解成渝地区双城经济圈"中部塌陷"、城市规模体系断层、发展不平衡不充分等问题，其主要短板和薄弱环节在于中小城市吸引力、集聚力不强，产业能级低。因此，中小城市和小城镇应基于自身资源禀赋和比较优势找准功能定位，强化对成渝"双核"配套服务的能力，通过交通基础设施建设和公共服务完善、营商环境的不断优化、本地特色优势资源开发利用来增强其对农业转移人口和资源要素的吸引力，以及对中心城市疏解功能和转移产业的承载能力，以此促进自身产业结构的升级优化，兴业赋能增强产业能力，以产业能级提升促进城市能级的增强。通过弥补中小城市产业能级的薄弱环节和短板、统筹区域产业链补链、拓链和强链，加强区域产业链上下游联动，促进整个经济圈产业-人口-空间的联动和相互促进优化。

三、强化区域协同规划引导

区域规划是为实现一定地区范围的开发和建设目标而进行的总体部署。由于成渝地区双城经济圈建设关系地方、区域和全国等不同空间尺度的经济社会发展，涉及不同层面的行政主体和多元经济主体，具有多重外部性，故必须通过中央、地方等多个层面的规划协同引导来实现协同发展目标。

一方面，加强纵向规划对接协同。重点加强省（区、市）、市区县层面的规划同国家层面、区域层面发展规划对接和协同，形成自上而下部署、自下而上对接有机结合，凝聚形成规划合力。在国家重大区域战略和《成渝地区双城经济圈建设规划纲要》指引下，地方层面应主动对接实施，积极融入参与，把四川省的"一干多支"与重庆市的"一区两群"建设融入双城经济圈发展战略与规划布局，让省域发展规划、市域发展规划与中央层面对于成渝地区双城经济圈建设的统一规划部署要求和目标定位高度兼容，形成严格遵照顶层设计、有效融入国家战略、统筹区域发展、联动互利互赢的战略势能与规划合力。通过制定具有指导约束性的地方层面规划对中央层面提出的成渝一盘棋和一体化发展理念进行贯彻落实。此外，地方层面应结合地区实际，充分利用国家战略所赋予地方发展的新机遇和新优势，特别是聚焦国家赋予成渝地区的新使命，加强规划对接配套，充分发挥区域规划指导约束作用，对行政主体和多元市场主体形成有效引导，减少区域发展的不确定性。

另一方面，加强横向规划衔接协同。主要在于加强地方市区（县）层面本地规划与周边地区和城市规划的衔接，协同唱好"双城记"，共建经济圈。对于成渝地区双城经济圈建设直接相关的四川、重庆两个省级行政区域，要携手融入共建"一带一路"、长江经济带发展、新时代西部大保护大开放高质量发展等，合力推进西部陆海新通道、中欧班列等大通道建设，更加注重规划协同与区际联动，立足"十四五"并面向 2035 年远景目标，加强涉及成渝地区双城经济圈建设的交通、产业等各项专项规划的衔接，引领高质量发展。同时域内地市和区县行政区域之间要加强规划衔接和协同，积极落实一盘棋和一体化发展理念，基于本地资源禀赋和比较优势主动融入经济圈建设。最终通过加强规划引导，凝聚社会共识，调动各参与主体的积极性，形成规划建设合力，在促进本地发展能级与发展质量提升的过程中服务成渝地区双城经济圈协同发展总体目标的实现。

四、健全区域协同互动机制

建立健全成渝地区双城经济圈区域协同互动机制是实现区域优势互补、相互促进、共同发展的重要途径与机制保障，重点涉及市场机制、合作机制和互助机制的建立健全。

第一，健全市场机制，打破省域、市域行政壁垒。现阶段成渝地区双城经济圈区域发展不平衡不充分是自然、地理、经济、社会、文化、行政等各种要素综合作用的结果。市场机制的不完善，特别是中心城市与外围城市在要素价格、行政补贴等方面的差异，使得人才、资金、技术等在区域间的自由流动受到了限制。因此，促进成渝地区双城经济圈协同发展，必须打破地区分割和利益藩篱，加快建立统一市场，充分发挥供求机制、竞争机制、价格机制等市场机制对资源要素配置的决定性作用，避免唯行政命令式调拨资源、唯计划安排项目，实现人员、技术、资本、货物、服务等要素能够在超越地理近邻、突破行政边界阻隔的基础上在区域间、城市间有序自由流动和产业转移，促进产业、人口及各类要素合理流动和高效集聚。

第二，健全合作机制，开展多层次、多形式、多领域的区域合作。成渝地区双城经济圈成渝双核与外围地区、外围地区城市之间在资源禀赋和比较优势方面存在差异，必须在整体一盘棋和一体化发展理念下通过加强合作来优势互补，不断挖掘和释放发展潜能，提高整体经济运行效率。应探索建立制度化的区域合作机制，支持成渝双核、各轴带和各城市节点之间开展经济和技术、人才等方面的多层次、多形式、多领域合作，发挥重点合作园区和项目的示范作用，建立健全交流合作长效机制。以共建合作园区、合作平台为依托和载体，统筹抓好各地区和各城市合作事项清单化、项目化、政策化落实，携手打造区域合作共赢新格局。

第三，健全互助机制，为区域协同发展提供重要补充。成渝地区双城经济圈发展不平衡、不充分问题比较突出，除了完善市场机制和加强区域合作外，还需通过健全区域互助机制来加以破解，形成四川"一干"与"多支"互助、重庆"一区"与"两群"互助发展工作机制。鼓励成都、重庆等中心城市采取多种方式拓宽资金、项目、人才等援助力度，帮扶川渝毗邻地区、革命老区、老工业基地、外围中小城市及县域单元、具有发展潜力的小城镇等提高内生增长与发展能力，以此进一步放大成渝双核对整个经济圈的辐射和带动作用，形成以大城市带领中小城市、先行区域带领后发区域、大中小城市与小城镇共同参与共同发展的互助协同态势。

五、完善区域协同政策体系

完善区域协同政策体系是塑造成渝地区双城经济圈协同新格局的重要举措以及在政

策层面的具体落实。应按照中央和国家层面对成渝地区双城经济圈建设的具体要求，围绕基础设施互联互通、综合交通体系建设、现代产业体系布局、公共服务均等化等方面加强政策沟通与合作交流，积极研究出台并落实有利于促进协同发展的专项政策和具体举措。

第一，加强基础设施互联互通政策协同。针对成渝地区双城经济圈快速交通建设相对滞后、通道经济发展不充分和交通对区域空间结构优化制导作用不足的现实，应结合中长期经济社会发展和综合交通网络建设需要，进一步加强川渝两地交通政策沟通，统筹和协同谋划推进一批基础设施互联互通重大项目。以重大交通项目为牵引，磨合和加强政策沟通与协作，完善区域快速通道和综合交通网络，做强通道经济和枢纽经济，不断强化区域协同发展、一体化发展的交通硬件基础性支撑以及交通政策协同。

第二，加强公共服务和公共政策协同。以促进公共服务均等化和普惠共享为导向，加强成渝地区双城经济圈省级、市区级行政区域间的政策沟通，深化区域交流合作，推动公共教育、医疗卫生、社会保障等重点领域全面对接和深度融合，促进基本公共服务普惠共享协同。重点加强中心城市与周边中小城市、川渝毗邻地区重点合作区示范区的公共服务和公共政策沟通、对接和协同，协力弥补公共服务短板和弱项，消除公共服务区域差距与割裂，为人员、技术、资本、货物、服务等商品要素在区域间有序自由流动提供优质公共服务和政策支持。

第三，加强生态环境保护政策衔接协同。基于成渝地区双城经济圈位居长江上游核心区域的实际以及绿色高质量发展的要求，认真贯彻长江经济带"共抓大保护、不搞大开发"方针，协同协力筑牢长江上游重要生态屏障。加快协商出台解决成渝地区双城经济圈重点区域、流域大气污染、水环境污染等突出环境问题的政策，鼓励开展跨行政区的污染防治和生态环保合作，促进环保基础设施、数据信息平台共建共享，推行全流域、跨区域、多部门联防联控和协同治理，共建共享绿色成渝地区双城经济圈。

此外，政策协同方面还需要加强对成渝地区双城经济圈重点地区产业转移、分工协作和功能优化等方面的政策指导，完善有利于区域协同发展的激励引导型政策和约束控制型政策，形成内涵清晰、责权分明、衔接顺畅、措施有力、管理规范、服务高效、分类指导的区域协同政策体系，更好服务成渝地区双城经济圈的高质量规划建设与高水平协同发展。

第五节　本 章 小 结

推进成渝地区双城经济圈协同发展意义重大，影响深远。基于区域协同发展的主要构成部分，分别从空间协同、产业协同、规划协同和政策协同层面对成渝地区双城经济圈协同发展的现状、问题与路径进行探析。发现成渝地区双城经济圈总体协同发展水平在波动中有所提升，但整体协同水平较低，协同进程比较缓慢，且不同区域板块存在差异。具体来看，在空间协同方面，成都和重庆"双核"特征显著，双核和各轴带人口空间分布与集聚进程不一，经济圈全域空间组织结构持续极化调整；在产业协同方面，区域产业结构整体差异较小，近年来呈现出新变化。成都和重庆双核产业结构整体相似度高，个别产业门类各具优势。产业分工在核心与外围之间初步形成，成都和重庆两地专业化程度高，其他地区专业化程度普遍低；在区域规划协同方面，中央层面相关规划接续出台，成渝协同发展的顶层部署和指引逐步完善。川渝两地相关规划加快制定实施，规划协同工作启动并逐步展开。区域内地市、区县协同发展和一体化发展相关规划加紧谋划出台；在政策协同方面，跨行政区政策对接和协同稳步推进，相关领域政策及改革重点逐步明确。然而，受自然、地理、经济、社会、文化等方面因素的相互影响，成渝地区双城经济圈协同发展也面临比较突出的问题与挑战，如空间结构不合理制约空间效率与潜能释放，分工协作深度不够影响地域功能整合提升，规划衔接不足影响区域协同的广度与深度，资源要素跨区域流动面临行政和政策壁垒。为此，应充分发挥市场主导和政府引导作用，优化区域发展空间格局，推进区域产业分工协作，加强区域协同规划引导，健全区域协同互动机制，完善区域协同政策体系，协力塑造以双核引领带动、轴带串联支撑、多中心多节点网络化区域空间协同为载体，以产业分工协作、功能优势互补和经济利益共享的区域产业协同为核心，以中央和地方层面纵向、横向规划协同与政策协同为保障的成渝地区双城经济圈区域协同新格局。

参 考 文 献

成都科技顾问团. 2020. 共建成渝地区协同创新体系的建议. 决策咨询, （5）: 23-27.

丁如曦, 刘梅, 李东坤. 2020. 多中心城市网络的区域经济协调发展驱动效应——以长江经济带为例. 统计研究, （11）: 93-105.

李琳, 刘莹. 2014. 中国区域经济协同发展的驱动因素: 基于哈肯模型的分阶段实证研究. 地理研究, （9）: 1603-1616.

李优树, 冯秀玲. 2020. 成渝地区双城经济圈产业协同发展研究. 中国西部, （4）: 35-45.

陆军, 毛文峰. 2020. 城市网络外部性的崛起: 区域经济高质量一体化发展的新机制. 经济学家, （12）: 62-70.

孙久文, 张翱. 2020. 论区域协调发展视角下"行政区经济"的演变. 区域经济评论, （6）: 25-29.

唐文金. 2020. 成渝地区双城经济圈建设研究. 成都: 四川大学出版社.

姚士谋, 周春山, 王德, 等. 2016. 中国城市群新论. 北京: 科学出版社.

Taylor P J, Evans D M, Pain K. 2008. Application of the interlocking network model to Mega-city-regions: measuring polycentricity within and beyond city-regions. Regional Studies, 42（8）: 1079-1093.

第八章　成渝地区双城经济圈：
构建现代产业发展新体系

2020 年，中央财经委员会第六次会议中提出要推动成渝地区双城经济圈建设，在西部形成高质量发展的重要增长极。这就要求成渝地区对于产业结构进行优化，建设具有地方特色的现代产业发展新体系。习近平总书记曾指出："产业结构优化升级是提高我国经济综合竞争力的关键举措。"[①]成渝地区双城经济圈的建设离不开现代产业发展新体系的构建，具体而言，要加快改造提升传统产业，着力培育战略性新兴产业，大力发展服务业特别是现代服务业。

现代产业发展新体系的建设对于成渝地区双城经济圈产业的转型升级与未来发展具有重大意义，是成渝地区双城经济圈发展中不可缺少的一环。这就要求成渝地区双城经济圈抓住新一轮发展的重大历史机遇，应着力于推动产业高效分工、错位发展、有序竞争、相互融合，大力发展以农产品加工、休闲农业为代表的现代农业，以电子信息业、汽车业为代表的高端制造业，以及以金融业、信息服务业等为代表的现代服务业。

目前，成渝地区双城经济圈产业门类齐全、基础实力雄厚，是全国重要的制造业基地。除此之外，成渝地区旅游产业以及与文化旅游相结合的休闲农业也走在了全国前列，金融业、信息服务业等现代服务业也正蓬勃发展。但是发展中还存在不少制约因素，总体来看，两地绝大部分产业面临因资源、区位条件相似所引起的产业同质化竞争的挑战。各个产业也都各自存在不同的问题，如农业资源相对缺乏，高端制造业结构及质量相对落后，现代服务业的开放水平和创新能力仍有待进一步提高。为更好地在国家战略下构建现代产业发展新体系，成渝地区双城经济圈需要构建大产业、细分工的产业协作格局，具体包括推进成渝现代高效特色农业带建设；推进制造业产业转移、打造世界级产业集群；突出抓好国家数字经济创新发展试验区、西部金融中心建设；等等。

本章分析了成渝地区现有产业体系现状，剖析存在的问题，结合本地与其他地区发展现代产业体系的案例，提出在新环境下成渝地区双城经济圈构建现代产业发展新体系的策略和路径，以期为新时代下成渝地区双城经济圈的建设提供参考。

---

① 习近平：抓住机遇立足优势积极作为 系统谋划"十三五"经济社会发展. http://cpc.people.com.cn/n/2015/0529/c64094-27074853.html，2015-05-29.

第一节　发 展 现 状

近年来，成渝地区双城经济圈经济增长迅速。国家发展和改革委员会发布的数据显示，2020 年成渝地区双城经济圈生产总值达到 6.6 万亿元。其中，重庆主城和成都经济增速均达到 4.0%，双核引领发展态势明显[①]。但从规模质量、优势潜力上看，成渝之间任何单独一个城市，都很难成为全球性有影响、国家战略层面有地位的增长极。因此，只有围绕成都和重庆主城这两个中心城市来发展，形成彼此独立但又相互支持的城市经济圈，才能成为中国西部腹地的有力支撑和发展引擎。

2020 年，成渝地区双城经济圈建设取得了喜人的成果。其中，四川 15 市共签约项目 901 个，投资额 10 759.79 亿元，占全省签约项目总金额的 94.31%[②]。除成都与重庆主城外，川渝地区其余各县市区纷纷依托本地产业资源禀赋，确定主要发展方向，加快融入成渝产业生态圈。例如，在四川方面，遂宁市筹建川渝地区锂产业联盟，广安市瞄准装备制造产业主攻方向、共建川渝合作高竹新区，资阳市协同编制同城化制造业优势产业指导目录，达州市与重庆万州区、开州区抱团争创国家（市）级高新技术园区，自贡、南充、遂宁、泸州等城市积极谋划建设川渝合作示范产业园。重庆方面，荣昌区致力于建设国家畜牧科技城，大足区在巩固发展"大足石刻"品牌基础上，打造区域文化旅游休闲中心，潼南区主要发展现代绿色农业，涪陵、合川、永川、江津等地则是致力于成为区域性先进制造业基地。

总体来看，成渝地区双城经济圈正在经历一个良性发展过程，以农产品加工、休闲农业为代表的现代农业，以电子信息业、汽车业为代表的高端制造业，以及以金融业、信息服务业等为代表的现代服务业都取得了快速发展。以下为这几个代表性行业发展现状分析。

一、现代农业

近年来，成渝地区现代农业发展已初见成效，在农业产业链、农业设施与技术、农产品进出口等领域都实现了突破。成渝地区的现代农业已经步入良性发展轨道。

（一）地方农村改革稳步推进

近年来，成渝地区双城经济圈稳步推进农业供给侧结构性改革与农村土地制度改革，取得显著成果。截至 2020 年末，经济圈内几乎所有农业地区都已经完成了集体土地所有权、集体建设用地使用权等确权任务。同时，在这一过程中，部分地区还探索出了"土地信托""农业共营制"等多种切合本地农业现状的经营模式。这一系列措施的实施有助于推动传统小农户分散经营实现集约化与专业化，逐步转变为现代新型农业经

---

① 成渝地区双城经济圈建设开局良好. https://m.thepaper.cn/baijiahao_12017423，2021-04-02.
② 川渝产业协同招商 2021 年第一次联席会议在成都召开. http://jhj.sc.gov.cn/scjhj/jhyw/2021/3/10/4620bff8b31e4a23be8 81d061058f701.shtml，2021-03-10.

营体系。这为全国多地农村土地改革模式和农业生产经营模式的发展提供了参考。

（二）农业产业链不断拓展和延伸

随着成渝地区双城经济圈农业供给侧结构性改革与土地制度改革的深入，圈内地区农业产业链不断延伸。主要表现在以下几点：首先是农产品生产链的延伸，原有农产品加工产业链逐步向深加工、销售等产业链后端延伸；其次，传统农产品加工正在与文化旅游业等现代服务业融合，通过园区建设带动农产品加工以及相关服务行业集群化发展，形成休闲农业等新兴农业产业链。农业产业链从单一生产功能朝着休闲旅游、文化养生等多功能一体化转变。2018 年末，成渝地区休闲农业和乡村旅游业综合经营性收入已经达到 2 200 亿元，休闲农业在全国独树一帜，产业规模效益继续领跑全国①。

（三）农业设施和技术水平不断提升

农业设施与技术水平的提升主要体现在三个方面：一是基础水利设施建设进展迅速。2018 年，成渝地区耕地灌溉面积 362.94 万公顷，相较 2000 年的水平增长了17.32%，灌溉效率有明显的提升。二是农业机械化进程快速推进。成渝地区农业机械化总动力在 2018 年达 6 032 万千瓦，单位面积农机动力达到 4.65 千瓦/公顷，相比 2000年，分别提升了 166.17% 和 171.02%。三是农业科技创新能力显著提升。成渝地区双城经济圈内农业科技创新氛围十分浓厚，汇聚了大量农业院校和科研机构，生物育种、农业遥感和信息化等领域也不断取得新突破，农业技术推广体系日臻完善，为成渝农业跨越式发展提供了重要的科技支撑。

（四）农产品对外贸易增长显著

成渝地区双城经济圈地处我国西南交通要道，是"一带一路"和长江经济带联结点以及西部陆海新通道的起点。优越的地理位置条件为圈内农产品的对外贸易提供了得天独厚的条件。2018 年，成渝两地的农产品进出口贸易总额达 26.42 亿美元。与此同时，随着中欧班列（成渝）的正式开通，成渝地区农产品进出口的门户优势被进一步放大。除了基本的农产品进出口外，圈内城市还可以进一步推进与"一带一路"沿线国家和地区在农业资源、农产品加工技术、农机装备等方面的优势互补，促进本地现代农业的进一步发展。

二、高端制造业

以电子信息业、汽车业为代表的高端制造业一直是成渝地区的支柱产业。而在成渝城市群中，成都和重庆主城是高端制造业发展的核心城市，并且这两座城市的高端制造业近年来依然保持迅猛的发展势头。因此，成渝城市群中已形成了成都与重庆主城牵头，带动其他城市共同增长的良性发展格局。目前，成渝地区两大支柱性制造业——电子信息产业与汽车业在全域的配套率已超过 80%。

---

① 许钰莎，赵颖文. 2020. 区域一体化发展背景下成渝农业协同发展的现实基础与路径选择. 四川农业科技，（12）：58-61.

2020 年，四川省高技术产业增长速度达到 11.7%。电子信息业作为四川省第一大产业，依然保持了强劲的发展势头，总量达 12 684.8 亿元；规模以上电子信息制造业完成营业收入 6 957.5 亿元，同比增长 28.1%，总量居全国第四，在总量前四名中增速第一[①]。其中，以成都为代表的双城经济圈贡献了绝大部分力量。2020 年成都市电子信息业产值突破万亿，达到 10 065.7 亿元[②]。目前，成都市正致力于构建"芯-屏-端-软-智-网"一体的电子信息现代产业体系。

同时，重庆市高端制造业目前的发展状况也十分喜人。2020 年高技术制造业增加值同比增长 13.3%，占全市规模以上工业增加值的比重为 19.1%，拉动规模以上工业增长 2.2 个百分点。电子信息产业是重庆制造业的支柱产业。截至 2019 年，重庆市规模以上电子信息企业合计 639 家，产业总增加值占全市 16.6%，贡献率达 33.9%，是全市高端制造业增长的首要动力。而另一支柱产业——汽车制造业则是在下行的大环境下实现了逆势增长。在新冠肺炎疫情暴发后，2020 年 3 月重庆市全市汽车产业就实现了全面复工复产，并且在 7 月实现了产业产值和增加值的"转正"，结束了长达 30 个月的产业下行。截至 2020 年 8 月，全市汽车业产值增速已达到 3.7%[③]。

在成渝城市群发展高端制造业，现阶段至少有四点优势：第一，明显的区位优势。成都、重庆主城都是全国交通网络的枢纽，这对于高端制造业的发展有莫大的优势。运送原材料和产品的成本低且交通便捷，十分有利于成渝地区发展高端制造业生产网络体系。第二，较好的产业基础。成渝地区在制造业领域的产业基础十分完善且规模较大，汽车制造、航天制造等都是老牌特色产业。这非常有利于经济圈内城市立足产业基础，进一步发展高端制造业。第三，突出的配套优势。成渝地区双城经济圈内，围绕两大中心城市有良好的制造业配套基础。在成都周边，绵阳、资阳、德阳、自贡等市生产制造业配套零部件的企业规模庞大；而在重庆主城周围，涪陵、江津、合川等地区的制造业十分发达。第四，较强的创新能力。成渝地区双城经济圈目前拥有数千家制造产业的科研院所和规模以上企业，已经是国家级制造业创新基地。经济圈内拥有涉及各个制造行业的创新平台，创新能力综合指标和综合科技进步指数连续两年位居全国前十。

三、现代服务业

近年来，成渝地区双城经济圈现代服务业发展迅速，金融业、信息业、旅游业及交通运输业等现代服务业也都凸显了良好的发展势头。

成渝金融业近年来发展十分迅速，这同时体现在传统业务及金融科技两大领域。在传统金融层面，四川和重庆都保持了稳定增长。在四川方面，社会融资业务规模扩展迅速。以 2019 年 1~11 月为例，其间四川省银行业总存款、贷款额度分别达到 8.24 万亿

---

① 2020 年四川电子信息产业高速增长，总量超 1.2 万亿. https://baijiahao.baidu.com/s?id=1690852394565052214&wfr=spider&for=pc，2021-02-05.

② 成都首个万亿级产业诞生 电子信息产业站上"世界级". https://baijiahao.baidu.com/s?id=1690140427983360936&wfr=spider&for=pc，2021-01-28.

③ 2020 年重庆市汽车行业实现逆势增长. https://baijiahao.baidu.com/s?id=1678506533773019178&wfr=spider&for=pc，2020-09-22.

元、6.24 万亿元；新增社会融资规模达到 8 903.65 亿元，同比增长 1 049.84 亿元①。在重庆方面，银行、证券、保险等传统金融业发展势头良好。2019 年，重庆市银行业资产总额为 53 705 亿元，同比增长 4.68%，不良贷款率为 1.12%，处于全国较低水平，并且核销不良贷款金额约 156 亿元；证券业机构达 291 家，总部设在辖内的证券公司共 1 家，总部设在辖内的基金公司 1 家，总部设在辖内的期货公司 4 家，帮助企业完成直接融资总量约 2 200 亿元；保险业保费收入为 916 亿元，同比增长 13.65%，其中人身险保费收入共 655 亿元，占比为 71.51%，退保率低于全国平均水平②。

在金融科技层面，成渝地区建设成果也十分喜人。2019 年 11 月，《2019 天府·中国金融科技指数》报告显示，四川省金融科技指数已经位居全国第六、西部省份第一。这归功于近年来四川在此领域做出的不少尝试。例如，2019 年底"天府信用通"网络平台上线，该平台可为政府与金融机构提供企业的不动产、公积金等基础数据，是针对民营小微企业的信用平台。通过该平台提供的大量数据，政府与金融机构对于小微企业的资金支持更加有的放矢，很大程度上提升了金融服务质量和效率。重庆市则是稳步推进江北嘴金融核心区建设。截至 2019 年第三季度末，江北嘴金融核心区已集聚金融机构 238 家，实现金融业增加值 143.1 亿元，占全区的 73.4%，金融资产总额超万亿元，成为江北区乃至重庆市经济高质量发展的新引擎③。

成渝信息服务业也正在逐步深化合作。2020 年 6 月 5 日，《双向推动成渝地区双城经济圈建设战略合作协议》在成都签署，这代表了成渝地区将进一步深化合作，共同推动圈内信息服务业的发展。协议商定的合作内容具体包括了推进新型基础设施建设、扩大垂直行业应用、提升通信保障能力、培育创新孵化能力四个方面，尤其是在新型基础设施建设方面。目前，5G 网络、工业互联等都是国家重点建设项目。成渝地区致力于率先建成国内顶尖的新型基础设施建设服务体系，包括国家级互联网骨干直联点、千兆宽带城市群等。信息服务业的升级，将会直接惠及制造业以及其他现代服务业，提升产业的数字化水平，推动现代产业新体系的构建与发展。

旅游服务业一直是成渝地区的传统优势产业。成渝地区旅游资源丰富，旅游业基础良好。据马蜂窝大数据，成渝地区连续多年稳居国内旅游目的地排行榜前 10 位④。并且，随着成渝城市群间交通网络的逐步完善，两地旅游业关联度逐渐上升，迎来了共同发展的新格局。2017 年以来，成渝地区城市间旅游关联度不断增加，两地也不断推进旅游业的合作。例如，重庆主城和成都市就携手推出过"九天慢生活"自由行攻略。

成渝交通运输业目前已形成了"1+6"合作框架，即一份方案、六份合作备忘录，标志着成渝正在建设交通运输一体化网络体系。成渝地区交通运输的发展本就拥有良好

① 革新 2019 四川金融业盘点. http://www.sc.gov.cn/10462/10464/10797/2020/1/15/8c73a2e7c400431484f4a03f2b14c1e1. shtml，2020-01-15.

② 重庆市金融业发展概况（附重庆市银行业、金融业、保险业概况）. https://www.chyxx.com/industry/202101/920867. html，2021-01-05.

③ 金融为经济发展赋能　重庆加快江北嘴金融核心区建设. https://finance.sina.com.cn/roll/2019-11-15/doc-iihnzhfy 9330144.shtml，2019-11-15.

④ 张婷. 成渝城市群旅游产业现状及发展建议. 现代营销，2020，（5）：124-125.

的基础，成渝地区铁路、高速公路、民用机场面积密度分别为全国平均水平的 1.7 倍、
2.4 倍、1.7 倍。两地铁路和高速公路覆盖区域所有市，高速公路覆盖 94%的县（市、
区）；区域内形成 21 条运输通道和 31 条对外综合运输通道，包括 6 个铁路通道、11 个
高速公路通道、2 个水运通道①。在此基础上，成渝地区提出构建多层次"1 小时"交通
圈。具体来说，到 2022 年，成渝地区规划新建成川渝内部高速公路 16 条，通向外部高
速公路 24 条；建成川渝间二级公路 9 条，三级公路 11 条。除此之外，成渝地区双城经
济圈内部还要实现公交地铁的"一卡式"互联，并且开通 13 条以上川渝毗邻地区跨省
城际公交②。

第二节　存在问题

虽然目前成渝地区双城经济圈发展现代产业新体系的势头迅猛，但还是存在不少的
问题。总体来看，成渝地区双城经济圈发展现代产业新体系面临的最大问题就是区域发
展的不平衡。在成渝城市群中，成都和重庆主城具有重要的地位，因为其都既是本省
（市）经济发展的主干，也是成渝地区双城经济圈的重要极核，在区域发展中地位尤为
重要。但是，要推动成渝地区双城经济圈建设，不只是做大成都、重庆主城，还要通过
双核带动，促进区域内城市竞相发展，带动成渝地区双城经济圈中部崛起、南翼跨越、
北翼振兴，进而实现整个区域"水涨船高"。与长三角、粤港澳等区域"众星捧月"的
发展态势相比，成渝中部和两翼地区目前还没有一个地区生产总值超过 3 000 亿元的城
市，给人一种"月明星稀"的遗憾。因此，如何通过成都、重庆主城带动整个成渝城市
群发展现代产业新体系成了一项很重大的问题。除此之外，目前成渝地区双城经济圈发
展现代产业新体系还面临着产业自身以及外部环境的问题。

一、资源匮乏制约现代农业发展

当前，成渝地区农业产业所获得的资源投入还处于相对匮乏的状态，这种资源的匮
乏不仅包括土地、劳动力、产业结构合理性等产业内部资源的缺乏，还包括了资金投
入、人才储备等外部环境的不足。这一系列问题都会制约成渝现代农业的发展。

当前，成渝现代农业内部的问题主要是三点：土地资源缺少、劳动力资源外流严重
以及产业结构不完善。2018 年，成渝地区人均耕地面积仅为 793 米^2，远低于 967 米^2
的全国平均水平，这表明成渝地区存在明显的土地资源匮乏问题。同时，成渝地区土地
不仅面积小，还存在土地细碎化的问题，坡耕地面积比重占据 8 成以上，难以形成规模
化生产。此外，农村青壮年劳动力持续大量外流也是一个亟待解决的问题。四川、重庆
均是我国农村劳动力输出大省，农村留守劳动力数量以及质量的不足严重抑制了成渝农

---

① 人大代表谈成渝地区交通一体化："有基础、有潜力、也有挑战". https://www.chinanews.com/gn/2020/05-25/
9194077.shtml，2020-05-25.

② 四川省厅重庆市交通局成渝地区双城经济圈交通一体化发展三年行动方案（2020—2022 年）. http://www.zgjtb.com/
sichuan/2020-08/04/content_247318.htm，2020-08-04.

业的发展。更糟糕的是，仅有的农村劳动力也不再全身心务农，许多农民实际上过的是一种"半工半农"的生活，这导致了农业生产效率的进一步降低。2018 年，成渝地区兼业农户比重达到 31.81%，远高于全国平均值（5.06%）。最后一点问题，就是成渝两地的农业尚未形成一个分工明确且高效的产业结构。长期以来，成渝地区内多地农业主导产业布局相似，产业同构现象突出，并没有形成一个有效的合作结构，这对于成渝地区的农业发展是很不利的。

除了产业内部存在问题，成渝现代农业受到的外部支持也不足。首先就是资金支持力度不足。成渝地区财政支农力度长期低于全国平均水平，并且还有继续下滑的趋势。以 2018 年为例，成渝地区全年农林水务支出额仅为 1 677.66 亿元，相比 2015 年下降了72.71 亿元；劳均农林水务财政支出 8 392.5 元，甚至低于 9 673.03 元的全国平均水平[1]。除了政府资金支持力度不足之外，农业企业、农户向金融机构贷款的难度也很大，社会资本参与农业农村发展的功能作用远未能得到有效发挥。除此之外，农业高技术人才的短缺也是一大问题。《四川省现代农业"10+3"产业发展急需紧缺人才目录编制报告》显示，四川省现代农业有 61 个职业存在人才重度紧缺，其中最为紧缺的三个职业为川粮油中的其他农副产品加工人员、农业烘干冷链中的果蔬坚果加工人员、川竹产业中的林业职业经理人。从综合紧缺指数来看，川粮油产业、川酒产业、川竹产业、川鱼产业和川果产业这 5 个产业的重度紧缺指数都高于整体水平 25%[1]。在重庆，农业人才队伍的建设也存在两大问题：一是身份模糊，许多工作在农业一线的人员都未签订劳动合同，这就导致他们的身份非常模糊，既不是公务员，也不是临时工，亦不是村干部，而这会给他们的身心、工作等带来较大的负面影响；二是待遇偏低，基本工资、下乡补贴相较在编公务员或其他行业技术人才都较低，且大多数人都未购买五险一金，这导致了许多人因不满待遇而离开，人才流失严重。

二、高端制造业结构及质量相对落后

虽然成渝地区产业门类齐全、基础实力雄厚，是全国重要制造业基地，并且其电子信息、汽车、装备制造、纺织服装等制造业都是优势特色产业，但是其制造业，尤其是高端制造业的结构与发达地区相比，还是有很多不足，主要体现在以下四个方面。

第一，综合实力有待提高。根据赛迪顾问发布的《2020 先进制造业城市发展指数》排行榜，成渝城市群核心城市成都与重庆的制造业城市发展指数分列全国第 8 位与第 12 位，除此以外，再无其他城市位列全国前 50[2]，而江苏、广东、浙江、山东等省份都有多个城市上榜。这说明成渝装备制造业综合竞争力弱于江苏、广东、浙江、山东等，同时也说明了成渝城市群制造业存在发展不均衡的问题，核心城市与其他城市之间差距较大。

---

① 61 个职业缺人！四川发布现代农业产业急需紧缺人才. https://sannong.cctv.com/2021/01/22/ARTI9znV0FAEoOtnWvgRniyy210122.shtml, 2021-01-22.

② Top50 榜单出炉！赛迪重磅发布《2020 先进制造业城市发展指数》. http://news.ccidnet.com/2020/1119/10552785.shtml, 2020-11-19.

第二，研发投入有待加强。2019 年，四川省研发投入总经费为 871.0 亿元，位列全国第 8；研发强度为 1.87%，仍然低于 2.23%的全国平均水平①。重庆研发投入总经费 469.6 亿元，研发强度为 1.99%②。由此可见，成渝地区研发投入水平亟待加强。

第三，产业链仍不完善。四川省航空航天装备、先进轨道交通装备、新能源汽车等高端装备产品整体上处于产业链的中低端。一些关键、核心装备基本处于缺失状态。重庆市装备制造也多为传统行业，汽车、摩托车产业多以加工制造为主，成品组装企业相对较少，装备制造业尤其是高端装备制造产业配套不足。以电子信息业为例，供应链配套不足的问题至少为企业增加了 20%的成本。

第四，技术水平较低。资源和劳动密集型制造业比重偏高，高端装备制造企业较少，大多数企业缺少核心技术、缺乏自主创新能力，产品科技含量不高、附加值不高，市场竞争力不强，与实现产业集群、打造和形成高端装备制造业基地存在较大差距。技术水平不高，导致高端装备关键共性技术、先进工艺、核心装备、基础原材料及零部件受制于人，从而使成渝高端装备制造产业整体发展后劲不足。

三、现代服务业发展不足

目前，成渝地区双城经济圈现代服务业正在经历一个前所未有的迅速增长阶段，但相比于农业和制造业，成渝地区服务业基础相对薄弱，在发展中更容易遇到困难和挑战。在全国范围内，成渝地区现代服务业的发展还是相对滞后的。早在 2015 年，我国服务业对经济的贡献率就突破了 50%，而同期四川仅为 47.2%；且四川服务业的增速长期低于第二产业。重庆服务业增长速度虽较四川略快，但其服务业占地区生产总值的比重在 2018 年才刚达到全国平均水平③。除了现代服务业总体面临的问题之外，各个具体的服务产业也面临着不同的问题。其中，旅游服务业以及信息服务业因为本身产业基础较为雄厚，进一步发展所受的制约较小；但是金融服务业、交通运输服务业所面临的问题较为突出。

当前，成渝正在把握双城经济圈建设机遇，努力争做中国金融业发展的"第四极"。成渝地区目前也已形成了双核的金融结构，但经济一体化程度远低于长三角、珠三角地区，双核之间的优势互补和协同效应尚未得到明显发挥。成渝地区金融业自身高质量发展仍然受到现实制约，主要体现在硬件与软件两个方面。一方面，西部金融中心建设尚缺乏必要的硬件条件支撑。例如，成渝两地当前尚缺乏具有全国影响力的法人金融机构，尤其是尚无全国性的商业银行，缺乏全国性金融交易市场。这就导致了商品的交易价格难以走向均衡，企业融资成本较高。此外，在金融创新方面，缺乏金融科技龙头企业和重要金融科技基础设施。另一方面，西部金融中心缺乏重要的软件条件。在金融创新体系和特色金融产业体系方面缺乏先行先试抓手和政策支持。成渝在金融营商环境、金融法制环境、金融监管理念和金融优惠政策及高端金融人才资源等方面，与上海

---

① 四川省科技统计中心. 2019 年全省 R&D 经费投入统计简报. 2020.
② 重庆市统计局. 2019 年重庆市科技投入统计公报. 2020.
③ 成渝地区服务业发展的战略方向、路径选择. https://www.chinathinktanks.org.cn/content/detail?id=i47emk98，2020-07-17.

等成熟金融中心相比还存在不小差距。

目前，成渝正在打造互联互通的交通一体化发展，并且出台了"1+6"的合作框架，但是仍面临许多现实的问题。首先，成渝地区部分道路存在密度较低、宽度不够、路面不平等问题。其次，成渝地区内部城市与城市间通行不够便捷，部分公路与城市道路连接不畅，同时城际轨道交通与跨市公交线路也比较缺乏。另外，成渝若想打造内陆开放高地，在交通运输上则面临更多的问题。成渝地区现有的对外通道标准不高、分布不均，缺乏设计时速 350 千米的高速铁路，且川藏、川青高速公路仍未贯通，长江上游航道存在瓶颈制约，航空口岸数量少、枢纽机场国际连通度不高，这些都制约了成渝交通运输业的进一步发展。旅游服务业虽然是成渝地区传统优势产业，但还是存在发展不平衡的问题，即区域一体化程度不足。目前，成渝地区旅游业的主要产出集中于成都主城、重庆主城、乐山城区等几处。其余各地虽然拥有丰富的自然资源，但在旅游服务业收入方面仍属于"低值地区"。因此，如何通过旅游核心城市带动周边城市实现旅游区域化发展，是成渝城市群亟待解决的问题。

第三节　案例分析：东西部城市现代产业发展的经验与对比

在构建现代产业发展新体系方面，东部沿海地区在全国处于领先地位。由北到南，山东、江苏、广东是极具代表性的省份。其中，山东省威海市的高新技术产业迅速发展，江苏省淮安市拥有国家农村产业融合发展示范园，而广东省广州市的金融服务业建设卓有成效。这三个城市发展现代产业的经验对成渝地区双城经济圈极具参考价值，因此本节总结了威海市高端制造业、淮安市现代农业及广州市金融服务业的先进案例，结合本地产业现状，进行了案例分析。

一、依托国家农村产业融合发展示范园：成都市新津区与淮安市淮安区比较

江苏省淮安市淮安区与四川省成都市新津区同为国家农村产业融合发展示范园。这是一种以产城融合为核心的现代都市农业示范区，代表了现代农业的未来发展方向。新津与淮安分别是四川省和江苏省农业发展的先进地区，但是新津与淮安相比，还是有许多可以借鉴和学习的地方。

新津区的土地面积不算大，资源数量也不算多。所以当地政府选择了错位发展、特色发展的理念，整合资金，集成项目，叠加资源，采取了许多创新性的机制，取得了很不错的建设效果。

一是在纯农业地区发展规模化农业生产，提高农业生产效率。其代表性工程是柳江万亩[①]蔬菜示范园，总面积达到 3 万亩，核心区面积达到 1.2 万亩。二是在农业区与居民区的混合部发展农业集约化经营，改变农民的生产生活方式。具体来说，是在集中居住

---

① 1 亩≈666.67 平方米。

的土地综合整理项目区引进农业龙头企业，规模流转土地，改变农民以往"各自为战"的生产生活方式。三是建设农业特色园区。结合本地的气候、土壤条件以及农民的种植业传统，在每个乡镇建设一个规模在 1 000 亩以上的现代特色农业示范园，如位于柳江的南瓜特色种植园、新普路绿化带的向日葵种植园以及种植超级迷你小西瓜的大学生创业园。

　　虽然取得了一些成效，但是新津区国家农村产业融合发展示范园的发展还是存在不少问题，其中有两点比较突出。首先是农业基础设施相对落后。具体而言，基础水利灌溉设施覆盖面积不足，导致农产品种植面积无法扩张，且生产效率偏低；另外，农产品加工、储存、运输的综合网络还未建成，制约了农产品的精加工以及销售，使得农产品的生产停留在一个比较基础的阶段。其次是农民兼业化现象严重，而这是农业生产所带来的经济效益过低引起的。调查研究显示，新津区农民每亩地的种粮年净收入仅相当于个人进城务工一周的工资，这就使得农民更愿意进城打工而非务农。加之，新津区周边私营企业数量多且发展迅速，有大量用工需求，这就导致了农民兼业化现象愈发普遍，农业生产效率大打折扣。

　　对于目前新津区所面临的问题，淮安区就解决得比较好。首先是农业基础设施方面，淮安园区拥有完善的灌溉、供电、供暖等一切农业生产所需的配套设施，尤其是农田水利设施的建设非常到位。除了农业基础设施，园区内或附近还建有许多与农产品加工、储存、运输等相关的配套设施。例如，园区依托于淮安现代电子商务物流园，使得农产品能够实现"网上进城入户"，打造淮安园区特色农产品直营店 APP（应用程序，application 的缩写）[①]。

　　在农业生产效益方面，淮安园区更是推出了一系列利益联结机制，保障农民的收益，主要体现在四个方面。

　　第一，大力发展订单农业。企业向农民专业合作社或个体农户下单需要的农产品数量。如此一来，合作社可以根据订单量安排农业生产，提高了农业生产效率，避免资源错配。同时，合作社在收到企业付款后，可根据章程将利润分配给成员农户，有效带动农户增收，并且这类农业订单均设置保护价格，能有效保障农户的经济收益。

　　第二，鼓励农民入股农业企业。农民可以以土地、劳务、资金等资产形式入股农业企业，与企业建立互利互惠、风险共担的关系。这一措施既保障了农民权益，防止企业为利润恶意压低农产品收购价格，又充分调动了农民的生产积极性，提高了生产效率。企业可以采取"保底收益+按股分红"或"按股分红+务工收入"等多种形式支付农民的劳动所得，使农户也能够从企业增收中获利。

　　第三，引导农业企业为农户提供支持。政府将引导农业企业与农民专业合作社或个体农户建立协作帮扶关系。农业企业可向农户提供生产资料供应、农业技术指导等服务，帮助农户解决生产技术落后、农业生产效率低下等问题，甚至可以为农户提供基于订单农业的贷款担保。这很大程度上提高了农户的生产效率与生产积极性。

　　第四，推动农村劳动力的转移就业。在提高农业生产效率的基础上，政府或农业企

---

① 谢岗. 构建现代农业产业体系 推进农村产业融合发展.江苏农村经济，2020，（8）：39-41.

业可为剩余劳动力或是有意愿从事其他行业的劳动力提供生产技能培训，使其从事制造业或服务业等其他行业。这部分劳动力原本拥有的土地则可通过土地托管的形式委托给企业或农村经济合作组织生产经营。截至 2019 年底，淮安区通过这种方式吸纳共计10 320 人转移就业。

通过对比成都市新津区以及淮安市淮安区国家农村产业融合发展示范园的案例，我们可以发现，现代农业的体系需要产业与利益分配机制两方面的协同发展。成渝地区也需要结合本地的自然资源优势，在巩固主导产业的基础上，发展新兴产业与潜在产业；抓紧完善农业基础设施及其他相关配套设施的建设；同时完善利益分配机制，提高农村收入，调动其生产积极性。

二、以产业集群为基础大力发展高端制造业：绵阳市与威海市的比较

四川绵阳与山东威海都是制造业发展很快的强市，两市都以建设产业集群为基础大力发展高端制造业。对于绵阳而言，虽然近年来的快速发展已经让其成为川内制造业"第二强市"，但产业链配套以及品牌建设方面还是存在一些问题。同为大力发展制造业的城市，山东省威海市的建设经验能够带给绵阳很多借鉴意义。

近年来，绵阳坚持优先发展先进制造业，加快建设西部先进制造强市。通过数据来看，绵阳市近年来制造业的发展取得了非常令人瞩目的成就：2015~2019 年，绵阳市累计落地工业项目 613 个，其中包括 83 个超过 5 亿元的项目，工业投资年均增长达到12.8%[①]。绵阳市发展高端制造业的战略重点有三项：持续优化产业结构；坚持创新驱动发展；保障重大项目投资。

在优化产业结构方面，绵阳市着力构建先进制造产业集群，加快制造业转型升级以促进其高质量发展。绵阳市的建设重点，主要是电子信息业、汽车业、高端装备制造业、节能产业、新型材料行业及食品饮料行业。这六大重点产业产值占工业比重达到全市的 68.5%。要优化产业结构，一项很有效的手段就是打造新型产业园区。绵阳市立足各县（市、区）制造业产业的比较优势和特色，建设了包括智慧家庭、新型功能材料等11 个高端制造产业园区，推进各大优势产业的高端化、专业化发展。新型产业园区的建设，极大地推动了绵阳市高端制造业的发展。2020 年，全市产业园区拥有规模以上工业企业 864 家，占全市比重高达 84%[①]。

在推进创新驱动发展方面，绵阳市推出了三项针对不同体量和类型企业的创新驱动计划：培育创新驱动型大企业的"领航计划"、培育科技型中小企业的"涌泉计划"、培育单项冠军企业的"登峰计划"，希望建立创新型大企业驱动科技型中小企业发展的新格局。这一计划目前看来是卓有成效的。截至2020年7月，绵阳市全市规模为4亿元以上创新型企业数量达到 130 户；科技型中小企业超过 1 万户。

在保障重大项目投资方面，绵阳市着力于为进行招商引资，围绕重大项目和重点项目引进对口的高技术企业，以期进一步补强产业链，形成高质量产业集群。在这一方面，"京东方"项目就是典型的代表。绵阳京东方第 6 代 AMOLED（柔性）生产线项

---

① 绵阳日报. 绵阳推动制造业高质量发展综述. 2020-07-21.

目，是迄今为止绵阳投资额最大的单体工业项目和招商引资项目。迄今为止，"京东方"项目的良品率和产能效率都远远超过了项目设计时的预期，这表明绵阳市对于重大制造业项目的扶持取得了令人满意的成效。

虽然绵阳市制造业的发展在近年来取得了显著成就，但问题依然是存在的。首先一个问题就是产业链配套不完整。以电子信息业为例，很大一部分零部件的供给都来源于东南沿海地区。如果成渝地区能够完善相关的产业链，产品成本还能再降低20%左右。另一个问题是品牌建设的力度还不够，全国知名品牌数量还较少，这也从侧面反映出部分企业的自主创新能力还不够，产品不能在竞争激烈的市场中脱颖而出。

近年来，威海市采取的"产业强市、工业带动、突破发展服务业"战略，与绵阳市的战略有许多共通点。但相比之下，同为制造业新兴强市的山东威海在产业链部署以及品牌建设这两方面显然做得更好，有许多绵阳市可以吸收学习的要点。

在产业链延伸方面，威海市主要采取两种方式：一是拉长供应链，以降低生产成本。威海市鼓励企业采取多家供应商模式，这样使得企业能获得更丰富且高质量的原材料供应。这一做法有效地在供应端丰富了产业链。二是围绕产业链部署创新链，大力扶持创新型企业。企业创新有助于产品的技术的革新，这不但能提高产业链的质量，还有可能在产业链中催生出新的环节。

在企业的质量和品牌建设方面，威海市政府深入实施"品牌强市"战略，大力支持企业培育自主创新品牌和收购国内外知名品牌。这一政策的效果十分显著，2006~2019年，威海市拥有的中国驰名商标由7个增加到36个，中国名牌产品由16个增长到19个，山东名牌产品更是由73个飙升到261个。

通过对比四川省绵阳市和山东省威海市制造业产业，我们可以发现高端制造业的迅猛发展是在政府的引导下多措并举的结果。其中最核心的是构建产业集群，发展和完善高端制造业的产业链，降低企业成本，鼓励企业进行创新，并且通过产业园区等基础设施的建设为企业创造更好的发展条件。

三、发展现代金融更好服务实体产业：成都市与广州市的比较

现代金融是党的十九大报告中提出的新概念。本质上说，现代金融是适应经济社会发展需要不断变化的金融业态，是金融创新的产物。科技金融、绿色金融、普惠金融、互联网金融，以及经过金融科技改造升级后的传统金融业态均属于现代金融的范畴。党的十九大报告要求着力加快建设实体经济、科技创新、现代金融、人力资源协同发展的现代产业体系。因此，成渝地区若要构建现代产业发展新体系，就必须加快推进现代金融发展，加快推进现代金融与实体经济的协同发展，发挥金融对产业的引领作用。

成都和广州都是所属地区的中心城市，在经济、文化等各个维度引领区域的发展。但相比于上海、深圳、杭州等区域中心城市，金融业始终被认为是成都和广州的"短板"。近年来，两地政府都出台了一系列措施，大力促进本地现代金融业的发展，并且都取得了一定的成效。但是相比而言，广州的金融业发展速度还是走在了成都的前面。因此，分析广州金融发展案例，将会对成都现代金融业的发展有明显的帮助。

现代金融发展主要有三条路径：第一，金融机构和类金融机构通过产品、市场或运

行模式的创新把传统金融升级为现代金融；第二，政府通过制度创新或财政支持催生金融新业态，如科技金融、绿色金融等；第三，民间资本进入金融市场，通过金融服务市场化提供新型的、高风险的金融服务。就成都而言，金融业的发展主要依赖于政府的政策扶持，发展方式过于单一；而对于广东来说，地方政府和民间资本是推动现代金融发展的主力，这就使得广州的金融服务业发展更具活力。

成都是中国全面覆盖了知识产权抵押、创新创业担保等9方面的政策的城市之一，它的政策力度是非常强的。根据中国（深圳）综合开发研究院编制的"2020·中国双创金融指数"（CIEFI）的最新数据，成都在"双创"金融指数综合排名中居全国第6位，为中西部地区第一，各分项领域保持着均衡的发展。成都打造的天府国际基金小镇在成立后的4年中，成功引入机构数量已超过400家，管理资金总规模超过4 000亿元，成为中国西部最大的创投融资中心。2020年上半年，成都金融业实现了明显增长。1~6月全市新增社会融资规模4 640亿元，完成全年目标任务的84%，与上年同期相比增长了1 127亿元。证券交易额同比增长19%达到5.65万亿元，而直接融资为1 377.33亿元，相比上年同期增长36%[①]。

然而，成都地区金融业的发展还是存在明显的问题。首先，成都地区发展金融业的手段相对单一，主要靠政策扶持，缺乏金融机构以及民间资本的推动。其次，成都地区金融业的发展尚未明显推动实体产业的发展，二者之间的联动尚未产生。在这两个问题上，广州明显做得比成都更好。

长期以来，金融业被视为广州的"短板"。但近年来，广州金融业积极践行服务实体经济宗旨，大力防控金融风险，取得了跨越式发展，不但金融服务业本身发展迅速，且极大地助力了广州实体企业的发展。

2020年1~9月，广州金融业产值比上年同期增加1 716亿元，增长率达到8.9%，占全市地区生产总值的比重达到9.8%，成为全市第四大支柱产业[②]。除了总产值的增长，广州金融业在多样性方面也有了很大进步。目前，广州市的互联网金融企业、商业银行的科技支行、科技金融工作站、科技金融集团、科技金融综合服务中心、私募基金、风险投资管理人等新型金融机构数量显著增加。这同时也带来了金融延伸产品的大发展。在基金方面，创业投资基金、风险投资基金、创业引导基金、出资参股投资目标基金、中小微企业发展基金、成果转化基金等多种形式的基金产品发展迅猛；在间接融资方面，知识产权质押融资贷款、普惠科技金融、科技金融融资、科技贷款等多种创新性的融资手段不断普及；而中间金融产品领域也出现了科技保险、银政企合作贴息等多种新形式。

此外，现代金融的发展已经对广州实体经济的发展产生了强大的促进作用。早在2016年，在新三板挂牌上市的广州企业数量就达到201家，位列全国省会城市第一，高于四个直辖市；其中还有35家企业进入创新层，数量同样位列全国省会城市第一；新

---

① 综合开发研究院. 成都作为金融中心的发展模式正面临重大转型. http://news.hexun.com/2020-10-30/202338185. html，2020-10-30.

② 花城 FM. 广州金融发展报告（2020）. 2020.

增挂牌企业净资产均值在北上广深中排名第一①。

通过借鉴广州的发展经验，我们可以得出结论：如成都的金融业要继续发展，除了政策扶持，还要引入更多知名金融机构，创建更多的中小金融机构和地方金融组织，推出更多现代金融产品。另外，成都也可以借鉴一些东部地区的先进经验，使金融业更好地服务于实体企业，如为孵化器提供更多附加金融服务。

第四节　发 展 路 径

为更好地在国家战略下构建现代产业发展新体系、统筹承接产业转移、打造世界级产业集群，四川省与重庆市分别出台了相应的战略规划措施。四川省规划以工业"5+1"、服务业"4+6"、农业"10+3"为重点，构建大产业、细分工的产业协作格局，重点需要抓好成渝现代高效特色农业带、国家数字经济创新发展试验区、西部金融中心以及巴蜀文化旅游走廊的建设。重庆市则表示要整合发展汽车业、电子信息业、智能制造业等优势产业，着力打造高质量产业集群，以期达到整个产业链的贯通互联，将重庆打造为世界级高端制造业基地。

成渝地区双城经济圈在构建现代产业新体系时，需要坚持一项基本方略，即发展壮大成都、重庆主城两大区域中心城市，带动城市群中其他城市的发展。要做到这一目标，一方面，要充分利用两大区域中心城市现有的产业资源，进一步发展和升级其传统优势产业，推进农业、制造业及服务业的现代化与集群化；另一方面，城市群中其他城市要借成都、重庆主城发展的"东风"，建设与成渝双核配套的产业，与两大中心城市完成产业的承接与整合，共同打造具有全球影响力的产业链、价值链。

一、推动成渝地区产业集群化发展

成渝两地需要共同打造世界级产业集群。以高端制造业为例，可以从电子信息业、汽车业等传统优势产业入手，建设全国高端制造业产业基地。要达成这一目标至少需要做到以下几点：首先，成渝地区政府必须要制定产业发展的顶层设计，立足于成渝地区的资源条件和产业基础，确定各地之间产业的分工合作情况。其次，在明确各自任务的情况下，城市群中的各大城市需要出台政策扶持区域内支柱产业的发展，优化产业结构，完善产业链条。最后，各大城市之间通力合作，力求整合出一个产能高效、分工明确、相互配合的产业体系，共同建设全国顶尖产业基地。若成渝地区双城经济圈内能够实现产业集群化发展，这对于现代农业、高端制造业、现代服务业等都具有重大的意义。

二、以科技创新推动高新技术产业发展

技术是支撑发展现代产业新体系的关键要素，其来源的主渠道是创新驱动。目前，

---

① 2016年广州新增新三板企业突破200家. https://www.163.com/news/article/C96FIDB400018AOP.html，2016-12-26.

成渝城市群创新投入虽然在不断增长，但是同发达地区相比总量仍较小；并且投入产出比偏低，资金投入效率不高。因此，成渝地区在深化创新驱动的同时，更需要注意以下几个方面：第一，营造激励创新的公平竞争环境，采取包括加强知识产权保护、破解行业垄断、完善产业技术政策在内的一系列措施。第二，建立技术创新市场导向，扩大企业在产业技术创新中的主体作用，优先采购使用创新产品。第三，加大对于科研人员的激励力度，具体可以采取提高科研人员在成果转化中分享的收益比例或加大股权激励力度等办法，激发科研人员的研发积极性。

在深化科技创新驱动的背景下，大力发展各个产业的核心技术。加强各现代产业基础核心零部件的研发和制造，促进关键基础材料的首批次或跨领域应用，形成产业集群发展的核心支撑；与此同时，建成较为完善的产业技术基础服务体系，逐步形成整体牵引和基础支撑协调互动的产业创新发展格局。

三、深入实施数字化与"互联网+"战略

目前，成渝地区若要进一步发展现代产业新体系，必然要加快数字化发展，推进产业数字化，打造现代化的数字产业集群。其内涵是将人工智能、云计算等新一代信息科学与技术同现代产业有机结合，从而提升产业的整体质量与经济效益。纵观成渝地区各大实体产业，现代农业和高端制造业内若实施"互联网+"战略，都会极大提升其生产效率。

互联网与现代农业的融合发展，可以采取以下四点具体措施：第一，构建网上农业服务平台，提升现代农业的消费导向性；第二，构建网络化农业环境监测系统，以实现对农业生产环境的实时监测和自动控制，提高农业生产效率与农产品质量；第三，构建农业物联网，实现灌溉、施肥和农机作业的精准化；第四，构建农产品物流监测系统，保证农产品流通在各个环节的安全、透明，确保农产品的质量安全。

实现互联网与制造全过程的融合是实施"互联网+制造业"战略的关键，结合成渝地区高端制造业发展现状，需要从以下几方面着手切入。第一，对生产设备进行智能化升级，提高产品质量与生产效率；第二，实现各个生产环节的柔性化，以满足消费者个性化定制的需求；第三，构建制造业公共服务平台，满足企业生产过程中对于信息及合作的需求。

四、优化农业产业结构，打造全新农业产业链条

成渝地区若要进一步优化农业产业结构，核心就是要打造具有更高效率、更高附加值的农业产业链，具体分为四个方面。

第一，立足于农业生产实际。构建高效的现代农业产业链要从实际的资源与农业技术水平出发，选择最适合本地农业的产业链结构和形式，不能生搬硬套，也不能揠苗助长。

第二，注重产业链的拓展与延伸。目前，成渝地区的农业产业链还处于比较原始、单一的状态，可以从以下几个方面进行补强：提升农产品加工、储藏技术，提高农产品

深加工比例，实现农产品的价值增值；进一步开发具有文化性、参与性的现代休闲农业，使其成为农业产业链中一个不可或缺的分支；在现有农业产业链基础上，通过补强农业基础设施建设以提高农业生产的规模和竞争力，丰富和壮大产业链已有的各个环节。

第三，强化产业链整链意识。农业产业链是一个有机的整体，包括了物流链、资金链、信息链、创新链等部分。高效的现代农业产业链需要各个部分为整体的效益服务，不能过度强调某一维度的利益与重要性，要保证产业链各个部分的顺畅运行与整体协调。

第四，使农民能从产业链的更多环节中获利。构建高效农业产业链的目的之一就是农民能够从中获益。但是现阶段，农民主要利益都来自生产环节，而农业产业链还有加工、储藏、流通等后续环节，还有休闲农业等分支。使农民从这一系列后续环节中获利是提高农民收入的一个重要方法。目前，农民可以采取农业兼业、入股农业企业、经营农家乐等方式从中获利。

五、发展完善高端制造业产业链条

成渝地区若要构建高端制造业产业链条，必须坚持从实际出发，充分发挥本地的资源与产业基础优势，在不脱离现有装备工业基础的前提下，加快先进技术与传统装备制造产业的融合。其中，电子信息业与智能制造业是未来成渝高端制造业产业链重点推进的方向。

成渝地区的目标是建设世界级电子信息产业集群，要达到这一目标，有两项措施必须实施。首先是建设电子信息业产业示范园，推进电子信息业功能区的建设，汇集电子信息产业的龙头企业。特色园区的建设有助于电子信息业企业间的交流与合作，推动产业的变革与创新，提高产业的质量及效率。其次是实现产业内部的分工合作，形成分区域、分性质、分环节的产业结构，力求实现生产的每一个环节都能在经济圈内部实现，这样不仅能够减少生产成本，更能增加产品的竞争力。

成渝地区有大力发展智能制造产业的基础与潜力，但这要求其能够将最新一代的信息技术与先进的制造技术进行融合。成渝地区应大力推进人工智能创新发展试验区建设，重点发展机器人、高档数控机床等核心装备，推进工业机器人集成应用和二次开发。此外，为了提升研究水平，成渝地区还需要积极培育和引进相关领域的研究机构和科研人员，以期能够在智能装备制造领域走在全国前列。

六、发展金融业，确保资金支持

资本是发展现代产业新体系的重要支撑，但是目前成渝地区企业的融资成本依然较高，这是由成渝地区金融业的市场化程度不高导致的。为了给予实体产业更到位的资金支持，成渝金融业还需要进行以下改革。

第一，必须进一步开放金融市场，适应现代产业发展的需要，向现代产业提供更多的支持，开发与产业适配的现代金融产品。

第二，充分发挥银行、证券等机构资金对于现代产业发展新体系的支持作用。可以针对不同的产业设立对应的发展基金，同时将资金更多地投入运营环节以提升使用效益。

第三，探索更多现代融资方式，满足现代产业体系的融资需求。以成渝地区的支柱产业——高端装备制造产业为例，针对其创新力强、资本需求量大、产业带动力突出的特点，需要成渝金融服务业完善以融资担保、研发保险、融资租赁等为核心的装备工业金融服务体系，降低风险投资和各类创业资本的行业准入门槛。

第五节　本 章 小 结

本章立足于成渝地区双城经济圈发展现状，首先分析了成渝地区现有产业体系现状，剖析存在的问题，结合先进地区的发展现代产业体系的案例，提出在新环境下成渝地区双城经济圈构建现代产业发展新体系的策略和路径，以期为新时代下成渝地区双城经济圈的建设提供参考。

成渝地区双城经济圈现代产业新体系发展状况良好。以农产品加工、休闲农业为代表的现代农业，以电子信息业、汽车业为代表的高端制造业，以及以金融业、信息服务业等为代表的现代服务业都取得了显著的发展。但是，总体来看，成渝地区双城经济圈现代产业新体系的发展仍面临一系列问题：现代农业资源相对匮乏，高端制造业结构及质量相对落后，现代服务业发展不足，等等。因此，成渝地区双城经济圈需要立足于自身的现状与优势，向诸如江苏淮安、山东威海、广东广州等地区借鉴发展经验。此外，政府也要加快推进产业的集群化和数字化，保障各大产业的资金供给，并针对成渝地区现代农业、高端制造业、现代服务业的不同特征，制定相应的政策。

产业是经济之本，建设现代产业发展新体系对于成渝地区双城经济圈产业的转型升级与未来发展具有重大意义，是成渝地区双城经济圈发展中不可缺少的一环。随着现代产业新体系建设的不断推进与完善，成渝地区双城经济圈建设也必将取得更喜人的成果。

参 考 文 献

蔡静，张志强，熊永兰. 2020. 成渝地区双城经济圈培育世界级高端装备制造产业集群研究. 中国西部，（6）：14-20.

钞小静. 2021. 以现代产业体系发展推动"十四五"经济体系优化升级. 长安大学学报（社会科学版），23（1）：8-12.

重庆市统计局. 2020-09-23. 2019 年重庆市科技投入统计公报. http://tjj.cq.gov.cn/zwgk_233/fdzdgknr/tjxx/sjzl_55471/tjgb_55472/202009/t20200923_7906003.html.

国家发展改革委. 2021-04-02. 成渝地区双城经济圈建设开局良好. https://mp.weixin.qq.com/s?__biz=MzA3MDE5NjE2Mg==&chksm=86caa7d0b1bd2ec6d039f18fb925fc3cd6bfe2a3658086707c4f8691

c1be2e11c8d9e612a3d0&idx=1&mid=2650704253&sn=1cbd5b2ef9b8d58ea52f9b67eaabff05.

李平贵. 2021-04-13. 双核引领，成渝地区双城经济圈建设实现良好开局. https://baijiahao.baidu.com/
　　s?id=1696917347257385394&wfr=spider&for=pc.

人民网. 2020-10-18. 陈敏尔主持重庆市委常委会议 传达学习贯彻中央政治局会议精神 研究部署成渝
　　地区双城经济圈建设工作. https://baijiahao.baidu.com/s?id=1680858034827428236&wfr=spider&
　　for=pc.

人民网. 2020-12-15. 现代产业新体系加快构建（"十三五"，我们这样走过）. https://baijiahao.baidu.
　　com/s?id=1686099033965522540&wfr=spider&for=pc.

任猛. 2019-04-14. 农村本土人才队伍建设存在的问题及建议. http://www.cqmj.org.cn/?Political/8897.html.

四川省科技统计中心. 2020-09-25. 2019 年全省 R&D 经费投入统计简报. http://www.scsti.org.cn/scsti/
　　kjtjxx/20200925/37308.html.

韦泽洋. 2015. 论构建现代产业发展新体系. 东南大学学报（哲学社会科学版），17（S1）：17-19，
　　22.

谢岗. 2020. 构建现代农业产业体系 推进农村产业融合发展. 江苏农村经济，（8）：39-41.

许彦. 2020-07-17. 成渝地区服务业发展的战略方向、路径选择. https://www.chinathinktanks.org.cn/
　　content/detail/id/i47emk98.

许钰莎，赵颖文. 2020. 区域一体化发展背景下成渝农业协同发展的现实基础与路径选择. 四川农业科
　　技，（12）：58-61.

姚星，倪畅. 2015. 构建现代产业发展新体系的战略选择研究. 中州学刊，（5）：38-41.

张辉. 2021. 加快数字化发展 加速构建现代产业体系. 网信军民融合，（1）：28-31.

张婷. 2020. 成渝城市群旅游产业现状及发展建议. 现代营销（下旬刊），（5）：124-125.

周鹏，洪绍明，汪军. 2015. 构建现代产业发展新体系研究. 安徽冶金科技职业学院学报，25（3）：
　　86-89.

周跃辉. 2017-07-06. 深化产业结构调整 构建现代产业发展新体系——学习习近平总书记关于产业发展
　　的重要论述. http://theory.people.com.cn/n1/2017/0706/c40531-29388394.html.

第九章 成渝地区双城经济圈：迈入绿色发展新阶段

成渝经济圈是长江上游生态屏障的重要组成部分，其绿色发展对长江经济带战略推进具有极其重要的支撑作用。2011 年《成渝经济区区域规划》明确长江上游生态安全保障区是成渝地区战略定位的主要组成内容，为成渝地区生态环境保护深入合作构建了新的宏伟蓝图。2016 年《成渝城市群发展规划》进一步明确了成渝地区经济发展与生态环境保护并行的发展理念。2020 年 1 月，中央财经委员会第六次会议强调，要加强成渝地区双城经济圈生态环境保护，赋予成渝地区绿色发展的更大责任和高质量发展的重大机遇。近年来，成渝地区不断加强污染防治和生态建设，绿色发展迈入新阶段。

第一节 发展现状

一、环境质量持续明显改善

成渝地区持续深入加强环境保护工作，加快建立健全污染防治体系，不断加大环境污染防治力度，深化企业"节能减排"任务的重点改革，在大气环境、水环境、土壤环境等方面落实精准、科学、依法、系统防污治污，推进环境质量不断改善。

（一）环境污染防治成效显著

1. 环保投入

截至 2019 年，四川省完成 68.5%的环保督察问题整改，完成 40.9%的中央环保督察"回头看"整改意见。重庆市按照《重庆市污染防治攻坚战实施方案（2018-2020年）》中的计划安排全面完成 299 项环境保护任务与重点建设工程。2011~2018 年，成渝经济圈内的大部分区域环保财政资金投入呈上升的趋势，反映出政府对于环境保护工作的重视，其中尤以成都市、自贡市、泸州市、德阳市、内江市、宜宾市上升幅度较大。同时，也有部分城市环保财政资金投入呈下降趋势，如绵阳市、资阳市（表 9-1）。2010~2017 年，四川省、重庆市环境污染治理投资总额均呈先上升后下降再上升的变动趋势（图 9-1）。

表 9-1　成渝经济圈 2011~2018 年环保财政资金投入　　单位：万元

省市	2011 年	2012 年	2013 年	2014 年	2015 年	2016 年	2017 年	2018 年
重庆市	2 752 000	2 323 600	2 557 400	2 936 900	3 992 400	3 556 400	4 626 300	3 677 800
四川省	1 157 995	1 359 422	1 599 491	1 686 939	1 693 145	1 663 561	1 963 525	2 269 045
成都市	128 235	155 353	163 910	248 996	223 497	285 496	333 479	368 903
自贡市	22 579	27 263	34 292	36 589	30 870	17 991	25 611	64 875
泸州市	53 616	56 542	62 260	54 526	65 805	104 029	119 635	130 570
德阳市	18 047	23 109	36 477	37 683	76 844	81 711	81 067	136 859
绵阳市	65 224	126 093	253 387	87 395	11 676	60 285	84 901	60 934
遂宁市	32 289	44 262	31 115	48 296	37 145	70 505	136 108	60 159
内江市	24 285	27 073	35 839	42 554	24 855	35 529	35 301	79 688
乐山市	47 789	53 729	69 669	72 145	66 252	71 816	99 443	118 453
南充市	49 119	50 133	58 626	71 527	50 095	62 946	74 926	87 124
眉山市	32 207	47 594	41 289	45 542	44 576	48 498	63 422	52 562
宜宾市	50 683	64 996	64 419	89 011	126 245	77 124	118 546	169 162
广安市	37 419	41 910	43 523	44 267	35 846	49 761	43 516	54 117
达州市	42 128	46 292	50 766	69 395	59 097	70 429	68 990	65 657
雅安市	41 876	38 885	52 488	62 049	52 518	39 741	66 040	74 184
资阳市	27 424	38 761	40 140	33 164	28 676	23 778	19 288	16 373

资料来源：根据四川省及各地级市统计年鉴、重庆市统计年鉴整理

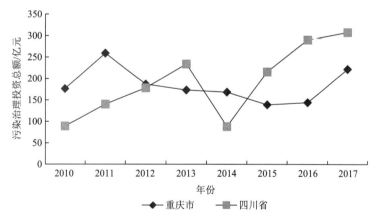

图 9-1　四川省、重庆市环境污染治理投资总额
资料来源：根据中国环境保护数据库统计数据整理

2. 大气环境

成渝地区持续推进大气环境污染防治工作，加强重点区域大气污染联防联控联治，建立完善的大气污染防治合作与预警应急联动机制，启动"成渝地区大气污染联防联控技术与集成示范"项目，不断改善区域环境质量，不断提高重污染天气应对能力。

1）主要污染物达标情况

近年来，成渝经济圈所有城市二氧化硫年均浓度、一氧化碳年均浓度均处于达标状态。2019 年，成渝经济圈臭氧年均浓度均处于达标状态。2011~2019 年，成都（2015~2019 年）、重庆（2015~2018 年）、眉山（2017 年）、达州（2016 年、2019 年）的二氧化氮年均浓度超标，尤其成都市和达州市环保部门需要进一步加强二氧化氮排放管控工作，其余城市二氧化氮年均浓度均达标。2011~2019 年，成渝经济圈可吸入颗粒物年均浓度达标率呈先下降后上升的趋势，其中在 2013 年开始出现下降，大部分城市在 2015~2017 年可吸入颗粒物年均浓度均处于超标状态，随后又有所改善（表 9-2）。

表 9-2　成渝经济圈可吸入颗粒物（PM_{10}）年均浓度达标情况

城市	2011 年	2012 年	2013 年	2014 年	2015 年	2016 年	2017 年	2018 年	2019 年
重庆市	达标	达标	超标	超标	超标	超标	超标	达标	达标
成都市	达标	达标	超标	超标	超标	超标	超标	超标	达标
自贡市	达标	达标	超标	超标	超标	超标	超标	达标	达标
泸州市	达标	达标	达标	达标	达标	达标	超标	达标	达标
德阳市	达标	达标	超标	超标	超标	超标	超标	达标	达标
绵阳市	达标	达标	达标	达标	达标	达标	达标	达标	达标
遂宁市	达标	达标	达标	达标	达标	达标	达标	达标	达标
内江市	达标	达标	达标	超标	超标	超标	超标	达标	达标
乐山市	达标	达标	超标	超标	超标	超标	超标	达标	达标
南充市	达标	达标	达标	超标	超标	超标	超标	达标	达标
眉山市	达标	达标	达标	超标	超标	超标	超标	达标	达标
宜宾市	达标	达标	达标	超标	超标	超标	超标	达标	达标
广安市	达标	达标	超标	超标	超标	超标	超标	达标	达标
达州市	达标	达标	达标	超标	超标	超标	超标	达标	超标
雅安市	达标	达标	达标	达标	达标	达标	达标	达标	达标
资阳市	达标	达标	达标	超标	超标	超标	超标	达标	达标
达标率	100%	100%	72.22%	72.22%	16.66%	22.22%	27.78%	61.11%	94.44%

资料来源：根据 2011~2019 年《四川省环境状况公报》《重庆市环境质量简报》整理

成渝经济圈 $PM_{2.5}$ 年均浓度达标率呈现先下降后缓慢上升的趋势，达标率尤以 2015~2018 年较低，其间大部分城市的 $PM_{2.5}$ 年均浓度呈超标状态，虽然之后达标率有所上升，但总体上超标情况仍然较为严重（表 9-3）。

表 9-3　成渝经济圈 $PM_{2.5}$ 年均浓度超标达标情况

城市	2013 年	2014 年	2015 年	2016 年	2017 年	2018 年	2019 年
重庆市	超标	超标	超标	超标	超标	超标	超标
成都市	超标	超标	超标	超标	超标	超标	超标
自贡市	达标	超标	超标	超标	超标	超标	超标
泸州市	达标	超标	超标	超标	超标	超标	超标
德阳市	达标	超标	超标	超标	超标	超标	超标

续表

城市	2013 年	2014 年	2015 年	2016 年	2017 年	2018 年	2019 年
绵阳市	达标	超标	超标	超标	超标	超标	超标
遂宁市	达标	达标	超标	超标	超标	超标	达标
内江市	达标	达标	超标	超标	超标	超标	达标
乐山市	达标	达标	超标	超标	超标	超标	超标
南充市	达标	超标	超标	超标	超标	超标	超标
眉山市	达标	达标	超标	超标	超标	超标	超标
宜宾市	达标	超标	超标	超标	超标	超标	超标
广安市	达标	达标	超标	超标	超标	超标	达标
达州市	达标	达标	超标	超标	超标	超标	超标
雅安市	达标	达标	超标	超标	超标	超标	达标
资阳市	达标	达标	超标	超标	超标	超标	达标
达标率	88.89%	55.56%	5.56%	5.56%	11.11%	11.11%	38.89%

资料来源：根据 2013~2019 年《四川省环境状况公报》《重庆市环境质量简报》整理

2）空气质量

成渝两地空气质量明显改善，2014~2020 年，成都市、德阳市空气质量优良天数比例分别增长了 34.42 个、11.64 个百分点，分别达到 75.96%、80.87%，重庆市空气质量优良天数比例增长了 50.16%，达到 90.16%（表9-4）。

表9-4　成渝各市（区）2014~2020 年空气质量优良天数比例

市（区）	2014 年	2015 年	2016 年	2017 年	2018 年	2019 年	2020 年
重庆市	40.00%	81.10%	77.60%	75.62%	81.67%	84.62%	90.16%
涪陵区	94.25%	94.25%	81.58%	85.21%	91.23%	88.22%	94.26%
渝中区	65.48%	74.25%	71.58%	74.25%	83.84%	86.30%	86.07%
大渡口区	67.95%	75.07%	74.59%	77.53%	84.11%	84.66%	88.25%
江北区	60.82%	78.36%	81.69%	78.08%	86.85%	85.21%	90.16%
沙坪坝区	58.08%	76.99%	73.77%	73.97%	81.10%	80.00%	86.34%
九龙坡区	61.10%	78.63%	74.59%	80.27%	84.93%	83.01%	83.06%
南岸区	66.30%	79.45%	78.69%	78.36%	84.93%	84.93%	87.43%
北碚区	66.03%	79.18%	78.14%	77.53%	84.93%	87.67%	92.90%
渝北区	69.86%	81.64%	78.69%	78.08%	84.66%	87.12%	91.53%
巴南区	64.93%	78.63%	75.68%	78.08%	84.66%	83.84%	91.26%
长寿区	89.04%	92.60%	83.88%	77.26%	85.21%	83.84%	90.98%
江津区	94.25%	96.99%	74.67%	67.12%	78.36%	81.37%	84.97%
合川区	87.67%	94.52%	57.24%	69.04%	77.26%	79.18%	83.88%
永川区	90.96%	94.52%	82.24%	77.81%	85.75%	81.64%	91.26%
南川区	93.15%	92.60%	84.87%	85.21%	91.23%	93.7%	96.72%
綦江区	88.49%	92.05%	84.21%	78.63%	87.4%	88.77%	92.62%
大足区	92.33%	98.08%	71.05%	72.05%	86.3%	87.4%	93.44%

续表

市（区）	2014 年	2015 年	2016 年	2017 年	2018 年	2019 年	2020 年
璧山区	92.33%	95.89%	72.70%	66.3%	72.88%	80.82%	85.79%
铜梁区	95.89%	97.26%	63.16%	76.71%	81.92%	82.74%	91.26%
潼南区	93.97%	98.08%	85.20%	78.08%	86.85%	90.68%	93.72%
荣昌区	90.41%	98.08%	79.93%	69.59%	73.97%	76.99%	80.05%
成都市	41.54%	58.63%	56.56%	64.38%	70.72%	78.3%	75.96%
自贡市	38.46%	64.66%	60.93%	62.74%	66.11%	81.04%	81.15%
泸州市	61.54%	75.34%	64.75%	74.79%	85.21%	84.62%	88.25%
德阳市	69.23%	73.15%	68.03%	67.67%	77.26%	84.34%	80.87%
绵阳市	66.15%	83.29%	75.96%	80.82%	77.53%	89.29%	87.98%
遂宁市	—	74.52%	81.42%	82.74%	89.59%	93.41%	89.89%
内江市	—	71.51%	71.04%	74.52%	83.52%	87.36%	89.62%
乐山市	—	74.79%	72.68%	70.14%	82.47%	84.34%	87.16%
南充市	44.62%	75.07%	75.96%	79.45%	80.55%	89.29%	94.26%
眉山市	—	64.66%	67.49%	73.97%	79.56%	85.71%	87.98%
宜宾市	58.46%	77.26%	73.22%	72.33%	72.6%	79.67%	83.61%
广安市	—	76.44%	78.69%	85.21%	83.98%	90.38%	90.71%
达州市	—	73.15%	74.59%	83.84%	81.92%	82.69%	89.34%
雅安市	14.29%	92.88%	84.43%	81.92%	89.32%	90.38%	96.17%
资阳市	—	78.63%	73.50%	83.01%	80.55%	87.36%	88.8%

资料来源：根据中华人民共和国生态环境部数据中心数据整理

3）全年降水平均 pH 值

降水 pH 值低于 5.6 可以判定为酸雨，降水 pH 值低于 5.0 可以判定为较重酸雨，降水 pH 值低于 4.5 可以判定为重酸雨。2011~2019 年，成渝经济圈内酸雨城市数量总体呈下降趋势，其中受酸雨污染最严重的是重庆市、泸州市和自贡市（表 9-5）。此外，2018 年四川省和 2019 年重庆市年平均降水 pH 值均处于 5.6 以上，而上海市、江苏省、浙江省和广东省的年平均降水 pH 值低于 5.6（表 9-6）。

表 9-5　成渝经济圈酸雨城市

城市	2011 年	2012 年	2013 年	2014 年	2015 年	2016 年	2017 年	2018 年	2019 年
重庆市	是	是	是	是	是	是	是	是	否
成都市	是	是	是	否	是	否	否	否	否
自贡市	是	是	是	是	是	是	否	否	否
泸州市	是	是	是	是	是	是	是	是	是
德阳市	否	否	否	否	否	否	是	是	否
绵阳市	否	否	否	否	否	否	否	否	否
遂宁市	否	是	否	否	否	否	否	否	否
内江市	否	否	否	否	否	否	否	否	否
乐山市	否	否	否	否	否	否	否	否	否

续表

城市	2011 年	2012 年	2013 年	2014 年	2015 年	2016 年	2017 年	2018 年	2019 年
南充市	否	是	否	否	否	否	否	否	否
眉山市	是	是	是	是	否	否	否	否	否
宜宾市	是	是	是	否	否	否	否	否	否
广安市	否	否	是	否	否	否	否	否	否
达州市	否	否	否	否	否	否	否	否	否
雅安市	是	是	否	是	否	否	否	否	否
资阳市	否	是	否	否	否	否	否	否	否
酸雨率	38.89%	55.56%	38.89%	33.33%	27.78%	16.67%	16.67%	22.22%	11.11%

资料来源：根据 2011~2019 年《四川省环境状况公报》《重庆市环境质量简报》整理

表 9-6　长三角、珠三角及成渝经济圈省份年均降水 pH 值

年份	上海市	江苏省	浙江省	安徽省	广东省	重庆市	四川省
2011	4.72	4.59	4.54	5.34	5.11	4.58	4.91
2012	4.64	4.58	4.45	5.28	5.1	4.71	4.95
2013	4.9	4.64	4.66	5.57	5.2	4.86	5.06
2014	4.9	4.56	4.74	5.75	5.11	5.02	5.24
2015	5.07	4.87	4.86	5.9	5.16	5.36	5.42
2016	5.22	4.98	4.88	5.68	5.31	5.44	5.68
2017	5.12	4.93	4.91	5.83	5.14	5.59	5.8
2018	5.13	4.94	5.06	5.93	5.55	5.49	5.78
2019	5.34	4.64	5.13	5.79	5.49	5.82	—

资料来源：根据 2011~2019 年《上海市环境状况公报》《江苏省坏境状况公报》《浙江省环境状况公报》《安徽省环境状况公报》《广东省环境状况公报》《重庆市环境状况公报》《四川省环境状况公报》整理

3. 水环境

成渝地区四川段的河流主要有长江、岷江、沱江、金沙江、嘉陵江、大渡河等，重庆段的河流主要有长江、嘉陵江、乌江、涪江等。由于早些年对长江中上游、长江各支流的治理缺乏有效管护，河流两岸非法围栏发展养殖、非法采砂、非法捕捞、废水乱排的现象频发。

近年来，成渝地区持续深化跨界河流水污染防治和水环境综合治理战略对接，开展流域污染治理省际合作试点，联合开展水质超标溯源排查，协同推进跨界河湖水生态补偿机制建设。截至目前，四川省在岷江、沱江和嘉陵江干流及重要支流建立起正向激励和反向约束的跨界水环境生态补偿机制，重庆市在流域面积 500 平方千米以上，且流经两个及以上区县的 19 条河流建立实施横向生态保护补偿机制，构建了生态受益者补偿、生态保护者受偿的跨界河流保护格局。在生态环境部门与水利部门为主导的多个部门联合管控治理下，成渝地区水环境得到一定改善。2018 年，长江干流（四川段）水系优良比例为 100%，四川省嘉陵江、岷江和沱江水系优良水质比例分别为 93.8%、74.4% 和 47.2%，13 个出川断面全部达到国家考核要求；长江干流（重庆段）总体水质

为优，重庆市嘉陵江流域和乌江流域达到或优于Ⅲ类水质的监测断面比例分别为 61.7%
和 100%。

　　1）地表水、水源水质

　　以 2019 年水质监测为例，成都市地表水断面Ⅰ~Ⅲ类水质标准占比为 90.7%，较上
一年提升 15.2%，县级及以上集中式饮用水水源地水质全面达标；宜宾市 25 个断面均达
到Ⅲ类水质标准，县级及以上集中式饮用水水源地水质全面达标；嘉陵江南充段出境断
面水质达到Ⅱ类标准；重庆市长江干流 15 个监测断面中，14 个达到Ⅱ类水质标准，1
个达到Ⅲ类水质标准，长江支流监测断面中Ⅰ~Ⅲ类水质达到 87.8%。

　　此外，选取 2017 年、2018 年、2019 年和 2020 年同期的地表水水质与集中式生活饮
用水水质进行分析，发现四川省和重庆市地表水环境质量逐年提升。其中四川省地表水
环境改善效果明显，满足Ⅲ类标准及以上的占比由 2017 年 1 月的 81.7% 提高至 2020 年
1 月的 98.9%。除 2019 年 1 月监测到Ⅲ类及以上标准的占比为 96.5% 以外，四川省和重
庆市其他年份同时期的集中式饮用水源水质均 100% 满足Ⅲ级水质标准，详见图 9-2。

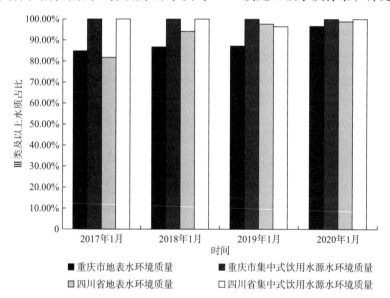

图 9-2　成渝地区地表水与饮用水监测 2017~2020 年同比Ⅲ级以上水质占比

资料来源：根据 2017~2020 年《四川省地级以上城市生活饮用水水源水质状况报告》《四川省地表水水质状况》《重庆市
　　　　　各区县（自治县）地表水环境质量排名情况》《重庆市国考城市集中式生活饮用水水源水质状况》整理

　　成渝地区多年份集中式饮用水水源地水质达标率均在 97% 以上，水源地水质从
2015 年 96.91% 到 2019 年 99.96% 呈现逐年提高的趋势。除德阳市、宜宾市、雅安市、资
阳市，其他城市的水源地水质在 2015~2019 年五年间都 100% 达标，与宜宾市、雅安
市、资阳市相比，处于"成德眉资"都市核心圈的德阳市水质问题最为严重，五年间水
质达标率都在 100% 以下。

　　2）污水处理能力

　　成渝经济圈在推进水环境治理中，以控制污水排放量为源头，全面修缮升级污水处
理设施，高频次重点监测主要河流、湖面、水源地的水体质量，呈现工业废水排放量大

幅下降与污水处理能力不断提高的双趋势，污水排放治理收效明显。

　　2010~2018 年，成渝经济圈工业废水排放量明显下降。以成都市、重庆市为例，2018 年成都工业废水排放量 7 910.75 万吨，较 2015 年的 11 453 万吨下降 30.93%；2018 年重庆工业废水排放量 20 780 万吨，较 2015 年的 35 524 万吨下降 41.5%。依托市政基础设施日益改造完善以及环保政策的快速推进落实，成渝地区城市污水处理能力显著提升。平均污水处理率由 2010 年的 73.1% 提高到 2018 年的 93.87%，增幅超过 20 个百分点。各城市 2018 年污水处理率较 2010 年都有不同程度的提高，其中，泸州市由 2010 年的 46.34% 提高到 2018 年的 94.21%；乐山市由 2010 年的 53.12% 提高到 2018 年的 92.52%；宜宾市是成渝地区城市中污水处理率提升最明显的城市，由 2010 年的 36.7% 提高到 2018 年的 95.81%。位于四川省的“成德眉资”都市核心圈的平均城市污水处理率明显高于成渝双城地区四川境内的其他城市，详见表 9-7。

表 9-7　成渝地区城市污水处理率

城市	2010 年	2012 年	2014 年	2016 年	2018 年
重庆市	88.86%	89.77%	92.25%	95.37%	94.91%
成都市	90.68%	92.15%	94.64%	94.3%	94.14%
自贡市	85.1%	90.2%	90.56%	94.82%	93.5%
泸州市	46.34%	83.76%	85.03%	92%	94.21%
德阳市	83.75%	89.2%	91%	92.01%	92.97%
绵阳市	89%	91.81%	92.37%	92.67%	96.12%
遂宁市	82.85%	93.94%	96.11%	99.11%	93.48%
内江市	77.71%	83%	88.78%	90.02%	90.14%
乐山市	53.12%	76.38%	79.73%	87.77%	92.52%
南充市	60.51%	80.24%	85.58%	88%	93.01%
眉山市	75.38%	86.81%	85.62%	85.53%	91.09%
宜宾市	36.7%	75.99%	36.31%	87.79%	95.81%
广安市	90.7%	99.66%	91.74%	96.11%	99.97%
达州市	60.81%	61.47%	47.24%	46.23%	88.49%
雅安市	62.5%	61.65%	67.45%	86.2%	94.21%
资阳市	85.66%	86.32%	86.73%	88.67%	97.37%
成渝经济圈	73.1%	83.9%	81.95%	88.54%	93.87%

注：由于未获取到各区域污水排放量和产生量数据，成渝经济圈平均污水处理率根据各地污水处理率进行平均值计算

资料来源：根据 2011~2019 年《四川统计年鉴》《重庆统计年鉴》整理

　　与长三角、珠三角区域相比，成渝经济圈的污水处理率虽然增长速度高于其他两个区域，但是在单个年份中成渝经济圈的城市污水处理率仍低于长三角与珠三角，提升空间较大，详见图 9-3。

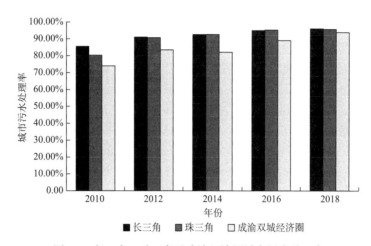

图 9-3　长三角、珠三角及成渝经济圈城市污水处理率

由于未获取到各行政区污水处理量与产生量数据，长三角、珠三角、成渝经济圈污水处理率根据各地污水处理率进行平均值计算

资料来源：根据中国环境保护数据库、2011~2019 年《广东统计年鉴》整理

3）江河水系水质

　　岷江、沱江、嘉陵江、长江干流作为成渝地区的主要水系，流经四川省成都市、乐山市等多个城市以及重庆市主城区、长寿区、涪陵区、云阳县等地。从不同江河流经的空间范围来看，成渝地区的江河水系水质基本都保持在Ⅲ类以上。其中，在岷江流域包括的成都市、乐山市、眉山市、宜宾市、自贡市中，2018 年、2019 年、2020 年三年同期相同截断面的水质检测评价结果显示，除江安河 2018 年 10 月在二江寺岷江干流及支流水质为劣Ⅴ，其余截断面在三期水质检测中都能达到Ⅲ类及以上，且Ⅰ类、Ⅱ类占多数。渭门桥、三谷庄断面的水质都保持在Ⅰ类标准，岳店子下、悦来渡口、大岗山等断面 2020 年 10 月的水质标准都好于 2018 年 10 月，12 个断面中仅都江堰水文站 2020 年 10 月的水质劣于前两年同期水平，详见表 9-8。

表 9-8　岷江河流水质评价结果

序号	河流	断面名称	2020 年 10 月	2019 年 10 月	2018 年 10 月
1	干流	渭门桥	Ⅰ	Ⅰ	Ⅰ
2		都江堰水文站	Ⅲ	Ⅱ	Ⅱ
3		岳店子下	Ⅱ	Ⅲ	Ⅲ
4		悦来渡口	Ⅱ	Ⅱ	Ⅲ
5		月波	Ⅱ	Ⅱ	Ⅱ
6		凉姜沟	Ⅱ	Ⅱ	Ⅱ
7	江安河	二江寺	Ⅱ	Ⅲ	劣Ⅴ
8	大渡河	大岗山	Ⅰ	Ⅱ	Ⅱ
9		三谷庄	Ⅰ	Ⅰ	Ⅰ
10		李码头	Ⅰ	Ⅱ	Ⅱ
11	马边河	马边河口	Ⅱ	Ⅱ	Ⅱ
12	越溪河	两河口	Ⅲ	Ⅲ	Ⅲ

资料来源：根据 2018~2020 年《四川省地表水水质状况》整理

沱江流经成渝地区四川境内的成都市、德阳市、泸州市、眉山市、内江市、资阳市、自贡市七市，其不同年份同期的断面水质监测数据显示，2018~2020 年，沱江干流、支流断面的水质多数都能达到Ⅲ类标准及以上，水质较差的两处截面是位于内江市的威远河廖家堰断面，在 2019 年 10 月水质标准为Ⅳ类，另一处是位于自贡市的釜溪河碳研所断面，在 2018 年 10 月、2020 年 10 月的水质为Ⅳ类。沱江 15 个断面在三年同期的水质情况虽然多数都能达到Ⅲ类及以上标准，但是监测断面中Ⅲ类水质占绝大多数，并且多个断面在三年内的水质并没有得到提升，详见表 9-9。

表 9-9　沱江河流水质评价结果

序号	河流	断面名称	2020 年 10 月	2019 年 10 月	2018 年 10 月
1	干流	宏缘	Ⅱ	Ⅲ	Ⅲ
2		拱城铺渡口	Ⅲ	Ⅲ	Ⅲ
3		幸福村	Ⅲ	Ⅲ	Ⅲ
4		脚仙村	Ⅲ	Ⅲ	Ⅲ
5		李家湾	Ⅲ	Ⅲ	Ⅲ
6		沱江大桥	Ⅲ	Ⅲ	Ⅲ
7	绵远河	八角	Ⅱ	Ⅱ	Ⅲ
8	石亭江	双江桥	Ⅲ	Ⅲ	Ⅲ
9	鸭子河	三川	Ⅱ	Ⅲ	Ⅲ
10	北河	201 医院	Ⅲ	Ⅲ	Ⅲ
11	青白江	三邑大桥	Ⅱ	Ⅲ	Ⅱ
12	球溪河	球溪河口	Ⅲ	Ⅲ	Ⅲ
13	威远河	廖家堰	Ⅲ	Ⅳ	Ⅲ
14	釜溪河	碳研所	Ⅳ	Ⅲ	Ⅳ
15	濑溪河	胡市大桥	Ⅲ	Ⅲ	Ⅲ

资料来源：根据 2018~2020 年《四川省地表水水质状况》整理

嘉陵江流经南充市、广安市，支流众多，其干流、支流在内的 25 个断面水质在 2018 年、2019 年、2020 年同期的断面水质为Ⅲ类及以上的超过 97%，且多数断面的水质标准都为Ⅰ类与Ⅲ类，在观测的断面中仅有西河升钟水库铁炉寺断面与琼江跑马滩断面在 2018 年 10 月的水质为Ⅳ类标准。多个断面的水质都由Ⅱ类向Ⅰ类提升，但是车家河、西平镇等断面 2020 年的水质相比以往年份出现下降，详见表 9-10。

表 9-10　嘉陵江河流水质评价结果

序号	河流	断面名称	2020 年 10 月	2019 年 10 月	2018 年 10 月
1	干流	上石盘	Ⅰ	Ⅱ	Ⅱ
2		阆中沙溪	Ⅱ	Ⅱ	Ⅱ
3		金溪电站	Ⅱ	Ⅱ	Ⅱ
4		烈面	Ⅱ	Ⅱ	Ⅱ
5		金子（清平）	Ⅱ	Ⅱ	Ⅱ
6	南河	南渡	Ⅰ	Ⅲ	Ⅱ

续表

序号	河流	断面名称	2020 年 10 月	2019 年 10 月	2018 年 10 月
7	白龙江	苴国村	I	I	II
8	白水江	县城马踏石	I	II	II
9	东河	文成镇	II	II	II
10	西河	升钟水库铁炉寺	II	III	IV
11	巴河	手傍岩	II	II	III
12		江陵	II	II	II
13		大蹬沟	II	II	II
14	州河	舵石盘	II	II	III
15		车家河	III	III	II
16	流江河	白兔乡	III	II	III
17	渠江	团堡岭	II	II	II
18	涪江	平武水文站	I	I	I
19		福田坝	I	I	II
20		丰谷	I	II	II
21		百顷	II	II	II
22		玉溪（老池）	II	II	II
23	通口河	北川通口	I	I	I
24	凯江	西平镇	III	II	III
25	琼江	跑马滩	III	III	IV

资料来源：根据 2018~2020 年《四川省地表水水质状况》整理

　　长江干流流经四川省宜宾市以及重庆涪陵、万州等区县，长江四川段分别选取 2018 年 10 月、2019 年 10 月、2020 年 10 月干流与支流共 9 个断面的水质监测数据，长江重庆段选取 2018 年、2020 年 1 月[①]、2020 年 10 月干流 7 个水质监测数据分析长江水质的时空变化。总体上，长江四川与重庆段水质良好，但是个别断面的水质出现下降趋势，详见表 9-11。

表 9-11　长江（四川—重庆）段水质评价结果

序号	区域	河流	断面名称	2020 年 10 月	2019 年 10 月	2018 年 10 月
1	长江四川段	干流	挂弓山	II	II	II
2			纳溪大渡口	II	II	II
3			手爬岩	III	II	II
4			朱沱（沙溪口）	III	II	II
5		永宁河	泸天化大桥	II	II	II
6		赤水河	醒觉溪	III	II	II
7		御临河	幺滩	II	III	II

续表

序号	区域	河流	断面名称	2020年10月	2019年10月	2018年10月
8	长江四川段	长宁河	蔡家渡口	Ⅱ	Ⅲ	Ⅱ
9		大洪河	黎家乡崔家岩村	Ⅲ	Ⅳ	Ⅲ
10	长江重庆段	干流	江津大桥	Ⅱ	Ⅱ	Ⅱ
11			丰收坝	Ⅱ	Ⅱ	Ⅱ
12			清晰场	Ⅱ	Ⅰ	Ⅱ
13			苏家	Ⅱ	Ⅱ	Ⅱ
14			筛网坝	Ⅱ	Ⅱ	Ⅱ
15			白帝城	Ⅱ	Ⅱ	Ⅱ
16			巫峡口	Ⅲ	Ⅱ	Ⅱ

资料来源：根据2018~2020年《四川省地表水水质状况》《重庆市地表水水质状况》整理

长江干流与支流四川段三个时期9个监测断面中有6个断面的水质保持不变，其中5个为Ⅱ类水质、1个为Ⅲ类水质，其余3个监测断面的水质出现下降趋势。三个时期27个水质监测数据中Ⅳ类水质断面1个，Ⅲ类水质断面7个，Ⅱ类水质断面19个，Ⅰ类水质断面0个。

长江干流重庆段7个水质监测断面在三个时期都达到Ⅲ类水质标准及以上，Ⅱ类标准断面最多，其中2018年所有水质断面监测Ⅱ类及以上标准为100%，2020年1月所有水质断面监测Ⅱ类及以上标准为100%，2020年10月所有水质断面监测Ⅱ类及以上标准为85.7%。长江重庆段干流的断面水质变化并不大，清晰场与巫峡口两个断面2020年10月较1月的水质出现下降。

4. 耕地环境

四川省是西南粮仓、全国粮食主产区、农业大省，川内主要粮食种植区域中达州市、南充市、宜宾市等都位于成渝地区双城经济圈内，除粮食生产外，烟草、茶叶、柑橘等经济作物也是成渝地区优势特色产品。2021年3月重庆市发展和改革委员会、四川省粮食和物资储备局等部门联合签订《川渝粮食安全战略合作协议》，农业发展是成渝地区经济发展的重要组成部分。农业发展中，农药、化肥的使用，农业机械化的推广助推了农业生产率的提高，但是农化残留、化石燃料燃烧产生的有害物质对土壤环境有不利的影响，农业面源污染不容忽视。近年来，成渝地区积极开展耕地保护基金发放工作，完善耕地地力保护补贴政策，健全耕地质量提升补偿机制，建立完善永久基本农田保护长效机制，开展以政府财政资金为主导、鼓励社会资本参与的高标准农田建设。四川省持续大力整治耕地环境，减少农药化肥的施用，增强农膜回收，推进耕地质量监测全覆盖。2019年，四川省化肥使用量为235万吨，农药使用量4.45万吨且连续四年减少，农膜回收率超78%，省级耕地质量监测点在成渝经济圈涵盖的所有川内区域实现全覆盖。重庆市制定《重庆市农作物秸秆综合利用实施方案（2019~2022年）》，推进耕地质量类别划分，开展试点区域土地重金属污染修复工作。2018年，重庆市新认证"三品一标"1 619个，实施果茶有机肥替代化肥示范10.50万亩。2019年，重庆市化肥使用量为91.08万吨，农药施用量1.65万吨且呈下降趋势。

对于农业面源污染的主要指标化肥施用量，整体来看，通过各级政府的加强管控，2015年以后成渝各地在施用程度上有所下降。成渝经济圈的化肥施用量2009~2019年呈现先增加后减少的趋势，其中2009~2012年逐年增加，2015~2019年明显下降。除宜宾市化肥施用量一直保持下降趋势以外，其他区域的化肥施用量均先增加后减少，"成德眉资"都市核心区的化肥施用增长率明显低于非都市核心区的城市，实现化肥施用负增长的年份也多于其他地区；重庆21个主城都市区县的化肥施用削减程度也高于其他非都市主城区县，21个主城都市区县的化肥施用量在2000~2019年呈现先增长后降低的趋势，非主城都市区的县市呈现多年化肥施用量上涨，2015年后出现小幅下降的变动趋势；位于三峡库区生态区的城口县、巫溪县等多个区县的平均历年化肥施用量要高于主城都市区的平均水平。位于四川与重庆交界的达万城镇密集区①化肥施用变动情况与成渝地区总体趋势类似，都是先增长后下降，但是达万城镇密集区化肥施用量增长幅度高于成渝地区平均水平，下降幅度小于成渝平均水平（表9-12）。

表9-12　成渝地区化肥施用量增长率

区域	2010年	2011年	2012年	2013年	2014年	2015年	2016年	2017年	2018年	2019年
万州区	-0.88%	-1.11%	1.78%	1.37%	1.5%	-1.15%	-1.27%	-0.66%	-0.57%	-1.05%
黔江区	1.69%	0.41%	-0.33%	0.41%	-1.78%	11.08%	-0.83%	-0.79%	-1.4%	-4.81%
涪陵区	-7.59%	3.2%	2.4%	-3%	-1.94%	-2%	-1.31%	-0.76%	-0.68%	-0.75%
大渡口区	-4.45%	-19%	9.36%	-11.87%	-41.26%	-4.73%	-8.75%	-2.36%	-4.39%	-6.41%
江北区	-66.54%	-25.41%	-3.33%	-26.5%	-11.9%	-60.55%	-2.75%	-2.8%	-3.2%	-6.28%
沙坪坝区	-4.1%	-39.13%	-32.39%	6.16%	-2.27%	-8.29%	-11.51%	-1.51%	-3.02%	-3%
九龙坡区	-3.83%	-9.56%	-10.7%	-10.2%	-4.88%	-0.34%	-8.16%	-2.76%	-4.09%	-4.41%
南岸区	1.95%	3.27%	-19.17%	-33.25%	-7.95%	-15.58%	-8.55%	-2.37%	-2.59%	-9.61%
北碚区	1.14%	3.42%	3.31%	1.79%	2.1%	1.81%	-0.08%	-2.63%	-4.69%	-5.59%
渝北区	0.38%	3.98%	6.17%	0.82%	0.26%	-2.01%	-1.02%	-1.25%	-5.11%	-6.54%
巴南区	2.79%	-4.61%	1.97%	-1.34%	3.05%	0	-6.8%	-0.88%	-0.51%	-3.43%
长寿区	-2.75%	5.19%	-4.94%	2.28%	1.49%	4.61%	-4.45%	-0.75%	-0.77%	-6.92%
江津区	8.19%	5.25%	10.24%	6.97%	6.34%	-1.3%	-0.71%	-0.83%	-1.32%	-1.57%
合川区	1.01%	2.02%	0.01%	0.3%	-1.38%	0.9%	-1.22%	-0.73%	-0.84%	-1.57%
永川区	6.5%	0.29%	2.12%	7.51%	2.19%	0	-4.93%	-0.8%	-17.04%	-3.77%
南川区	-0.09%	-27.68%	34.89%	6.58%	0.36%	0.89%	-1.07%	-0.92%	-0.92%	-1.7%
綦江县 1)	1.78%	33.24%	2.68%	-0.69%	-0.36%	0.16%	-2.38%	-0.56%	-0.79%	-0.79%
大足县 2)	7.49%	-6.86%	-21.03%	45.56%	0.21%	0.32%	-0.75%	0.21%	-0.52%	-3.16%
璧山县 3)	2.96%	113.76%	65.71%	-60.29%	-8.36%	-5.55%	-0.14%	-1.03%	-0.55%	-1.72%
铜梁县 4)	1.21%	2.49%	-1.81%	4.06%	7.56%	5.03%	0	-0.87%	-1.31%	-2.75%

---

　　① 达万城镇密集区，是成渝城市群中规划的三个城镇密集区之一，其范围包括达州部分地区、万州、开县和云阳部分地区。

续表

区域	2010 年	2011 年	2012 年	2013 年	2014 年	2015 年	2016 年	2017 年	2018 年	2019 年
潼南县[5)]	10.36%	-2.98%	3.25%	-5.58%	4.78%	-1.01%	-0.61%	-0.49%	-0.5%	-1.01%
荣昌县[6)]	-33.27%	-2.31%	-2.99%	-1.87%	-0.14%	-0.69%	-2.69%	-0.82%	-0.54%	-1.04%
开县[7)]	9.66%	4.9%	1%	6.78%	0.9%	-2.05%	-2.89%	-0.73%	-2.59%	-1.5%
梁平县[8)]	3.5%	25.29%	3.09%	-1.7%	-1.88%	1.9%	-1.14%	-1.13%	-1.34%	-4.15%
武隆县[9)]	-0.23%	6.59%	-6%	1.62%	-0.24%	0.61%	-0.43%	-0.98%	-4.86%	-1.27%
城口县	8.85%	3.01%	-8.04%	-0.61%	-2.48%	0.2%	-0.11%	-1.01%	-1.49%	-0.46%
丰都县	5.48%	6.71%	5.67%	0.66%	3.59%	0.91%	-2.13%	-0.63%	-0.63%	-1.26%
垫江县	2.91%	0.18%	-34.16%	2.16%	0.82%	1.22%	-0.2%	-0.87%	-1.5%	-2.56%
忠县	1.33%	3.29%	3.37%	6.34%	0.08%	-0.81%	-0.77%	-0.81%	-0.52%	-3.48%
云阳县	-0.53%	-0.92%	1.65%	3.58%	5.19%	0.5%	-1.92%	-0.59%	-0.54%	-0.85%
奉节县	1.84%	6.28%	1.72%	9.03%	-0.66%	-2.04%	-0.07%	-0.24%	-0.71%	-0.53%
巫山县	1.28%	11.25%	-6%	0.62%	-0.84%	1.26%	-2.8%	-0.84%	-2.69%	-3.56%
巫溪县	6.34%	0.01%	-3.24%	-3.69%	-0.53%	1.81%	-0.63%	-0.57%	-1.33%	-2.93%
石柱县	0.91%	0.9%	-1.11%	0.46%	1.04%	2.1%	-0.01%	-0.7%	-1.39%	-1.23%
秀山县	5.41%	13.98%	0.28%	-0.36%	0.55%	2.92%	-0.64%	-0.1%	-1.31%	-1.68%
西阳县	-12.92%	16.9%	0.41%	-10.26%	1.12%	3.83%	-0.4%	-0.02%	-0.4%	-0.6%
彭水县	0.32%	47.51%	1.97%	2.11%	-5.85%	-0.04%	-0.2%	-0.65%	-0.38%	-0.83%
成都市	-7.36%	1.11%	-8.78%	-1.25%	-0.02%	-2.46%	21.84%	-1.19%	-1.36%	-6.22%
自贡市	2.56%	1.74%	3.07%	2.61%	2.24%	1.49%	0.35%	-4.23%	-1.69%	-1.41%
泸州市	4.68%	1.08%	2.55%	4.53%	-0.17%	-0.18%	-0.44%	-1.7%	-1.22%	-3.96%
德阳市	2.21%	-0.01%	-1.22%	-2.28%	0.02%	-2.15%	0.51%	-2.92%	-1.81%	-4.92%
绵阳市	0.59%	1.59%	1.1%	0.42%	0.8%	-0.01%	0.41%	-3.44%	-2.7%	-4.13%
遂宁市	-7.63%	-0.04%	-0.05%	1.54%	-0.21%	-1.45%	-2.59%	-2.68%	-2.03%	-6.57%
内江市	1.96%	1.32%	1.52%	2.33%	1.43%	1.12%	0.9%	-7.02%	-1.46%	-8%
乐山市	2.44%	2.98%	1.6%	0.23%	1.96%	1.35%	0.64%	-2.04%	-15.08%	-1.96%
南充市	0.09%	1.65%	1.6%	-7.01%	-0.09%	0.03%	2.2%	-2.81%	-2.28%	-5.17%
眉山市	2.33%	2.73%	-0.31%	-1.28%	2.05%	-1.69%	-1.97%	-5.69%	-9.15%	-7.82%
宜宾市	-6.21%	-3.28%	-4.48%	-0.52%	-7.12%	-3.84%	-3.65%	-1.68%	-1.57%	-6.43%
广安市	1.45%	1.25%	3.07%	-1.58%	-0.05%	-0.94%	-0.52%	-2.07%	-1.65%	-3.11%
达州市	1.38%	1.55%	3.26%	3.5%	0.91%	-0.13%	0.5%	-0.58%	-1.2%	-4.75%
雅安市	1.21%	0.99%	0.25%	-0.93%	2.93%	-0.7%	-0.12%	-0.74%	-1.44%	-3.43%
资阳市	1.29%	1.5%	2.03%	-0.72%	-1.11%	-2.42%	-39.37%	-2.37%	-1.24%	-1.48%
成渝经济圈	0.02%	2.38%	0.26%	-0.06%	0.38%	-0.37%	-0.65%	-2.13%	-2.74%	-4.07%

1）2011 年撤销重庆市万盛区、綦江县，设立重庆市綦江区，下同；2）2011 年撤销重庆市双桥区和大足县，设立大足区，下同；3）2014 年更名为重庆市璧山区，下同；4）2014 年更名为重庆市铜梁区，下同；5）2015 年更名为重庆市潼南区，下同；6）2015 年更名为重庆市荣昌区，下同；7）2016 年更名为重庆市开州区，下同；8）2017 年更名为重庆市梁平区，下同；9）2017 年更名为重庆市武隆区，下同

资料来源：根据 2011~2020 年《四川统计年鉴》《重庆统计年鉴》整理

　　2019 年，成都经济区、川南经济区、川东北经济区化肥施用量占四川省总量的92.5%。其中，成都经济区化肥施用总量最多，达到 95.57 万吨，川东北经济区、川南经济区化肥施用量总量分别为 51.33 万吨、37.64 万吨，详见表 9-13。

表 9-13　2019 年四川省各经济区化肥施用量　　　　　　单位：万吨

成都经济区				川南经济区		川东北经济区	
城市	化肥用量	城市	化肥用量	城市	化肥用量	城市	化肥用量
成都市	16.98	眉山市	11.42	自贡市	8.88	南充市	20.61
德阳市	17.05	资阳市	5.04	泸州市	10.3	广安市	10.12
绵阳市	19.79	遂宁市	12.44	内江市	10.86	达州市	20.6
乐山市	8.05	雅安市	4.8	宜宾市	7.6		
合计	95.57			合计	37.64	合计	51.33
平均	11.95			平均	9.41	平均	17.11

资料来源：根据《四川统计年鉴 2020》整理计算

　　依据主体功能区划分，处于成渝经济圈四川部分的农业主产区共有 29 个县，2019年共施用化肥 64.60 万吨，各县平均施用量为 2.23 万吨。其中，盆地中部平原浅丘区各县的化肥施用量均值最高，川南低中山区各县平均农用化肥施用量最低，仅约为 0.89 万吨，低于成渝地区四川部分各县的平均水平，详见表 9-14。

表 9-14　2019 年四川省各农产品主产区化肥施用量　　　　　　单位：吨

盆地中部平原浅丘区		川南低中山区		盆地东部丘陵低山区		盆地西缘山区	
区县	化肥用量	区县	化肥用量	区县	化肥用量	区县	化肥用量
中江县	67 269	长宁县	4 938	蓬溪县	36 427	洪雅县	7 977
三台县	46 041	高县	10 082	西充县	12 400	汉源县	13 443
盐亭县	39 409	珙县	6 898	营山县	33 224	芦山县	5 587
梓潼县	17 047	筠连县	4 189	蓬安县	31 020		
安岳县	14 780	兴文县	4 983	仪陇县	26 492		
乐至县	15 100	叙永县	16 832	岳池县	18 263		
荣县	21 882	古蔺县	13 728	开江县	17 015		
井研县	14 093			渠县	41 081		
资中县	39 726			宣汉县	39 866		
				邻水县	26 241		
平均	30 594	平均	8 807	平均	28 203	平均	9 002

资料来源：根据《四川统计年鉴 2020》整理计算

　　重庆市除城口、云阳等 10 个县为限制开发区域外，其余区县均为重点开发区。2019 年重庆市共施用化肥 91.08 万吨，其中重点开发区占 74%，限制开发区的化肥施用总量虽然远低于重点开发区，但是两类区域各区县平均施用量却差不多，重点开发区、限制开发区各区县平均施用化肥约 2.41 万吨、2.37 万吨，详见表 9-15。

表 9-15 2019 年重庆市重点开发区与限制开发区化肥施用量 单位：吨

重点开发区				限制开发区	
区县	化肥用量	区县	化肥用量	区县	化肥用量
万州区	38 745	合川区	29 390	武隆区	16 493
黔江区	23 803	永川区	56 160	城口县	5 388
涪陵区	38 924	南川区	32 940	云阳县	26 145
渝中区	0	綦江区	37 592	奉节县	27 371
大渡口区	891	大足区	26 990	巫山县	17 973
江北区	343	璧山区	8 997	巫溪县	25 859
沙坪坝区	2 457	铜梁区	35 586	石柱县	24 458
九龙坡区	1 907	潼南区	32 800	秀山县	27 412
南岸区	1 176	荣昌区	13 790	酉阳县	26 241
北碚区	8 113	开州区	52 489	彭水县	39 375
渝北区	12 215	梁平区	43 624		
巴南区	14 343	丰都县	25 735		
长寿区	20 482	垫江县	34 505		
江津区	48 354	忠县	31 771		
平均	24 076			平均	23 672

资料来源：根据《重庆统计年鉴 2020》整理计算

此外，2009~2019 年，成渝地区每公顷农作物播种面积化肥施用量总体呈现逐年小幅减少的趋势。其中，宜宾市保持下降趋势，部分县市如万州区、合川区每公顷化肥用量变动并不明显，黔江、南岸区等少数区县出现增长趋势，从主要开发区域来看，无论是"成德眉资"都市核心圈还是重庆市主城都市区，历年每公顷农作物播种面积化肥施用量都要高于非都市核心区，化肥粗犷施用现象严重，成渝双城区域四川境内亩均农作物播种面积化肥施用量下降明显，重庆境内主城区与非主城区的亩均农作物播种面积化肥施用量下降趋势平缓，甚至近些年亩均播种化肥施用量还有所增加，三峡库区生态区多个区县的平均每公顷农作物化肥施用量低于重庆其他区县平均水平，整体下降趋势明显，主要原因在于三峡库区生态区域历年的农作物播种面积变化幅度不大，甚至出现了降低趋势，导致每公顷化肥施用量降低。达万城镇密集区的每公顷农作物播种化肥施用量 2009 年和 2018 年都低于成渝地区平均水平，但是成渝地区平均单位面积化肥施用下降程度要高于达万城镇密集区。

5. 固体废弃物

生活垃圾是城市主要污染源之一，经过多年发展，成渝地区生活垃圾处理设施得到优化完善，生活垃圾处理能力不断提升。成渝经济圈多数城市在 2010 年的生活垃圾处理率都达到 85% 以上，截至 2019 年末，除雅安市以外成渝地区其他城市的生活垃圾处理率都达到 100%，其中"成德眉资"都市核心区城市生活垃圾处理率要高于周边城市同期水平，垃圾处理基础设施建设力度大于其他城市。长三角、珠三角及成渝经济圈生活垃圾处理率2010~2018年都保持增长态势，其中长三角的增长速度最快，从2010年的84.60%增长到 2018 年的 100%。截至 2018 年，三个区域的生活垃圾处理率都已达到较高水平，其中长三角、珠三角生活垃圾处理率达到 100%，成渝经济圈生活垃圾处理率为99.78%，详见图 9-4。

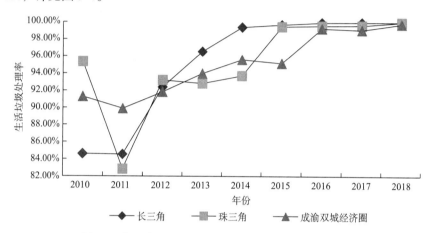

图 9-4　长三角、珠三角及成渝经济圈生活垃圾处理率

由于未获取到各行政区垃圾排放量及处理量数据，长三角、珠三角、成渝经济圈生活垃圾处理率按照各区域生活垃圾处理率进行平均值计算

资料来源：根据中国环境保护数据库、2011~2019 年《广东统计年鉴》整理

（二）气候变化应对积极

社会工业化、现代化的发展过程中二氧化碳的过量排放严重影响人类生存，但是发展过程不可避免要经历先"碳达峰"后"碳中和"的发展阶段。2021 年全国两会期间，"碳达峰"和"碳中和"首次被写入政府工作报告。

1. 二氧化碳排放

由表 9-16 可知，成渝地区碳排放量 2008~2017 年整体保持上升的趋势，在 2013 年、2015 年两年间出现小幅下降。重庆市碳排放量与成渝地区整体变动趋势类似，成渝地区四川境内成都市碳排放量在历年都明显高于其他城市。从主体功能区规划范围来看，成渝地区四川与重庆境内重点开发区的碳排放量明显高于限制开发区。其中碳排放量最高的区域位于"成德眉资"都市核心区以及重庆 21 个都市主城区内。渝东北三峡库区生态区域的碳排放明显低于其他主要开发区域，但是生态区域整体碳排放在2008~2017 年呈现上升趋势。位于四川与重庆交界的达万城镇密集区碳排放量呈现先增后降再增加的变动特点，2017 年碳排放量较 2008 年有明显提高。

表 9-16　成渝地区碳排放量　　　　　　　　　单位：万吨

区域	2008 年	2009 年	2010 年	2011 年	2012 年	2013 年	2014 年	2015 年	2016 年	2017 年
重庆市	11 899	13 100	14 102	14 764	15 185	14 857	15 242	14 074	14 562	15 375
涪陵区	528	579	621	650	664	668	682	634	661	703

续表

区域	2008 年	2009 年	2010 年	2011 年	2012 年	2013 年	2014 年	2015 年	2016 年	2017 年
渝中区	139	152	159	159	157	151	151	136	137	142
大渡口区	233	255	273	275	272	262	269	249	273	285
江北区	441	483	507	526	533	527	528	486	521	557
沙坪坝区	730	800	870	925	934	902	943	869	902	943
九龙坡区	675	743	786	810	805	797	816	747	782	817
南岸区	631	691	724	740	735	710	726	670	697	728
北碚区	476	523	577	613	644	625	663	614	624	652
渝北区	1 211	1 327	1 400	1 427	1 475	1 433	1 443	1 320	1 360	1 450
巴南区	510	559	586	600	594	577	607	556	586	613
长寿区	501	565	613	659	672	659	658	602	615	645
江津区	419	471	515	543	543	537	550	510	523	548
合川区	333	364	425	444	465	453	469	441	452	479
永川区	478	524	551	593	599	579	587	541	573	603
南川区	201	221	243	253	257	260	265	243	244	261
綦江区	248	272	291	300	311	309	316	296	297	315
大足区	274	300	319	347	362	359	380	357	401	441
璧山区	346	379	412	459	539	524	545	508	526	550
铜梁区	270	296	322	355	364	357	434	405	428	451
潼南区	133	146	158	177	193	187	193	183	193	213
荣昌区	249	279	294	307	311	300	308	286	309	332
成都市	6 721	7 356	8 236	8 949	9 064	9 001	9 103	8 395	8 688	8 845
自贡市	420	456	515	568	577	571	589	541	559	572
泸州市	612	664	709	780	791	800	833	786	843	867
德阳市	1 677	1 828	2 031	2 272	2 310	2 257	2 308	2 111	2 176	2 234
绵阳市	1 805	1 967	2 166	2 396	2 452	2 425	2 496	2 319	2 376	2 451
广元市	760	846	1 073	1 192	1 232	1 228	1 256	1 166	1 181	1 203
遂宁市	820	889	951	1 059	1 079	1 065	1 101	1 052	1 075	1 111
内江市	694	753	801	873	898	897	954	899	942	971
乐山市	928	1 007	1 081	1 185	1 201	1 218	1 228	1 131	1 173	1 206
南充市	1 126	1 229	1 354	1 542	1 581	1 558	1 585	1 528	1 569	1 624
眉山市	743	809	883	978	1 000	1 002	1 019	979	1 068	1 105
宜宾市	712	776	824	929	952	979	984	914	944	967
广安市	691	748	800	878	894	881	924	901	937	962
达州市	918	1 031	1 140	1 251	1 277	1 262	1 288	1 209	1 240	1 313
雅安市	397	437	480	521	526	517	531	502	517	531
巴中市	267	290	316	358	421	454	462	430	447	460
资阳市	565	618	668	803	862	900	954	888	925	956

资料来源：根据中国碳核算数据库整理计算

随着经济社会发展，只有单位地区生产总值碳排放强度下降的速度高于地区生产总值年均增长速度，才能使二氧化碳的排放不再增长，从而实现"碳达峰"，并为实现"碳中和"打下基础。从表 9-17 可以看出，2000~2017 年，四川省各地级市、重庆市各主城区单位地区生产总值碳排放总体上呈现不断下降的趋势。从主体功能区规划范围来看，成渝地区双城经济圈内的重点开发区单位地区生产总值碳排放量明显低于限制开发区及禁止开发区，其中单位地区生产总值碳排放量最低的区域位于"成德眉资"都市核心区以及重庆都市主城区内，这在一定程度上反映了都市核心区高水平的能源利用效率。由表 9-17 可以看出，成渝经济圈内的所有城市绝大部分年份的单位地区生产总值碳排放增速都是负值，这说明单位地区生产总值碳排放基本处于下降过程中。同时可以看到，大部分城市单位地区生产总值碳排放增速都在 2007~2010 年时间段达到最低值，说明该时间段单位地区生产总值碳排放降低最为明显。从主体功能区划范围来看，成渝地区双城经济圈内的重点开发区单位地区生产总值碳排放量增速明显高于限制开发区及禁止开发区，其中单位地区生产总值碳排放量增速最高的区域位于"成德眉资"都市核心区以及重庆都市主城区内，主要原因是核心都市区环保资金投入较多。

表 9-17　单位地区生产总值碳排放增速

区域	2000 年	2001 年	2002 年	2003 年	2004 年	2005 年	2006 年	2007 年	2008 年
重庆市		−13.4%	−3.35%	0.57%	−8.71%	−0.75%	−0.96%	−13.83%	−16%
涪陵区		−6.01%	1.72%	0.2%	−9.32%	−9.55%	−4.14%	−22.84%	−26.05%
渝中区		−23.51%	−13.34%	−2.03%	−9.17%	−26.58%	3.5%	−17.3%	−13.58%
大渡口区		−20.69%	−0.65%	1.79%	−3.74%	−12.97%	2.68%	−21.56%	−46.97%
江北区		−20.7%	−17.77%	−11.98%	−3.55%	−27.09%	−1.67%	−16.09%	−18.06%
沙坪坝区		−17.5%	−11.15%	−2.48%	−10.8%	3.39%	9.06%	−11.9%	−13.87%
九龙坡区		−32.63%	−11.08%	−2.2%	−8.62%	−31.85%	−5.2%	−14.48%	−10.35%
南岸区		−17.89%	−8.84%	−6%	−8.86%	−9.94%	−1.7%	−20.68%	−40.01%
北碚区		−16.95%	−10.52%	−0.17%	−4.93%	10.78%	−0.58%	−12.73%	−37.38%
渝北区		−17.88%	−7.12%	−0.93%	−24.05%	−22.26%	−8.26%	−29.38%	−19.5%
巴南区		−17.62%	−7.85%	−6.29%	−8.53%	−8.54%	−2.85%	−20.68%	−19.67%
长寿区		−13.74%	−10.66%	2.61%	−10.05%	1.7%	4.19%	−15.36%	−7.38%
江津区		−12.82%	−5.15%	−1.07%	−6.9%	6.12%	−3.04%	−10.91%	−18.87%
合川区		−8.02%	1.04%	7.18%	−4.23%	6.05%	−1.61%	−18.19%	−17.39%
永川区		−19.99%	2.09%	2.47%	0.13%	−5.57%	−0.96%	−17.12%	−20.47%
南川区		−19.29%	−13.33%	−1.47%	−8.95%	−1.62%	−0.44%	−10.86%	−15.33%
綦江区		−20.09%	−3.34%	−1.1%	−31.4%	−2.59%	1.11%	−15.05%	−17.88%
大足区		−17.33%	3.35%	5.85%	−8.37%	0.38%	3.08%	−17.16%	−14.53%
璧山区		−22.77%	−10.63%	−3.27%	−11.59%	1.84%	−3.27%	−14.69%	−20.52%
铜梁区		−15.08%	−6.97%	−0.16%	−9.82%	5.89%	9.94%	−19.38%	−20.15%
潼南区		5.38%	8.78%	4.24%	−12.3%	1.84%	3.54%	−13.7%	−13.88%
荣昌区		−14.71%	−10.44%	−0.53%	−6.63%	1.11%	−5.25%	−10.29%	−22.33%
自贡市		−7.67%	4.38%	1.26%	−11.59%	3.11%	−6.72%	−17.03%	−15.43%

续表

区域	2000 年	2001 年	2002 年	2003 年	2004 年	2005 年	2006 年	2007 年	2008 年
攀枝花市		-11.92%	-5.14%	-1.14%	-9.31%	-5.3%	-3.99%	-13.63%	-15.1%
泸州市		-9.64%	12.19%	2.18%	-8%	3.81%	-6.11%	-15.42%	-16.71%
德阳市		-14.54%	-0.39%	2.62%	-3.35%	-1.89%	-4%	-13.41%	-1.25%
绵阳市		-8.41%	-3.37%	5.36%	-6.22%	6.2%	-6.26%	-15.39%	-4.83%
遂宁市		-4.96%	11.87%	10.28%	-5.21%	13.29%	-1.27%	-13.05%	-14.44%
内江市		-8.6%	1.6%	5.4%	-10.85%	8.24%	-7.24%	-18.64%	-19.81%
乐山市		-9.81%	3.96%	-4.82%	-6.64%	-2.02%	-8.04%	-18.37%	-16.04%
南充市		-12.44%	2.18%	10.42%	-9.75%	6.05%	-3.55%	-17.43%	-11.25%
眉山市		-8.56%	1.03%	0.12%	-9.53%	1.74%	-4%	-14.43%	-12.08%
宜宾市		-14.98%	-4.23%	2.33%	-7.28%	9.83%	-1.05%	-15.54%	-13.78%
广安市		-11.36%	15.26%	14.44%	-12.14%	0.09%	-4.76%	-15.09%	-12.37%
达州市		-14.54%	1.86%	8.32%	-12.27%	12.77%	-2.35%	-15.09%	-10.48%
雅安市		-10.74%	2.52%	1.89%	-10.67%	10.72%	-4.93%	-9.06%	-8.72%
资阳市		-2.46%	4.16%	1.48%	-8.87%	7.35%	-3.58%	-15.12%	-16.22%

区域	2009 年	2010 年	2011 年	2012 年	2013 年	2014 年	2015 年	2016 年	2017 年
重庆市	-2.37%	-11.26%	-17.09%	-9.79%	-12.66%	-8.08%	-16.24%	-7.57%	-3.93%
涪陵区	-27.76%	-14.04%	-22.58%	-10.7%	-8.76%	-7.67%	-15.37%	-5.68%	-7.67%
渝中区	-31.09%	-12.68%	-20.59%	-16.32%	-9.01%	-8.15%	-22.33%	-9.09%	-6.57%
大渡口区	4.36%	-10.77%	15.87%	14.33%	-11.63%	-5.93%	-15.77%	-1.07%	-25.93%
江北区	-35.56%	-14.43%	-27.38%	-0.73%	-6.45%	-8.64%	-23.48%	-5.67%	-16.04%
沙坪坝区	-16.98%	-10.96%	-25.58%	-16.35%	-10.24%	-10.43%	4.18%	-6.03%	-5.82%
九龙坡区	5.42%	-11.44%	-13.71%	-13%	-7.2%	-8.09%	-20.27%	-3.74%	-6.29%
南岸区	-21.36%	-11.64%	-20.98%	-7.98%	-18.33%	-11.78%	-20.93%	-5.5%	-5.85%
北碚区	-12.41%	-9.38%	-22.84%	-5.07%	-14.33%	-5.5%	-11.87%	-8.69%	-8.62%
渝北区	-38.98%	-18.35%	-31.3%	-10.78%	-17.3%	-10.58%	-16.98%	-5.14%	-3.32%
巴南区	-26.53%	-20.85%	-25.16%	-7.44%	-14.09%	-4.02%	-21.58%	-6.23%	-20.68%
长寿区	-8.75%	-19.34%	-29.27%	-3.95%	-13.3%	-12.63%	-11.81%	-3.36%	-6.44%
江津区	-1.04%	-11.24%	-20.09%	-11.04%	-15.37%	-11.39%	-17.73%	-8.58%	-12.17%
合川区	9.04%	-3.42%	-19.84%	-8.33%	-14.57%	-9.75%	-14.94%	-9.14%	-6.38%
永川区	-15.83%	-16.95%	-17.66%	-5%	-11.06%	-16.87%	-20.74%	-5.38%	-6.27%
南川区	-3.68%	-13.83%	-12.94%	-2.68%	9.92%	-5.86%	-17.17%	-12.94%	-16.32%
綦江区	-2.56%	-10.9%	-53.26%	-4.62%	-12.53%	-9.42%	-12.79%	-10.63%	-8.32%
大足区	-6.22%	-14.94%	-48.01%	-1.14%	-13.75%	-12.16%	-12.61%	1.39%	-3.96%
璧山区	-2.98%	-9.96%	-22.35%	-3.32%	22.46%	-68.57%	-22.44%	-8.39%	-9.38%
铜梁区	-5.02%	-8.04%	-18.4%	-12.49%	-15.26%	9.52%	-17.58%	-4.77%	-7.9%
潼南区	-1.11%	-12.85%	-12.03%	-1.85%	-65.64%	13.22%	-19.65%	-7.34%	-2.23%
荣昌区	-5.35%	-16.63%	-24.21%	-9.4%	-36.41%	3.14%	-18%	-3.61%	-8.94%
自贡市	-2.32%	-5.48%	-8.58%	-10.29%	-12.64%	-3.83%	-13.67%	-4.36%	-3.71%

续表

区域	2009 年	2010 年	2011 年	2012 年	2013 年	2014 年	2015 年	2016 年	2017 年
攀枝花市	9.33%	-14.53%	-12.23%	-11.53%	-10.38%	-4.06%	-13.3%	-7.7%	-9.9%
泸州市	-6.16%	-12.15%	-12.74%	-11.34%	-8.67%	-5.67%	-12.15%	-2.14%	-4.43%
德阳市	-2.88%	-5.93%	-9.38%	-9.69%	-10.4%	-5.79%	-13.65%	-5.56%	-8.25%
绵阳市	-1.26%	-5.93%	-10.69%	-9.6%	-8.48%	-5.23%	-13.65%	-4.84%	-8.98%
遂宁市	-1.86%	-10.36%	-6.07%	-9.54%	-12.09%	-5.93%	-15.51%	-7.26%	-8.39%
内江市	-5.54%	-13.59%	-12.01%	-10.13%	-8.62%	-1.69%	-8.98%	-3.29%	0.48%
乐山市	-1.41%	-10.66%	-11.12%	-10.4%	-7.2%	-5.29%	-14.5%	-4.09%	-4.1%
南充市	-4.28%	-8.67%	-8.41%	-10.58%	-12.47%	-5.59%	-8.98%	-5.69%	-6.52%
眉山市	-3.35%	-8.08%	-9.15%	-11.23%	-9.61%	-7.44%	-11.88%	0.52%	-2.25%
宜宾市	-2.33%	-12.11%	-10.11%	-10.02%	-4.82%	-6.49%	-12.06%	-4.73%	-8.31%
广安市	-2.6%	-10.41%	-10.58%	-10.72%	-11.21%	-4.74%	-10.89%	-3.05%	-5.59%
达州市	-0.72%	-7.84%	-11.1%	-9.06%	-9.89%	-5.7%	-6.35%	-4.24%	-3.27%
雅安市	-1.84%	-8.22%	-11.19%	-11.2%	-6.42%	-7.09%	-12.99%	-5.19%	-7.03%
资阳市	-4.32%	-12.11%	-5.45%	-8.83%	-5.93%	-3.17%	-12.34%	40.2%	-4.59%

资料来源：根据中国碳核算数据库、2000~2017 年《四川统计年鉴》《重庆统计年鉴》整理计算

2. 生态固碳

由表 9-18 可以看出，成渝地区陆地植被固碳量 2008~2017 年呈现先上升后下降再上升再下降的变动趋势。除雅安市外，其余城市 2017 年陆地植被固碳量较 2008 年都有小幅提升。成渝地区四川境内城市中，自贡市、遂宁市、内江市的陆地植被固碳量为最低水平。绵阳市固碳量最高，10 年间平均固碳量超过 4 500 万吨。从区域时空变化来看，成渝地区中"成德眉资"都市核心圈与重庆市 21 个都市主城区的固碳量明显低于其他区域城市区县，各区域的固碳量 2008~2017 年的变动浮动并不明显；限制开发区域中的生态区域固碳功能明显，渝东北三峡库区生态区域的平均固碳量历年都是重庆都市区域平均固碳量的数倍。由于达万城镇密集区位于四川与重庆的交界处，且区域范围涉及渝东北生态区域，所以达万城镇密集区的历年固碳量要高于周边区域，但是固碳量的增长幅度却不及碳排放量的增长幅度。

表 9-18　成渝地区陆地植被固碳量　　　　　　　　单位：万吨

区域	2008 年	2009 年	2010 年	2011 年	2012 年	2013 年	2014 年	2015 年	2016 年	2017 年
万州区	742	767	731	718	745	813	783	793	784	792
涪陵区	580	590	558	527	570	608	620	643	602	613
大渡口区	14	16	14	13	14	14	16	18	16	17
江北区	38	40	36	36	38	36	40	38	35	36
沙坪坝区	59	60	59	52	58	56	62	71	62	67
九龙坡区	67	69	66	61	67	66	73	79	71	77
南岸区	42	43	40	39	42	40	40	46	42	45
北碚区	120	122	119	109	124	119	134	145	133	137

续表

区域	2008 年	2009 年	2010 年	2011 年	2012 年	2013 年	2014 年	2015 年	2016 年	2017 年
渝北区	249	252	237	231	257	249	263	278	247	260
巴南区	325	349	325	308	342	341	372	388	351	365
黔江区	563	578	551	557	550	617	569	602	583	609
长寿区	237	238	226	208	241	252	256	275	247	264
江津区	543	585	568	529	548	568	641	673	619	650
合川区	355	351	338	317	373	362	392	432	404	409
永川区	218	232	236	210	236	235	277	294	275	287
南川区	538	567	536	504	527	565	585	595	556	574
綦江县	445	472	446	420	436	481	506	520	482	503
潼南县	230	229	211	200	244	234	264	299	270	286
铜梁县	196	204	190	179	215	201	235	248	241	242
大足县	206	214	197	189	220	209	249	259	244	258
荣昌县	155	162	160	152	171	161	196	204	191	197
璧山县	135	144	137	126	143	136	161	175	161	169
梁平县	337	335	327	318	348	372	365	367	349	365
城口县	865	869	857	819	815	931	882	939	860	844
丰都县	611	626	600	578	607	673	641	657	636	654
垫江县	275	275	261	244	273	290	296	296	271	291
武隆县	656	678	646	630	621	715	680	705	669	691
忠县	440	433	420	404	431	472	455	464	451	468
开县	827	840	811	791	831	913	875	918	870	896
云阳县	823	852	829	807	835	911	884	918	904	915
奉节县	942	968	970	912	940	1 017	1 006	1 038	1 026	1 025
巫山县	712	746	706	678	720	774	749	795	761	769
巫溪县	973	996	965	909	948	1 034	994	1 063	1 004	998
石柱县	654	688	668	643	649	724	686	704	685	703
渝中区	3	3	3	3	3	3	2	4	3	4
万盛区	117	124	120	110	114	124	130	132	122	127
双桥区	6	6	5	5	6	6	6	6	7	6
成都市	2 269	2 384	2 139	2 176	2 296	2 358	2 482	2 655	2 566	2 636
自贡市	642	675	645	639	708	674	833	855	809	805
泸州市	2 219	2 369	2 273	2 117	2 230	2 387	2 652	2 805	2 552	2 578
德阳市	1 029	1 028	948	976	1 076	1 079	1 117	1 180	1 163	1 214
绵阳市	4 586	4 341	4 089	4 334	4 444	4 888	4 766	4 834	4 811	4 787

续表

区域	2008 年	2009 年	2010 年	2011 年	2012 年	2013 年	2014 年	2015 年	2016 年	2017 年
遂宁市	804	809	745	751	859	815	897	975	907	986
内江市	801	829	819	796	899	820	1 021	1 026	984	993
乐山市	2 834	3 072	2 724	2 656	2 881	3 101	3 256	3 294	3 091	3 025
南充市	1 994	1 897	1 852	1 865	2 117	2 192	2 165	2 378	2 121	2 313
眉山市	1 295	1 439	1 301	1 272	1 423	1 397	1 591	1 619	1 540	1 531
宜宾市	2 244	2 486	2 377	2 127	2 409	2 480	2 872	2 914	2 658	2 579
广安市	1 041	1 016	980	922	1 081	1 085	1 135	1 225	1 089	1 156
达州市	3 008	2 927	2 979	2 783	3 057	3 315	3 270	3 449	3 079	3 204
雅安市	4 014	3 991	3 712	3 875	3 708	4 236	4 049	4 299	4 169	4 007
资阳市	1 227	1 293	1 219	1 152	1 360	1 237	1 475	1 509	1 458	1 498
成渝经济圈	44 305	45 279	42 971	41 977	44 850	47 386	48 966	51 098	48 231	48 925

资料来源：根据中国碳核算数据库整理计算

结合四川与重庆的主体功能区规划，四川、重庆限制开发区各县平均固碳量均高于各县平均碳排放量，在实现自身碳中和的前提下仍能提供碳汇交易余量，且其陆地植被固碳量明显高于重点开发区域。重点开发区各县的平均碳排放量均高于平均固碳量，依靠各自区域固碳能力对于实现碳中和有一定难度。2017 年成渝地区碳排放量高于固碳量的县市明显多于 2000 年，以成都、重庆为极点的四周重点开发县市自身植被固碳量难以中和自身碳排放量。2017 年，成渝经济圈四川部分的重点开发区各县平均碳排放量是限制开发区各县平均碳排放量的 3 倍，而限制开发区各县平均陆地植被固碳量是重点开发区各县的 2.35 倍。在重庆市 37 个区县中，重点开发区 30 个区县的平均碳排放量为 470 万吨，远高于限制开发区 183 万吨的平均水平，而重点开发区、限制开发区各区县平均陆地植被固碳量为 322 万吨、849 万吨。"成德眉资"都市核心圈与重庆 21 个都市主城区固碳量与碳排放量差值明显，碳排放量较大，但是渝东北三峡库区生态区域的陆地植被固碳量依旧高于碳排放量，生态功能显著。2000 年，成渝地区四川与重庆交界处的碳排放量小于固碳量，但是到 2017 年，以重庆主城区为中心与四川境交界的区域，碳排放量明显增多，超出区域自身固碳水平。

二、生态系统质量不断提升

（一）生态安全屏障体系

1. 森林

1998 年和 1999 年四川省在全国率先启动天然林保护工程和退耕还林工程，川渝持续有效保护、修复天然林资源，严格实施退耕还林还草、退耕退牧还湿，积极推进公益林生态效益补偿，稳步实施以工代赈、公益岗位等间接性生态工程补偿政策。到 2018 年底，中央财政累计支持四川省退耕还林资金 534.6 亿元，省财政投入 24.06 亿元，四川省退耕还林惠及 648.1 万农户 2 323.6 万农业人口。2019 年 3 月，重庆市签订首单横向生态补偿提高森林覆盖率协议。得益于天然林保护工程、退耕还林还草等重点林业生态工程的积极推进，成渝经济圈森林覆盖率 2006~2019 总体呈上升趋势，其中从 2017 年开始增长速度明显加快。成渝经济圈四川部分的森林覆盖率 2006~2019 年呈现上升趋势，但是个别年份如 2008 年、2012 年、2014 年、2015 年森林覆盖率小幅度下降，重庆市森林覆盖率从 2006 年的 22.25% 提高至 2019 年的 50.1%。2019 年，在 "成德眉资" 都市核心区内，成都市、德阳市森林覆盖率排名靠后，眉山市、资阳市森林覆盖高于四川平均水平。重庆境内的 21 个主城都市区的平均森林覆盖率要低于周边区域，渝东北生态区域平均森林覆盖率超过 60%，远高于重庆其他区域（表 9-19）。

表 9-19　2019 年成渝经济圈森林覆盖率

区域	森林覆盖率	区域	森林覆盖率	区域	森林覆盖率	区域	森林覆盖率
万州区	53.5%	合川区	31.2%	武隆区	64%	泸州市	50.6%
黔江区	68%	永川区	50.5%	忠县	51%	德阳市	25%
涪陵区	53.1%	南川区	54%	开州区	53.8%	绵阳市	55.45%
大渡口区	27.9%	綦江区	47.4%	云阳县	54%	遂宁市	34.69%
江北区	25.75%	潼南区	42.2%	奉节县	62.29%	内江市	32.48%
沙坪坝区	—	铜梁区	45.7%	巫山县	59.4%	乐山市	58.6%
九龙坡区	38%	大足区	47.1%	巫溪县	69.58%	南充市	41%
南岸区	—	荣昌区	36.6%	石柱县	60%	眉山市	49.77%
北碚区	50.58%	璧山区	44.8%	秀山县	55%	宜宾市	47%
渝北区	41.1%	梁平区	45.99%	酉阳县	63%	广安市	39.2%
巴南区	46.6%	城口县	70.2%	彭水县	58%	达州市	44.34%
长寿区	46%	丰都县	50.4%	成都市	39.9%	雅安市	67.38%
江津区	51.8%	垫江县	40.5%	自贡市	35.2%	资阳市	41%

资料来源：四川省各地级市 2019 年《国民经济和社会发展统计公报》、重庆市各区县 2019 年《国民经济和社会发展统计公报》

2. 城市绿地

成渝经济圈城市园林绿地面积从 2010 年的 99 220 公顷增至 2019 年的 184 729 公顷，2019 年总面积较 2010 年提高了 86.18%，成渝经济圈城市园林绿地面积增长幅度均较大。2010~2019 年，除宜宾市、达州市外，成渝经济圈各城市人均公园绿地面积均有不同程度提高。2019 年，宜宾市人均公园绿地面积为 13.61 平方米，较 2010 年下降 2.35 平方米；达州市人均公园绿地面积为 11.80 平方米，较 2010 年下降 2.63 平方米，详见表 9-20。

表 9-20　成渝地区各城市人均公园绿地面积　　　　　单位：米²/人

区域	2010 年	2011 年	2012 年	2013 年	2014 年	2015 年	2016 年	2017 年	2018 年	2019 年
重庆市	12.72	17.01	17.41	17.10	16.54	16.10	16.18	16.43	16.55	16.16
成都市	13.21	13.45	13.66	13.44	13.77	14.59	14.23	13.66	13.33	14.58
自贡市	8.07	8.62	8.45	10.43	10.14	9.86	10.18	10.78	13.00	13.60
泸州市	8.31	9.10	9.16	9.02	9.01	9.50	10.54	11.50	12.50	13.50
德阳市	9.65	9.65	9.67	10.00	10.73	10.63	10.70	11.48	12.83	14.13
绵阳市	10.39	10.38	10.03	9.12	9.63	11.02	11.52	11.53	11.98	13.03
遂宁市	7.55	7.11	8.79	8.22	8.24	8.32	10.23	11.56	15.61	14.10
内江市	6.43	8.01	8.02	8.60	9.09	9.26	10.63	11.42	11.68	15.77
乐山市	7.10	7.06	8.09	8.87	8.33	7.20	7.33	8.45	9.92	14.31
南充市	8.65	8.86	9.76	10.05	11.02	12.11	12.34	12.50	12.81	14.11
眉山市	11.83	10.86	11.33	11.53	10.57	11.37	12.17	12.64	12.83	14.00
宜宾市	15.96	14.77	14.19	13.90	8.44	9.25	9.93	11.67	12.32	13.61
广安市	15.31	14.80	16.28	18.20	20.30	20.14	21.82	23.32	23.86	16.18
达州市	14.43	14.55	9.82	14.18	13.83	16.12	18.69	10.78	10.66	11.80
雅安市	15.50	8.92	9.54	9.63	9.64	10.26	10.89	11.69	12.85	20.65
资阳市	5.70	9.67	9.10	9.11	9.89	12.22	15.16	15.26	17.77	17.78
成渝经济圈	10.68	10.80	10.83	11.34	11.20	11.75	12.66	12.79	13.78	14.83

资料来源：根据 2011~2020 年《四川统计年鉴》《重庆统计年鉴》整理

　　2010~2019 年，成渝经济圈建成区绿化覆盖率整体呈升高、下降、升高趋势，由 2010 年的 37.72% 提升到 2019 年的 41.3%，且 2019 年经济圈所有城市的建成区绿化覆盖率均比 2010 年和 2018 年有所提升。以成渝经济圈的两个中心城市为例，重庆市 2019 年的建成区绿化覆盖率为 41.74%，较 2018 年、2010 年分别上升 1.32 个百分点、2.26 个百分点；成都市 2019 年建成区绿化覆盖率为 43.46%，较 2018 年、2010 年分别提高 2.13 个百分点、4.03 个百分点。"成德眉资"都市核心区域平均建成区绿化覆盖率并没有明显高于其他区域，建成区绿化覆盖率发展处于同一水平，详见表 9-21。

表 9-21　成渝地区各城市建成区绿化覆盖率

区域	2010 年	2011 年	2012 年	2013 年	2014 年	2015 年	2016 年	2017 年	2018 年	2019 年
重庆市	39.48%	40.28%	42.34%	41.28%	40.55%	40.04%	40.78%	40.44%	40.42%	41.74%
成都市	39.43%	39.15%	39.38%	40.17%	35.86%	39.84%	41.39%	41.63%	41.33%	43.46%
自贡市	38.1%	38.5%	38.8%	39.5%	40%	40.2%	40.5%	41.4%	42.5%	43.2%
泸州市	39%	40.26%	40.3%	39.85%	39.86%	39.89%	40.45%	40.75%	41.27%	42.1%
德阳市	38.27%	39.8%	40.05%	39.83%	39.96%	40.12%	41.03%	42%	41.98%	42.03%

续表

区域	2010 年	2011 年	2012 年	2013 年	2014 年	2015 年	2016 年	2017 年	2018 年	2019 年
绵阳市	37.89%	38.3%	37.82%	38.09%	38.5%	38.7%	39.2%	40.09%	40.11%	40.74%
遂宁市	37.66%	41.62%	35.55%	32.56%	33.49%	33.64%	42.04%	38.7%	40.18%	41.28%
内江市	34.64%	38.05%	36.11%	37.51%	37.5%	35.43%	34.83%	33.87%	36.49%	37.95%
乐山市	37.91%	36.69%	37.29%	35.13%	33.3%	33.12%	33.17%	36.12%	40.37%	41.92%
南充市	38.12%	38.63%	40.1%	41%	42.04%	43.1%	44%	44.1%	44.28%	44.54%
眉山市	31.75%	35.56%	37.56%	37.99%	35.05%	35.09%	35.48%	36.29%	39.9%	42.4%
宜宾市	38.98%	39.1%	36.13%	32.19%	38.31%	38.22%	38.11%	39.05%	39.08%	40.06%
广安市	41.67%	44.26%	44.26%	36.35%	40.52%	39.49%	39.46%	39.48%	41.68%	42.66%
达州市	35.76%	29.91%	35%	32.24%	30.25%	29.57%	39.67%	31.85%	35.73%	38.15%
雅安市	39.81%	41%	41.29%	41.54%	41.48%	40.8%	40.95%	39.58%	39.97%	40.76%
资阳市	35%	38.32%	38.74%	39.18%	39.11%	38.67%	37.42%	36.82%	36.11%	37.85%
成渝经济圈	37.72%	38.71%	38.8%	37.78%	37.86%	37.87%	39.28%	38.89%	40.09%	41.3%

资料来源：根据 2011~2020 年《四川统计年鉴》《重庆统计年鉴》整理

　　与长三角、珠三角相比，成渝经济圈建成区绿化覆盖率还较低，在 2010~2018 年均处于最低水平，珠三角建成区绿化覆盖率在历年都处于三个区域的最高水平，详见图 9-5。

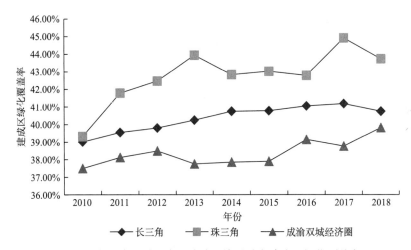

图 9-5　长三角、珠三角及成渝经济圈城市建成区绿化覆盖率

由于未获取到各行政区建成区及绿化面积数据，长三角、珠三角和成渝经济圈城市建成区绿化覆盖率按照各区域建成区绿
化覆盖率进行平均值计算

资料来源：根据中国环境保护数据库、2011~2019 年《广东统计年鉴》整理

　　3. 重点生态区域

　　成渝地区不断加强重点生态区域生态建设，合理划定并严守生态保护红线，分区分类制定、实施国家重点生态功能区产业准入负面清单，建立健全生态补偿、政府绩效考核和产业退出机制。2018 年，四川省、重庆市分别划定生态保护红线管控面积 14.80 万平方千米、2.04 万平方千米，占全省、全市总面积的 30.45%、24.82%，主要分布在川

西高原山地、四川盆周山地的水源涵养、生物多样性维护、水土保持生态功能富集区和金沙江下游水土流失敏感区、川东南石漠化敏感区，以及渝东南、渝东北、重庆主城"四山"地区。2018 年，四川省安排重点生态功能区转移支付资金 42.73 亿元，同比增长 98.5%。

在自然保护区体系建设中着力推动生物多样性保护，类型多样、保护价值极高的自然保护区网络逐步建成，卧龙等保护区成为全国甚至全球生物多样性保护的旗帜。2018年末，四川省自然保护区 166 个，面积 8.3 万平方千米，占全省总面积的 17.1%，大熊猫国家公园正式挂牌。2019 年，重庆积极开展"绿盾"专项行动，查处自然保护地的违法违规行为，发现需要整改点 1 557 个，已完成整改 1 296 个，整改完成率 83.24%。此外，重庆还出台了《重庆市生物多样性保护策略与行动计划》《重庆市野生动物保护规定》等相关法规方案。截至 2019 年重庆市自然保护区总数 58 个，面积 80.48 万公顷，较 2010 年自然保护区数量增加 10 个，面积下降 2.8%。

积极创建国家生态文明先行示范区，包括成渝地区的成都市、雅安市、嘉陵江流域四川段（南充、广安、绵阳、遂宁、德阳）、渝东南武陵山区、渝东北三峡库区、重庆市大娄山生态屏障。积极创建国家生态文明建设示范区，包括成渝地区的浦江县、成都市温江区、金堂县、成都市金牛区、大邑县、洪雅县、北川县、宝兴县、重庆市璧山区、重庆市北碚区、重庆市渝北区。积极创建"绿水青山就是金山银山"实践创新基地，即成渝地区的重庆市武隆区。获得国家山水林田湖草生态保护修复工程试点，包括"广安华蓥山区山水林田湖草生态保护修复工程项目"、位于"一岛两江三谷四山"区域的重庆山水林田湖草生态保护修复国家工程试点。

（二）生态系统服务价值

生态服务价值的计算方法参考谢高地等（2008）制定的生态系统生态服务价值当量因子表计算生态系统服务价值，并通过植被覆盖度参数进行修正，以反映出生态系统服务价值的区域差异。

首先，确定 1 当量因子拥有的生态服务价值：

$$E_n = \frac{1}{7} \sum_{i=1}^{n} \frac{p_i l_i}{m} (i = 1, 2, \cdots, n) \qquad （9\text{-}1）$$

其中，E_n 为研究区内农田生态系统单位面积食物生产的生态服务价值，并将此价值定义为 1 个当量因子；1/7 表示在众多研究中总结出的，代表完全自然状态下没有人力物力等投入的生态系统所产生的经济价值和单位面积农田产生经济价值的比值为 1/7；i 代表具体农作物的种类；p_i 表示第 i 种作物的平均价格；l_i 表示 i 种粮食作物的总产量；m 表示所有粮食作物的面积总和。

其次，计算生态服务价值：

$$\text{ESV} = \sum_{i=1}^{n} V_{it} \times A_{it} \qquad （9\text{-}2）$$

其中，ESV 表示研究区域内农用地总生态服务价值；V_{it} 表示第 i 种农用地类型在 t 时期的单位面积生态服务价值；A_{it} 表示第 i 种农用地类型在 t 时期的面积。

最后，对根据式（9-2）计算的生态系统服务价值进行修正，采用 NDVI 修正法：

$$f = \frac{\text{NDVI} - \text{NDVI}_{\min}}{\text{NDVI}_{\max} - \text{NDVI}_{\min}} \quad\quad （9\text{-}3）$$

$$F_i = \frac{f_i}{f} \quad\quad （9\text{-}4）$$

$$E_i = \text{EVS}_i \times F_i \quad\quad （9\text{-}5）$$

其中，f 表示整个研究区域的平均植被覆盖度；NDVI 表示研究区域归一化植被指数；F_i 表示修正 i 区域的植被覆盖度系数；f_i 表示 i 区域的植被覆盖度；E_i 表示经植被覆盖度修正后的生态服务价值；EVS_i 表示修正前的生态服务价值。

根据计算结果，2018 年成渝地区生态服务价值总和为 8 804.99 亿元，其中 40.84% 来自成渝地区重庆区域，59.16% 来自成渝地区四川境内。各项生态服务类型显示，保持土壤、维持生物多样性、水文调节三项生态服务价值最高，分别为 1 338.89 亿元、1 307.66 亿元、1 258.51 亿元。从城市区域来看，成渝地区境内"成德眉资"都市核心区域与重庆 21 个城市主城区的生态服务价值明显少于其他城市，都市区与非都市区的各类生态服务类型的价值相差明显；渝东北三峡库区生态区域各县的生态服务价值高于重庆其他区县平均值，特别在水文调节、土壤保持、生物多样性维护方面，区域生态功能显著。达万城镇密集区 2018 年生态服务价值平均水平高于都市区域，分类生态服务中保持土壤和维持生物多样性价值较高，详见表 9-22。

表 9-22　成渝地区 2018 年生态服务价值　　　　　　　　单位：亿元

区域	食物生产	原材料生产	气体调节	气候调节	水文调节	废物处理	保持土壤	维持生物多样性	美学景观	总生态服务价值
万州区	6.14	9.63	16.27	17.24	20.08	15.94	20.12	19.35	8.22	132.99
涪陵区	5.32	9.40	14.91	15.64	17.97	13.69	17.71	17.42	7.34	119.40
大渡口区	0.07	0.13	0.20	0.21	0.34	0.25	0.22	0.24	0.12	1.78
江北区	0.15	0.20	0.30	0.36	0.79	0.65	0.38	0.43	0.24	3.50
沙坪坝区	0.34	0.58	0.89	0.94	1.06	0.83	1.06	1.04	0.42	7.16
九龙坡区	0.46	0.78	1.20	1.28	1.64	1.27	1.41	1.42	0.62	10.08
南岸区	0.24	0.26	0.41	0.50	1.05	0.90	0.55	0.59	0.31	4.81
北碚区	1.08	1.73	2.65	2.81	3.06	2.45	3.20	3.09	1.22	21.29
綦江区	4.73	8.04	13.17	13.66	13.49	10.41	15.97	15.11	5.99	100.57
大足区	3.01	2.12	3.53	4.23	4.37	5.20	5.59	4.58	1.37	34.00
渝北区	2.12	2.36	3.78	4.18	4.46	4.21	5.09	4.59	1.66	32.45
巴南区	3.76	3.77	6.02	6.86	8.25	7.98	8.34	7.56	2.81	55.35
黔江区	3.35	12.03	18.24	17.85	17.87	10.03	18.92	19.77	8.61	126.67
长寿区	2.70	2.79	4.45	5.18	7.69	7.05	6.07	5.81	2.47	44.21
江津区	4.92	11.63	17.46	17.84	20.56	14.00	19.20	19.81	8.61	134.03
合川区	4.98	3.77	6.20	7.52	10.04	10.63	9.49	8.32	3.03	63.98
永川区	2.70	4.21	6.47	6.84	7.14	5.78	7.87	7.50	2.89	51.40
南川区	4.01	13.14	19.59	19.27	19.28	11.16	20.42	21.27	9.11	137.25

续表

区域	食物生产	原材料生产	气体调节	气候调节	水文调节	废物处理	保持土壤	维持生物多样性	美学景观	总生态服务价值
璧山区	1.60	2.06	3.21	3.48	3.62	3.21	4.12	3.80	1.40	26.50
铜梁区	2.78	2.50	4.02	4.61	4.83	5.10	5.81	5.02	1.66	36.33
潼南区	3.27	1.63	2.89	3.76	4.24	5.66	5.26	4.08	1.12	31.91
荣昌区	2.16	1.75	2.85	3.33	3.40	3.80	4.29	3.61	1.13	26.32
开州区	7.17	12.83	20.80	21.47	21.32	16.07	24.86	23.75	9.50	157.77
梁平区	3.82	5.08	8.21	8.76	8.43	7.37	10.53	9.60	3.51	65.31
武隆区	4.04	15.39	23.24	22.74	23.67	13.21	23.87	25.26	11.23	162.65
城口县	4.83	17.36	27.34	26.70	26.33	14.79	28.84	29.73	13.05	188.97
丰都县	5.05	12.11	18.56	18.85	20.65	13.88	20.55	20.92	8.99	139.56
垫江县	3.32	2.83	4.59	5.27	4.95	5.55	6.79	5.69	1.74	40.73
忠县	4.14	6.56	10.34	11.04	13.23	10.53	12.56	12.29	5.15	85.84
云阳县	6.09	11.93	20.04	20.82	24.99	18.27	23.62	23.50	10.52	159.78
奉节县	5.97	17.92	28.59	28.45	30.70	18.98	30.97	31.86	14.24	207.68
巫山县	4.08	14.63	22.73	22.46	25.11	14.76	23.76	25.16	11.53	164.22
巫溪县	5.80	21.59	33.20	32.46	33.02	18.47	34.49	36.09	15.96	231.08
石柱县	4.62	14.49	22.66	22.38	22.83	13.63	24.24	24.90	10.87	160.62
秀山县	3.08	12.69	19.21	18.66	18.75	10.03	19.58	20.70	9.16	131.86
酉阳县	6.76	26.95	41.02	39.87	39.75	21.44	42.07	44.24	19.48	281.58
彭水县	5.63	20.60	31.02	30.34	30.69	17.14	31.99	33.60	14.70	215.71
渝中区	0.01	0.01	0.01	0.03	0.31	0.24	0.01	0.06	0.07	0.75
成都市	15.18	23.72	37.44	39.72	44.13	35.46	45.74	43.98	17.73	303.10
自贡市	7.85	5.70	9.45	11.26	11.61	13.64	14.81	12.20	3.69	90.21
泸州市	20.30	38.59	59.34	61.32	64.08	47.27	68.94	67.59	27.31	454.74
德阳市	9.88	10.16	16.57	18.61	20.52	19.93	22.90	20.49	7.43	146.49
绵阳市	31.11	65.48	105.84	107.85	111.09	78.11	122.25	119.97	50.21	791.91
遂宁市	9.89	7.78	12.87	15.28	18.05	19.46	19.49	16.77	5.75	125.34
内江市	9.73	6.93	11.50	13.84	15.14	17.56	18.11	15.04	4.69	112.54
乐山市	18.98	45.26	70.03	71.01	76.50	51.41	77.85	78.81	33.73	523.58
南充市	24.15	18.15	30.34	36.20	41.57	46.07	46.75	39.62	13.17	296.02
眉山市	11.75	15.13	24.29	26.41	29.45	25.74	31.32	29.18	11.30	204.57
宜宾市	22.46	37.95	58.92	61.78	66.09	51.41	70.43	68.14	27.24	464.42
广安市	11.35	12.11	19.44	21.84	25.29	23.95	26.47	24.07	8.98	173.50
达州市	27.59	53.38	83.62	86.05	88.73	64.81	97.31	95.08	38.65	635.22
雅安市	16.51	63.04	102.95	100.71	105.25	59.82	109.33	113.33	51.75	722.69
资阳市	16.00	9.32	16.02	20.01	21.05	27.14	27.37	21.63	6.03	164.57
成渝地区	387.03	720.18	1 138.89	1 179.78	1 258.51	936.34	1 338.89	1 307.66	537.71	8 804.99

资料来源：根据中国科学院资源环境科学与数据中心、《全国农产品成本收益资料汇编 2018》整理计算

以 2000 年为基年，将农作物价格转为可比价格，从而计算出成渝地区 2010 年、2018 年的生态系统服务价值。成渝地区各区域 2018 年生态服务价值较 2000 年都有明显提升，由 2000 年的 3 014.1 亿元增长至 2018 年的 5 242.53 亿元。2010 年成渝经济圈生态服务价值相较于 2000 年提高 65.31%，重庆市提高程度最为明显，达到 86.4%。2018 年成渝经济圈生态系统服务价值相较于 2000 年提高 73.93%，四川境内乐山市、眉山市提高 70%左右，自贡市生态服务价值增长幅度最小，仅有 23.32%。2018 年成渝经济圈生态系统服务价值相较于 2010 年提高 5.21%，多市生态服务价值出现负增长，其中自贡市、雅安市生态服务价值下降幅度最大，分别为-20.66%与-11.05%，重庆市提高程度最为明显，达到 25.79%，详见表 9-23。

表 9-23　成渝经济圈生态服务价值增长率

区域	2000~2010 年	2000~2018 年	2010~2018 年
重庆市	86.4%	134.47%	25.79%
成都市	48.46%	49.91%	0.98%
自贡市	55.44%	23.32%	-20.66%
泸州市	46.87%	36.74%	-6.9%
德阳市	51.85%	42.57%	-6.11%
绵阳市	42.82%	36.11%	-4.69%
遂宁市	71.51%	59.63%	-6.93%
内江市	70.61%	55.88%	-8.63%
乐山市	74.07%	68.46%	-3.22%
南充市	64.13%	59.63%	-2.74%
眉山市	67.85%	74.4%	3.9%
宜宾市	56.61%	41%	-9.97%
广安市	54.98%	56.32%	0.86%
达州市	52.98%	44.14%	-5.78%
雅安市	63.63%	45.55%	-11.05%
资阳市	46.98%	48.71%	1.18%
成渝经济圈	65.31%	73.93%	5.21%

资料来源：根据中国科学院资源环境科学与数据中心、《全国农产品成本收益资料汇编》（2000 年、2010 年、2018 年）整理计算

（三）生态系统质量

成渝经济圈四川省各市生态环境质量评价中 2014 年除遂宁市与内江市生态环境质量为"一般"以外，其余城区在 2014~2019 年所有区域的生态环境质量都为"良"或"优"。乐山市与雅安市生态环境质量在各市中评价最好，在六年期间所有评价都为"优"，详见表 9-24。

表 9-24　成渝经济圈四川省各市生态环境质量评价

城市	2014 年	2015 年	2016 年	2017 年	2018 年	2019 年
成都市	良	良	良	良	良	良
自贡市	良	良	良	良	良	良
泸州市	良	良	良	良	良	良
德阳市	良	良	良	良	良	良
绵阳市	良	良	良	良	良	良
遂宁市	一般	良	良	良	良	良
内江市	一般	良	良	良	良	良
乐山市	优	优	优	优	优	优
南充市	良	良	良	良	良	良
眉山市	良	良	良	良	良	良
宜宾市	良	良	良	良	良	良
广安市	良	良	良	良	良	良
达州市	良	良	良	良	良	良
雅安市	优	优	优	优	优	优
资阳市	良	良	良	良	良	良
"优"占比	11.76%	17.65%	17.65%	11.76%	17.65%	17.65%
"良"占比	76.48%	82.35%	82.35%	88.24%	82.35%	82.35%
"一般"占比	11.76%	0.00	0.00	0.00	0.00	0.00

资料来源：根据 2014~2019 年《四川省环境状况公报》整理

三、资源利用效率稳步提高

（一）水资源

由表 9-25 可以看出，重庆市、成都市、德阳市、眉山市单位地区生产总值用水量在研究年度内呈现不断下降趋势，尤其以成都市下降最为明显，从 2010 年的 18.01 米^3/万元下降至 2019 年的 6.04 米^3/万元，详见表 9-25。

表 9-25　成渝经济圈部分城市单位地区生产总值用水量　　　单位：米^3/万元

城市	2010 年	2011 年	2012 年	2013 年	2014 年	2015 年	2016 年	2017 年	2018 年	2019 年
重庆市			11.33	11.16	10.82	10.47	10.12	10.19	10.68	9.82
成都市	18.01	12.55	13.36	15.11	14.19	15.03	14.18	13.12	12.10	6.04
德阳市	15.90	13.35	11.17	10.55	9.97	9.86	9.18	9.08	7.20	7.29
眉山市						6.87	9.58	6.36	6.78	6.16

资料来源：根据历年《重庆统计年鉴》《成都统计年鉴》《德阳统计年鉴》《眉山统计年鉴》整理计算

（二）土地资源

2020 年，"成德眉资"都市核心圈和重庆市主城区单位地区生产总值建设用地面积较 2000 年、2005 年、2015 年、2018 年都有一定下降，但是 2015~2018 年的增长速度明显落后于 2000~2010 年，说明土地利用效率的提升速度逐渐放缓（表 9-26）。

表 9-26　成渝经济圈单位地区生产总值建设用地面积　　单位：米²/万元

区域	2000 年	2005 年	2015 年	2018 年	2020 年
成都市	27.27	22.44	7.09	8.05	6.72
自贡市	17.11	13.51	5.42	7.11	6.45
泸州市	15.11	10.18	4.88	5.84	6.30
德阳市	24.99	17.74	8.54	10.25	9.40
绵阳市	28.00	21.97	10.76	9.94	7.74
遂宁市	18.64	19.85	10.70	11.46	10.19
内江市	17.26	12.95	5.09	6.09	6.28
乐山市	41.09	22.17	7.92	7.49	5.94
南充市	22.06	20.58	8.90	11.02	9.45
眉山市	32.85	19.18	8.84	11.78	9.97
宜宾市	18.94	14.59	6.75	8.54	6.71
广安市	15.02	8.12	5.27	9.84	8.84
达州市	18.10	10.22	6.22	7.57	6.28
雅安市	31.11	21.35	8.16	8.51	7.55
资阳市	18.20	16.87	9.92	19.22	17.09
涪陵区	14.42	9.62	5.78	4.93	4.98
渝中区	20.78	9.56	2.40	1.25	1.10
大渡口区	54.03	32.97	18.16	17.53	15.76
江北区	43.60	20.94	11.93	8.46	6.64
沙坪坝区	35.84	19.60	9.38	12.17	12.23
九龙坡区	34.10	14.79	6.98	8.17	7.04
南岸区	51.36	32.87	10.89	12.69	12.05
北碚区	22.71	17.47	22.77	12.69	12.73
渝北区	48.99	30.28	16.01	17.43	14.78
巴南区	31.25	17.84	8.97	9.86	10.51
长寿区	17.78	13.79	12.55	13.22	12.29
江津区	9.98	6.00	6.77	10.31	9.55

续表

区域	2000 年	2005 年	2015 年	2018 年	2020 年
合川区	18.09	11.50	7.56	5.89	4.73
永川区	16.07	8.84	5.61	6.39	6.72
南川区	12.70	6.44	64.43	7.13	6.93
綦江区	25.65	11.14	11.37	7.74	6.86
大足区	10.43	7.37	7.45	10.43	8.14
璧山区	26.46	12.10	8.12	7.02	5.89
铜梁区	15.00	12.44	8.44	7.88	6.20
潼南区	9.37	4.92	3.77	6.82	6.31
荣昌区	12.48	8.56	3.94	7.13	5.35

资料来源：根据中国土地利用现状遥感监测数据、中国地级市行政边界数据计算建设用地面积，并结合《重庆统计年鉴》《四川统计年鉴》中地区生产总值数据计算单位地区生产总值建设用地面积

（三）能源

由表 9-27 可以看出，成渝经济圈内所有城市的单位地区生产总值能耗在 2011~2018 年总体呈下降趋势，重庆市原来的 9 个主城区单位地区生产总值能耗在 2013 年处于较低值，在一定程度上说明主城区经济发展对石化资源依赖度低。四川省所有城市单位地区生产总值能耗都呈现出较为明显的下降趋势，其中泸州市、德阳市、绵阳市、眉山市、资阳市下降幅度较为明显，体现了成渝经济圈能源利用效率的提升。

表 9-27　成渝经济圈 2011~2018 年单位地区生产总值能耗

单位：吨标准煤/万元

区域	2011 年	2012 年	2013 年	2014 年	2015 年	2016 年	2017 年	2018 年
重庆市	0.55	0.51	0.49	0.46	0.44	0.40	0.37	0.37
涪陵区			0.41	0.43	0.48	0.44	0.42	0.44
渝中区			0.00	0.00	0.00	0.00	0.00	0.00
大渡口区			0.43	0.37	0.26	0.23	0.17	0.18
江北区			0.04	0.03	0.03	0.03	0.03	0.03
沙坪坝区			0.04	0.03	0.04	0.05	0.04	0.04
九龙坡区			0.20	0.16	0.10	0.07	0.06	0.07
南岸区			0.10	0.09	0.08	0.07	0.03	0.03
北碚区			0.22	0.20	0.21	0.20	0.15	0.14
渝北区			0.06	0.05	0.05	0.04	0.04	0.04
巴南区			0.07	0.07	0.06	0.07	0.06	0.06
长寿区			2.13	1.82	1.75	1.65	1.66	1.52
江津区			0.91	0.72	0.65	0.54	0.35	0.34
合川区			0.75	0.72	0.69	0.63	0.47	0.37

续表

区域	2011 年	2012 年	2013 年	2014 年	2015 年	2016 年	2017 年	2018 年
永川区			0.35	0.31	0.29	0.26	0.22	0.20
南川区			0.58	0.43	0.51	0.51	0.38	0.33
綦江区			0.77	1.14	1.07	0.97	0.96	0.83
大足区			0.19	0.15	0.12	0.11	0.07	0.06
璧山区			0.23	0.13	0.13	0.10	0.09	0.08
铜梁区			0.13	0.21	0.20	0.17	0.16	0.12
潼南区			0.23	0.15	0.11	0.11	0.09	0.10
荣昌区			0.24	0.22	0.23	0.17	0.13	0.09
四川省	0.89	0.83	0.79	0.75	0.69	0.66	0.59	0.57
成都市	0.55	0.51	0.48	0.49	0.48	0.46	0.39	0.37
自贡市	0.75	0.69	0.65	0.61	0.55	0.53	0.53	0.50
泸州市	0.99	0.93	0.89	0.85	0.79	0.77	0.71	0.68
德阳市	0.85	0.79	0.75	0.73	0.68	0.65	0.56	0.53
绵阳市	0.80	0.75	0.71	0.67	0.60	0.58	0.49	0.47
遂宁市	0.84	0.78	0.75	0.71	0.64	0.62	0.54	0.49
内江市	1.18	1.11	1.07	1.01	0.93	0.89	0.97	0.94
乐山市	1.48	1.37	1.30	1.22	1.11	1.07	0.97	0.92
南充市	0.78	0.74	0.71	0.68	0.64	0.62	0.54	0.51
眉山市	1.05	0.98	0.93	0.87	0.77	0.74	0.64	0.61
宜宾市	0.92	0.90	0.86	0.81	0.73	0.74	0.63	0.61
广安市	0.89	0.83	0.79	0.76	0.70	0.67	0.61	0.59
达州市	1.12	1.04	0.99	0.93	0.87	0.84	0.75	0.71
雅安市	1.08	1.00	0.97	0.94	0.88	0.85	0.72	0.70
资阳市	0.68	0.63	0.60	0.57	0.52	0.50	0.39	0.37

资料来源：根据历年四川省及各地级市统计年鉴、《重庆统计年鉴》整理

第二节　存在问题

一、环境污染呈现明显区域特征

重点区域大气污染问题较为突出，尤其是臭氧、$PM_{2.5}$ 超标严重区域主要集中在成都平原地区、川南地区和重庆主城都市区，其中成都、自贡、德阳、内江 4 市全局皆为大气污染防治重点区域。由于沿江城市人口和产业集聚，污水处理基础设施建设相对滞后，水环境污染主要集中在长江（四川、重庆段）、岷江干流及部分支流、沱江全流域、嘉陵江部分支流和乌江（重庆段），且跨界流域水污染联防联控联治实施力度有待提升，在众多的川渝跨界河流中仍存在未协同治理污染、上下游治污责任互相推诿等跨

界问题，整体尚未形成联合、协同防治格局。尽管化肥农药施用量呈现下降的趋势，但是农业生产中尤其是"成德眉资"都市核心圈和重庆主城都市区农药化肥的使用仍旧较为粗犷，测土配肥未全面覆盖，农药化肥的配比更多以农业生产者的日常经验进行施用，造成农药化肥的浪费还会对土壤产生污染，加上成渝地区中等质量的土地占据多数，耕地质量薄弱，污染后修复成本高、修复难度大，为高质量农田的发展建设造成阻碍。城市噪声污染仍是环保治理的短板，其中城市交通噪声是城市声环境质量提升的重要难题，城市内部公共娱乐场所数量的飞速增加也导致生活类噪声污染加剧。

二、生态补偿长效机制尚未构建

成渝经济圈生态补偿缺乏制度保障，跨区域生态补偿以合作协议方式约定不同利益相关方的权利及责任关系，仅靠过渡性的政策措施和行政手段对推动形成生态补偿长效机制存在局限，且跨区域生态补偿协调机制不完善，利益相关方高效沟通的平台不健全。生态补偿试点范围较小，跨省域水流生态补偿试点主要集中在部分河流、部分区域，而在贯穿成渝两地的长江上游、长江一级支流嘉陵江，二级支流渠江和涪江的跨省生态补偿机制还不健全，集中式饮用水水源地、水土流失重点防治区，以及大气、森林、草地、湿地、耕地等重要生态领域和重点生态区域的跨省生态补偿机制还未有效建立。补偿主体中政府是主要投入者，在生态环境损害赔偿方面有时替代生态补偿的真正主体，还存在生态保护区和生态保护者"守着绿水青山饿肚子"的窘境。生态补偿方式较单一，以财政补偿为主，市场化与社会化补偿方式较缺乏，资金补偿为主要模式，对口帮扶、产业补偿、技术补偿、人才补偿等形式不足。生态补偿标准核算体系不健全，生态补偿量采用的测算方法不够明确、不够规范、不够科学，对生态价值认识不够充分，对不同条件下生态环境保护成本和机会成本差异考虑不周全。生态补偿资金分配合理性有待加强，国家重点生态功能区发展需求与财政转移支付力度还有差距，在严格实施准入负面清单、淘汰落后产能中面临较大的经费补偿、人员安置等经济压力。生态补偿效益评估机制不健全，效益评估体系不完善，对生态资产、生态产品与生态系统服务评估标准较粗略，跨区域生态补偿效益评估信息平台缺失，评估数据库未有效建立，评估信息的互联互通未能较好实现。生态补偿监督机制不完善，专项资金的信息公开还需推进，支出透明度还需增强，社会公众对生态保护修复、环境污染治理工作进行监督的平台缺失。

三、资源开发利用方式较为粗犷

成渝经济圈资源保护与资源利用方式转型升级的压力同时存在，绿色资源利用不足。2010 年以来，成渝地区水资源、建设用地资源和能源消耗量大幅度上升，尤其是2001~2018 年，成渝经济圈核心城市成都的能源消耗年平均增长率达到了 8%以上，经济发展产生了巨量的能源需求，大量化石燃料的使用又使得二氧化硫、粉尘、烟尘等大气污染成分含量显著上升。在资源的利用上也存在着较为严重的浪费行为，在矿产资源、化石燃料资源的使用过程中，单位资源地区生产总值产值与东部沿海地区相比较为低下，未完全利用的化石燃料给自然环境带来了更为严重的污染。这种粗犷的资源利用方式必然会进一步加剧成渝经济圈内资源供给与需求之间的矛盾，同时也给成渝经济圈的生态环境保护带来严峻挑战。

第三节　案例分析：成渝高质量推进生态环境保护修复系统工程

一、广安市华蓥山区山水林田湖草生态保护修复工程项目

（一）广安市华蓥山区背景及现状

广安华蓥山区山水林田湖草生态保护修复试点工程项目是成渝经济圈生态文明建设示范创建的典型代表。华蓥山区位于四川盆地的东部，由北向南绵延 300 余千米，纵跨四川、重庆等 15 个县市。华蓥山区主体部分位于四川省广安市境内，自清代以来便与峨眉山、四面山、青城山共享"巴蜀四大名山"的美誉。

20 世纪 60 年代中期，华蓥山区由于境内蕴含大量煤炭、石灰石等自然资源，加之优良的地理位置，被国家列为"三线"建设重点地区之一，山区周围布局了 8 家大型军工企业。由此开始，华蓥山区逐渐成为四川省重要的工业基地。

然而好景不长，华蓥山区的煤炭资源开始逐渐枯竭，华蓥市的煤炭企业数量由 1999 年的 102 家逐渐减少到 2005 年的 31 家。长久以来自然资源的大规模无序开发以及高污染企业的肆意排放导致华蓥山区出现石漠化加剧、水土流失、森林资源退化、生物多样化减少、地表塌陷、地质灾害频发等一系列生态环境问题。

为解决华蓥山区日益严重的生态环境问题，广安市采取了一系列举措，其中包括关闭煤矿、关闭采石场、水环境治理等。虽然这些治理措施取得了一定的阶段性和区域性效果，但是生态环境整体恶化的状况并没有得到遏制。

为彻底解决华蓥山区不断恶化的生态环境，2017 年底，国家将广安市华蓥山区纳入国家第二批山水林田湖草生态保护修复试点工程。生态保护修复工程计划总投资 147 亿元，在华蓥山区境内全面开展矿山治理、流域水环境治理、生物多样性保护、土地整治等工作，详见表 9-28。

表 9-28　华蓥市山水林田湖草生态保护修复部分项目信息

序号	重点子项目名称	建设地点	2018 年总投资/万元	2019 年估算投资/万元	2019 中央资金/万元	市级督导责任主体
1	天池湖片区湿地修复与保护工程	天池镇仁和村、王家坝村、码头村等	4 050	1 000	500	市林业局
2	华蓥市柏木山段渠系连通工程	天池镇、华龙街道、阳和镇等	400	2 800	500	市水务局
3	高顶山片区矿山地质环境恢复治理工程	红岩乡、禄市镇、永兴镇、溪口镇等	2 990	3 800	700	市自然资源和规划局
4	华蓥市生态修复（PPP 项目）工程（二期）	华蓥市各乡镇街道		60 500	3 000	市住房和城乡建设局

序号	重点子项目名称	建设地点	2018 年总投资/万元	2019 年估算投资/万元	2019 中央资金/万元	市级督导责任主体
5	华蓥山（704 片区）森林生态修复及生物多样性保护工程	观音溪镇李子垭村、田坝子村等	10 247	12 753	1 000	市林业局
6	渠江（华蓥市片区）水环境综合治理工程（二期）	明月镇三合团村、白鹤咀村等	9 140	7 088	2 000	市住房和城乡建设局
7	杨家坝等矿山环境恢复治理项目	天池镇伍家坳村、老屋嘴村等	2 050			市自然资源和规划局
8	柏木山片区综合治理工程	柏木山片区	3 240			市林业局
9	华蓥市华龙街道石堰墙村、柏木山村、畲家井村、东方村、沙坝村土地整理	华龙街道石堰墙村、柏木山村、畲家井村等	1 070			市自然资源和规划局
10	华蓥市高兴镇、观音溪镇、溪口镇工矿废弃地复垦	高兴镇、观音溪镇、溪口镇等	710			
11	华蓥市禄市镇、永兴镇、华龙街道工矿废弃地复垦	禄市镇、永兴镇、华龙街道等	991			
12	华蓥市明月镇、古桥街道、红岩乡、天池镇工矿废弃地复垦	明月镇、古桥街道、红岩乡、天池镇	798			
13	华蓥市红岩乡杨家河—严家河段河道整治工程	红岩乡		14 700	4 500	市水务局

注：观音溪镇现已并入高兴镇

资料来源：摘录自广安市人民政府网站的《广安市人民政府办公室关于印发加快推进华蓥山区山水林田湖草生态保护修复重点项目实施工作方案的通知》，http://www.guang-an.gov.cn/gasrmzfw/c104245/2019-06/20/content_dd48ca67f77549e6a 38781c7395525bc.shtml

（二）华蓥山区亟须解决的问题

1. 矿区地质问题

华蓥山区因其丰富的自然资源而开设了大量矿场，矿场开发给华蓥山区带来了严重的地质问题，其中主要包括土地资源的损毁、地形地貌的破坏等。

矿场在多方面对土地资源造成破坏。首先，不少石灰石矿场是露天矿山，露天矿山的开采需要去除矿区表面覆盖的地表土，这将给去除范围内的土地带来不可逆转的破坏；其次，采矿所产生的矿渣直接堆积，占用了大量的土地资源；最后，矿场开采结束后的废弃建筑物也占用了大量的土地资源。

矿场的开采也会破坏附近的地形地貌。一方面，矿山的开采产生了大量的次生裸地，使得植被的生长环境变差；另一方面，矿渣会随着河流和雨水的作用逐渐淤塞河道，影响河道生态环境。

2. 河流水质污染

水质污染问题是华蓥山区污染治理的又一重大难题，其中以驴溪河水质污染尤为严重。驴溪河受到上游污染源污染及城镇生活污水污染、养殖业废水污染、工业废水污染等多重影响，治理前河流主要污染物超过环境质量标准数倍，河流沿岸居民生产生活受到严重影响。

3. 大气环境污染

华蓥山区所处的华蓥市作为一座资源型城市，空气污染问题由来已久。在生态保护修复工程实施前，华蓥山区的天空始终处于灰蒙蒙的状态，居民每天擦拭的窗台第二天也会落上一层灰，华蓥市空气中的 $PM_{2.5}$、可吸入颗粒物等指标更是长期处于超标状态。

4. 饮用水源地污染

天池湖位于华蓥市天池镇，是四川盆地面积最大、海拔最高的高山湖泊，水域面积3 800 余亩，它是其周边 20 多万群众的饮用水源。20 世纪五六十年代，天池湖周边相继建起一批高污染企业，湖水受到严重污染，湿地生物多样性、土壤、植被遭到严重破坏，给华蓥市周边居民的饮水安全带来巨大威胁。

（三）生态保护修复工程

1. 矿区地质问题修复工程

生态保护修复工程项目针对矿区地质问题采取了一系列具体详细的措施。一是采用平整土地、削坡、修剪台阶等措施恢复土地的原有价值，并配套道路、水利等基础设施，进一步恢复土地价值。二是对矿渣进行统一管理，避免矿渣在土地上任意堆积。三是拆除矿场周围地表废弃建筑物，加固维修可利用矿场建筑物。

针对矿产开采带来的地形地貌破坏，通过植树造林的方法，增加森林的覆盖率。华蓥市政府持续给广大种植户提供林业种植方面的技术支持，同时引进外来资金建立林业产业基地。在技术支持方面，2017 年华蓥市发动全市 22 家脱贫攻坚造林专业团队参与项目建设。在引进外来资金方面，2018 年华蓥山区山水林田湖草生态保护修复工程柏木山片区低产低效林改造项目启动。华蓥市引入四川省金泰林业有限公司，金泰公司将带领合作社社员 3 年栽植油樟 1 万余亩，按照"公司+基地+农户"的模式共同建设以油樟为主的现代林业产业基地。

2. 河流水质污染治理工程

华蓥山区针对境内水污染问题开展了"洁净水"行动，对流域内各河流、水域实施河长制、湖长制。以驴溪河为例，在污染源管理方面，环境部门加强对于驴溪河上游的城镇生活污水治理，关停了一批排放标准不合格的养殖企业，并建立一批乡镇污水处理厂，负责处理污染企业排出的废水，确保排放到河水中的水质达标。在监督管理方面，在驴溪河推行河长制，河长负责对河流进行巡查，定期对河流水质进行质量检测，确保河流水环境达到既定标准。

3. 大气污染治理工程

华蓥山区针对大气污染问题制定了严格的举措。一是大力控制工业施工过程中扬尘的产生。政府对华蓥山区周边各个施工项目进行分区管理，实现责任到人，对施工工地的降尘装置进行检查，对社工现场降尘情况进行严格监督。二是严格控制污染企业废气排放。大气污染治理工程项目针对华蓥山区附近工业企业进行专项检查，严格监测华蓥山区企业废气排放情况。三是禁止华蓥山区附近农户焚烧秸秆。秸秆焚烧对于大气污染的危害性极大，秸秆燃烧过程中会产生大量可吸入颗粒。大气污染治理工程在一方面对秸秆燃烧行为进行高频巡查、严格处罚，另一方面推进秸秆肥料化、燃料化综合利用，双管齐下地处理华蓥山区附近的秸秆燃烧行为。

4. 水源地污染治理工程

作为华蓥山区周围重要的水源地，天池湖的污染治理工作迫在眉睫。2017 年底，天池湖片区综合治理纳入华蓥山区山水林田湖草生态保护修复工程。华蓥市相继关闭周边纸厂、洗选煤厂、煤窑、石灰窑等污染企业 30 多家，关闭农家乐 2 家，关停搬迁养殖场 200 多家。

在天池湖污染源治理取得有效成果的同时，末端污染治理工作也在有条不紊地展开。截至 2019 年末，天池湖改造项目共沿湖铺设截污管网 17 千米，完成河湖水系连通 3 千米，使得天池湖自身的污染净化能力得到大幅提升。

（四）山水林田湖草治理修复工程实施成效

通过山水林田湖草治理修复工程的实施，华蓥山区附近空气质量优良天数逐年提高，2019 年，华蓥市全市空气质量优良天数 320 天，优良率达到了 87.6%。华蓥山区主要空气质量指标基本处于达标状态，河流水质基本处于Ⅲ类及以上水平，森林覆盖率逐年提高，山水林田湖草和谐发展。

截至 2019 年 3 月底，华蓥山区山水林田湖草生态保护修复工程已经规划开工 45 个项目，工程量已经完成近一半，投入金额已经达到 70 余亿元，随着修复工程的进一步实施，华蓥山区也在生态保护和经济发展相结合的道路上越走越宽广。

二、四川省泸县与重庆市荣昌区联防联控治理流域水污染

流域治理的一大难题就是区域间行政壁垒高，无法有效协同不同行政区域进行综合治理。成渝经济圈战略的实施促进了成渝地区不同行政主体间的交流合作，让跨区域、跨流域进行水污染联防联控治理成为可能。重庆市荣昌区和四川省泸县就是实施联防联控机制治理流域水污染的典型代表。

荣昌区地处重庆市西南边缘位置，与四川省多个区县接壤。荣昌区辖区面积 1 077 平方千米，辖区内河流众多，濑溪河是荣昌区的主要河流之一，濑溪河经荣昌区流入四川省泸县，最终汇入长江。

泸县隶属于四川省泸州市，地处四川盆地南部边缘位置，与重庆市荣昌区、江津区接壤。泸县总面积 1 525 平方千米，全县水网密布，流经境内的濑溪河是长江的重要支

流，长江由此处流出四川，流入重庆市江津区。

以濑溪河为代表的河流跨越行政边界，经重庆市荣昌区流入四川省泸县，给水域污染治理带来了许多困难。行政壁垒的存在让区域协同治理、跨流域执法阻碍重重，两地水域污染问题十分严重。

如表 9-29 所示，在实施区域联防联控机制之前，泸县和荣昌区的 7 个监测断面中，有 3 个监测断面水质未达到国家规定的Ⅲ类及以上类别。具体来看，大鹿溪河石牛栏水电站水质类别为Ⅳ，主要污染指标化学需氧量超标 0.15 倍；龙溪河蒋洞子水质类别为Ⅴ，主要污染指标化学需氧量超标 0.55 倍、高锰酸盐指数超标 0.27 倍、五日生化需氧量超标 0.15 倍；龙溪河滩子口水质类别为Ⅳ，主要污染指标高锰酸盐指数超标 0.50 倍、化学需氧量超标 0.50 倍、五日生化需氧量超标 0.40 倍。可以看到，在两区县实施水域污染治理联防联控机制之前，两地水污染情况较为严重，水质问题不容乐观。

表 9-29　2018 年 1 月四川省泸县与重庆市荣昌区地表水监测断面水质评价

断面名称	所在地	上月类别	上年同期	本月类别	主要污染指标（超标倍数）
沱江大磨子	泸县	Ⅲ	Ⅳ	Ⅲ	
濑溪河天竺寺大桥	泸县	Ⅲ	Ⅲ	Ⅲ	
大鹿溪河石牛栏水电站	泸县—重庆市交界		Ⅲ	Ⅳ	化学需氧量（0.15）
龙溪河蒋洞子	泸县—重庆市交界		Ⅳ	Ⅴ	化学需氧量（0.55）；高锰酸盐指数（0.27）；五日生化需氧量（0.15）
龙溪河滩子口	泸县—重庆市交界		Ⅴ	Ⅳ	高锰酸盐指数（0.50）；化学需氧量（0.50）；五日生化需氧量（0.40）
濑溪河高洞电站断面	荣昌区	Ⅲ	Ⅲ	Ⅲ	
清流河大埂断面	荣昌区	Ⅲ	Ⅲ	Ⅲ	

资料来源：《2018 年 1 月泸州市地表水水质》

虽然两区县在实施区域联防联控机制之前也对流域水污染问题进行过多次治理，但是传统的水污染治理模式是各行政区域各自为政，在各自辖区内部开展水污染治理工程。由于水污染治理问题不仅受当地流域水体治理政策影响，同时与上下游区域的水污染治理工程息息相关，因此孤立地在辖区内进行水污染治理工程收效甚微。在水污染治理形势如此严峻的情况下，泸县县政府和荣昌区区政府在 2018 年 9 月签订了《四川泸县重庆荣昌区河长制跨界合作协议书》和《四川省泸县方洞镇、重庆市荣昌区清江镇濑溪河水污染联防联治协议》。自此，四川省泸县和重庆市荣昌区之间的联防联控机制得以建立。

泸县与荣昌区联防联控机制治理流域水污染的主要措施包括：①两地定期开展区域范围的联合巡察，对区域内河流水质情况进行定期监测并实现信息共享，使得两地能够及时掌握临近水域的水质情况，有利于当地政府水污染治理措施的制定与实施。②加强两地之间河长的沟通与合作。河长制的建立使得各流域责任到人，进一步加强了流域污染监督与治理能力。但是河长制在行政区域各自治理的情况下并没有达到预期的效果，河长间彼此信息不畅。泸县与荣昌区两地进一步加强彼此间河长的沟通与合作，推进河长间的信息共享，使河长对流域水体污染情况充分了解。③积极建设污水处理管网工程。在流域水污染治理过程中，定期巡察监督和依法严格处罚只能治标，必须解决工业和生活污水的处理问题，防止污染直接排入水域中，泸县和荣昌区加快推进污水处理系统的建设，减少污水直排问题。

如表 9-30 所示，在两区域实施区域联防联控机制之后，四川省泸县和重庆市荣昌区主要监测断面水质情况均有大幅好转，达到国家规定Ⅲ类及以上的监测断面显著上升，两地 7 个监测断面中仅有一个水质超标。具体来看，沱江大磨子监测断面水质进一步提升；濑溪河天竺寺大桥监测断面水质与 2018 年 1 月实施区域联防联控机制之前持平；大鹿溪河石牛栏水电站水质情况提升明显，由实施联防联控之前的Ⅳ类水质提升到国家规定的Ⅲ类水质，主要污染指标均达到国家相关要求；龙溪河蒋洞子监测断面水质虽未达到国家Ⅲ类水质标准，但是提升较为明显，由 2018 年 1 月实施区域联防联控机制之前的Ⅴ类水质提升到 2020 年 12 月实施联防联控之后的Ⅳ类水质，且与实施联防联控前相比，水体中主要污染指标改善明显，五日生化需氧量已达到国家要求，高锰酸盐指数和化学需氧量超标倍数较之前显著降低，当前分别超标 0.05 倍和 0.03 倍。

表 9-30　2020 年 12 月四川省泸县与重庆市荣昌区地表水监测断面水质评价

断面名称	所在地	上月类别	上年同期	本月类别	主要污染指标（超标倍数）
沱江大磨子	泸县	Ⅱ	Ⅲ	Ⅱ	
濑溪河天竺寺大桥	泸县	Ⅲ	Ⅳ	Ⅲ	
大鹿溪河石牛栏水电站	泸县—重庆市交界	Ⅲ	Ⅳ	Ⅲ	
龙溪河蒋洞子	泸县—重庆市交界	Ⅳ	Ⅳ	Ⅳ	高锰酸盐指数（0.05）；化学需氧量（0.03）
龙溪河滩子口	泸县—重庆市交界	Ⅴ	劣Ⅴ		
濑溪河高洞电站断面	荣昌区	Ⅲ	Ⅲ	Ⅲ	
清流河大埂断面	荣昌区	Ⅲ	Ⅲ	Ⅲ	

资料来源：《2020 年 12 月泸州市地表水水质》

可以看到，实施流域水污染联防联控机制之后，四川省泸县和重庆市荣昌区水质改善较为明显，区域联防联控机制对于改善流域水体环境具有较大的效果，值得在成渝经济圈乃至全国范围内进一步推广实施。

第四节　发 展 路 径

一、加大重点区域环境治理力度

从流域系统性出发全面推行"三水共治"，加大对城镇污水管网、处理设施建设及运营维护的投入力度，逐步取消城镇污水处理设施等生态公益类基础设施地方配套政策，统一由国家和省统筹配套，在已建成污水处理设施的县城和建制镇开征污水处理费，根据地方财力、社会承受能力、补偿成本等合理推行差别化递增阶梯收费制度。实施岷江、沱江、嘉陵江等流域水环境综合整治工程，加快推进水污染治理和城乡生活污水处置，优化沿江绿色产业布局，加强水资源保护。持续推动大气污染联防联控，建立统一的大气环境质量和企业动态排放、环境保护信用奖罚机制，着力抓好煤炭行业化解过剩产能、交通运输能源结构优化等重点工作，推进成渝发展主轴、沿长江和成德绵乐城市带、川南、南遂广、达万城镇密集区大气污染源解析、污染源治理。积极开展耕地生态环境保护，大力引进并倡导农民使用绿色新型农资产品，推行农药化肥减施和废旧地膜回收利用技术推广工程。构建土壤环境质量常态化监测体系，开展受污染耕地土壤环境、农作物、农产品质量协同监测（郑绸等，2019），推进污染土壤治理修复。建立监管监督平台，及时发布环境污染治理专项资金来源去向，实施透明的污染物排放许可发放制度，鼓励公众对无证和不按证排污行为进行监督，征集公众对建设项目环境影响评价的反馈信息，开展毗邻地区大气环境、跨区域水环境和农业面源污染等联合巡查、交叉巡查和跨界污染问题联合执法。

二、健全区域生态补偿长效机制

搭建跨区域生态环境共保共治协调制度，加快制定成渝生态补偿条例，保障保护者获得补偿、受害者获得赔偿的权利，督促受益者履行补偿、破坏者履行赔偿的义务。建立健全成渝地区统一的自然资源资产和自然生态空间确权登记系统，发挥多元主体作用。建立生态资产、生态产品和生态服务统计监测指标体系，根据生态环境保护修复成本和成效、发展机会成本、经济发展水平等科学确定补偿标准，并进行动态调整。持续推进长江干流及支流跨省流域生态补偿试点示范，建立跨区域大气环境、森林、草原、湿地、耕地和重点生态区域生态补偿机制，建立生态服务受益地直接向供给地支付补偿的机制。稳步开展森林草原湿地保护，推进退耕还林还草、退耕退牧还湿、天然林和生态公益林保护，实施长江上游干旱河谷整治工程、长江干流防护林和四川盆地人工林森林质量精准提升工程、林业有害生物和森林火灾防控工程。扎实推进重点生态区域"两化"路，统筹推动毗邻地区共建重点生态功能区，坚持一张负面清单管两地，因地制宜发展特色生态产业，提升生态"颜值"与经济"产值"。加强自然保护区体系建设，探索居民参股机制、增强绿色减贫内生动力。推进耕地、林地等易地补充生态环境保护指标交易，鼓励上下游间建立以水质水量为目标的生态补偿机制，探索建立基于山水林田湖草生态容量、生态服务受益地直接向供给地支付补偿的占补平衡机制，推进资金补偿、政策优惠、生态共治、就业支持等多元化补偿模式。建立健全跨区域排污权、水权和碳排放权交易市场，探索区域间、流域间、上下游间水质换水权交易模式，鼓励高耗能、高排放企业购买林草碳汇。完善环境税，将部分税费用以建立引导性绿色生态基金，鼓励社会各界捐助，争取国际组织援助，发行生态环境建设彩票，探索基金科学安全、保值增值路径。扩大政府绿色采购范围，引导社会力量参与绿色采购和以旧换新，积极引导社会资本进入具有收益的生态环保项目建设。

三、持续推进发展方式绿色转型

大力发展循环经济，构建水资源循环利用和固体废弃物综合利用体系，加快促进种养有机结合循环农业的发展，推进资源节约集约高效利用。加快推进资源清查工作，明晰各类资源在生产生活中的实际消耗，针对现有经济社会发展中需求量与增长量较大的资源编写资源利用规范。评估资源承载力，对于稀缺性资源、保护性资源，制定中长期开发保护规划，进行合理利用。因地制宜推进都市圈建设，切实提高城镇建设用地利用效率。制订能源消耗缩减计划，逐步减少高能耗行业、企业的能源消耗。积极评定绿色发展企业与高能耗企业，对于不同类型企业和行业，制定相应的环境税收或环境补贴政策（雷鹏飞和孟科学，2019；骆海燕等，2020）。完善产业转型升级的配套支持政策，推动高能耗、高污染行业和企业的绿色低碳转型（赵洋，2020）。建立绿色发展责任机制和考核机制，健全发展方式绿色转型的制度体系。

第五节　本　章　小　结

首先，本章从环境质量、生态系统质量和资源利用效率三个方面对成渝地区绿色发展现状进行分析。近年来，成渝地区各级政府出台各类绿色发展政策，生态环境保护投资逐年增加，生态建设和环境保护成效显著，包括污染源排放量得到有效控制，单位地区生产总值碳排放呈现下降趋势；二氧化硫、一氧化碳等大气排放物完全达标，空气质量明显提升；地表水、生活饮用水水源水质改善明显；各类资源利用效率不断提高；重点开发区与限制开发区的碳排与固碳相差较大，碳汇交易潜力巨大。但是，成渝地区在绿色发展中仍凸显出诸多问题，包括区域性污染较为突出，多个区域 $PM_{2.5}$ 年均浓度超标严重，个别江河水质有所下降等。与长三角、珠三角相比，成渝地区在城市环境基础设施建设等方面还存在差距。其次，选取成渝地区内的生态环境治理典型案例进行详细分析，为成渝地区整个区域的绿色发展提供可借鉴的参考。最后，结合成渝地区绿色发展存在的问题，提出加大重点区域环境治理力度、健全区域生态补偿长效机制、持续推进发展方式绿色转型等路径，推动成渝地区迈入更高质量的绿色发展新阶段。

参　考　文　献

雷鹏飞，孟科学. 2019. 碳金融市场发展的概念界定与影响因素研究. 江西社会科学，（11）：37-42.

骆海燕，屈小娥，胡琰欣. 2020. 环保税制下政府规制对企业减排的影响——基于演化博弈的分析. 北京理工大学学报（社会科学版），22（1）：1-11.

谢高地，甄霖，应凌霄，等. 2008. 一个基于专家知识的生态系统服务价值方法. 自然资源学报，23（5）：911-917.

赵洋. 2020. 中国资源型城市发展阶段研究——基于绿色转型的视角. 经济问题探索，（2）：74-83.

郑绸，冉瑞平，陈娟. 2019. 畜禽养殖废弃物市场化困境及破解对策——基于四川邛崃的实践. 中国农业资源与区划，40（3）：71-76.

第十章　成渝地区双城经济圈：提升营商环境

营商环境这一概念最初由世界银行提出，主要是指影响企业经济活动的外部环境状况及条件，伴随企业完整生命过程，从企业设立、运营到破产清算的各个环节，关注影响本国企业运作的重要规制环境，也涉及雇佣工人及与政府的契约状况。2019 年 10 月 22 日出台的《优化营商环境条例》把营商环境定义为"企业等市场主体在市场经济活动中所涉及的体制机制性因素和条件"，强调影响企业经营活动的法律、制度"软环境"，而不涉及基础设施、交通运输、生态环境等领域的"硬环境"。良好的营商环境是一个国家或地区经济软实力的重要体现，是一个国家或地区提高综合竞争力的重要方面。营商环境状况代表一个地方的交易成本状况，营商环境越好，表示交易成本越低，专业化分工和投资会越活跃，经济发展越有潜力。

第一节　发 展 现 状

一、省区市营商环境状况

据武汉大学经济与管理学院张三保副教授、北京大学光华管理学院张志学教授等共同研究完成的《中国省份营商环境研究报告 2020》，全国各省级行政区（未包含港澳台地区）营商环境指数北京排第一、上海排第二，其余排名前十的省市依次是广东、四川、江苏、重庆、浙江、安徽、山东和贵州。市场环境指数列前 5 名的是北京、广东、上海、江苏、浙江，政务环境指数列前 5 名的是上海、贵州、北京、四川、广东，法律政策环境指数列前 5 名的是上海、安徽、北京、四川、云南，人文环境指数列前 5 名的是上海、浙江、北京、广东、江苏。

四川省营商环境指数为 67.53，全国排名第 4，远高于其当年人均地区生产总值排名（第 19）；四个子环境排名由高到低依次为：政务环境（第 4）、法律政策环境（第 4）、市场环境（第 6）、人文环境（第 7），见图 10-1。重庆营商环境指数为 60.95，全国排名第 6，高于其同年人均地区生产总值排名（第 9）；重庆营商环境四个子环境排名由高到低依次为：政务环境（第 7）、人文环境（第 8）、法律政策环境（第 9）、市场环境（第 16），见图 10-2。四川、重庆的营商环境指数在西部 12 省区市中排前两位；在长江经济带 11 省市中，四川排第 2 位，重庆排第 4 位。

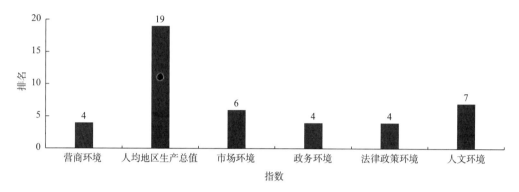

图 10-1　四川省营商环境全国排名

资料来源：张三保和张志学（2020）

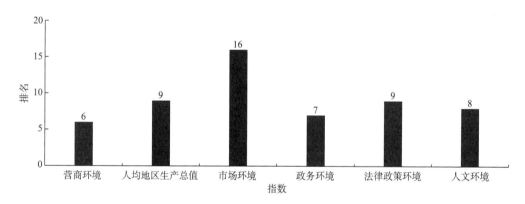

图 10-2　重庆市营商环境全国排名

资料来源：张三保和张志学（2020）

四川省营商环境二级指标的评价是社会信用（第 3）、市场中介（第 4）、政府效率（第 4）、政策透明（第 5）、司法公正（第 5）、融资（第 10）、政企关系（第10）、政府廉洁（第 10）等八项指标位列全国前十。创新（第 11）、对外开放（第13）、竞争公平（第 14）和资源获取（第 16）等四项指标排名全国中上。四川省营商环境三级指标评价中，四川的律师事务所（第 2）、商业机构用信意识（第 3）、电子政务水平（第 4）、会计师事务所（第 5）、政府透明度（第 5）、司法质量（第 5）、信用市场建设（第 6）、研发产出（第 7）、租赁及商业服务业企业（第 7）、创业活力（第 8）、外资企业比（第 8）、交通服务（第 9）、融资水平（第 10）、大学及科研机构数量（第 10）、政府关怀（第 10）、廉洁指数（第 10）等十六项指标居于全国前十。人力资本聚集（第 12）、研发投入（第 13）、贸易依存度（第 13）、地价（第20）、对外投资度（第 20）等五项指标居于全国中游。

重庆营商环境二级指标的评价是司法公正（第 5）、政府效率（第 6）、资源获取（第 6）、对外开放（第 7）、融资（第 7）、政企关系（第 8）、社会信用（第 9）等七项指标都位列全国前十。重庆市营商环境三级指标评价中，对外投资度（第 3）、商业资本用信意识（第 3）、人力资本聚集（第 5）、交通服务（第 5）、司法质量（第5）、电子政务水平（第 6）、政府规模（第 7）、融资水平（第 7）、政府关怀（第8）、贸易依存度（第 9）等十项指标居全国前十。研发投入（第 11）、非国有经济比重（第 12）、信用市场建设（第 13）、政府透明度（第 16）、研发产出（第 17）、地价（第 18）、律师事务所（第 19）等七项指标处于全国中等水平。

王小鲁等（2020）发布了我国 31 个省区市（未包含港澳台地区）的企业经营环境总指数及排名，重庆并列排在第 6 位，四川并列排在第 9 位。上海、江苏、广东、福建、浙江排在前五位。重庆市、四川省的企业经营环境各方面指数、各分项指数的评分及排名见表 10-1 和表 10-2。

表 10-1　重庆市企业经营环境各方面指数、各分项指数评分及排名

指数	2019 年	
	分值	排名
政策公开、公平、公正	3.77	8
政策规章制度公开透明	3.79	16
行政执法公正	3.72	18
对不同企业一视同仁	3.62	5
地方保护	3.95	8
行政干预和政府廉洁效率	3.69	13
政府干预	3.74	9
与政府打交道占工作时间比例	3.80	9
审批手续简便易行	3.33	31
官员廉洁守法	3.87	7
企业经营的法治环境	3.88	17
司法公正和效率	3.92	8
企业合同正常履行	3.49	30
经营者财产和人身安全保障	4.08	5
知识产权、技术和品牌保护	4.03	5
企业的税费负担	3.38	23
法定税负	4.30	1
依法征税	4.26	1
社保缴费	2.82	21
其他缴费	2.15	31
金融服务和融资成本	3.80	4
银行贷款	3.97	1
其他融资	3.59	2
贷款利率	3.64	23
其他融资利率	4.00	9
人力资源供应	3.98	1

续表

指数	2019 年	
	分值	排名
技术人员	3.82	5
管理人员	4.10	1
熟练工人	4.03	1
基础设施条件	3.89	16
电水气供应条件	4.00	16
铁路公路运输条件	4.00	12
其他基础设施条件	3.67	21
市场环境和中介服务	3.59	5
市场需求	3.33	23
过度竞争	3.36	7
中介组织服务	4.05	2
行业协会服务	3.62	2
总评	3.75	并列第 6

资料来源：王小鲁等（2020）

表 10-2　四川省企业经营环境各方面指数、各分项指数评分及排名

指数	2019 年	
	分值	排名
政策公开、公平、公正	3.81	5
政策规章制度公开透明	3.72	23
行政执法公正	3.76	13
对不同企业一视同仁	3.50	15
地方保护	4.24	3
行政干预和政府廉洁效率	3.78	7
政府干预	3.76	7
与政府打交道占工作时间比例	3.97	3
审批手续简便易行	3.67	17
官员廉洁守法	3.73	21
企业经营的法治环境	3.91	9
司法公正和效率	3.87	17
企业合同正常履行	3.78	16
经营者财产和人身安全保障	4.00	15
知识产权、技术和品牌保护	3.98	7
企业的税费负担	3.49	10
法定税负	4.09	8
依法征税	4.04	23
其他缴费	3.09	2

续表

指数	2019 年	
	分值	排名
金融服务和融资成本	2.74	22
银行贷款	3.80	3
其他融资	3.60	8
贷款利率	3.41	5
其他融资利率	4.11	6
人力资源供应	4.10	5
技术人员	3.67	16
管理人员	3.58	16
熟练工人	3.67	16
基础设施条件	3.72	26
电水气供应条件	3.87	26
铁路公路运输条件	3.65	25
其他基础设施条件	3.64	23
市场环境和中介服务	3.39	17
市场需求	3.36	22
过度竞争	3.13	22
中介组织服务	3.65	15
行业协会服务	3.40	14
总评	3.70	并列第 9

资料来源：王小鲁等（2020）

　　评价营商环境还有一种主观测评方法，即对当地的企业或企业家受访者进行问卷调查，询问其对当地营商环境的满意程度。中华全国工商业联合会（简称全国工商联）的问卷调查设立了一道主观题，由全国样本企业自行填写印象中营商环境最好的三个省份和三个城市。据全国工商联发布的《2020 万家民营企业评营商环境报告》，浙江、广东、江苏、上海、北京、山东、四川、福建、河北、湖南位居前十，其中浙江居首，东部沿海地区优势突出。从五大环境来看，要素环境排名前五：浙江、广东、西藏、上海、河北；法治环境排名前五：浙江、上海、山东、江西、北京；政务环境排名前五：浙江、江苏、福建、山东、上海；市场环境排名前五：浙江、上海、山东、江苏、北京；创新环境排名前五：浙江、江苏、上海、四川、北京。

　　包括直辖市在内合计有 100 个样本城市参与排名。其中，杭州、上海、苏州、南京、北京、温州、宁波、深圳、广州、成都排名前十，其中成都是中西部城市的唯一代表。青岛、重庆、长沙、济南、厦门、天津、无锡、郑州、西安、武汉、合肥、贵阳、福州、珠海、昆明、东莞、南昌、南通、沈阳、石家庄等位居第 11~30 名。要素环境排名前十的城市：温州、杭州、宁波、衢州、上海、台州、南昌、德州、南京、嘉兴。法治环境排名前十的城市：温州、德州、衢州、宁波、淮安、南通、玉林、台州、潍坊、苏州。政务环境排名前十的城市：苏州、宁波、济南、南京、上海、温州、南通、潍坊、杭州、德州。市场环境排名前十的城市：苏州、宁波、上海、温州、杭州、北京、青岛、南京、南通、济南。创新环境排名前十的城市：杭州、苏州、上海、宁波、广州、无锡、长沙、成都、温州、南京。

可以看出，成都、重庆分别列在第 10、12 位。除了成都列进创新环境排名前十的城市，成都和重庆都没有进入要素环境、法治环境、政务环境、市场环境前十，重庆也没有进入创新环境前十，东部省份和东部城市的营商环境排位靠前。

匹配省份营商环境指数[①]和主要经济数据，其相关系数请见表 10-3。营商环境和省份地区生产总值、人均地区生产总值显著正相关。

表 10-3　省份营商环境与主要经济指标相关系数表

指标	地区生产总值	人均地区生产总值	固定资产投资增速	营商环境
地区生产总值	1.000 0	1.000 0		
人均地区生产总值	0.459 0***			
固定资产投资增速	0.320 9*	−0.077 0	1.000 0	
营商环境	0.539 3***	0.662 3***	0.173 4	1.000 0

***表示在 1%显著性水平上显著，*表示在 10%显著性水平上显著

作省份营商环境与主要经济指标的线性拟合图。图 10-3 显示，营商环境与省份地区生产总值呈正相关，营商环境指数可以解释 29.1%的省份地区生产总值的变化。图 10-4 显示，营商环境与省份人均地区生产总值正相关，营商环境指数可以解释43.9%的省份人均地区生产总值的变化。图 10-5 显示，营商环境与省份固定资产投资增速微弱正相关，营商环境指数可以解释 3%的省份固定资产投资增速的变化。

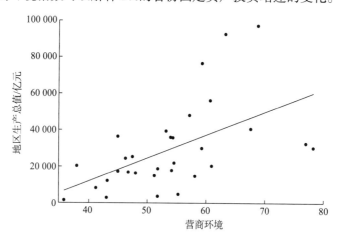

地区生产总值=−38 376+1 260.4×营商环境　　R^2=29.1%

图 10-3　营商环境与省份地区生产总值

---

① 使用张三保和张志学（2020）的营商环境指数。

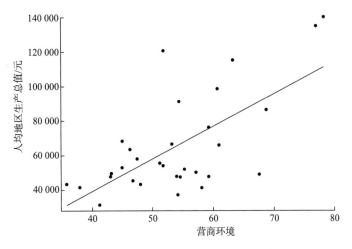

人均地区生产总值=-36 306+1 885.7×营商环境　　R^2=43.9%

图 10-4　营商环境与省份人均地区生产总值

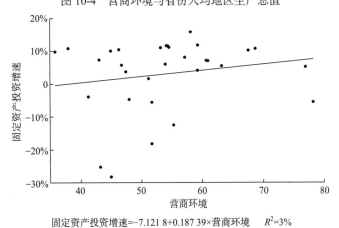

固定资产投资增速=-7.121 8+0.187 39×营商环境　　R^2=3%

图 10-5　营商环境与省份固定资产投资增速

二、主要城市营商环境状况

据 2020 年 12 月 21 日粤港澳大湾区研究院和 21 世纪经济研究院联合发布的《2020年中国 296 个地级及以上城市营商环境报告》，评价指标包括 6 个维度，即软环境、基础设施、社会服务、市场总量、商务成本、生态环境。深圳、上海、北京、广州、重庆、成都、杭州、南京、长沙、武汉位居前十。全国部分城市的营商环境见表 10-4。

表 10-4　中国部分城市营商环境

城市	营商环境	城市	营商环境
深圳	0.606 4	合肥	0.346 0
上海	0.606 2	福州	0.345 3
北京	0.600 6	大连	0.341 3
广州	0.552 0	南宁	0.337 0
重庆	0.516 8	南昌	0.332 3

续表

城市	营商环境	城市	营商环境
成都	0.489 6	海口	0.325 2
杭州	0.471 8	济南	0.317 5
南京	0.432 0	沈阳	0.308 3
长沙	0.422 5	太原	0.305 5
武汉	0.420 5	银川	0.304 3
西安	0.401 6	拉萨	0.299 4
宁波	0.398 6	石家庄	0.287 9
厦门	0.397 0	长春	0.283 9
青岛	0.385 9	乌鲁木齐	0.283 2
郑州	0.359 2	兰州	0.282 1
天津	0.352 2	哈尔滨	0.281 2
昆明	0.350 0	西宁	0.274 4
贵阳	0.348 5	呼和浩特	0.262 4

资料来源：粤港澳大湾区研究院和 21 世纪经济研究院（2020）

　　匹配全国主要城市营商环境及其主要经济指标，其相关系数请见表 10-5，营商环境与城市地区生产总值、人均地区生产总值和固定资产投资增速都显著正相关。

表 10-5　主要城市营商环境与主要经济指标相关系数表

指标	地区生产总值	人均地区生产总值	固定资产投资增速	营商环境
地区生产总值	1.000 0	1.000 0		
人均地区生产总值	0.516 7[***]			
固定资产投资增速	0.298 8[*]	0.476 3[***]	1.000 0	
营商环境	0.936 8[***]	0.616 4[***]	0.318 0[*]	1.000 0

[***]表示在 1%显著性水平上显著，[*]表示在 10%显著性水平上显著

　　图 10-6 显示，营商环境与城市地区生产总值正相关，营商环境指数可以解释 87.8%的城市地区生产总值的变化。图 10-7 显示，营商环境与城市人均地区生产总值正相关，营商环境指数可以解释 38%的城市人均地区生产总值的变化。图 10-8 显示，营商环境与城市固定资产投资增速正相关，营商环境指数可以解释 10.1%的城市固定资产投资增速的变化。

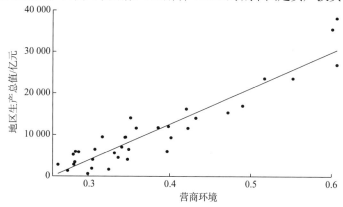

城市地区生产总值=−22 194+86 841×营商环境　　R^2=87.8%

图 10-6　营商环境与城市地区生产总值

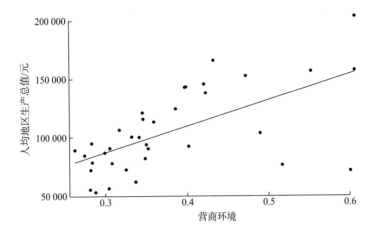

城市人均地区生产总值=19 718+0.000 022×营商环境　　R^2=38%

图 10-7　营商环境与城市人均地区生产总值

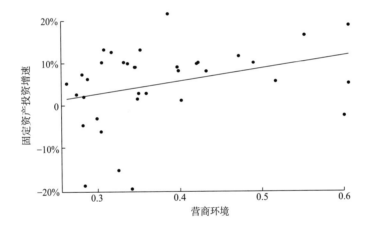

城市固定资产投资增速=-6.368 7+30.192×营商环境　　R^2=10.1%

图 10-8　营商环境与城市固定资产投资增速

第二节　存在问题

一、成渝地区市州营商环境不均衡

成渝地区市州营商环境差异较大，发展不充分不平衡的问题客观存在。据粤港澳大湾区研究院和 21 世纪经济研究院联合发布的《2020 年中国 296 个地级及以上城市营商环境报告》，重庆、成都分列第五、第六位，在全国靠前。

西部地区营商环境整体落后于长三角、珠三角。在 2020 年营商环境得分前 50 名城市中，长三角有 14 个城市，珠三角有 8 个城市，京津冀仅仅有北京、天津 2 个核心城市，成渝城市群仅仅有成都和重庆 2 个中心城市。上海吸引外资数全国第一，杭州的常住人口增加量全国第一，珠海常住人口增速全国第一，深圳每万人创办的市场主体数全国第一。苏州市场主体总量在地级市中排名第一。除了上海、深圳、广州、杭州、南京排名靠前外，合肥、苏州、无锡、珠海、佛山、东莞、泉州、嘉兴、台州、湖州、惠州、绍兴、江门、中山等地表现出色，远超全国一些副省级城市、省会城市。从 296 个城市情况看，南方城市营商环境整体更好（以淮河—秦岭作为南北方分界线）。营商环境前 10 名中只有北京位于北方，前 20 名中北方城市只有北京、西安、青岛、郑州、天津共 5 个。

　　四川省内，成都、绵阳、攀枝花、雅安、乐山、德阳、广元、宜宾、泸州、南充、眉山、广安、自贡进入全国前 200 名，非省会城市营商环境指数与省会城市成都和直辖市重庆相比相距甚远，见表 10-6。

表 10-6　成渝地区营商环境指数全国前 200 名城市

排名	城市	营商环境指数	省市
5	重庆	0.516 8	重庆
6	成都	0.489 6	四川
61	绵阳	0.283 5	四川
75	攀枝花	0.276 9	四川
84	雅安	0.271 4	四川
95	乐山	0.267 7	四川
110	德阳	0.261 1	四川
154	广元	0.247 7	四川
159	宜宾	0.245 9	四川
175	泸州	0.241 6	四川
178	南充	0.240 8	四川
181	眉山	0.239 8	四川
191	广安	0.235 9	四川
196	自贡	0.234 9	四川

　　赛迪顾问 2020 年中国县域经济百强榜单中，四川省无一入选，与全国地区生产总值排名第六的地位极不相称。江苏、浙江、山东分别占 25 席、18 席和 15 席；河南、湖北各占 7 席；湖南占 4 席；安徽占 3 席。赛迪顾问 2020 年中国营商环境百强县榜单中，四川仅有西昌市入选，远远落后于浙江（27 席）、江苏（22 席）、山东（9 席），见图 10-9。

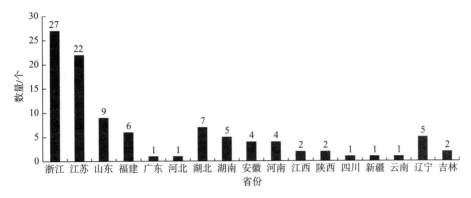

图 10-9　赛迪顾问 2020 年中国营商环境百强县分布

四川省营商环境水平区域不均衡，两极分化明显。排前三位的成都、绵阳、德阳营商环境综合得分在 80 以上；而后三位的甘孜、凉山、阿坝不超过 53，见表 10-7。

表 10-7　四川省市（州）营商环境指数

市（州）	2020 年综合得分	2020 年排名	2019 年排名
成都	88.90	1	1
绵阳	81.42	2	2
德阳	81.27	3	3
遂宁	77.50	4	6
乐山	73.04	5	4
广元	71.85	6	15
广安	70.59	7	13
眉山	70.48	8	14
自贡	69.76	9	7
南充	68.46	10	8
宜宾	67.80	11	5
巴中	67.12	12	10
达州	64.35	13	16
内江	62.99	14	11
雅安	62.65	15	9
攀枝花	62.21	16	17
泸州	61.78	17	12
资阳	57.08	18	18
阿坝	52.87	19	19
凉山	52.84	20	21
甘孜	46.31	21	20

资料来源：四川省发展和改革委员会《四川省营商环境评价报告（2020 年度）》

二、成渝两地部分营商环境指标有待提升

据张三保和张志学（2020）的报告，在一级指标中，重庆在"市场环境"这一指标中排在第 16 位，远远落后于其他三个一级指标的排位。市场环境指标反映公平竞争水平，包括融资、创新、竞争公平、资源获取四个二级指标。在二级指标中，政策透明（第 16）、创新（第 18）、竞争公平（第 18）、市场中介（第 24）、政府廉洁（第 30）5 项指标排名不理想。在三级指标中，大学及科研机构数量（第 21）、外资企业比（第 22）、水价（第 22）、创业活力（第 23）、租赁及商业服务企业（第 25）、廉洁指数（第 30）、会计师事务所（第 31）等排在全国落后水平。在二级指标中，四川在创新（第 11）、对外开放（第 13）、竞争公平（第 14）和资源获取（第 16）等指标上仍有较大提升空间。在三级指标中，四川省在地价（第 20）、对外投资度（第 20）、水价（第 21）、政府规模（第 21）和非国有经济比重（第 22）方面，排名不理想。

在王小鲁等《中国分省企业经营环境指数 2020 年报告》中，重庆在二级指标企业经营的法治环境（第 17）、企业的税费负担（第 23）、基础设施条件（第 16）上排名不理想。三级指标中，政策规章制度公开透明（第 16）、行政执法公正（第 18）、审批手续简便易行（第 31）、企业合同正常履行（第 30）、社保缴费（第 21）、其他缴费（第 31）、贷款利率（第 23）、电水气供应条件（第 16）、其他基础设施条件（第 21）、市场需求（第 23）等排名不理想。四川在二级指标金融服务和融资成本（第 22）、基础设施条件（第 26）、市场环境和中介服务（第 17）上排名不理想。三级指标中，政策规章制度公开透明（第 23）、审批手续简便易行（第 17）、官员廉洁守法（第 21）、司法公正和效率（第 17）、企业合同正常履行（第 16）、依法征税（第 23）、技术人员（第 16）、管理人员（第 16）、熟练工人（第 16）、电水气供应条件（第 26）、铁路公路运输条件（第 25）、其他基础设施条件（第 23）、市场需求（第 22）、过度竞争（第 22）等指标排名不理想。

第三节　案例分析：四川和重庆优化营商环境经验

一、四川省优化营商环境

四川省对优化营商环境非常重视。优化营商环境是产业发展的先手棋，据"斯密-科斯"发展框架，分工是经济发展的源泉，分工取决于交易费用。优化营商环境在经济发展中的作用主要是降低交易费用，从而促进投资和分工演进。

《四川省优化营商环境条例》2021 年 3 月 26 日由四川省第十三届人民代表大会常务委员会第二十六次会议通过，共 5 章 77 条，包含总则、市场环境、政务服务、法治保障和附则。框架体系及主要内容基本遵照国务院《优化营商环境条例》。县级以上地方人民政府应当加强对本行政区域内优化营商环境工作的组织领导，建立健全统筹推进、督促落实优化营商环境工作的相关机制，及时协调、解决优化营商环境工作中的重大问题。政府主要负责人是优化营商环境的第一责任人。

2019 年 6 月 20 日，四川省出台《四川省深化"放管服"改革优化营商环境行动计划（2019—2020 年）》，涵盖 1 个主文件和 5 个子文件，加快提升全省营商环境国际化、法治化、便利化水平。5 个子文件是《四川省政务服务对标专项行动方案》《四川省提升营商环境法治化水平专项行动方案》《四川省减证便民专项行动方案》《四川省规范行政审批中介服务专项行动方案》《四川省推进"一网通办"专项行动方案》。

2018 年 6 月 1 日，《四川省人民政府办公厅关于印发四川省进一步优化营商环境工作方案的通知》指出，加快转变政府职能，优化政府管理方式，提升行政效能，培育良好市场环境，为市场主体添活力，为人民群众增便利。汇聚一切有利于生产力发展的要素，健全激励机制和容错纠错机制。坚持创新导向，综合运用新技术新手段，推进政府服务方式和监管模式创新，加快推进"最多跑一次""互联网+政务服务"等改革事项。坚持目标导向，对标国际先进标准，进一步优化四川省营商环境。促进行政审批提质增效，简化企业开办和注销程序，简化施工许可证办理程序，简化企业水电气报建程序，简化企业办理不动产登记程序。切实降低实体经济成本，降低企业融资难度和成本。进一步减轻企业负担。着力提升便利化水平，提升企业纳税便利化水平，提升企业跨境贸易便利化水平，提升外商投资便利化水平。创新市场监管方式，加强事中事后监管。推进社会信用体系建设；加大知识产权保护力度；依法保护企业合法权益；规范行政处罚裁量权；健全优化营商环境工作推进机制；建立营商环境评价机制。

2019 年 2 月 11 日，成都市召开国际化营商环境建设年动员大会，将 2019 年确立为"国际化营商环境建设年"。着力建设与城市经济规模国际排名相称的营商环境和市场化水平。对标打造国际化、法治化、便利化的营商环境；坚决向盆地意识、固有旧习说不，建设西部营商环境龙头城市。大力培育"办事不用求人，办成事不用找人"的营商文化和社会共识。要聚焦市场准入、政务效率、要素配置、市场监管和权益保护 5 个重点创新突破，全力冲刺进入全球营商环境先进城市前列。着力筑巢引凤，优化营商环境，降低交易成本，促进投资、吸引项目落户成都，不断集聚转型动能。2020 年 1 月，成都市出台《2020 年进一步优化提升国际化营商环境工作方案》。方案立足构建企业全生命周期服务体系，对开办企业、企业注销、办理建筑许可等 29 个方面，制定 249 条优化提升措施，着力打造审批最少、流程最优、效率最高、服务最好的营商环境，不断增强企业获得感。在涉及服务企业全生命周期的可量化指标领域，成都将力求环节更少、时间更短、成本更低。例如，将企业开办从"企业登记、印章刻制、申请发票"3 个环节整合为 1 个环节，1 天办完，零成本。2020 年 9 月，成都市出台《成都市全面深化国际化营商环境建设实施方案》，优化提升投资贸易便利度，优化提升获得许可便利度，优化提升要素匹配便利度，优化提升政策支持便利度，优化提升司法保护便利度，营造公平竞争市场环境。2020 年成都获评国际化营商环境建设标杆城市。

2021 年 3 月 31 日，《重庆市优化营商环境条例》经重庆市第五届人大常委会第二十五次会议通过，自 7 月 1 日起施行。条例共 5 章 80 条。体系构架和主要内容基本遵照国务院《优化营商环境条例》。对市场环境、政务服务、法治保障等方面做了明确的规定。市、区县（自治县）人民政府及其有关部门应当结合实际情况，充分运用国家政策，在法治框架内探索具体可行的优化营商环境新做法，及时改善本行业、本领域营商环境，总结推广行之有效的改革措施。市人民政府应当建立优化营商环境考核和激励机制，将考核结果作为区县（自治县）人民政府综合评价依据；对做出显著成绩的单位和个人按照有关规定给予表彰奖励。

二、重庆市优化营商环境

2020 年 9 月 14 日，重庆市人民政府办公厅发布《重庆市 2020 年对标国际先进优化营商环境实施方案》。把优化营商环境作为倒逼改革、顺推开放的重大机遇，紧紧围绕推进治理体系和治理能力现代化，以刀刃向内、自我革命的决心和魄力，以精准有力、务实有效的办法和措施，推动全市营商环境实现大提升。对接世界银行评价指标体系，坚持问题导向、目标导向、结果导向，聚焦企业全生命周期，围绕减环节、减时间、减成本，持续完善政策措施，增强改革的精准性、有效性。扎实推动各项改革举措落细落实，切实增强企业和群众办事的便利度、满意度，提高市场主体对营商环境改革的获得感。

深化商事制度改革，提高开办企业便利度。将企业设立登记、刻制印章、申领发票、员工社保登记等开办事项整合为 1 个环节办理，实现最快 0.5 天办结。推动住房公积金缴存登记、银行开户预约"一网通办"，便利企业办理涉企事项。优化"渝快办"开办企业一网通平台，申请人一次性录入各类信息，各部门同步采集数据、实时共享信息、后台并联办理，通过开办企业综合窗口一次性发放营业执照、印章、发票和税控设备。实现开办企业"零成本"。简化企业注销流程。

推进办理施工许可效率质量双升。深化工程建设项目审批制度改革。规范审批流程、提升线下"一个窗口"综合服务、优化在线审批服务系统，将工程建设项目审批服务事项从 135 项压减至 100 项，投资额 100 万元或建筑面积 500 平方米以下工程建设项目无须办理施工许可证。深化社会投资小型低风险项目改革。实行一站式办理施工许可，一次性开展联合监督检查，一并办理简易竣工验收和不动产登记，供排水接入"零上门、零审批、零收费"，实现 4 个环节、23 天办结，"零成本"办理。免除环评、水保、人防、消防系列手续，取消现场验线复核、建筑能效测评、施工图审查备案、工程档案验收、城市建筑垃圾核准。提高建筑质量控制水平。推进获得电力"零上门、零审批、零投资"。提高办电效率。用户申请电力接入由电网企业"一口受理"，涉及行政审批手续由电网企业代办，低压小微企业办电压缩为申请签约和施工接电 2 个环节，接电总用时不超过 8 个工作日。实现低压小微企业外线接电"零投资"。提高供电可靠性和电费透明度。

推进登记财产"一窗办理、即办即取"，提升不动产登记便利度。提高土地管理质量。提升获得信贷便利度，推动动产担保统一登记，优化信贷融资服务，强化企业金融信用信息服务体系建设。保护中小投资者合法权益，认真执行有关法律法规及相关司法解释规定，有效保护投资者特别是中小投资者的知情权、监督权、决策权、收益权等合法权利。进一步畅通投资者维权渠道，充分发挥调解机构功能，深入推进金融纠纷多元化解，妥善处理资本市场涉及投资者的矛盾纠纷。强化金融审判专业化建设，进一步完善证券期货纠纷诉调对接机制，开展金融审判执行机制改革探索。加强投资者法治宣传教育，强化审判指引和参考案例发布工作。

优化纳税服务，缩短纳税时间。通过合并申报、网上办理、系统整合等举措，推动企业办理纳税时间减少 10%，力争压缩到年均 100 小时以内。全面推行城镇土地使用税、房产税合并申报，探索财行税一体化申报。提供所有税费种类网上申报渠道，推动193 项办税事项"最多跑一次"、159 项办税事项"全程网上办"。优化社保、住房公积金缴费流程，依托"渝快办"构建统一的申报平台，实现劳动力税费"一表申请、一网通办"。推进增值税发票管理 2.0 系统上线工作，提供多样化发票申领方式，将发票线上领用比例提升至 70%。完善电子税务局功能，畅通税企沟通渠道，优化智能咨询服务，运用大数据分析开展税收政策精准推送。降低税费负担。完善报税后流程。

促进跨境贸易便利化。压缩口岸整体通关时间。规范和降低口岸费用。优化进出口单证办理及服务流程。提升口岸物流综合服务效能。

加强执行合同司法保障，压减解决纠纷耗时。提升司法程序质量。建设一站式多元解纷机制及一站式诉讼服务中心，健全诉讼、仲裁、调解有序衔接、多元共治的商事争端解决机制。推行重庆法治化营商环境司法评估指数体系，引导全市法院充分发挥司法职能、优化营商环境。优化办理破产服务；提高破产案件审判效率；降低办理破产成本；完善破产案件配套机制；深化招标投标领域改革；提高招标投标电子化水平；强化招标投标全流程监管；开展低风险简易工程建设项目管理改革试点[①]。可以看出，《重庆市 2020 年对标国际先进优化营商环境实施方案》基本上是参照世界银行的营商环境指标体系来操作的。

第四节　发　展　路　径

营商环境没有最好，只有更好，要以优化营商环境为基础，全面深化改革。2017年 7 月，习近平总书记在中央财经领导小组第十六次会议上强调："要改善投资和市场环境，加快对外开放步伐，降低市场运行成本，营造稳定公平透明、可预期的营商环境。"[②]党的十八届五中全会提出完善法治化、国际化、便利化的营商环境，"法治化、国际化、便利化"是评判营商环境的重要标准。2019 年 2 月 25 日，习近平总书记在中央全面依法治国委员会第二次会议上提出"法治是最好的营商环境"[③]。李克强认为"营商环境就是生产力"[④]。软硬环境都重要，硬环境要继续改善，更要在软环境建设上不断有新突破。优化营商环境就是解放生产力、提高竞争力，加强与国际通行经贸规则对接，建设国际一流营商环境。

---

① 重庆市 2020 年对标国际先进优化营商环境实施方案. http://www.cqnc.gov.cn/ztzl_197/fzzfjs/fzzfjsfgf/202102/t20210205_8873814.html，2021-02-05.

② 习近平主持召开中央财经领导小组第十六次会议. http://www.gov.cn/xinwen/2017-07/17/content_5211349.htm，2017-07-17.

③ 习近平主持召开中央全面依法治国委员会第二次会议并发表重要讲话. http://www.gov.cn/xinwen/2019-02/25/content_5368422.htm，2019-02-25.

④ 李克强：营商环境就是生产力！http://www.gov.cn/guowuyuan/2017-06/13/content_5202207.htm，2017-06-13.

一、优化软环境

世界银行《全球营商环境报告 2020》显示，中国营商环境在全球 190 个经济体中排名第 31 位，较上年的第 46 位大幅提升。中国连续第二年位列营商环境改善幅度全球排名前十。世界银行将营商环境界定为企业活动从开办到结束各环节中所面临的环境状况。世界银行评价营商环境的指标体系具有一定的参考价值。

世界银行《全球营商环境报告 2020》的指标体系包括 12 项指标：一是"开办企业"，反映开办企业的难度，主要考察企业注册登记所需办理的程序总数、所需时间即企业登记所需的总天数、所需成本（成本占该经济体人均收入的百分比）、实缴资本下限 4 个维度。二是"办理建筑施工许可"，反映企业申请建设建筑的难度，主要考察按质量控制、安全机制等规定申请建筑施工许可手续所需的程序数、时间和成本。三是获得电力，反映企业获得电力供应的难易程度，考察企业接入电网获得电力供应所需要的程序数、时间和成本、电力供应的稳定性、电力费率表的透明性。四是财产登记，反映企业获得产权保护的程度，主要考察注册登记财产所需完成的程序数、时间和成本以及土地管理系统的质量。五是获得信贷，反映企业获得信贷融资的难度，主要考察动产抵押物法和信贷信息系统。六是投资者保护，反映投资者保护程度，主要考察关联交易和公司治理中的小股东权利保护。七是缴纳税款，反映企业承担的税负，主要考察遵守税法缴税支付难易、所需时间、总税额、缴税率及归档程序。八是跨境贸易，反映企业进出口贸易的便利程度，主要考察出口比较优势产品以及进口汽车零部件的时间和成本。九是合同执行，反映合同执行的效率，主要考察解决商业纠纷的时间和成本以及司法程序的质量。十是办理破产，反映破产程序的难易，主要考察商业破产的时间、成本、结果、回收率（债权人、税务部门和雇员从破产企业收回的款项占其投入的比重）以及破产法律框架的力度。十一是雇佣工人，反映企业劳动力管理的难易，主要考察劳动力雇佣管理的灵活性。十二是获得政府合同，反映获得政府合同的难易，主要考察通过公共采购参与并赢得政府合同的程序和时间以及公共采购管理框架。世界银行的营商环境指标体系成为一些地方和部门构建营商环境指数的重要参考。

张三保和张志学（2020）的《中国省份营商环境研究报告 2020》的评价体系包括市场环境、政务环境、法律政策环境、人文环境 4 个一级指标，融资、创新、竞争公平、资源获取、市场中介、政企关系、政府廉洁、政府效率、政策透明、司法公正、对外开放、社会信用 12 个二级指标，具体涵盖 24 项三级指标，请见表 10-8。

表 10-8　中国省份营商环境评价指标体系

一级指标	目标	二级指标	三级指标
市场环境	公平竞争	融资	融资水平
		创新	研发投入
			科研机构
			研发产出
		竞争公平	创业活力
			非国有经济比重
		资源获取	水价

续表

一级指标	目标	二级指标	三级指标
市场环境	公平竞争	资源获取	地价
			人力资本
			交通服务
		市场中介	律师事务所
			会计师事务所
			租赁及商业服务业企业
政务环境	高效廉洁	政企关系	政府关怀
		政府廉洁	政府廉洁度
		政府效率	政府规模
			电子政务水平
法律政策环境	公正透明	政策透明	政府透明度
		司法公正	司法质量
人文环境	开放包容	对外开放	贸易依存度
			外资企业比
			对外投资度
		社会信用	信用市场建设
			商业机构用信意识

　　王小鲁等（2020）的《中国分省企业经营环境指数 2020 年报告》由八大指标来评价营商环境，即政策公开公平公正、行政干预和政府廉洁效率、企业经营的法治环境、企业税费负担、金融服务和融资成本、人力资源供应、基础设施条件、市场环境与中介服务条件。

　　对于县域营商环境，普遍还没有引起足够的重视。实际上，民营经济是县域经济的重要组成部分，优化县域营商环境是民营经济发展的先手棋，营商环境好了才会吸引投资，才会实现产业成长。建议在实施县域经济强县强区强镇培育方案中，把支持民营经济发展作为发展县域经济的重要抓手和突破口，切实优化县域营商环境。参考赛迪顾问的指标体系，着力提升服务效能、激发企业活力、强化要素吸引、推进基础设施领先、构建生态友好社会。赛迪顾问的服务效能指标包括不见面审批事项占行政审批事项的比重、在线服务事项；企业活力指标包括新增企业数量比企业总数，新增外资总额，固定资产投资增速，规模以上工业企业利润增速；要素吸引指标包括人均社会消费品零售总额、人口净流入量、金融机构本外币贷款余额；设施领先指标包括高铁经过班次数量、县（市）政府到最近机场的距离、建成区路网密度；生态友好指标包括空气优良天气比例、建成区绿化覆盖率。

　　2019 年 10 月 8 日国务院第 66 次常务会议通过，自 2020 年 1 月 1 日起施行的《优化营商环境条例》坚持市场化、法治化、国际化原则，以深刻转变政府职能为核心，创新体制机制，为各类市场主体投资兴业营造稳定、公平、透明、可预期的良好环境。

　　加强市场主体保护。坚持权利平等、机会平等、规则平等，保障各种所有制经济平等受到法律保护。市场主体依法享有经营自主权。依法保护市场主体的财产权和其他合法权益，保护企业经营者人身和财产安全。加大中小投资者权益保护力度，保障中小投资者的知情权、参与权，提升中小投资者维护合法权益的便利度。

优化市场环境。持续深化商事制度改革，推进"证照分离"改革，持续精简涉企经营许可事项。简化企业从申请设立到具备一般性经营条件所需办理的手续。在国家规定的企业开办时限内，确定并公开具体办理时间。持续放宽市场准入，实行全国统一的市场准入负面清单制度。加大反垄断和反不正当竞争执法力度，营造公平竞争的市场环境。加强社会信用体系建设，持续推进政务诚信、商务诚信、社会诚信和司法公信建设，提高全社会诚信意识和信用水平。

提升政务服务能力和水平。为市场主体提供规范、便利、高效的政务服务。推行当场办结、一次办结、限时办结等制度，实现集中办理、就近办理、网上办理、异地可办。大力精简已有行政许可。证明事项应当有法律、法规或者国务院决定依据。压减办税时间。促进跨境贸易便利化，优化简化通关流程，提高通关效率，清理规范口岸收费，降低通关成本。构建"亲""清"新型政商关系，畅通政企沟通机制，畅通营商环境有关的投诉、举报及受理机制。

规范和创新监管执法。创新和完善信用监管，推行"双随机、一公开"监管，按照鼓励创新的原则，对新技术、新产业、新业态、新模式等实行包容审慎监管。提升监管的精准化、智能化水平。全面落实行政执法公示、行政执法全过程记录和重大行政执法决定法制审核制度。禁止将罚没收入与行政执法机关利益挂钩。

加强法治保障。根据优化营商环境需要，依照法定权限和程序及时制定或者修改、废止有关法律、法规、规章、行政规范性文件。没有法律、法规或者国务院决定和命令依据的，行政规范性文件不得减损市场主体合法权益或者增加其义务，不得设置市场准入和退出条件，不得干预市场主体正常生产经营活动。

《优化营商环境条例》是各地各部门优化营商环境的行动指南，而世界银行的营商环境指标体系以及赛迪顾问的县域营商环境指标体系也具有一定的参考价值。

二、提升硬环境

杨小凯和张永生（2003）将交易费用区分为内生交易费用和外生交易费用。前者是机会主义行为导致的交易费用以及抑制机会主义行为的相关制度和法律实施费用，后者是物理基础设施决定的交易费用。参考杨小凯和张永生（2003）的区分，营商环境应该包括硬环境，如交通、物流、通信、能源、生态环境等，也应该包括良好的产权保护和契约实施的法律、制度、政务服务等软环境。良好的硬环境和软环境都是降低交易成本，促进投资和分工从而促进经济发展的重要手段。"要想富，先修路"说的是硬环境的优化，完整的优化营商环境的表述还要强调法律制度基础设施等软环境。受世界银行营商环境指标的影响，国内营商环境指数的编制多重视软环境，轻硬环境。《优化营商环境条例》也没有考虑硬环境。张三保和张志学（2020）的营商环境指标体系只有交通服务（交通运行指数）一项指标反映硬环境。王小鲁等（2020）的企业经营环境指数加入了基础设施条件，即电水气供应条件、铁路公路运输条件、其他基础设施条件，因而更为全面地衡量了营商环境。提升硬环境要统筹推进传统基础设施和新型基础设施建设，打造系统完备、高效实用、智能绿色、安全可靠的现代化基础设施体系，主要包括三个方面，即完善交通基础设施、完善能源基础设施、完善通信基础设施。

完善交通基础设施。以融入全国高速铁路网为重点，加快出川渝大通道建设。拓展川黔粤桂、川滇走廊，加快建设成自宜、渝昆高铁，争取将大理至攀枝花、宜宾至西昌至攀枝花等高铁纳入国家规划，实施隆黄铁路隆叙段、成渝铁路成隆段扩能改造，推进宜攀、西香等高速公路建设，形成南向至粤港澳大湾区、北部湾、云南大通道。提升南北沿江综合立体交通走廊，加快建设成达万高铁，规划建设成渝中线高铁，实施广元经达州至万州港铁水联运新通道重点项目，加快开江至梁平、成南扩容、成渝扩容等高速公路建设，推进长江干线航道整治，形成东向至长三角、京津冀大通道。畅通川陕京、川陕蒙走廊，规划建设渝西高铁，推进镇巴至广安、成绵广扩容等高速公路建设。打通川甘青、川藏走廊，加快建设川藏铁路雅安至林芝段、西宁至成都铁路，建设马尔康至久治等高速公路，全面提升国道 318 线等川藏通道干线公路通行能力。强化国际航空门户枢纽功能，高标准建成投运成都天府国际机场，完善支线机场布局。优化国际航线网络，拓展与全球主要客货运枢纽航线高效衔接的洲际 10 小时、亚洲 5 小时航程圈，逐步开行全货机航线。推进城市群都市圈交通一体化。加快成渝城际铁路、市域（郊）铁路建设，构建高速公路环线系统，有序推进城市轨道交通发展。推进中欧班列集结中心建设，拓展中欧班列通达范围。推进现代化物流设施建设，发展智慧物流、冷链物流，切实提升物流效率，降低物流成本。支持建设国家物流枢纽、区域物流枢纽、长江水运物流网络。打造一批国家示范物流园区，建设成渝双城配送中心、国际公路货运中心、高铁货运物流基地，建设铁路"无水港"。

完善能源基础设施。实施中国"气大庆"建设行动，建成全国最大天然气（页岩气）生产基地，大力推进天然气（页岩气）勘探开发，完善资源开发利益共享机制，加快增储上产。优化城乡天然气输配网络，加快重点区域天然气长输管道建设，延伸和完善天然气支线管道。科学有序开发水电，推进凉山州风电基地和"三州一市"光伏基地建设，加快金沙江流域、雅砻江流域等"水风光"一体化基地建设，因地制宜开发利用农村生物质能。加快四川电网主网架提档升级，建成四川特高压交流重点工程，启动实施攀西电网至省内负荷中心通道工程。推进四川水电外送工程建设。完善电力输配网，提高输电通道利用率和配网供电能力及质量。持续推进农村电网改造升级。推进用户"获得电力"优质服务。

完善通信基础设施。加快新一代网络基础设施建设，加快建设 5G、光纤超宽带和6G（第六代无线通信网络），推进跨行业共建共享、互联互通。推进新型物联网集成载体建设。推动信息技术设施创新发展，开展人工智能创新应用示范。建设区块链基础设施、数字化交易平台。建设区块链产业创新中心。加快智能算力基础设施建设，汇聚整合交通物流、能源环境、科学研究、医疗健康、应急管理等领域数据资源。建设全国一体化大数据中心体系成渝枢纽节点。建设四川省大数据资源中心和调度平台。加快建设成都超级计算中心等多层次算力平台，打造国家级超算中心。促进传统基础设施数字化升级，争创成渝国家级工业互联网一体化发展示范区。加快交通、邮政等基础设施智能化升级，发展智能物流服务平台，推进智能电网建设和能源互联网发展。

第五节　本　章　小　结

现在全国上下都非常重视营商环境，营商环境没有最好，只有更好。一个地方营商环境越好，其交易成本就越低，越有利于分工演进和产业投资。2019 年 10 月，国务院出台了《优化营商环境条例》，2021 年上半年，《四川省优化营商环境条例》《重庆市优化营商环境条例》也相继出台。

在张三保和张志学（2020）发布的《中国省份营商环境研究报告 2020》中，四川省、重庆市的营商环境指数分别排在第 4 位和第 6 位。在王小鲁等（2020）发布的《中国分省企业经营环境指数 2020 年报告》中，重庆并列排在第 6 位，四川并列排在第 9 位。总之，四川省和重庆市的营商环境处于全国中上水平。

受世界银行营商环境指数的影响，国内的营商环境多强调软环境，即制度环境。《优化营商环境条例》《四川省优化营商环境条例》《重庆市优化营商环境条例》都是强调制度方面的环境，主要包括市场环境、政务服务、权益保护等内容。本章认为，营商环境不但要包括软环境，还要包括硬环境，即交通、通信、能源、生态环境等基础设施方面，硬环境也是降低交易成本的重要方面。王小鲁等（2020）的《中国分省企业经营环境指数 2020 年报告》强调了硬环境的内容，在该版营商环境指数中，上海、江苏、广东、福建、浙江排在前五位，可能比张三保和张志学（2020）的营商环境指数更符合实际。总之，四川、重庆在提升营商环境的努力中，既要重视硬环境建设，也要重视软环境建设。

参　考　文　献

全国工商联. 2020. 2020 年万家民营企业评营商环境报告.

四川省发展和改革委员会. 2019. 四川省营商环境评价报告（2019 年度）.

四川省民营经济办公室. 2020. 四川省民营经济发展综合报告（2020）.

王小鲁，樊纲，胡李鹏. 2020. 中国分省企业经营环境指数 2020 年报告. 北京：社会科学文献出版社.

杨小凯，张永生. 2003. 新兴古典经济与超边际分析（修订版）. 北京：社会科学文献出版社.

粤港澳大湾区研究院，21 世纪经济研究院. 2020. 2020 年中国 296 个地级及以上城市营商环境报告.

张三保，张志学. 2020. 中国省份营商环境研究报告 2020. http://ems.whu.edu.cn/info/1587/19845.htm.

第十一章 成渝地区双城经济圈：
提升粮食安全保障能力

2020年1月3日，中央财经委员会第六次会议研究推动成渝地区双城经济圈建设问题。习近平总书记强调："推动成渝地区双城经济圈建设，有利于在西部形成高质量发展的重要增长极，打造内陆开放战略高地，对于推动高质量发展具有重要意义。"[①]四川省是我国 13 个传统的粮食主产区之一，也是西部地区唯一一个粮食主产区，对保障国家粮食安全有着举足轻重的作用。确保粮食自求平衡，既是中央对四川的基本要求，也是四川作为粮食主产区的重大责任。但是，近年来四川粮食产不足需，产需缺口巨大，结构性矛盾突出，每年需要大量"引粮入川"才能满足粮食消费需要。重庆作为传统的粮食产销平衡区，同样存在产不足需和结构性矛盾。成渝地区双城经济圈作为我国经济增长的第四极，随着人口增长、城镇化工业化快速推进，未来粮食产需矛盾将更加突出。但成渝地区也面临着"一带一路""长江经济带""新时代西部大开发""乡村振兴"等多重机遇，在加快推动形成以国内大循环为主体、国内国际双循环相互促进的新发展格局下，深入系统开展成渝地区双城经济圈粮食安全保障能力提升研究，能够为加快推进成渝地区双城经济圈建设提供重要的基础支撑。

第一节 发展现状

一、粮食生产情况

（一）粮食产量变化情况

1. 四川省粮食产量变化情况

2000~2019 年，四川省粮食产量总体呈现增长态势，但增长缓慢。这 20 年间的粮食产量变化大致可分为两个阶段（图 11-1）。

[①] 习近平主持召开中央财经委员会第六次会议. http://www.zg.gov.cn/web/guest/zscd1/-/articles/11281512.shtml，2020-01-06.

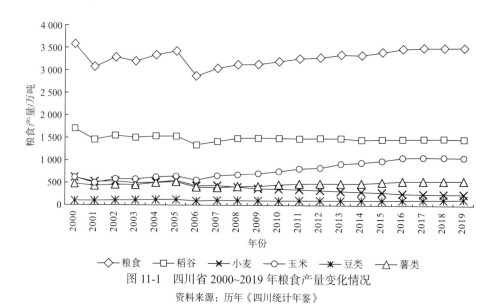

图 11-1　四川省 2000~2019 年粮食产量变化情况

资料来源：历年《四川统计年鉴》

第一阶段（2000~2006 年）：粮食产量大幅波动。2000 年，粮食产量为 3 568.5 万吨，2006 年下降到 2 859.8 万吨，跌破了 3 000 万吨关口，减产 19.86%。这一时期粮食产量的波动基本上是粮食播种面积和单产的波动共同造成的，当然，2001 年和 2006 年历史罕见的严重旱灾对粮食产量也造成了严重影响。2000 年粮食播种面积为 685.4 万公顷，2006 年减少到 644.9 万公顷，减幅 5.9%；粮食单产由 2000 年的 5 206.4 千克/公顷减少到 2006 年的 4 434.6 千克/公顷，减少 14.8%。

分品种看，稻谷始终是四川省第一大粮食作物，产量远高于其他粮食品种，在粮食总产量中的占比在 40%以上（图 11-1）。2000~2006 年，减产最多的是稻谷，减产占粮食总量的 50%，但由于基数大，减幅为 20.99%，仅次于小麦；小麦、玉米、豆类、薯类减幅分别为 30.54%、10.53%、6.56%和 16.18%（表 11-1）。

表 11-1　不同阶段四川省粮食增（减）产的品种构成

时期	粮食		稻谷		小麦		玉米		豆类		薯类	
	增（减）产/万吨	增（减）幅/万吨	增（减）产/万吨	增（减）幅/万吨	增（减）产/万吨	增（减）幅/万吨	增（减）产/万吨	增（减）幅/万吨	增（减）产/万吨	增（减）幅/万吨	增（减）产/万吨	增（减）幅/万吨
2000~2006 年	−708.7	−19.86%	−355.3	−20.99%	−187.6	−30.54%	−64.9	−10.53%	−6.4	−6.56%	−76.7	−16.18%
2006~2019 年	638.5	22.32%	132.6	9.92%	−180.5	−42.30%	510.4	92.51%	29.9	32.69%	146.1	36.79%
2000~2019 年	−70.2	−1.97%	−222.7	−13.16%	−368.1	−59.92%	445.5	72.25%	23.5	23.98%	69.4	14.65%

资料来源：根据四川省历年粮食及各品种产量计算

第二阶段（2006~2019 年）：粮食产量稳定增长（2014 年略有下降），除小麦减产外，其他粮食品种同步增产。这一时期播种面积变化不大，单产水平的提高对粮食增产起到了极大的促进作用。粮食产量从 2006 年的 2 859.8 万吨增加到 2019 年的 3 498.3 万吨，增产 22.32%；粮食播种面积从 644.9 万公顷减少到 627.9 万公顷，减少了 2.64%；粮食单产从 4 434.6 千克/公顷增加到 5 571.4 千克/公顷，增加 25.63%。

　　分品种看，玉米成为推动粮食增产的主要力量，并稳定成为四川省第二大粮食作物。十几年间，玉米增产 510.4 万吨，增幅为 92.51%；稻谷增产 132.6 万吨，增幅 9.92%；薯类增产 146.1 万吨，增幅 36.79%；豆类增产 29.9 万吨，增幅 32.69%；小麦减产 180.5 万吨，减幅 42.30%（表 11-1）。

　　总体来看，2000~2019 年，四川省粮食产量虽然呈现增长态势，但是占全国粮食产量的比重从 7.72% 下降到 5.27%，位次也从全国第二位下降到第九位[①]。但是，2019 年四川省粮食产量仍然没有回归到 2000 年的产量水平，共减产 70.2 万吨，减幅为 1.97%。玉米增产明显，主要得益于播种面积的扩大和单产水平的提高，共增产 445.5 万吨，增幅为 72.25%；豆类和薯类也有一定程度增长，分别增长 23.98% 和 14.65%；小麦和稻谷减产，其中小麦减产最大，为 368.1 万吨，减幅 59.92%；稻谷减产 222.7 万吨，减幅 13.16%。

　　从人均粮食产量来看，四川省人均粮食产量从 2000 年的 414.85 千克增加到 2019 年的 417.71 千克，20 年间仅增加了 2.86 千克。

　　2. 重庆市粮食产量变化情况

　　2000~2019 年，重庆市粮食产量变化趋势与四川省基本相似，2006 年粮食总产量降到了最低值，只有 808.4 万吨；2008~2014 年，粮食产量从 1 112.16 万吨持续下降到 1 043.9 万吨，下降了 6.14%，此后缓慢回升，2019 年达到 1 079.88 万吨，但一直没有达到 2000 年的水平（图 11-2）。近年来，重庆市的粮食产量在全国一直排在第 21 位，处于靠后的位置。

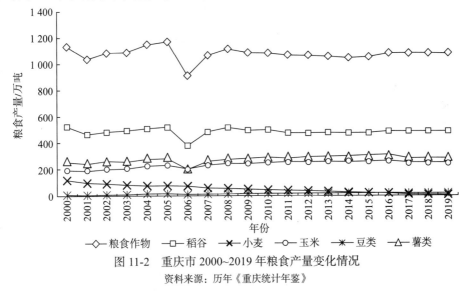

图 11-2　重庆市 2000~2019 年粮食产量变化情况

资料来源：历年《重庆统计年鉴》

　　分品种看，稻谷、玉米和薯类表现出同样的变化趋势，除了 2006 年产量有较大幅度下降之外，其他年份变化不大。稻谷产量除了 2006 年以外，都保持在 460 万~500 万吨的范围之内，2006 年则为 381 万吨。而玉米则整体上呈现稳定上升的趋势，由 2000 年的 196.24 万吨上升到 2019 年的 249.54 万吨，增幅为 27.16%。玉米是粮食作物中增幅

---

① 2000 年山东省粮食产量为 3 837.7 万吨，排全国第一位，四川省粮食产量为 3 372 万吨，排第二位；2016 年黑龙江、河南、山东、吉林、四川粮食产量分列全国前五位。

最大的，小麦产量则呈现出稳定持续下降的趋势，由 2000 年 121.38 万吨下降到 2019 年的 6.91 万吨，下降了 94.37%，是主要粮食作物中产量下降最大的，并在 2014 年之后小麦的产量开始低于豆类，所以薯类、玉米和稻谷成为重庆的三大主要粮食作物品种；豆类的产量则保持一个相对稳定的趋势，尤其是在 2004 年以后，其产量都保持在 15 万~20 万吨的区间以内。

从人均粮食产量来看，重庆市人均粮食产量从 2000 年的 397.06 千克减少到 2019 年的 345.64 千克，20 年间仅减少了 51.42 千克。

（二）粮食播种面积变化情况

1. 四川省粮食播种面积变化分析

2000~2019 年，四川省粮食作物播种面积总体上呈现下降趋势（图 11-3），由 2000 年 685.45 万公顷减少到 2019 年 627.93 万公顷，下降幅度为 8.39%，并在 2003 年出现了 20 年来的最低值，为 608.88 万公顷。其中，稻谷的播种面积总体上持续下降，2013 年之前，稻谷的播种面积基本上保持在 200 万公顷左右，2013 年之后，播种面积减少到 180 万公顷左右，并在 2019 年出现了近 20 年以来稻谷种植面积的最低值，为 187.02 万公顷；玉米的播种面积则呈现出快速上升趋势，由 2000 年的 123.52 万公顷上升至 2019 年的 184.4 万公顷，尤其是 2005 年之后表现出强劲的上升趋势，玉米的种植面积 2019 年到了 184.4 万公顷，同稻谷的种植面积仅仅相差 2.62 万公顷，并且还有进一步缩小的趋势；小麦的种植面积与玉米的种植面积呈现出相反的趋势，小麦的种植面积在 2005 年之前都高于玉米的种植面积，2005 年之后却低于玉米的种植面积，并且保持快速减少的趋势，而且小麦的种植面积减少速度与玉米种植面积增加速度旗鼓相当；豆类和薯类的种植面积在 2000~2019 年总体上保持稳定，豆类的种植面积保持在 40 万~55 万公顷，薯类的种植面积保持在 120 万公顷左右。

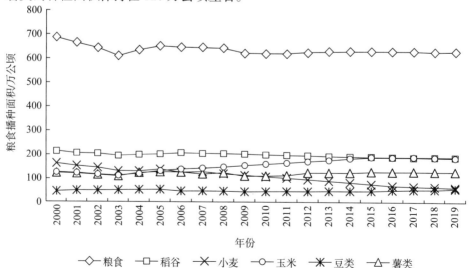

图 11-3 四川省 2000~2019 年粮食播种面积

资料来源：历年《四川统计年鉴》

2. 重庆市粮食播种面积变化情况

2000~2019 年，重庆市粮食播种面积整体上呈现下降趋势（图 11-4），由 2000 年的 277.34 万公顷下降到 2019 年的 199.92 万公顷，降幅为 27.92%。其中，稻谷的播种面积保持相对稳定，与薯类的种植面积趋势大致吻合，基本保持在 65 万~75 万公顷区间之内，玉米的种植面积保持在 45 万公顷左右，小麦的种植面积呈现出快速下降趋势，由 2000 年的 50.06 万公顷下降到 2019 年的 9.69 万公顷，降幅为 80.64%。图 11-4 显示，重庆市的城市化水平在不断提高，由 2000 年 35.6% 上升到 66.8%，增长了 31.2 个百分点，城市化进程远远大于粮食播种面积的增幅。

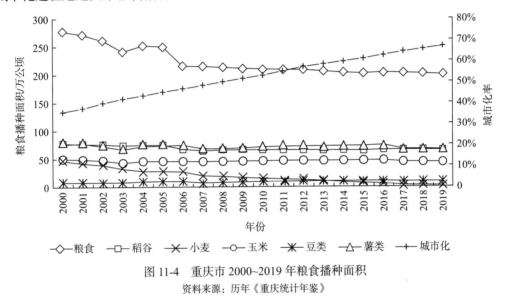

图 11-4　重庆市 2000~2019 年粮食播种面积
资料来源：历年《重庆统计年鉴》

（三）粮食单产变化情况

1. 四川省主要粮食作物单产变化情况

2000~2019 年，四川省粮食产量呈波动上升趋势（图 11-5），近年来单产水平总体保持稳定，基本上维持在 5 200~5 500 千克/公顷区间范围；其中，稻谷的单位面积产量始终高于其他粮食作物品种，但是稻谷单位面积产量 2001 年和 2006 年出现了两个低值，2001 年单产为 7 128.69 千克/公顷，2006 年为 6 526.11 千克/公顷。玉米的单位面积产量变化趋势总体上与粮食和稻谷大致保持一致，同样都经历了 2001 年和 2006 年的低值，分别为 4 086.01 千克/公顷和 4 027.60 千克/公顷，之后都有上升的态势，尤其是 2013 年，玉米的单产同粮食作物的单产接近，都保持在 5 200 千克/公顷左右，2016 年玉米的单产超过了粮食作物单产，成为仅次于稻谷单产的粮食作物，并且保持在 5 700 千克/公顷左右，与粮食作物的单产差距大约为 200 千克/公顷；薯类的单产呈现出波动变化的趋势，除了 2006 年这样的个别低值年份，其他年份的单产都在 3 900~4 200 千克/公顷波动。豆类单产在主要粮食作物中是最低的，并且保持着相对稳定的态势，基本上在 2 200 千克/公顷左右。

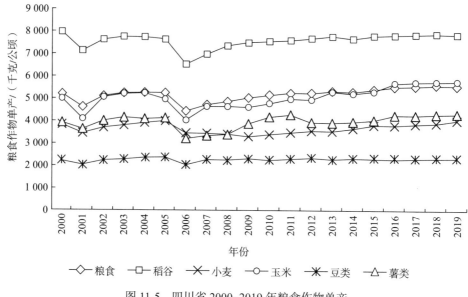

图 11-5　四川省 2000~2019 年粮食作物单产
资料来源：历年《四川统计年鉴》

2. 重庆市主要粮食作物单产变化情况

由图 11-6 所示，重庆市 2000~2019 年的稻谷单位面积产量均高于其他粮食作物并且呈现出波动变化的趋势，2006 年下降到 20 年以来的最低值，最低值为 5 135 千克/公顷，粮食、玉米、薯类、豆类等均在 2006 年出了最低值，其他年份都呈现出上升的趋势，玉米的增幅为 31.11%，粮食的增幅为 23.61%，薯类的增幅为 17.37%，小麦的增幅为 26.26%，豆类的增幅为 86.68%。

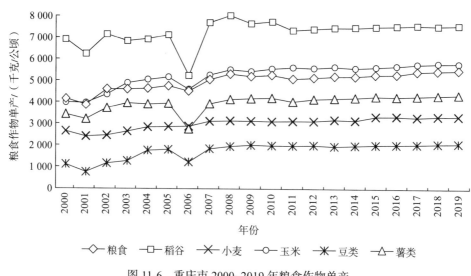

图 11-6　重庆市 2000~2019 年粮食作物单产
资料来源：历年《重庆统计年鉴》

（四）成渝地区粮食生产情况与全国对比分析

四川省的粮食安全保障工作对于区域社会稳定甚至是全国的粮食供给有极其重要的影响，四川省粮食安全保障不仅是作为粮食主产区的重要责任，而且是四川省推进农业供给侧结构性改革的基础。然而，现阶段相对于全国而言，四川省的粮食安全问题尤为突出，有研究测算表明，四川省对我国的粮食安全贡献率为负数，而且四川省的粮食生产规模比较优势和效率比较逐渐丧失，2000~2019 年，全国粮食总产量从 46 217.5 万吨提高到 66 384.3 万吨，年均增速为 1.92%，同时实现了"十七连丰"，而同期四川省的粮食总产量则由 3 568.5 万吨减少到 3 498.5 万吨，年均增速为负数。实际上，2000~2019年，四川省无论是在粮食播种总面积还是在总产量的平均增速上都低于全国平均水平（表 11-2），并且在不同阶段的波动幅度也较大。近年来，四川省粮食产不足需，产需缺口巨大，结构性矛盾突出，每年需要大量"引粮入川"才能满足消费的需要。重庆市历来就是我国粮食产销平衡区，同四川一样存在着同样的问题，而且是有过之而无不及。有研究表明，重庆市粮食安全水平低于全国平均水平，排在我国粮食产销平衡区倒数，仅仅高于青海和贵州。同时经过对重庆市 2000~2019 年粮食自给率的测算（表 11-3），结果表明重庆市粮食自给率有且仅有2004年和2005年这两年超过100%，分别为 102.44% 和 104.38%，其余年份的粮食自给率都低于 100%，并且在 2013 年之后粮食自给率都低于 90%。已有研究表明，粮食自给率低于 90% 说明该地区粮食安全存在风险。四川省的粮食自给率在有些年份也小于 100%，但是在 2011 年之后都大于100%，这就表明四川省的粮食安全水平要高于重庆。

表 11-2　四川省与全国粮食播种总面积及总产量平均增速比较

时间	总面积增速		总产量增速	
	四川	全国	四川	全国
2000~2005 年	−1.05%	−0.78%	−0.91%	0.93%
2005~2010 年	−0.96%	1.38%	−1.36%	2.93%
2010~2015 年	0.31%	1.27%	1.30%	3.39%
2015~2019 年	−0.05%	−0.61%	0.76%	0.12%
2000~2019 年	−0.46%	0.36%	0.71%	1.92%

资料来源：历年《四川统计年鉴》《重庆统计年鉴》《中国农村统计年鉴》

表 11-3　四川和重庆 2000~2019 年的粮食自给率

年份	2000	2001	2002	2003	2004	2005	2006	2007	2008	2009
重庆	99.27%	91.49%	96.11%	96.96%	102.44%	104.38%	81.06%	94.47%	97.94%	94.77%
四川	108.34%	93.84%	100.96%	97.34%	102.8%	103.79%	87.52%	93.29%	95.57%	95.31%
年份	2010	2011	2012	2013	2014	2015	2016	2017	2018	2019
重庆	93.65%	91.14%	90.03%	88.82%	87.24%	87.11%	88.42%	87.79%	86.99%	86.03%
四川	98.95%	100.92%	101.26%	102.88%	102.1%	103.44%	105.00%	105.06%	104.71%	104.43%

资料来源：根据历年《四川统计年鉴》《重庆统计年鉴》《中国农村统计年鉴》计算

1. 粮食总产量的对比

从时间维度来看，2000~2019 年，四川省和重庆市的粮食总产量除了在 2006 年出现一个低值 3 730 万吨以外，其他年份的粮食总产量都保持在 4 200 万吨以上，总体上保持了上升的态势。从全国来看，在这 20 年间，成渝两地粮食总产量占比变化波动较大，总体呈现下降趋势，由 2000 年的 10.17% 下降到 2019 年的 6.89%，甚至在个别年份的占比更低。这也说明了成渝地区的粮食地位在全国不断下降，尤其是四川的情况更加严重（图 11-7）。

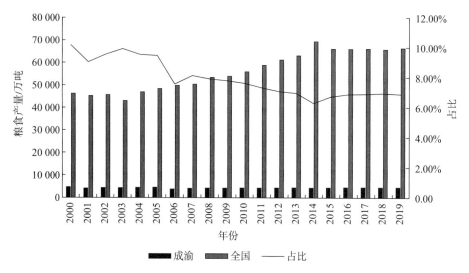

图 11-7　成渝地区粮食总产量与全国粮食总产量以及占比

资料来源：历年《四川统计年鉴》《重庆统计年鉴》《中国农村统计年鉴》

2. 粮食播种总面积的对比

从粮食作物播种面积来看，成渝两地的粮食播种面积常年保持在 820 万公顷以上，占全国粮食播种面积的 7%~9%，近几年有一定下滑趋势（图 11-8）。主要原因在于两地城镇化速度的快速推进、农业种植结构的调整以及生态退耕等因素的影响。

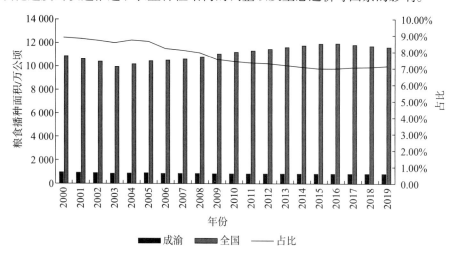

图 11-8　成渝地区粮食播种面积与全国粮食播种面积以及占比

资料来源：历年《四川统计年鉴》《重庆统计年鉴》《中国农村统计年鉴》

二、粮食加工情况

（一）粮食加工企业数量

粮食安全保障工作是一项系统性工程，包含了粮食生产、加工、流通、储藏、消费等环节。粮食加工在粮食安全保障体系中是重要一环，对于粮食加工业的研究具有十分重要的意义。21 世纪以来，我国粮食加工业得到了前所未有的大发展，尤其是稻谷和小麦的加工技术更是取得了突飞猛进的发展，主要体现在稻谷和小麦加工的自主创新技术方面，实际上这样的发展势头在全世界范围内是罕见的，中国的稻谷和小麦的加工技术、装备、经济技术指标和产品的质量接近甚至超过世界水平。当然，就目前来看，我国粮食加工业与部分粮食加工业强国还存在着一定的差距（姚惠源，2015）。据统计，截至 2018 年，我国共有粮食加工企业 21 212 个，其中小麦加工企业数量 2 590 个，稻谷加工企业 9 827 个，饲料加工企业 3 682 个，这三类加工企业的数量在粮食加工企业数量中占据大部分，比重为 75.9%（表 11-4）。

表 11-4　全国粮食加工企业数量　　　　　单位：个

年份	小麦加工企业	稻谷加工企业	食用植物油加工企业	饲料加工企业	食品及副食酿造企业	粮油机械制造企业
2013	3 248	10 072	1 748	2 685	1 329	101
2014	3 241	9 830	1 748	2 760	1 333	95
2015	3 930	11 208	2 171	4 039	1 779	106
2016	2 479	8 634	1 296	3 145	1 335	88
2017	2 865	10 317	1 648	3 811	1 854	140
2018	2 590	9 827	1 591	3 682	1 970	160

资料来源：2013~2017 年数据来源于 2014~2018 年《中国粮食年鉴》，2018 年数据来源于《2019 中国粮食和物资储备年鉴》

四川省近年来在粮食加工业方面也取得了长足的发展，四川省粮油加工能力和效益稳步提升，统计内的粮油加工产值突破 2 000 亿元[①]。截至 2018 年，四川省粮食加工企业的数量为 970 个，在全国粮食加工企业中的占比为 4.57%，其中小麦加工企业的数量为 53 个，占比为 2.05%，稻谷加工企业数量为 357 个，占比为 3.63%，饲料加工企业数量为 175 个，在传统粮食主产区中的排名靠后（表 11-5）。

表 11-5　四川省粮食加工企业数量　　　　　单位：个

年份	小麦加工企业	稻谷加工企业	食用植物油加工企业	饲料加工企业	食品及副食酿造企业	粮油机械制造企业
2013	61	327	100	156	81	5
2014	53	370	95	165	80	5
2015	139	418	199	196	74	3
2016	59	347	117	164	118	1

[①] 资料来源于四川省粮食和物资储备局。

续表

年份	小麦加工企业	稻谷加工企业	食用植物油加工企业	饲料加工企业	食品及副食酿造企业	粮油机械制造企业
2017	63	381	131	181	146	3
2018	53	357	123	175	144	3

资料来源：2013~2017 年数据来源于 2014~2018 年《中国粮食年鉴》，2018 年数据来源于《2019 中国粮食和物资储备年鉴》

重庆市粮食加工企业数量方面的变化不大（表 11-6），总体而言，稻谷加工企业数量占据了粮食加工企业数量的大部分，占比达到了一半以上，2018 年稻谷加工企业数量占全市粮食加工企业数量的 54.6%。但是重庆市与四川省的粮食加工企业差距较大，无论是分品种加工企业数量还是总粮食加工企业数量都远远落后于四川省。

表 11-6　重庆市粮食加工企业数量

单位：个

年份	小麦加工企业	稻谷加工企业	食用植物油加工企业	饲料加工企业	食品及副食酿造企业	粮油机械制造企业
2013	17	210	26	40	23	0
2014	8	156	16	37	18	0
2015	33	155	35	46	25	0
2016	4	110	10	39	16	0
2017	7	137	17	44	25	0
2018	7	136	17	45	27	0

资料来源：2013~2017 年数据来源于 2014~2018 年《中国粮食年鉴》，2018 年数据来源于《2019 中国粮食和物资储备年鉴》

从成渝地区双城经济圈的角度来看，2013~2018 年，四川省和重庆市两地的粮食加工企业数量在全国的占比保持在 5.30%~6.05%，2018 年的占比为 5.75%（图 11-9）。

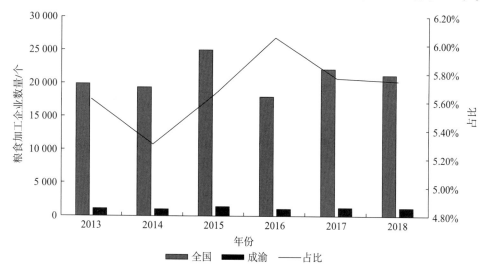

图 11-9　成渝地区和全国粮食加工企业数量变化情况

资料来源：2013~2017 年数据来源于 2014~2018 年《中国粮食年鉴》，2018 年数据来源于《2019 中国粮食和物资储备年鉴》

（二）粮食加工能力

总体上看，不管是全国还是地方各省份，粮食加工能力都呈现出上升的态势，2018年全国粮食加工业年处理粮食 12.12 万亿吨以上，比 2013 年提升了 13.78%。2013~2018年，全国粮食加工能力变化大致可以分为两个阶段，第一阶段 2013~2014 年是稳步提升阶段，粮食年加工能力从 2013 年的 106 538 万吨提升至 2014 年的 108 554 万吨；第二阶段 2015~2018 年为波动变化阶段，2016 年跌破 1 亿吨，为 97 491.3 万吨，2017 年开始大幅增长，年均增速达到了 21.9%，并且在 2018 年达到了历史最高值。四川和重庆与全国的变化趋势也基本相同，四川省在 2018 年也达到了历年来粮食加工能力的最高值，加工粮食达到 4 013.2 万吨，重庆也是如此，达到了 946.1 万吨。从成渝两地来看，其变化趋势同全国的变化趋势大体一致，在 2013 年之后，突破了 3%，并且占比逐渐提升，在2017 年以 4 802 万吨（占比达 4.29%）为历年最高值，2018 年成渝两地加工粮食 4 959.3万吨（表 11-7）。

表 11-7　成渝地区和全国粮食加工能力情况　　　　　　　单位：万吨

年份	全国	四川	重庆	成渝地区	占比
2013	106 538	3 314	889	4 203	3.95%
2014	108 554	3 440	930	4 370	4.03%
2015	103 026	2 579	828	3 407	3.31%
2016	97 491.3	3 501.6	654.8	4 156.4	4.26%
2017	111 880.2	3 896.7	905.3	4 802	4.29%
2018	121 209.1	4 013.2	946.1	4 959.3	4.09%

资料来源：2013~2017 年数据来源于 2014~2018 年《中国粮食年鉴》，2018 年数据来源于《2019 中国粮食和物资储备年鉴》

分品种来看，稻谷是所有品种中年加工量最大的产业，2018 年全国稻谷加工能力达到了 36 898.2 万吨，比上年增加了 501.1 万吨，增幅为 1.38%（表 11-8）；通过数据观察，稻谷加工能力的发展可以分为三个阶段：第一阶段，2013~2014 年，全国稻谷年加工能力保持在 3 亿吨左右，2013 年稻谷年加工能力达 33 234 万吨，2014 年 33 761 万吨，比上年增加了 527 万吨；第二阶段，2015~2016 年，稻谷年加工能力下降，2015 年为 30 738 万吨，相比上年下降了 3 023 万吨，降幅为 8.95%，2016 年跌破 3 亿吨，下降到 29 908.3 万吨，是历年来的最低值；第三阶段，2016 年之后，稻谷年加工能力快速反弹，2017 年上升至 36 397.1 万吨。从成渝地区来看，稻谷年加工能力始终在1 200~1 500 万吨波动，2018 年达到了最高的 1 539.2 万吨，占全国比重为 4.17%。2018年四川省的稻谷年加工能力为 1 200.7 万吨，在全国排在第八位，而且与第一名黑龙江的差距为 5 768.8 万吨。

表 11-8　成渝地区以及全国稻谷和小麦的加工能力　　　　单位：万吨

年份	全国		成渝地区	
	稻谷	小麦	稻谷	小麦
2013	33 234	21 726	1 514	374
2014	33 761	21 655	1 452	336
2015	30 738	19 400	1 287	325
2016	29 908.3	18 914	1 182.9	232.2
2017	36 397.1	19 941.8	1 513.2	261.8
2018	36 898.2	19 662.5	1 539.2	252.3

资料来源：2013~2017 年数据来源于 2014~2018 年《中国粮食年鉴》，2018 年数据来源于《2019 中国粮食和物资储备年鉴》

小麦年加工能力低于稻谷，2013~2018 年，全国小麦年加工能力呈现下降趋势，2016 年跌至最低，只有 18 914 万吨，相比 2013 年减少了 2 812 万吨；2018 年的小麦年加工能力为 19 662.5 万吨。从成渝地区来看，小麦年加工能力下降趋势更加明显，2018 年只有 252.3 万吨，相比 2013 年减少了 121.7 万吨，降幅为 32.5%。而且重庆的小麦年加工能力在 2018 年只有 11.8 万吨，在全国排名也是靠后的，所以成渝两地的小麦年加工能力主要靠四川省，但是四川省的小麦年加工能力远远低于传统 13 个粮食主产区的年加工能力。

三、粮食消费变化情况

（一）粮食消费总量

四川是人口大省、白酒酿造大省、生猪产量大省，故也是粮食消费大省，近几年四川粮食消费总量超过 5 000 万吨，其粮食消费中的口粮消费、工业用粮消费、饲料用粮消费在全国位于前列。2003~2019 年，四川省粮食总消费量在波动中不断上升，共增加了 49.17%，从 2012 年开始，粮食消费激增，是近几年粮食消费量增速最快的年份。

近十多年来，四川省粮食产需难以平衡，粮食产需比率波动明显，产需缺口明显扩大。粮食产需比除 2005 年达到 97.10% 之外，其余年份均基本上在 80% 以下，2012 年甚至仅为 69.22%，2019 年进一步降到 66.01%。

（二）粮食消费需求的用途结构特点

按用途结构划分，粮食消费需求包括口粮、饲料用粮、工业用粮、种子用粮等用途。总体来看，四川省的口粮消费约占粮食消费总量的 4 成，近年来呈现先升后降的趋势。这主要与人口数量变化、膳食结构变化有关。四川省年底常住人口数量由 2003 年的 8 234.8 万人波动变化至 2019 年的 8 375 万人（数据来自《四川统计年鉴》），变化趋势基本与口粮消费数量及其比例变化相似。2008 年以后，口粮消费量逐步下降，占比从 55.70% 降至 2019 年的 35.91%，下降了 19.79 个百分点。饲料用粮约占需求总量的 3~4 成，近年来波动上升，是引起需求总量波动的主要因素。工业用粮约占粮食消费总量的 1~2 成，近年来平稳上升。2003~2019 年，工业用粮的数量增加了两倍多，这与近年来的经济形势有关。四川省工业用粮中制酒行业用粮占据大部分比例。种子用粮占粮食消费量的比例约为 1.3%，对粮食需求总量影响甚小。

（三）粮食消费需求的品种结构特点

从品种结构来看，稻谷占粮食消费量的比例最大，玉米次之，小麦最小。稻谷是四川省粮食消费的主要品种，这主要是由四川省居民的消费习惯决定的，稻谷是口粮的主要消费品种，而口粮又占据了粮食消费量的很大比重。从比重发展趋势看，稻谷消费比重下降明显，玉米比重显著上升，小麦稳定。2003~2019 年，稻谷消费的比重由 60.38% 降至 32.75%，而玉米消费的比重由 18.57% 升至 37.37%，小麦消费的比重在 10%~17% 徘徊。从消费数量看，稻谷消费量下降趋势明显，玉米明显增加，小麦有所上升。2003~2019 年，稻谷消费量下降幅度达 19.77%，每年消费量约占粮食总消费量的 32%~36%；玉米消费量增加了 197.4%，近年来每年的消费量约占粮食总消费量的 37%；小麦消费量略有下降。

结合粮食生产状况进行分析，近年来四川省粮食产需缺口每年都在 1 800 万吨以上，其中，缺口最大的是玉米，近年来每年缺口约在 1 000 万吨；其次是小麦，但缺口量逐年减少；再次是稻谷，缺口约为 200 多万吨。由此来看，四川省粮食生产结构与消费结构不匹配的矛盾十分突出。

重庆市的情况与四川省差不多。从 2017~2018 年的情况上看，2017 年重庆从市外购进粮食 352 万吨；2018 年重庆从市外购进粮食 790 万吨，其中玉米 385 万吨，占当年总粮食调入量的 48.73%。

四、粮食储备状况

积极争取中央和地方投入资金加大仓储基础设施建设力度，完善仓储设施体系。实施低温储粮工程，改善仓储设施条件，逐步构建起了"民生优先、技术多样、标准健全"的低温绿色储粮体系。2014 年，根据粮食安全省长责任制及考核办法，国家根据当年各地的常住人口数，按照产区 3 个月、产销平衡区 4.5 个月、销区 6 个月的人口消费标准，下达各地地方储备粮食规模。四川作为全国 13 个粮食主产省之一，国家下达地方储备规模 57 亿斤①，按 2019 年全省 8 341 万常住人口测算，地方储备仅可保障 2.3 个月的口粮消费；重庆作为产销平衡区，下达地方储备规模 38 亿斤，按 2019 年全市 3 102 万人口测算，地方储备可保障 4.2 个月的口粮消费。四川省的成品粮油储备规模 10 万吨，是 2011 年按照当年各地主城区人口数 15 天的消费量建立的。2020 年新冠肺炎疫情发生后，四川及时新增临时成品粮食储备 23 万吨，使全省成品粮食储备规模达到 33 万吨，可保全省城镇人口和农村缺粮人口 10~15 天的供应量。重庆市成品粮食储备规模为 3.8 万吨。

---

① 1 斤=0.5 千克。

五、粮食流通状况

围绕"引粮入川"着力构建物流节点，畅通粮食进出川通道，完善空间布局，提升流通效率，现代物流体系建设不断加强。"十三五"期间，重点规划建设了以成都为中心、15 个地级市为重要支撑、100 个县级粮食物流产业园区为基础的三级物流节点体系。中粮成都产业园、成都市（青白江）国际粮食物流港、四川省粮油储备调控中心（一期）、成都市粮油储备物流中心等一批重点物流项目建成投产，泸州润华物流码头、"西南食谷"等一批重点粮食仓储物流项目在建，为成都平原经济区、川南经济区的粮油加工业、制酒工业等奠定了基础。

六、粮食应急保障状况

近年来，成渝地区两地政府中各级粮食管理部门结合本区域实际，完善应急供应网点，依托物流园区建设和优质粮食工程建设等项目，提升粮食应急加工能力，改善应急低温储备库，打造粮食应急配送中心，成渝地区应急保供体系基本实现全覆盖，具备一定的应急保供能力。目前，四川省已建成粮食应急供应网点 4 103 个，日供应能力 9.6 万吨；粮食应急加工企业 312 个，日加工能力 4.9 万吨；粮食应急配送中心 248 个，日配送能力 3.1 万吨；应急储运企业 288 个，运输能力 3.7 万吨；主食加工企业 27 个，日加工能力 0.26 万吨。重庆市已建成粮食应急供应网点 1 039 个、粮食应急加工企业 86 个、粮食应急配送中心 81 个、粮食应急储运企业 63 个、主食加工企业 15 个。四川省目前已制定省、市、县三级《粮食应急预案》205 个，其中省级预案 1 个，市级预案 21 个，县级预案 183 个。

第二节 存 在 问 题

一、粮食产需矛盾突出

四川是粮食消费大省，其粮食消费中的口粮消费、工业用粮消费、饲料用粮消费在全国位于前列。重庆是传统的粮食主销区，每年都需要调入粮食以满足消费需求。近年来，四川省和重庆市粮食总消费量在波动中不断上升。但从粮食供给来看，由于两地人多地少、耕地资源紧缺、自然灾害频繁等因素影响，粮食产量波动较大。近十多年来，粮食产需难以平衡，产需缺口逐年增大。其中，饲料用粮的需求快速增长是造成供需缺口的重要原因，也是引起粮食需求总量波动的主要因素。随着经济发展以及收入水平的提高，居民饮食结构中肉禽蛋奶的消费比重不断提高，但这些高耗粮消费品的消费量受价格波动影响相对较大，亦即价格弹性大，随之饲料粮的数量较口粮及种子用粮的波动更为剧烈。

从粮食生产情况看，两地已连续多年粮食增产，供求矛盾得到了一定程度的缓解。但在"四化同步推进"和发展现代农业的新形势下，土地、水、劳动力等农业生产资源约束日益趋紧，使粮食生产面临很大压力。近年来，虽然两地粮食播种面积相对稳定，但随着耕地面积的减少, 种粮效益的下滑, 农民种粮积极性不高, 保持粮食播种面积稳定的难度越来越大, 粮食生产形势十分严峻。尤其是重庆市农业生产自然条件差, 基础设施落后, 2017 年全市有效灌溉面积为 69.69 万公顷, 仅占耕地面积的 29.3%, 比四川省低 13.4 个百分点, 比全国平均水平低 21.0 个百分点。旱地基本上没有灌溉设施, 加上低温、阴雨、洪涝、干旱等自然灾害的影响, 常年粮食损失占当年粮食产量的 5% 左右。此外, 生物灾害频繁, 每年也造成一定的粮食损失。

二、粮食仓储物流基础设施薄弱

西南地区气候高温高湿, 储粮条件复杂, 而现阶段绿色储粮、智能粮库等技术处于初期阶段, 粮食物资仓储规模小、网点分散、储备设备使用效率不高。从四川省的情况来看, 第一, 达州、巴中、南充、广安等一些主产区、主销区仓容不足, 立筒仓、铁路罩棚、仓间罩棚的体量较小, 无法满足现代粮食物流、大宗粮食流通以及高效快速出入库的需求。第二, 阿坝州、甘孜州和凉山州等三州自然条件特殊、粮食应急保供任务重, 但粮食仓房老化、设备陈旧、仓房布局不合理, 严重影响粮食的储存安全、质量安全, 粮食应急保供有一定隐患。第三, 仓储设施布局及仓型结构不合理, 四川省内仓储设施如机械化立筒库和浅圆仓仓容仅占 1.2%, 机械化程度低, 缺乏实现无缝作业散粮接发能力。从重庆市来看, 第一, 粮库结构不尽合理。现有的重庆市的粮食有效仓容占75%, 且多为简易仓、一般粮仓, 机械化粮仓与装配式粮仓少, 给先进储藏技术的应用与储藏管理规范化带来困难。第二, 仓库布局分散, 各县市区粮食企业 "各自为政", 缺乏对地方间运输的考虑, 造成仓库建设资源的浪费, 新建仓库节点与原有节点之间难以形成关联系统。

从粮食流通来看, 四川省粮食通过铁路运输的比例超过 90%, 但省内专用线和车站货位仓库不足, 铁运集中到货, 出货不及时, 加上容易受各种自然灾害影响, 导致铁路运能有限。同时, 粮食入川为包装运输, 导致流通速度低、劳动力成本高、作业效率差且浪费严重。重庆市在粮食收购过程中也主要用麻袋、塑料编织袋包装, 在储存环节拆包散储, 到中转和运输环节又转为包装形式, 这种粮食流通方式为 "散来包去, 拆包散运", 不仅加大了粮食物流成本, 而且粮食浪费污染严重。同时, 粮食装卸搬运的自动化水平低, 降低了粮食运输流通效率。

三、粮食应急加工能力不足

成渝地区双城经济圈粮食加工业的发展对于该区发展粮食经济, 提高粮食安全保障工作有着极为重要的作用。同时加强成渝地区双城经济粮食加工设施的建设, 在很大程度上有力地保证了成品粮油的供应, 特别是保证了应急粮食供应, 以及保证了区域经济社会发展对粮食的需求, 对促进经济发展和社会稳定起到了不可替代的作用。但是, 成渝两地在粮食应急加工业方面仍存在问题, 主要表现在以下三个方面。

(一) 粮食加工业结构性问题十分突出

成渝地区双城经济圈目前的粮食加工业取得了一定程度的发展, 但是与全国其他地区，尤其是与河南、湖南、湖北等传统的粮食主产区相比，差距越来越大，特别是重庆的粮食加工业，无论是粮食加工企业数量还是粮食年加工能力都要低于四川省。分品种来看，两地都存在品种结构突出的问题，一方面，两地小麦加工业严重下滑，具体表现在小麦加工企业数量少，尤其是重庆表现特别突出。2018 年，重庆市小麦加工企业只有 7 个，四川也只有 53 个，远远低于稻谷加工业的企业数量。另一方面，两地的饲料加工企业却快速发展，饲料企业已经成为仅次于稻谷加工业的第二大加工业。这种结构性问题不仅表现在粮食加工企业的数量上，而且在粮食年加工能力上也同样存在。具体表现为，小麦年加工能力与全国的差距越来越大，2018 年，两地的小麦年加工能力仅占全国小麦年加工能力的 1.28%，而同期河北占比为 9.65%，河南占比为 25.29%，山东占比为 21.71%。饲料的年加工能力则在不断提高，仅次于稻谷的年加工能力，2018 年两地饲料年加工能力为 1 948.2 万吨，全国占比为 5.10%。

（二）总体上粮食产能较大，但是企业规模相对较小，企业成本负担重

2018 年，四川省稻谷加工企业 357 家，年加工能力 1 200.7 万吨，平均每家稻谷加工企业只能生产 3.37 万吨；小麦加工企业 53 家，年加工能力 240 万吨，平均每家只能加工小麦 4.5 万吨。重庆的粮油加工平均水平远远低于发达地区的平均水平，企业规模小，体能小，难以产生规模效益，市场竞争力弱，严重制约了粮食产业经济的发展。同时粮食加工企业融资难，企业的运营成本较高，严重阻碍了粮食加工企业的发展，这就直接导致了粮食加工企业的研发和创新能力，使得粮食加工企业扩张能力弱。

（三）缺乏成品粮油大型龙头企业

目前成渝两地成品粮油业企业规模小、实力弱、管理粗放等问题突出，市场竞争力弱，缺乏具有产业带动能力的大型成品粮油龙头企业，粮食初加工、粗加工产品多，缺乏市场竞争力。产品品牌影响力仅限于县域、市域辖区内，知名品牌少。中小企业发展面临资源环境约束加大、要素成本上升等挑战，提档升级面临瓶颈约束。

四、信息化建设滞后

粮食储备及流通能力现代化建设短板明显，粮库业务管理、出入库、仓储保管、安防等业务领域的机械化、智能化水平较低；信息化建设不规范、不平衡、标准不统一、信息技术老旧、互联互通不足，不同程度存在"信息孤岛"现象。尚未形成统一的粮食运输信息管理系统、公共信息交换和电子商务平台，国有粮食收储企业信息化升级改造覆盖率为 50%，距离全覆盖的目标仍有较大差距。

五、人才队伍老化严重

全面落实"人才兴粮"战略应以高层次、创新型人才为先导，以应用型人才为主体。然而，机构改革后，粮食和物资储备管理机构精简合并，内设科室和行政执法人员、专业人才大幅减少，基层粮食系统人员减幅更大，对依法治粮管储提出新的考验。此外，从现阶段低温仓库、信息化和"优质粮食工程"等项目建设看，粮库专业技能人

才队伍年龄普遍老龄化，行业发展所需的"适销对路"人才十分紧缺。

第三节　案例分析：四川省多措并举提升粮食安全保障能力

一、强化综合生产能力提升

为进一步加强粮食综合生产能力建设，再造新一轮增长势，2014年6月，四川省发布了《四川省粮食生产能力提升工程建设规划纲要（2014-2020年）》（以下简称《纲要》），并划定了90个粮食生产重点县（市、区），作为粮食生产能力布局规划核心区，主要突出水稻、玉米、小麦和马铃薯四大重点作物。90个重点县（市、区）和四大重点作物均占粮食综合产能的85%左右，成为全省粮食生产的"生力军"。《纲要》提出将通过耕地质量提升、设施装备提高、良种良法配套、有效抗灾减损四个方面的途径来挖掘释放粮食生产潜力，并规划了成都平原区、丘陵地区、盆周山区、川西南山地区四大生产区域，其中丘陵地区承担的产能占总产能的六成以上。

耕地是粮食生产的载体，没有地就没有粮。提升粮食综合生产能力，关键在于加强集中连片的高标准农田建设。为深入贯彻落实《国务院办公厅关于切实加强高标准农田建设提升国家粮食安全保障能力的意见》精神，切实加强高标准农田建设，巩固和提升粮食安全保障能力，2020年7月，四川省人民政府办公厅发布了《关于切实加强高标准农田建设巩固和提升粮食安全保障能力的实施意见》（以下简称《意见》）。《意见》围绕深入实施乡村振兴战略，推动藏粮于地、藏粮于技，以提升粮食产能为首要目标，以"10+3"现代农业园区为有效载体，以粮食和重要农产品优势区为重点区域，大力推进高标准农田建设，加快补齐农田基础设施短板，稳步提高粮食生产能力，并提出了具体的目标任务。到2020年累计建成4 430万亩集中连片、旱涝保收、宜机作业、节水高效、稳产高产、生态友好的高标准农田；到2022年，建成5 000万亩高标准农田，稳定保障全省粮食年产量700亿斤以上；到2035年，全省高标准农田保有量进一步提高，权责明确、主体多元、保障有力的长效管护机制基本形成，粮食等重要农产品安全保障能力不断夯实。《意见》还提出了科学规划布局、完善建设标准、精心组织实施、加强竣工验收、统一上图入库等重点工作，并提出了加强财政投入保障、创新投融资模式、完善新增耕地指标调剂收益使用机制、强化试点与技术支撑、健全工程管护机制、健全农田保护机制等强化资金投入和机制创新的具体措施。

二、推进产业高质量发展

为认真贯彻落实习近平总书记关于"粮头食尾"和"农头工尾"、李克强总理关于加快建设粮食产业强国的重要指示和批示要求，深入实施《国务院办公厅关于加快推进农业供给侧结构性改革大力发展粮食产业经济的意见》，全面开创粮食产业高质量发展新局面，四川省积极深化改革创新，粮食产业发展提质增效。2018年5月，四川省人民政府办公厅发布了《关于加快推进农业供给侧结构性改革大力发展粮食产业经济的实施意见》，2020年4月，四川省发展和改革委员会、四川省粮食和物资储备局又联合印发了《关于坚持以高质量发展为目标加快建设现代化粮食产业体系的实施意见》，该意见对照省委省政府加快建设现代"川粮油"产业体系决策部署，抓好粮食产业高质量发展载体建设，对国家明确规定的总体要求、重点任务和保障措施等进行贯彻落实，并结合四川粮情实际提出具体实施意见，将每一项重点任务、保障措施等细化分解落实到相关责任单位和行业部门。全省深入推进"优质粮食工程"，全省建设产后服务项目点 353个，实现产粮大县"全覆盖"；88 个粮食质检体系项目全面展开，65 个建成投入使用；18个县、4个央省企业开展"中国好粮油"行动示范，推出"四川好粮油"产品 76个；建设粮油产业高质量发展示范县 10 个。特别是以"川字号"知名品牌创建为突破，启动实施"天府菜油"行动，创设"天府菜油"区域公共品牌，成功注册商标，组建产业创新联盟；制定从田间到餐桌全程可追溯的"5+4"团体标准和技术规范，建立统计调查制度；建设 10 个 10 万亩"天府菜油"原料基地；首批 10 家企业获得"天府菜油"品牌使用授权，产品成功面市。"天府菜油"已成为四川优质农产品的一张新名片、引领"川粮油"产业高质量发展的新引擎。

三、加强仓储流通基础建设

随着近年来粮食安全省长责任制的贯彻落实，各地和粮企对粮食工作的重要性及重视度日益显现，对仓储设施的新建、改扩建的意愿增强和投入增大。四川积极争取中央和地方投入资金加大仓储基础设施建设力度，完善仓储设施体系。实施低温储粮工程，改善仓储设施条件，制定《低温储粮技术操作规程（地方标准）》，低温库建设和应用走在全国前列，逐步构建起"民生优先、技术多样、标准健全"的低温绿色储粮体系。发放农户科学储粮"小粮仓"56 万套，受益农户每年减损粮食约 3.36 万吨，有效改善了"三州"民族地区农户储粮条件。围绕"引粮入川"着力构建物流节点，畅通粮食进出川通道，完善空间布局，补齐短板弱项，原粮跨省散运比例明显提高。

四、加强应急配送能力建设

2020 年初，面对突如其来的新冠肺炎疫情，四川省粮食部门认真贯彻落实党中央、国务院和省委省政府关于新冠肺炎疫情防控工作决策部署，采取有力措施，扎实做好疫情防控期间粮油市场供应，确保四川粮油库存充裕，供应不脱销、不断档，市场价格平稳。一是加强组织领导，制定保供措施。全省粮食部门迅速响应、主动作为，省、市、县三级粮食和物资储备部门成立了以主要负责同志担任组长的疫情防控期间粮油供应应急保障领导机制，加强粮油保障工作的组织领导。加强粮源调度、产需对接、加工储运、配送供应等环节的有效衔接，进一步压紧压实各级粮食部门保供应、稳价格的主体责任，全省粮食系统多策并举，保障粮油供应，加强监督巡查，确保市场平稳。二是充实库存，确保保障市场供应。采取措施提升成品粮油政策性库存和社会商品库存，双管齐下提升粮油库存，增强应对市场波动的能力。增加临时成品粮油储备计划，在全省21 个市（州）新增临时成品储备 23 万吨，备足小包装成品粮油，随时投放市场；督促粮油加工企业抓紧恢复生产，增加成品粮油商品库存，特别是抓好小包装成品粮油的生产。加强粮油应急加工企业与红旗连锁等大型连锁超市的对接，确保成品粮油投放渠道畅通，物流配送能力保障，市场供需信息反馈及时有效。保障所有大型连锁超市库存充实，静态库存粮油数量维持 10 天以上销售。三是复工复产，恢复供应能力。省上出台扶持政策服务企业复工生产，全省应急加工企业、物流企业逐步开工，第三方物流能力加快恢复，各加工企业积极通过物流，向各大超市和销售渠道补充粮油产品，保障市场运行平稳。连锁超市的自有配送系统全面恢复配送能力，分上、下午两个时段向社区门店发送所需物资，满足市场需求，确保市场供应不断档、不脱销。四是加强宣传，合理引导预期。四川粮油销售数量在 1 月 26 日、27 日出现高峰后，省粮食和物资储备局及时通过门户网站、微信等媒体渠道发布粮油库存、加工、供应信息，加强宣传引导，回应社会关切，澄清不实信息，市民心态平稳，购买行为回归理性。各级粮食和物资储备部门自下而上建立粮油市场加工、供应、库存日报告制度，开展市场调查，密切关注市场动态，做好预警响应。积极做好新闻宣传，引导消费者就近购粮、理性购粮，市场销售量恢复到正常水平。五是加大监督检查保障市场平稳。省、市、县三级政府主要领导视察粮油市场，发改委、粮食、市场监管等相关部门对辖区粮油加工、批发、零售等重点环节进行监督检查，对重点企业、大型粮油批发市场、超市和农贸市场开展了定期巡查和不定期抽查，严厉查处以次充好、囤积居奇、操纵价格、不按规定明码标价等违法违规行为，较好维护了全省粮食市场供应正常秩序，粮油价格基本保持稳定，没有出现较大的波动。

五、持续强化依法管粮

坚持立法先行，提升监管效能，深入开展政策性粮食收购、粮油库存等各类粮食流通检查。坚决守住质量安全底线，出台《四川省粮食质量安全监管实施办法》，严格粮油质量检验检测，认真做好重金属超标稻谷收购处置工作。健全粮食政策法规体系，修订施行《四川省〈粮食流通管理条例〉实施办法》，特别是 2021 年 5 月 1 日开始实施的四川历史上保障粮食安全的首部地方性法规《四川省粮食安全保障条例》（以下简称《条例》），为依法治粮管储提供有力法治保障。《条例》从粮食生产、粮食储备、粮食流通、产业发展、质量安全、应急保障等方面完善了制度保障。在国家还未出台"粮食安全保障法"的前提下，《条例》的出台实施，走在了全国前列。

综合来看，四川通过全面贯彻落实习近平总书记对四川工作系列重要指示精神，认真落实国家粮食安全战略，多措并举保障粮食安全，坚决守住管好天府粮仓，粮食安全保障能力不断提升。

第四节　发　展　路　径

保障粮食安全是一项复杂的系统工程，它贯穿于粮食生产、储备、流通、进口等各个环节，这些环节相互影响、相互联系，形成一个以粮食的生产保障、储备保障、流通保障、进口保障和应急保障为基本内容的粮食安全保障体系。因此，在建立粮食安全保障体系时，不仅需要重视粮食生产环节，也应该重视粮食的储备、流通、进出口和应急保障环节。从成渝两地的情况上看，建设双城经济圈，核心就在于要突出成都、重庆两个中心城市的带动作用，以两个极核的作用来带动整个成渝地区乃至西部地区的发展，促进产业、人口及各类生产要素合理流动和高效聚集。而上述要素的流动和聚集，将进一步增加成渝地区的粮食需求。

一、坚持底线思维，防范化解各种重大自然和社会风险

粮食生产是一项关乎社会民生的基础事业，也是实现经济快速发展的基础，同时粮食生产又面临着巨大的自然风险和市场风险，粮食产量受自然灾害的影响很大，较大的自然灾害会导致粮食减产甚至是绝产。四川和重庆又是我国自然灾害多发区，受地形和自然条件的影响，多洪灾和旱灾；同时粮食生产也受到市场价格和供需的影响，因为粮食生产也存在着蛛网模型，粮食生产主体可能会因为市场波动而导致生产决策的失误，从而使得粮食产量出现不正常的波动。因此，在成渝地区双城经济圈发展的同时，要统筹该区的粮食生产条件和现实条件，坚持粮食产量能够保障人口口粮需求这个最低要求和底线，确保该区在任何时候都能满足经济社会发展的口粮需求；同时要不断提高防范化解各种影响粮食生产的重大自然风险和社会化风险，提高防范化解未来成渝地区双城经济圈发展面临的人口大量聚集的口粮需求，以及饲料粮需求和酿酒的工业商业用粮的需求的风险。

二、加强粮食综合生产能力建设，夯实粮食生产基础

一是加快推进"藏粮于地、藏粮于技"战略落实落地，加强高标准农田建设。建议建立土壤污染修复基金，加大土壤污染修复和治理力度，提高粮食综合生产能力。二是千方百计稳面积、稳产量，尤其是要采取有效措施，尽快遏制稻谷播种面积连年下降的局面，稳步提高稻谷产量。三是坚持农业绿色发展理念，严格落实《土壤污染防治行动计划》，采取总量控制与强度控制相结合的办法，推动农药化肥施用总量和强度稳步下降；扩大测土配方施肥技术的覆盖面；鼓励开展秸秆还田、种植绿肥、增施有机肥，引导农民施用农家肥。四是推进"五优联动"，促进"产购储加销"一体化发展。突出稻谷、油菜籽等特色农产品资源，高效实施"川粮油"提升工程，持续抓好"天府菜油"行动，大力推进"优质稻米"产业发展，依托县域培育粮食产业集群和发展集聚区。五是以需求为导向，加大以政府为主导、社会力量广泛参与的多元投入力度，加强农业科研、成果转化和推广体系建设，加快优质、高产、专用粮食品种的选育，推动粮食种植业发展，强化粮食品牌建设。组织县乡农技人员下沉到村，针对性地加强农民技术培训和技术服务。

三、完善土地制度，加快打破土地瓶颈制约

首先，克服土地细碎化。在不改变地块位置的前提下统一作物种类，组织农户进行统一耕作和播种，改变土地分散经营的状况，实现农业服务规模发展；政府要将解决土

地细碎化问题作为农业政策的一个重点，完善土地流转和发展规模经营的相关政策法规，在长期稳定农民承包权的基础上，通过推进土地流转来实现土地集中；整合相关的资金项目向开展治理农地细碎化工作的村庄倾斜，激发农民的参与热情；将各户分散的土地通过交换合并的方式整合成集中连片的地块，增加粮食播种面积，形成规模化生产；加强田间道路建设和灌溉设施建设，减小土地质量差别，提高粮食产出质量。其次，以可持续发展为导向，推进有机肥在粮食生产中的使用，提升土壤有机质含量；充分利用现代信息技术，对耕地质量进行动态检测和评估，及时了解耕地质量的现状及变化情况，有针对性地防止耕地污染。最后，完善农村社会保障制度，实施精准的强农惠农政策，为离开土地的农民提供相应的生活保障，减少农民的后顾之忧，提高土地流转意识。结合耕地撂荒的实际情况，根据不同的地理位置和撂荒原因，制定科学的土地规划方案。

四、提升粮油加工物流水平，创新粮油配送模式

一是促进粮油加工企业提档升级。加快扶持一批优质特色粮食加工企业进行技术升级改造，倒逼落后产能退出，引领新老产业协调发展、新旧动能有序转换。扶持一批具有核心竞争力、行业带动能力的大型骨干加工企业和成长性好、特色鲜明的中小加工企业。二是统筹推动粮食精深加工与初加工、综合利用加工协调发展，避免过度加工造成浪费。增加专用型、功能性食品有效供给。支持开发稻谷、油菜籽副产物等粮食精深加工产品。推动地方特色粮油食品产业化，加快发展地方特色产品和名优特色产业。三是支持大型加工企业完善散粮接收系统，提升散粮设施对接能力；应用现代化物流模式，发展多元化运输，完善产品配送系统，全力打造以应急配送中心为基础，以农贸市场、生鲜超市和零售网点为补充的农产品市场流通体系。建议每个市州建立一个大中型粮油应急配送中心，有条件的县（市、区）改造建设一个区域性粮油应急配送中心，实现粮油配送网络全覆盖；鼓励加工企业积极参与社会化、专业化分工，将物流业务外包给第三方物流企业。积极推广应用新技术。大力实施"降本提效行动"，鼓励企业在粮食物流节点选用占地少、机械化和自动化程度高的快速中转新仓型，采用标准化、高效低耗新装备，提高粮食中转效率，减少粮食中转和运输损失。根据不同区域特点，推广采用绿色、先进适用的储粮技术，减少粮食仓储损失。

五、强化粮食产销衔接，创新粮食产销合作新技术

产销衔接是高质量保供的关键。无数事实证明，在粮食供给形势总体向好的情况下，粮食安全的风险往往出现在流通环节。如果流通不畅，即使有供给，也无法顺利送达消费者手中。新冠肺炎疫情期间封村断路，流通受阻，对城乡居民的生产生活造成了严重影响，再次验证了畅通产销的重要性。一是实施粮油"走出去"行动，鼓励通过合资、合作、参股等方式培育和组建大型跨区域粮食收储、加工和经营企业。加强与传统粮源地开展多种形式的产销合作，跨区域建立商品粮生产和收储基地、加工园区、营销网络。借助成渝地区双城经济圈建设契机，逐步扩大与重庆及长江中下游省（市）的粮

食产销合作规模，加快大型综合物流园区建设，畅通物流通道，提高粮食流通的组织化程度。二是探索"物联网+大数据+云计算"等新技术在粮食产销合作中的应用，支持粮食企业互联网发展。

六、调动农民劳动积极性，提高农业劳动生产率

一是通过坚持和完善家庭承包制进一步明晰产权安排，赋予农民长期而有保障的土地使用权。深化农村经济体制改革，完善落实财政信贷、农产品收购和农民负担等各项农业政策，进一步调动农民的劳动积极性。二是要提高种粮农民的科学技术水平和劳动熟练程度，一切先进的农业科学技术，只有被劳动者所掌握，才能转换成现实生产力。我国农民受教育程度普遍较低，整体素质不高，要加强农民的智力开发，提高劳动者的文化水平、思想素质和操作技能，提高他们运用先进科技成果的意识和能力。

七、完善粮食应急储备机制，推动粮食储备治理体系建设

粮食安则天下安，粮价稳则民心稳。尤其是在疫情期间，要积极防范粮食市场风险，做好粮食保供稳价工作。首先要提高粮食储备调节能力，完善粮油产品的常态化储备制度。鼓励符合条件的多元市场主体参与地方粮食储备相关工作，合理确定成品粮油储备规模。成品粮油储备一般应达到 10~15 天的应急供应量；加快推进智能仓库、低温仓库和绿色仓库等现代仓储设施建设，重点加强粮油生产大县（市、区）、城镇人口密集区、灾害频发地区和关键物流节点的仓储能力建设，加快推进边远山区及少数民族地区老旧仓房的维修改造与升级，切实改善仓储条件，提高仓储和应急保供能力；强化应急能力储备，加强政策支持和资金投入，重点培育发展一批大型龙头加工企业，按照区域日均粮油消费需求量，建立一定比例的粮油应急加工能力储备；加大成品粮油应急低温储备库建设的支持力度，严格落实储备任务，确保每个县保有一定数量的成品粮油应急储备。其次，加强粮食市场价格监测预警，确保信息监测网络全覆盖；密切关注粮油产品的产销动态，重点观察农产品批发市场、农贸市场、农（商）超等一线农产品的市场价格变动情况；优化价格预警分析模型，以面粉、大米、食用油等主要粮食品种或单一品种市场价格在 15 天内涨跌幅 20%为基准，充分利用云平台、大数据技术优化信息资源配置，及时发出价格预警信息，并做好各项应急供给准备工作。此外，将有关部门粮食应急储备工作的落实情况作为考核内容，并对督查考核的结果进行通报。对因粮食应急储备相关工作落实不到位而造成严重后果的，将追究相关单位负责人责任。

第五节　本　章　小　结

本章从四川和重庆两个方面分别对成渝地区双城经济圈的粮食生产、粮食加工、粮食消费、粮食储备、粮食流通和粮食应急保障等方面的发展基础进行分析，结果显示，城渝地区双城经济圈的粮食生产近年来虽然有所增长，但增长速度趋缓，在全国粮食产量中的地位有所下降，粮食播种面积也有所减少，人均粮食产量低于全国平均水平。粮

食加工能力有一定程度提升，尤其是稻谷加工能力提升较快。粮食消费量增速较快，主要是饲料粮的增长拉动，导致近年来产需缺口逐步扩大。粮食仓储设施条件明显提升，小包装成品粮油储备规模扩大。粮食物流基础设施条件明显改善，粮食物流大通道基本形成，"引粮入川"的力度进一步加大。完善应急供应网点，加工应急配送中心建设，提升了应急保供能力。尽管成渝地区双城经济圈的粮食安全保障能力有所提升，但仍存在着粮食产需矛盾突出、粮食仓储物流基础设施薄弱、粮食应急加工能力不足、信息化建设滞后、人才队伍老化严重等问题，需要进一步补短板，强弱项，提升粮食安全保障能力。

针对成渝地区双城经济圈粮食安全保障存在的问题，本章从防范化解风险、加强粮食综合生产能力建设、完善土地制度、提升粮油加工物流水平、强化粮食产销衔接、完善粮食应急储备机制等方面提出了若干对策建设。

参 考 文 献

郭庆华. 2020. 新时期确保我国粮食安全的思路与建议. 粮食问题研究，（6）：4-8.

姜燕，孙茜. 2019. 粮食主产区对我国粮食安全的贡献分析. 安徽农学通报，25（7）：6-8.

李先德，孙致陆，贾伟，等. 2020. 新冠肺炎疫情对全球农产品市场与贸易的影响及对策建议. 农业经济问题，（8）：4-11.

滕红，吕怒江，谌思. 2015. 新常态下重庆粮食供需及安全评价分析. 中国统计，（3）：26-27.

魏霄云，史清华. 2020. 农家粮食：储备与安全——以晋浙黔三省为例. 中国农村经济，（9）：86-104.

姚惠源. 2015. 中国粮食加工科技与产业的发展现状与趋势. 中国农业科学，48（17）：3541-3546.

赵颖文，吕火明. 2019. 四川省粮食生产比较优势测评及主要影响因素分析. 农业经济与管理，（5）：64-73.

后　记

国家西部大开发战略实施 20 年之际，为致敬新时代西部大开发大开放，打响西南财经大学"西部"品牌，中国西部经济研究中心开启《中国西部开发开放报告》撰写工作，结合当前热点论题，形成年度报告。2019 年，首部年度报告聚焦乡村振兴战略，《中国西部开发开放报告 2019：新时代乡村振兴之路》出版；2020 年，年度报告聚焦县域经济发展，《中国西部开发开放报告 2020：新时代县域经济高质量发展》出版，均得到社会各界高度评价。2020 年 1 月 3 日，习近平总书记在中央财经委员会第六次会议上对建设成渝地区双城经济圈做出专题部署。成渝地区双城经济圈建设上升为国家重大战略。因此，2021 年，年度报告聚焦成渝地区双城经济圈建设，形成《中国西部开发开放报告 2021：成渝地区双城经济圈建设》。

本书从 2020 年 6 月启动撰写工作，经历撰写、修改、定稿、出版等环节，历时一年多。在此期间，形成诸多阶段性成果：团队成员承担了四川省社会科学基金重大项目和相关部门委托的课题，参加四川省政协联组会议，做大会发言并建言献策，在《四川日报》《成都日报》等报刊发表学术观点；中国西部经济研究中心、四川日报全媒体集群MORE 大数据工作室、重庆大数据研究院在川渝两地党媒新媒体平台联合发布问卷，开展调查；承办由西南财经大学和重庆工商大学联合主办的"成渝地区双城经济圈高校论坛"。这些阶段性成果为本书的写作奠定了良好基础。

本书聚焦成渝地区双城经济圈"一极两中心两地"目标定位和"七大任务"等重点任务，从发展现状、存在问题、案例分析、发展路径等四个方面分上下两篇展开分析。上篇围绕"一极两中心两地"（形成重要增长极、重要经济中心、科技创新中心、内陆开放高地、高品质生活宜居地）目标定位展开，下篇围绕"七大任务"（加强交通基础设施建设、加快现代产业体系建设、增强协同创新发展能力、优化国土空间布局、加强生态环境保护、推进体制创新、强化公共服务共建共享）加上营商环境、粮食安全等内容重点展开。

本书是集体研究成果，撰写分工如下：总负责为毛中根，伍骏骞、吕朝凤承担联络工作；第一章由毛中根、伍骏骞撰写；第二章由李标、张航、李溪铭撰写；第三章由陈涛、王思懿、吴戈、陈小满撰写；第四章由吕朝凤、郭子玉、钱旭洋、肖子恒撰写；第五章由杨帆、陈广坤、曾丹撰写；第六章由卢飞、袁苏湘撰写；第七章由丁如曦、乔莹莹撰写；第八章由袁鹏、徐轲凡撰写；第九章由郭仕利、胡智勇、丁祥宇撰写；第十章由袁正撰写；第十一章由汪希成、危江平撰写。尽管我们做了大量细致的工作，但囿于作者的能力和水平，不足之处在所难免，恳请学界同仁批评指正。

　　《中国西部开发开放报告》编辑出版工作得到西南财经大学各位领导的大力支持，党委书记赵德武教授、校长卓志教授联合撰写总序。《中国西部开发开放报告 2021：成渝地区双城经济圈建设》成立了学术委员会，邀请知名专家和学者给予指导；四川省第十届政协副主席解洪教授受邀欣然作序。科学出版社经管分社马跃社长和责任编辑给予了大力帮助。所有这些让我们备受感动，深受鼓舞，特此致谢。

毛中根
2021 年 7 月于成都